Collection iParcours

Maths

Manuel

Cycle 3

6e

Sébastien Dumoulard
Professeur certifié de mathématiques

Katia Hache
Professeure certifiée de mathématiques

Sébastien Hache
Professeur certifié de mathématiques

Jean-Philippe Vanroyen
Professeur agrégé de mathématiques

Génération 5

Sommaire

nombres et calculs

organisation et gestion de données

Dans ce manuel, les chapitres sont constitués de plusieurs rubriques.

Activités Des activités de découverte et d'investigation, souvent issues de la vie quotidienne, permettent à l'élève d'appréhender les principales notions étudiées dans le chapitre.

Cours Dans cette partie, les définitions et propriétés à connaitre sont expliquées par des exemples clairs. Pour chaque notion, les exercices *À toi de jouer !*, corrigés en fin de manuel, permettent à l'élève de vérifier son savoir-faire.

Exercices Le nombre et la variété des exercices permettent à l'élève de travailler à son rythme, en vue d'acquérir les connaissances et compétences attendues en fin de cycle. Ils sont triés par notion et par difficulté :

- Exercices d'entrainement
- Exercices d'approfondissement
- Exercices de synthèse

Les outils numériques (tableur, instruments de géométrie dynamique) sont utilisés dans chaque chapitre.

Lexique Formulaire Dans le lexique, l'élève retrouve la définition du vocabulaire mathématique étudié. Le formulaire, lui, rassemble les formules mathématiques à connaitre.

Génération 5 Version papier : Armelle Ronco, Valérie Gazzola, Catherine Groleau, David Mignot.
Version numérique : Bernard Domenge, Sébastien Rey, Pascal Scheerlinck, Thierry Billardon.

Graphismes et illustrations Dominique Sénon, Fabrice Rousselot.

Auteurs et relecteurs Sébastien Dumoulard, Katia Hache, Sébastien Hache, Jean-Philippe Vanroyen.

Association Sésamath pour les contenus issus des manuels Sésamath (Éditeur : Génération 5) : *Madeleine Abrahami, Jean-Hervé Amblard, Rémi Angot, Thierry Ansel, Loïc Arsicaud, Audrey Aulard, Michèle Badri, Sandrine Baglieri, Denis Bodet, Gilles Bougon, Rémi Boulle, Sylvain Bourdalé, Fabien Bourg, Xavier Birnie-Scott, Françoise Cabuzel, Maxime Cambon, Dominique Cambresy, Vinciane Cambresy, Alexandre Carret, Laurent Charlemagne, Audrey Chauvet, Emmanuel Chauvet, Françoise Chaumat, Gwenaëlle Clément, Benjamin Clerc, Sébastien Cogez, Claire Coffy Saint Jalm, Denis Colin, Sophie Conquet-Joannis, Robert Corne,Marie-France Couchy, Emmanuel Coup, Thomas Crespin, Olivier Cros Mouret, Sébastien Daniel, Stéphane Dassonville, Marie-Claude David, Noël Debarle, Daniel Dehaes, Muriel De Seze-Petersen, Rémi Deniaud, Rémy Devoddère, Audrey Dominique, Claire de Dreuille, Anne-Marie Drouhin, Francine Dubreucq, Ludyvine Dumaisnil, Corinne Dupuich, Éric Elter, Anne-Marie Fleury, Élisabeth Fritsch, Jean-Marc Gachassin, Yolande Garouste, Hervé Galliot, Christelle Gauvrit, Franck Gaye, Nathalie Gendre, Martine Genestet, Stéphane, Geyssely, Gérard Goillot, Hélène Gringoz, Odile Guillon, Jalil Haraki, Karine Helies, Laurent Hennequart Hubert Herbiet, Géraldine Hilaire, Pierre-Yves Icard, Nathalie Irbah, Olivier Jaccomard, Julien Jacquet, Sébastien Jolivet, Virginie Jourand, Jean-Louis Kahn, Stéphane Kervella, Bruno Lambert, Angelo Laplace, Alexandre Lecomte, Yann Le Flem, Marion Le Grognec, Isabelle Lemaître, Nicolas Lemoine, Loubia Leroux, Sandrine Le Saint Martine Lescure, Anne Levacher, Rafael Lobato, François Loric, José Marion, Marc Masson, Aline Meunier, Benoît Montessinos, Nicolas Moreau, Julien Noël-Coulibaly, Emmanuel Ostenne, Xavier Ouvrard Brunet, Christophe Paumelle, Christian Payros, Séverine Peinado, Juliette Pelecq, Sylvie Perrigault, Sophie Pesnel Muller, Sylvain Petit, Mireille Poncelet, Olivier Pontini, Virginie Poirier, Yann Pradeau, Yann Pozzar, Nicolas Prudhomme, Nelly Reclus, Stéphane Renouf, Christophe Rindel, Sabrina Roberjot, Christophe Roland, Arnaud Rommens, Pascal Sabate, Abdel Saraf, Claudine Schwartz, Boris Sissoeff, Michel Souchet, Jean-Paul Sousa, Patricia Stin, Michel Suquet, Anne Svirmickas, Aurélie Tarot, Wilfrid Tétard, Marielle Trot-Massé, Nicolas Van Lancker, Corinne Vilchair, Gérard Vinot, Isabelle Vivien, Laurent Zamo.*

Manuel numérique

La totalité du manuel sur Internet !

www.iparcours.fr

www.iparcours.fr

Allège ton cartable et retrouve en ligne tout ce dont tu as besoin : cours, exercices et problèmes, lexique et formulaire, etc.

Tu pourras aussi accéder à de **nombreux compléments numériques** pour travailler à ton rythme.

Aides animées sonorisées

Les principales notions sont reprises étape par étape.

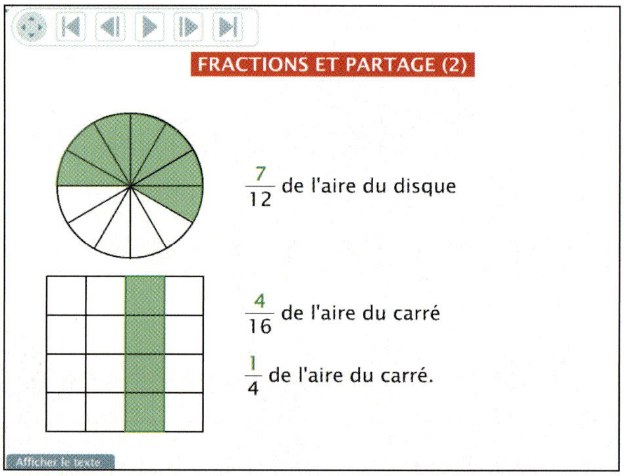

Exercices interactifs

- Des **QCM** pour t'entrainer et t'auto-évaluer
- Des activités sur **tableur**
- Des activités en **géométrie dynamique**
- Une initiation à la **programmation**

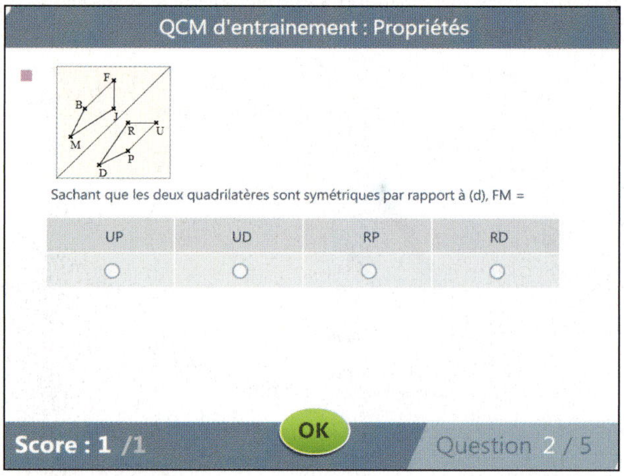

Lexique et formulaire

- Tu vérifies le sens d'un terme mathématique.
- Tu t'assures de la justesse d'une formule mathématique.

LE MANUEL NUMÉRIQUE du PROFESSEUR

L'intégralité des corrigés

(inscription : www.iparcours.fr)

- corrigés : animés ou fixes
- vidéos pour corriger les exercices TICE

La projection en classe

- affichage simultané de plusieurs compléments
- excellente lisibilité (mode vectoriel)

Le mode Édition

- outils pour expliquer, commenter
- pages personnelles pour préparer les séances

NO Nombres entiers (1)

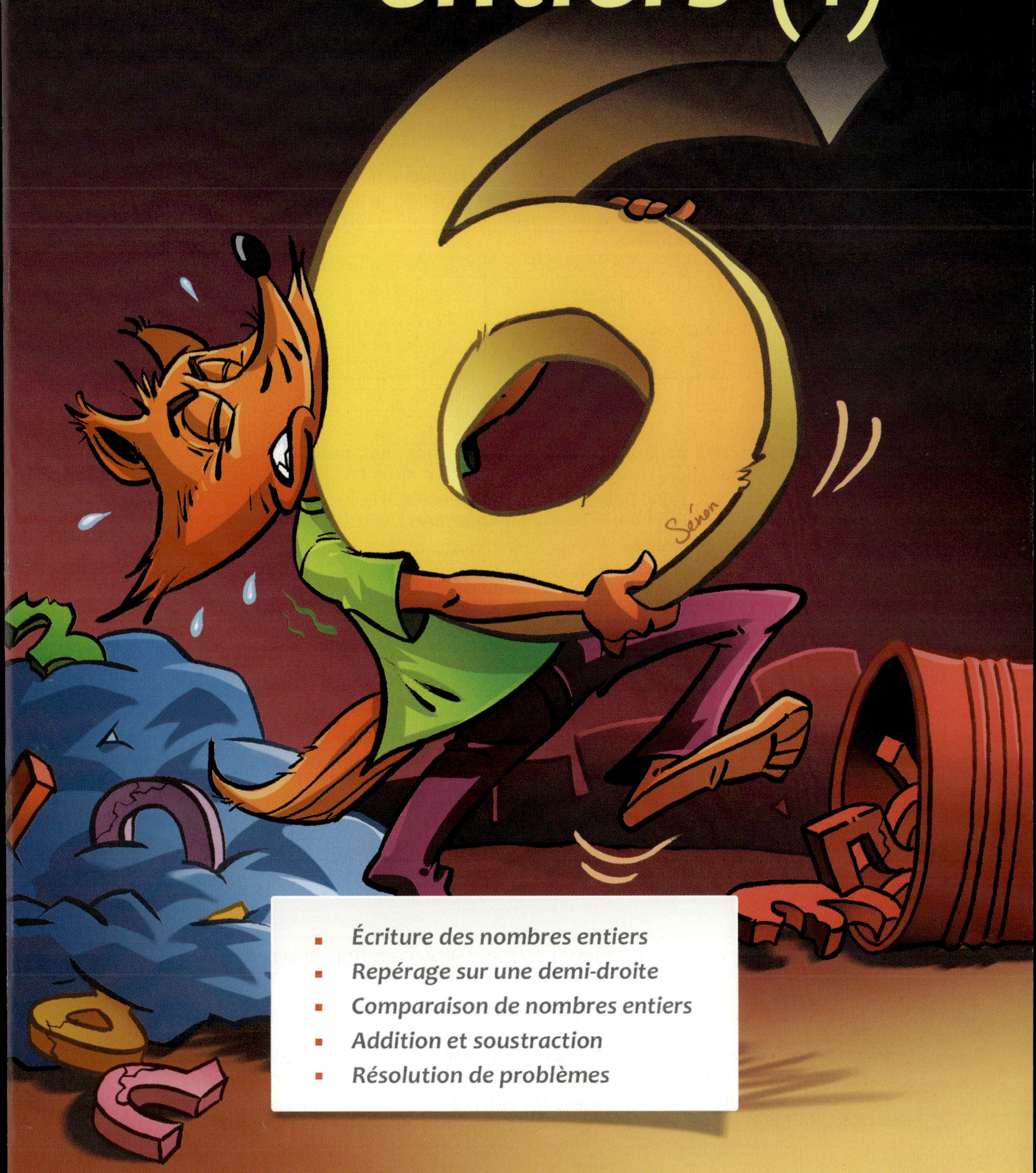

- *Écriture des nombres entiers*
- *Repérage sur une demi-droite*
- *Comparaison de nombres entiers*
- *Addition et soustraction*
- *Résolution de problèmes*

Cours

1 Décomposition, nom des chiffres

Règle 0, 1, 2, 3, 4, 5, 6, 7, 8 et 9 sont les **dix chiffres** qui permettent d'écrire tous les nombres entiers, de même que les lettres de A à Z permettent d'écrire tous les mots.

Exemple 1 :
- 1 054 est un nombre de quatre chiffres ;
- 7 est un nombre d'un seul chiffre.

Règle Pour pouvoir lire les grands nombres entiers facilement, on regroupe les chiffres par **tranche de trois, en partant de la droite**.

Exemple 2 : 1049658723 s'écrit 1 049 658 723.

a. Écris ce nombre en toutes lettres.
b. Décompose ce nombre.
c. Donne le nom des chiffres 4 et 7.
d. Quel est le nombre de millions de ce nombre ?

▶ **On peut utiliser un tableau.**

Tranche des **milliards**			Tranche des **millions**			Tranche des **milliers**			Tranche des **unités**		
C	D	U	C	**D**	U	C	D	U	**Centaines**	Dizaines	Unités
		1	0	**4**	9	6	5	8	**7**	2	3

a. Ce nombre s'écrit :
un-**milliard**-quarante-neuf-**millions**-six-cent-cinquante-huit-**mille**-sept-cent-vingt-trois.

b. Il se décompose comme ci-dessous :
$1\ 049\ 658\ 723 = (1 \times 1\ 000\ 000\ 000) + (4 \times 10\ 000\ 000) + (9 \times 1\ 000\ 000)$
$+ (6 \times 100\ 000) + (5 \times 10\ 000) + (8 \times 1\ 000) + (7 \times 100) + (2 \times 10) + (3 \times 1)$

c. **7** est le chiffre des **centaines** et **4** est le chiffre des **dizaines de millions**.

d. Le nombre de millions est **1 049**. À ne pas confondre avec le chiffre des millions qui est 9.

2 Repérage sur une demi-droite graduée

Définition **Une demi-droite graduée** est une demi-droite sur laquelle on a reporté régulièrement une unité de longueur (souvent le centimètre), à partir de son origine.

Propriété Sur une demi-droite graduée, un point est repéré par un nombre appelé son **abscisse**.
L'origine est repérée par le nombre **zéro**.

Exemple :
Quelles sont les abscisses des points A et B ?

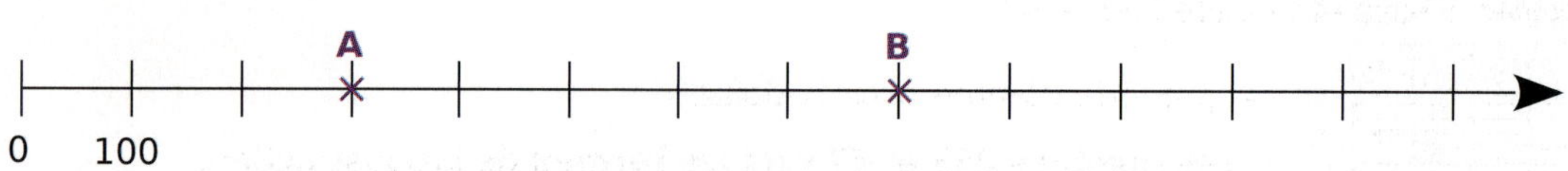

▶ Le point **A** a pour abscisse 300. On note A(300).

▶ **B** est le point d'abscisse 800. On note B(800).

3 Comparaison et rangement

Définition 1 **Comparer** deux nombres, c'est trouver le plus grand, ou le plus petit, ou dire s'ils sont égaux.

Définitions 2

- Ranger des nombres dans l'**ordre croissant** signifie les ranger du plus petit au plus grand.
- Ranger des nombres dans l'**ordre décroissant** signifie les ranger du plus grand au plus petit.

Exemple :
Range les nombres 25 342 ; 253 420 ; 25 243 ; 235 420 ; 25 324 dans l'**ordre croissant**.

▶ On repère le plus petit, puis le plus petit des nombres qui restent, et ainsi de suite jusqu'au dernier.
▶ On obtient donc : 25 243 < 25 324 < 25 342 < 235 420 < 253 420.

4 Addition

Définitions

- Les nombres que l'on additionne s'appellent les **termes**.
- Le résultat d'une addition s'appelle la **somme**.

Exemple 1 : Pose et calcule 1 856 + 525.

▶

	①		①	
	1	8	5	6
+		5	2	5
=	2	3	8	1

On place les chiffres les uns sous les autres, en commençant par les chiffres des unités.

- Les nombres 1 856 et 525 sont les **termes** de l'addition.
- Le résultat 2 381 est la **somme**.

Propriétés Dans une addition, on a le droit :

- de **regrouper** les termes ;
- de **changer** des termes de place.

Exemple 2 : Calcule astucieusement 46 + 37 + 54 + 63.

▶ **46** + **37** + **54** + **63** = (**46** + **54**) + (**37** + **63**) = 200

5 Soustraction

Définitions

- Les nombres que l'on soustrait s'appellent les **termes**.
- Le résultat d'une soustraction s'appelle la **différence**.

Exemple : Pose et calcule 233 − 67.

▶

	2	$_1$3	$_1$3
−	$_1$	$_1$6	7
=	1	6	6

On procède comme pour l'addition.

- Les nombres 233 et 67 sont les **termes** de la soustraction.
- Le résultat 166 est la **différence**.

Remarque : On ne peut pas changer les termes de place dans une soustraction.

Écriture des nombres entiers

1 Donne l'écriture en chiffres des nombres entiers suivants.

a. (7 × 1 000) + (5 × 100) + (2 × 10) + 8

b. (1 × 10 000) + (1 × 100) + 1

c. (3 × 100 000) + (7 × 10 000) + (4 × 10) + 9

d. (5 × 100 000 000) + (4 × 10 000)

2 Décompose les nombres ci-dessous comme dans l'exercice précédent.

a. 907 604

b. 35 017

c. Soixante-dix-sept-mille-huit-cent-douze

d. (35 × 1 000) + (43 × 100) + 9

3 Écris les nombres suivants, en respectant les espaces entre les classes, puis décompose-les comme dans l'exercice précédent.

a. 2514 **c.** 180208 **e.** 50070572

b. 20135 **d.** 1453346 **f.** 9578412535

4 Écris en toutes lettres les nombres suivants.

a. 1 096 **c.** 5 893 **e.** 70 000 000

b. 13 184 **d.** 1 219 275 200 **f.** 132 854 780

5 Écris en toutes lettres les nombres suivants.

a. 7 004 **c.** 80 080 **e.** 8 700 009

b. 900 700 **d.** 7 070 700 **f.** 50 400 090

6 Écris en chiffres les nombres suivants.

a. Quatre-vingt-trois-mille-neuf-cent-cinquante ;

b. Huit-millions-trois-cent-mille-cinq-cents ;

c. Cent-trente-six-millions-huit-cent-quatre-vingt-treize-mille-sept-cent-cinquante-cinq ;

d. Neuf-milliards-cent-neuf-millions-trois-cent-douze-mille-quatre-cent-vingt-sept.

7 Écris en chiffres les nombres suivants.

a. Cinquante-mille-un ;

b. Deux-millions-mille-trois ;

c. Un-milliard-un-million-cent-mille-cent ;

d. Cinq-cent-cinq-milliards-quatre-vingt-seize-millions-trente-mille-cinquante.

8 Recopie le texte suivant sur ton cahier, en écrivant chaque nombre en toutes lettres.

« En 1953, Edmond Hillary, alors âgé de 34 ans, est le premier alpiniste à parvenir au sommet de l'Éverest. L'altitude de ce sommet est établie à 8 848 m. L'Éverest est un des sommets de l'Himalaya, chaine de montagne dont la superficie est de 600 000 km². »

9 Trouve tous les nombres de trois chiffres, composés des chiffres : 4 ; 0 et 9.
Chaque chiffre ne peut être utilisé qu'une fois.
Écris ces nombres en chiffres, puis en lettres.

10 Pour le nombre 234 591 687, quel est...

a. le chiffre des centaines de mille ?

b. le chiffre des unités ?

c. le chiffre des dizaines de millions ?

d. le chiffre des centaines de millions ?

11 Pour le nombre 9 345 762, quel est...

a. le chiffre des unités de mille ?

b. le nombre d'unités de mille ?

c. le chiffre des centaines de mille ?

d. le nombre de centaines ?

12 Écris en chiffres.

a. 15 dizaines et 9 unités ;

b. 12 centaines et 23 dizaines ;

c. 15 milliers et 1 234 unités ;

d. 2 millions d'unités et 2 millions de centaines.

13 Recopie et complète les égalités.

a. 85 centaines et 10 dizaines = ... dizaines ;

b. 14 milliers et 3 dizaines = ... dizaines ;

c. ... centaines et 5 dizaines = 75 dizaines ;

d. 4 milliers et ... centaines = 580 dizaines.

14 Je suis un nombre strictement inférieur à 1 000. La somme de mes chiffres est 21. Mon chiffre des unités est le double de mon chiffre des centaines. Qui suis-je ?

Repérage sur une demi-droite

15 Complète chaque suite de nombres avec les quatre entiers qui suivent logiquement.

a. 7 970 – 7 980 – 7 990 – …

b. 111 300 – 111 200 – 111 100 – …

c. 8 725 – 8 750 – 8 775 – …

d. 2 997 000 – 2 998 000 – 2 999 000 – …

16 Recopie et complète toutes les graduations des axes ci-dessous.

a. 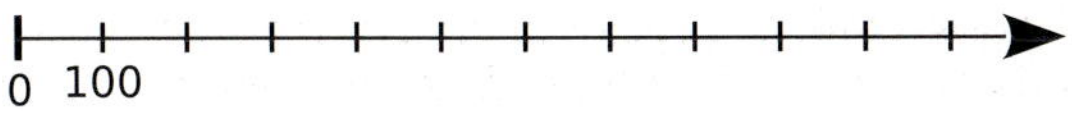

b. 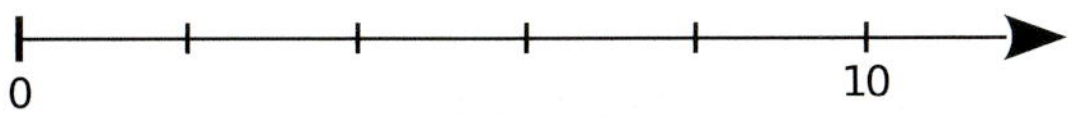

c. 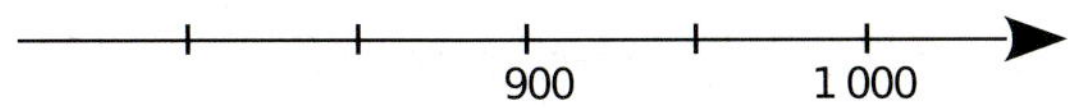

d. 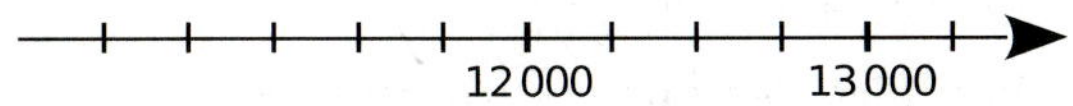

17 Pour chaque axe gradué ci-dessous, indique les abscisses des points marqués.

a. 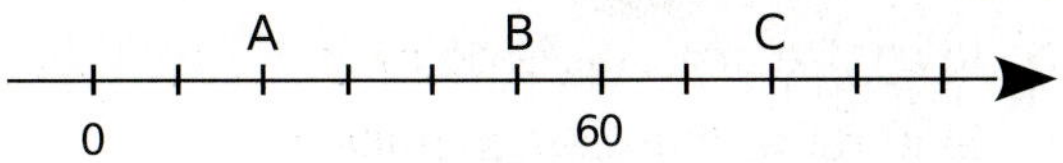

b. 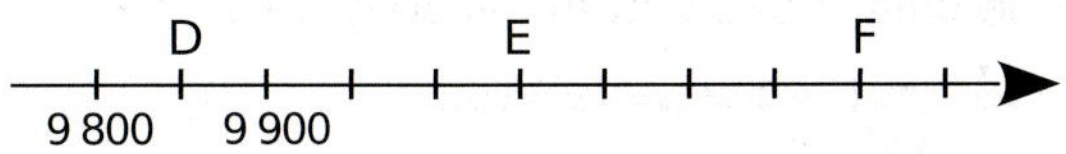

c. 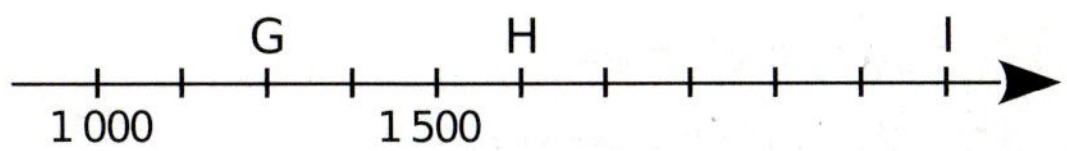

18 Construis une frise chronologique d'origine 0, en prenant 1 cm pour 100 ans.

a. Recherche, puis place, le plus précisément possible, les dates des évènements suivants.

A : Naissance de Mozart
B : Mort de Charlemagne
C : Bataille de Marignan
D : Fin de l'Empire romain
E : Accords d'Évian

b. Range ces dates dans l'ordre croissant.

19 En reprenant la graduation de l'exercice **16a**, place A(700) et B(1 300).
Quelle est l'abscisse du milieu I du segment [AB] ?

Comparaison de nombres entiers

20 Recopie et complète avec : $<$, $>$ ou $=$.

a. 25 … 14 **c.** 0765 … 765 **e.** 997 … 1 001

b. 0… 43 **d.** 547 … 745 **f.** 9 909 … 9 099

21 Classe les nombres suivants dans l'ordre croissant.

7 659 – 7 569 – 7 666 – 7 965 – 7 999 – 7 596

22 Classe les nombres suivants dans l'ordre décroissant.

- 23 100
- 1 320
- cent-vingt-trois-mille
- mille-cent-vingt-trois

23 En 2007, une étude a montré que la population mondiale se répartissait de la manière suivante.

(source : Wikipédia)

Continent	Population en millions
Afrique	965
Amérique	Neuf-cent-onze
Asie	4 030
Europe	731
Océanie	Trente-quatre

a. Donne l'écriture, en chiffres, de toutes les populations citées dans le tableau.

b. Classe les continents par ordre croissant de leur population.

c. Donne le chiffre des unités de millions pour chaque nombre.

24 Trouve chacun des nombres ci-dessous.

a. Je suis le plus petit nombre de quatre chiffres différents non nuls.

b. Je suis le plus grand entier strictement inférieur à 1 000 dizaines.

c. Je suis le plus grand nombre pair strictement inférieur à un million.

25 Donne un encadrement des nombres, entre deux multiples consécutifs de 10 000.

Exemple : 210 000 $<$ 212 349 $<$ 220 000

a. 15 000 **c.** 101 000 **e.** 4 100 999

b. 87 982 **d.** 7 070 700 **f.** 8 809

Addition de nombres entiers

26 On considère l'opération 396 + 438.

a. Décompose chaque nombre sous la forme :
... centaines + ... dizaines + ... unités
puis aide-toi de cette décomposition pour trouver le résultat de l'addition.

b. Arnaud remarque que 396 = 400 − 4.
En quoi cela aide-t-il à calculer de tête ?

27 Pose et effectue les additions suivantes.

a. 549 + 892
b. 54 + 799 + 238
c. 13 184 + 39
d. 1 084 + 39 + 2 508

28 Donne un ordre de grandeur du résultat.

a. 55 057 + 6 995
b. 1 005 987 + 3 998
c. 987 + 98 + 7
d. 999 875 + 100 057

29 Effectue les opérations suivantes.

a. La somme de douze-mille-neuf-cent-trente-quatre et de quatre-millions-dix-sept.

b. La somme de neuf-mille-trente-trois et de trente-deux centaines.

c. La somme de soixante-trois centaines et de quinze milliers.

30 Regroupe astucieusement puis calcule.

a. 87 + 29 + 13
b. 55 + 23 + 45 + 177
c. 12 045 + 85 + 155
d. 199 + 991 + 10

31 Traduis chaque calcul sous la forme d'une phrase.

a. 55 + 192
b. 1 003 + 901 + 312

32 On donne le nombre 123 054. Quel nouveau nombre obtiens-tu si tu lui ajoutes...

a. 3 centaines de milliers ?

b. 387 centaines ?

c. 54 centaines et 54 dizaines ?

33 Sachant que $a + b = 89$, calcule :

a. $87 + a + b$
b. $a + b + 876 + 11$
c. $a + 111 + b$
d. $a + b + a + b$

Soustraction de nombres entiers

34 Quel nombre doit-on ajouter aux nombres suivants pour obtenir cent-mille ?

a. 98 000
b. cinquante-trois-mille
c. quatre-vingt-douze
d. 7 centaines

35 Complète les opérations à trou suivantes.

a. 78 + ... = 345
b. ... + 199 = 238
c. ... + 14 + 39 = 555
d. 76 + ... + 24 = 658

36 Pose et effectue les soustractions suivantes.

a. 997 − 892
b. 6 589 − 29
c. 1 000 878 − 558 001
d. 7 011 000 − 11 700

37 Donne un ordre de grandeur du résultat.

a. 85 017 − 3 991
b. 58 899 − 1 197
c. 1 001 001 − 10 001
d. 909 998 − 100 029

38 Effectue les opérations suivantes.

a. La différence de mille-sept-cent-trente-neuf et de quatre-vingts.

b. La différence de douze-mille-deux-cent-trente-trois et de trente-trois dizaines.

c. La différence de soixante-neuf milliers et de quinze dizaines.

39 Traduis chaque calcul sous la forme d'une phrase.

a. 689 − 15
b. 3 333 − 77

40 On donne le nombre 173 309. Quel nouveau nombre obtiens-tu si tu lui retires...

a. 3 dizaines de milliers ?

b. 45 centaines ?

c. 880 dizaines ?

d. 12 centaines et 309 dizaines ?

41 Détermine chaque nombre ci-dessous après l'avoir traduit par un calcul.

a. Le double de la différence de 548 et de 19.

b. La différence du double de 548 et de 19.

c. La différence de 548 et du double de 19.

Résolution de problèmes

42 En reprenant les données de l'exercice **23**, donne un ordre de grandeur de la population mondiale en 2007.

43 Sans poser de calcul, indique combien de temps a duré chaque dynastie ci-dessous.
Exemple : « entre 1 et 2 siècles ».

Dynastie	Début	Fin
Carolingiens	751	986
Capétiens	986	1328
Valois	1328	1592

44 Voici un ticket de caisse.
Donne un ordre de grandeur du prix à payer.

```
1 MAILLOT DE BAIN      70.00
1 SAC                  49.00
1 LIVRE                17.00
1 SERVIETTE            14.00
```

45 En essayant de résoudre les petits problèmes ci-dessous, Luc doit choisir parmi plusieurs solutions.
Aide-le à choisir la plus plausible.

a. Le score d'un candidat qui a gagné l'élection :

5 %	103 %	55 %

b. La hauteur d'une maison :

1 m	7 m	27 m

c. La durée d'un film :

108 min	360 min	504 min

d. La masse d'un cheval :

670 kg	670 g	670 hg

e. La longueur d'une table :

2 500 mm	2 500 dm	2 500 cm

f. Le prix d'une maison :

5 300 €	205 000 €	34 500 000 €

46 En 1492, Christophe Colomb découvrit l'Amérique. Il avait alors 41 ans.
En quelle année est-il né ?

47 Jeanne d'Arc est née à Domrémy en 1412. Elle est morte brulée vive, en 1431, à Rouen.
Quel âge avait-elle quand elle délivra la ville d'Orléans en 1429 ?

48 Au concours de pêche, Damien a pris 1 truite, 12 goujons, 5 ablettes de plus que de goujons, et 8 gardons de plus que le total des autres poissons.
Combien de poissons a-t-il pêchés en tout ?

49 Pour Noël, Monsieur Martin a acheté un home cinéma, au prix de 549 €. Il a décidé de payer en trois fois : 200 € tout de suite, 185 € fin janvier et le reste fin février.
Combien devra-t-il payer fin février ?

50 Le point culminant de la Tour Eiffel est à 324 m de haut. Le 1er étage est 266 m plus bas.
Le 2e étage est 58 m plus haut que le 1er étage.
Le 3e étage est à 276 m de haut.

a. Quelle est la hauteur du 1er étage ?

b. Quelle est la hauteur du 2e étage ?

c. Quelle distance sépare le 3e étage du point culminant ?

51 Julie et Adel font une randonnée, en plusieurs étapes :
- une première partie, en montée : 5 km de long et 100 m de dénivelé ;
- une deuxième partie, toujours en montée : 10 km et 500 m de dénivelé ;
- une dernière partie, en descente : 6 km et 300 m de dénivelé.

Tu pourras t'aider en réalisant un petit croquis.

a. Quelle est la longueur totale de leur randonnée ?

b. Quelle est la différence d'altitude entre le point de départ et le point d'arrivée ?

c. Le village de départ est à 1 000 m d'altitude. À quelle altitude se trouve le village d'arrivée ?

52 Tableur

Le restaurant d'Abdel livre des repas dans les bureaux de l'entreprise voisine. Chaque jour, Abdel prépare une facture indiquant le cout total de chaque catégorie de plats : pizzas, salades, croque-monsieur et pâtes.

a. Lundi, il vend respectivement pour 117 €, 88 €, 79 € et 107 €.
Établis une jolie facture, à l'aide d'un tableur.

b. Pour gagner du temps, Abdel voudrait créer un modèle de facture dans lequel il n'aurait plus qu'à changer les prix de chaque catégorie, et qui calculerait automatiquement le total à payer.
Peux-tu l'aider ?

53 Il y a plus de 5 000 ans, les scribes égyptiens utilisaient ces chiffres (hiéroglyphes).

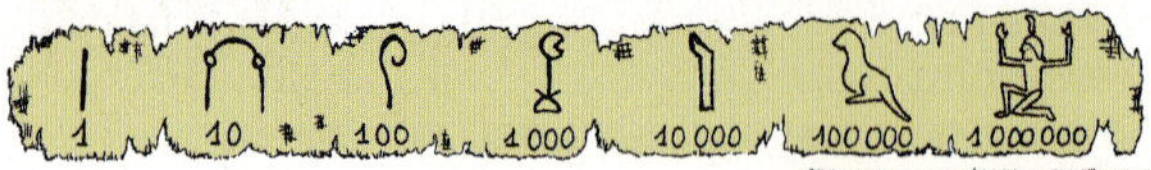

Ainsi, le nombre 129 s'écrivait : 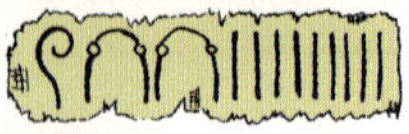.

a. Lis le nombre 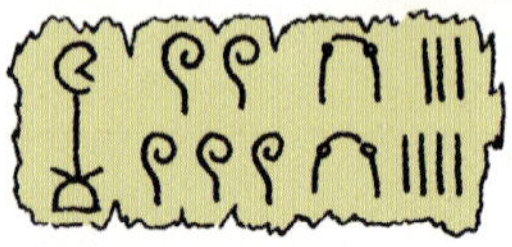, puis écris les nombres 8 769 et 145 137 en chiffres égyptiens.

b. Comment doit-on procéder pour lire un nombre écrit avec les chiffres égyptiens ?

Que dire des nombres 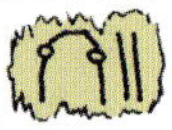 et  ?

Qu'est-ce que cela signifie ?

c. À l'aide des réponses aux questions précédentes, donne quelques avantages et inconvénients de la numération égyptienne.

54 Écris en lettres tous les nombres inférieurs à 10 000 constitués du seul chiffre 7.

55 En écrivant tous les nombres de 1 à 99, combien de fois vais-je écrire le chiffre 1 ?

56 On dispose des six étiquettes suivantes :

dix | vingt(s) | trois | quatre | cent(s) | mille

a. Combien d'étiquettes (et lesquelles) faut-il utiliser pour écrire le plus grand nombre à trois chiffres ?

b. En utilisant toutes les étiquettes, écris tous les nombres de cinq chiffres.

c. Quel est le plus grand nombre que tu peux écrire en utilisant toutes ces étiquettes ?

57 Vrai ou Faux

Pour chaque affirmation ci-dessous, dis si elle est vraie ou fausse. Si elle est fausse, corrige-la.

P.1. Il existe cinq nombres à deux chiffres dont la somme des chiffres est égale à cinq.

P.2. Dans le nombre trois-millions-trois-cent-trois-mille-trois, le chiffre des milliers et le chiffre des millions sont identiques.

P.3. Dans 1 650 352, il y a 165 milliers.

P.4. Un milliard vaut 1 000 millions.

P.5. 15 centaines + 13 dizaines = 1 513 dizaines

58 Tableur

Un carré magique est un carré dont les sommes des nombres des lignes, des colonnes et des diagonales sont égales.

a. Reproduis le tableau ci-dessous.

	A	B	C	D
1				
2	312	531	135	
3	149	326	503	
4	517	121	340	
5				

Programme les cellules...

b. D2, D3 et D4 pour qu'elles calculent la somme de chaque ligne ;

c. A5, B5 et C5 pour qu'elles calculent la somme de chaque colonne ;

d. D1 et D5 pour qu'elles calculent la somme de chaque diagonale.

e. Est-ce un carré magique ? Justifie pourquoi.

f. En utilisant ta feuille de calcul, détermine si les carrés suivants sont magiques.

25	32	64
3	4	14
23	55	43

50	64	90
108	68	28
46	72	86

200	222	211
215	204	214
218	186	229

59 Tableur

Le but est de déterminer un nombre inférieur à 10 millions lorsqu'on connait ses chiffres, dans un tableau de numération. Pour cela, reproduis la feuille de calcul ci-dessous dans un tableur.

	A	B	C	D	E	F	G	H
1	unités de million	centaines de mille	dizaines de mille	unités de mille	centaines	dizaines	unités	
2	1	3	4	9	3	5	6	
3								

Dans la cellule H3, écris une formule permettant de reconstituer le nombre 1 349 356 à partir de ses chiffres. Vérifie qu'elle fonctionne à l'aide d'un autre exemple.

N1 Nombres entiers (2)

- *Multiplication*
- *Division euclidienne*
- *Divisibilité*
- *Durées*

Activités

1 La multiplication autrement

Cours : 1

a La multiplication « per gelosia »

Cette méthode de multiplication figurait dans un ouvrage de Fibonacci de 1202.
À la fin du Moyen Âge, on surnomma cette technique « per gelosia », en allusion aux « fenêtres à jalousie » sur lesquelles le soleil marquait une ombre diagonale, et par lesquelles on pouvait voir sans être vu.

Voici comment on calculait 428 × 67.

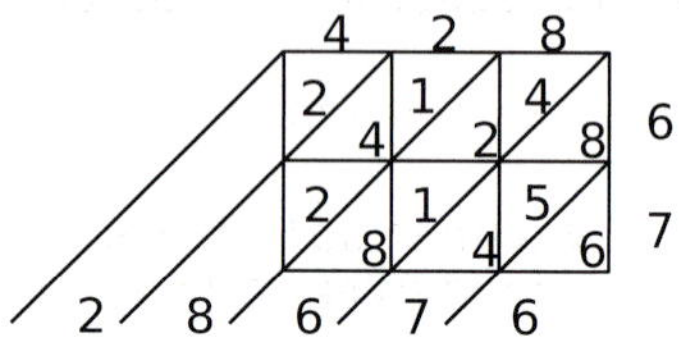

- Explique cette technique et compare-la avec la méthode de multiplication que tu connais.
- Utilise cette méthode pour calculer...

① 25 × 41 ② 522 × 98 ③ 387 × 19 ④ 964 × 309

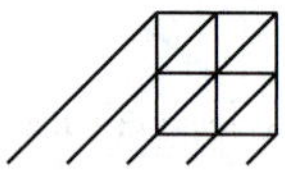

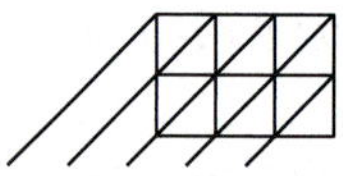

- Donne un ordre de grandeur de chaque produit. Les résultats obtenus à la question précédente sont-ils cohérents avec ces ordres de grandeur ?

b La multiplication « à la russe »

Pour cette méthode, tu as besoin de savoir multiplier ou diviser par 2, et additionner.

- Observe le calcul ci-contre qui permet d'effectuer le produit de 14 par 213, puis explique cette technique.
- Utilise cette méthode pour calculer...

① 25 × 41 ② 32 × 55 ③ 19 × 387

~~14~~	~~213~~
7	426
3	852
1	1 704
	2 982

13	189
~~6~~	~~378~~
3	756
1	1 512
	2 457

c La multiplication « égyptienne »

- Recherche sur Internet, puis donne un exemple de cette technique.
- Sachant que 25 = 1 + 8 + 16, utilise cette méthode pour calculer 25 × 41.

d Compare ces différentes techniques pour la multiplication de 25 par 41.

2 Vers la division euclidienne

Cours : 3

a Écris les vingt premiers multiples de 24.

b Sans poser d'opération, déduis-en le résultat de la division de...

① 264 par 24 ② 408 par 24 ③ 456 par 24

Qu'ont ces divisions en commun ?
Déduis-en une égalité entre le quotient, le dividende et le diviseur.

c Sans poser d'opération, détermine le quotient et le reste des divisions suivantes.

① 365 par 24 ② 400 par 24 ③ 164 par 24

Déduis-en une égalité entre le quotient, le dividende, le diviseur et le reste.

d On considère la division euclidienne de 12 602 par 24.

- Donne un ordre de grandeur du résultat.
- À l'aide de la calculatrice, et sans te servir de la touche *Division*, donne un encadrement du quotient à la centaine, à la dizaine, puis à l'unité.

3 La division euclidienne avec un tableur

→ Cours : 3

a Avec ta calculatrice

Détermine le quotient et le reste dans la division euclidienne de 834 par 37. Explique comment tu procèdes. Ta calculatrice possède-t-elle une fonction qui te permet de les trouver directement ?

b Avec un tableur

- Ouvre une feuille de calcul et reproduis la feuille ci-contre.

	A	B	C	D
1	Dividende	Diviseur	Quotient	Reste
2	834	37		
3				

- Dans la cellule C2, écris =QUOTIENT(A2;B2). Que constates-tu ?
- Dans la cellule D2, écris une formule permettant de calculer le reste à partir des cellules précédentes. Compare le résultat obtenu avec celui de la question **a**.
- Une formule du tableur permet de calculer le reste directement. Dans la cellule D3, écris =MOD(A2;B2). Vérifie que les résultats en D2 et D3 sont bien égaux.
- Sans récrire d'autres formules, utilise ton fichier tableur pour déterminer le quotient et le reste dans la division euclidienne de 427 par 34. Écris l'égalité obtenue.

4 Recherche de diviseurs

→ Cours : 4

a À l'aide des critères de divisibilité

- Le nombre 630 est-il divisible par 2 ? Par 5 ? Par 10 ? Justifie.
- Effectue la division euclidienne de 630 par 3. Que remarques-tu ? Qu'en déduis-tu ?
- Arnaud énonce la règle suivante : « Un nombre est divisible par 3 si son chiffre des unités est 3, 6 ou 9. » Qu'en penses-tu ?
- Dans un tableau, écris la liste des multiples de 3 jusqu'à 100. Comment les reconnaitre sans calcul ? Énonce alors une règle qui permet de déterminer si un nombre est divisible par 3. Vérifie avec le nombre 630.
- Reprends la question précédente pour les diviseurs 9 et 4. Vérifie avec le nombre 630.
- 630 a-t-il d'autres diviseurs faciles à déterminer ?

b Avec ta calculatrice

- Détermine si 17 est un diviseur de 731, puis si 19 est un diviseur de 647. Justifie.
- Parmi les nombres de 1 à 20, quels sont les diviseurs de 546 ? Peux-tu appliquer la même technique pour déterminer **tous les** diviseurs de 546 ? Quel est l'inconvénient de cette technique ?

c Avec un tableur

- En A1, saisis =546 et recopie vers le bas, jusqu'à la ligne 546. En B1, saisis 1 et recopie la cellule vers le bas, jusqu'à 546.
- Quelle formule peux-tu écrire en C1 pour calculer le reste de la division euclidienne de 546 par 1 ? Recopie cette formule vers le bas. Déduis-en **tous les** diviseurs de 546.
- Utilise ta feuille de calcul pour déterminer **tous les** diviseurs de 368, 616 et 833.

Cours

1 Multiplication

Définitions

- Les nombres que l'on multiplie s'appellent les **facteurs**.
- Le résultat d'une multiplication s'appelle le **produit**.

Exemple 1 : Pose et calcule 83 × 117.

			8	3
	×	1	1	7
	①	① 5	8	1
+		8	3	0
+	8	3	0	0
=	9	7	1	1

Les nombres 83 et 117 sont les **facteurs** de la multiplication.

Le résultat 9 711 est le **produit**.

Propriété Dans une multiplication, on a le droit de **regrouper** des facteurs ou de **changer** des facteurs de place.

Exemple 2 : Calcule astucieusement 4 × 56 × 25.

▶ **4** × 56 × **25** = (**4** × **25**) × 56 = **100** × 56 = 5 600

2 Priorités opératoires

Règles

- Les multiplications sont prioritaires sur les additions et les soustractions.
- Les calculs entre parenthèses sont prioritaires sur les autres.

Exemples :

▶ 3 + 5 × 8 = 3 + 40 = 43
La multiplication est prioritaire sur l'addition.

▶ (3 + 5) × 8 = 8 × 8 = 64
Le calcul entre parenthèses est prioritaire.

3 Division euclidienne

Règle Dans une division euclidienne, on a toujours :
dividende = (**diviseur** × **quotient**) + **reste** avec **reste** < **diviseur**.

Exemple 1 : Pose la division de 893 par 13.

dividende	8	9	3	1	3
−	7	8		6	8
	1	1	₁3		
−	1	₁0	4		
reste	0	0	9		

diviseur : 13 — quotient : 68

893 = (**13** × **68**) + **9** avec **9** < **13**

Exemple 2 :

Un fleuriste a reçu 260 roses. Il prépare des corbeilles de 12 roses chacune. Combien de corbeilles peut-il préparer ?

▶ On cherche combien de fois il y a 12 dans 260 : **260** = **12** × **21** + **8** avec **8** < **12**.
Il pourra donc préparer **21** corbeilles de **12** roses mais il lui restera **8** roses.

4 Divisibilité

A Multiples et diviseurs d'un nombre entier

- Après avoir effectué la division euclidienne de 3 577 par 49, on obtient 3 577 = **49** × **73**.
- Le reste étant nul, 3 577 est un **multiple de** 49 (et de 73 aussi !).
- On dit également que 3 577 est **divisible par** 49, ou que 49 est un **diviseur de** 3 577, ou que 49 **divise** 3 577.

B Critères de divisibilité

Règles

- Un nombre entier est **divisible par 2** si son chiffre des unités est 0, 2, 4, 6 ou 8.
- Un nombre entier est **divisible par 5** si son chiffre des unités est 0 ou 5.
- Un nombre entier est **divisible par 4** si le nombre formé par son chiffre des dizaines et son chiffre des unités (dans cet ordre) est un multiple de 4.
- Un nombre entier est **divisible par 3** si la somme de ses chiffres est un multiple de 3.
- Un nombre entier est **divisible par 9** si la somme de ses chiffres est un multiple de 9.

Exemple : On considère le nombre 23 928. Est-il divisible par 2, 5, 4, 3 et 9 ?

▶ Son chiffre des unités est 8, donc 23 928 est **divisible par 2**.

▶ Son chiffre des unités n'est ni 0 ni 5, donc 23 928 n'est **pas divisible par 5**.

▶ Le nombre formé par son chiffre des dizaines et son chiffre des unités est 28 qui est divisible par 4, donc 23 928 est **divisible par 4**.

▶ La somme de ses chiffres : 2 + 3 + 9 + 2 + 8 est égale à 24 qui est un multiple de 3, donc 23 928 est **divisible par 3**.

▶ La somme de ses chiffres : 2 + 3 + 9 + 2 + 8 est égale à 24 qui n'est pas un multiple de 9, donc 23 928 n'est **pas divisible par 9**.

5 Opérations sur les durées

A Conversion en minutes et secondes

Exemple 1 : Combien y a-t-il de minutes dans 5 h 27 min ?

▶ **5 h** = **5** × 60 min = **300 min** ⟶ On convertit les heures en minutes.

5 h 27 min = **300 min** + **27 min** = 327 min ⟶ On termine le calcul.

Exemple 2 : Combien y a-t-il de secondes dans 2 h 47 min 53 s ?

▶ **2 h** = **2** × 3 600 s = **7 200 s** ⟶ On convertit les heures en secondes.

47 min = **47** × 60 s = **2 820 s** ⟶ On convertit les minutes en secondes.

2 h 47 min 53 s = **7 200 s** + **2 820 s** + 53 s
= 10 073 s ⟶ On termine le calcul.

B Conversion en heures, minutes et secondes

Exemple : Combien y a-t-il d'heures, minutes et secondes dans 41 000 s ?

▶ On convertit les secondes en minutes et secondes, en posant la division de 41 000 par 60.

4	1	0	0	0	6	0	
	5	0	0		**6**	**8**	**3**
		2	0	0			
			2	**0**			

On a donc 41 000 s = **683 min 20 s**.

▶ On convertit alors les minutes en heures et minutes, en effectuant la division euclidienne de 683 par 60.

6	**8**	**3**	6	0
	8	3	**1**	**1**
	2	**3**		

On a donc 41 000 s = **11 h 23 min 20 s**.

C Addition de durées

Exemple : Un match dure 3 h 38 min et le suivant dure 2 h 49 min. Quelle est la durée totale de ces deux matchs ?

▶ On pose l'addition ci-dessous.

	3	h	(1) **3**	**8**	min
+	**2**	h	**4**	**9**	min
=	~~5~~	h	~~8~~	7	min
=	**6**	h	**2**	**7**	min

On effectue deux additions indépendantes :
les minutes entre elles et **les heures entre elles**.

Mais le nombre de minutes obtenu est supérieur à 59.
On va donc le convertir en heures et minutes, sachant que 60 min = 1 h.

La durée totale des deux matchs est donc de **6 h 27 min**.

D Soustraction de durées

Exemple : Un film débute à 15 h 27 et finit à 18 h 14. Quelle est la durée de ce film ?

▶ On pose la soustraction ci-dessous.

	1	**7**	h	**7**	$_{1}$**4**	min
	1	~~8~~	h	~~1~~	4	min
−	**1**	**5**	h	$_{1}$**2**	**7**	min
=	**0**	**2**	h	**4**	**7**	min

On effectue deux soustractions indépendantes :
les minutes entre elles et **les heures entre elles**.

Mais on ne peut pas enlever 27 à 14.
On va donc convertir une des 18 heures en 60 min.

Ce film dure donc **2 h 47 min**.

Exercices « À toi de jouer ! »

1 Calcule astucieusement $20 \times 789 \times 50$.

2 Effectue les divisions euclidiennes suivantes : 354 par 16 et 6 384 par 84.

3 $851 = 19 \times 43 + 34$. Sans effectuer de division, donne le quotient et le reste de la division euclidienne de 851 par 43, puis ceux de la division euclidienne de 851 par 19.

4 Trouve toutes les possibilités pour le chiffre manquant #, sachant que 3 et 4 divisent le nombre 2 0#4.

5 Calcule.

a. 3 h 05 min 13 s + 56 min 48 s

b. 1 h 35 min 29 s − 46 min 37 s

Multiplication

6 *Calcul mental*

a. 25 × 100
b. 125 × 4
c. 25 × 6
d. 250 × 8
e. 127 × 10 000
f. 100 × 1 000
g. 50 × 600
h. 25 000 × 80

7 Recopie et complète.

a. 125 × ... = 1 000
b. 80 × ... = 3 200
c. ... × 100 = 167 300
d. ... × 250 = 1 250

8 Reproduis puis complète chaque tableau.

a.

×			2	9
			6	
8		40		
12	48			
				99

b.

×	6		10	
3				45
	36			
9		63		
			120	

9 Calcule le plus astucieusement possible.

a. 25 × 8 × 4 × 5
b. 75 × 5 × 20 × 2
c. 250 × 8 × 7 × 4
d. 2 500 × 38 × 4 × 2
e. 125 × 25 × 29 × 8 × 4
f. 5 000 × 17 × 19 × 0 × 180 × 4

10 Indique pourquoi chaque multiplication est fausse, puis pose-la et effectue-la correctement.

a.
```
    5 6 7
  × 4 0 3
  -------
  1 7 0 1
2 2 6 8 .
---------
2 4 3 8 1
```

b.
```
  3 2 6
×   1 9
-------
2 7 3 4
  3 2 6
-------
3 0 6 0
```

11 Recopie et effectue chaque opération.

a.
```
  3 5 2 7
×       6
---------
```

b.
```
  2 5 9
×   6 4
-------
```

c.
```
  1 2 8 6
×   7 0 4
---------
```

12 Pose et effectue chaque calcul.

a. 3 × 221
b. 127 × 7
c. 1 327 × 50
d. 40 × 2 570

13 Traduis chaque phrase ci-dessous par un calcul, propose un ordre de grandeur du résultat, puis calcule-le.

a. Le produit de 28 par 601.

b. Le produit de 7 104 par 908.

14 Traduis chaque expression numérique ci-dessous par une phrase, propose un ordre de grandeur du résultat, puis pose et effectue chaque calcul.

a. 4 325 × 609
b. 450 × 3 670
c. 78 × 79
d. 23 × 2 078

15 Recopie chaque expression ci-dessous, puis entoure les facteurs en vert, quand il y en a.

a. 25 × 34
b. 26 + 15
c. (5 + 7) × 10
d. 69 − 48
e. 56 − 25 × 2
f. (14 − 5) × (6 + 4)

16 Écris chaque phrase ci-dessous sous la forme d'une expression numérique, puis calcule-la.

a. Le double de la somme de 4 et de 5.

b. Le triple du produit de 12 par 8.

c. Le produit de 9 par la somme de 7 et de 3.

d. La différence du produit de 4 par 8 et de 3.

17 Traduis chaque expression numérique ci-dessous par une phrase, puis effectue le calcul.

a. (9 − 4) × 12
b. (12 + 7) × (36 − 28)
c. 6 + 15 × 4
d. 7 × 5 − (10 + 5)

18 Sachant que 45 × 23 = 1 035, calcule les résultats des opérations suivantes sans les poser. Tu détailleras ta démarche.

a. 45 × 230
b. 45 × 46
c. 135 × 2 300
d. 44 × 23
e. 45 × 25
f. 46 × 22

19 Monsieur Martin achète un home cinéma. Il paie 248 € comptant et 12 mensualités de 27 €. Combien paiera-t-il en tout ?

20 Une salle de cinéma compte 600 places. Une place coute 8 € au tarif plein et 5 € au tarif réduit. Lors d'une séance, la salle est entièrement remplie. 450 places ont été payées au tarif plein et les autres au tarif réduit.
Quelle est la recette pour cette séance ?

Division euclidienne

21 ***Calcul mental***

a. 630 ÷ 9
b. 720 ÷ 80
c. 260 ÷ 13
d. 420 ÷ 3
e. 250 000 ÷ 50 000
f. 3 000 ÷ 125
g. 4 000 ÷ 250
h. 625 ÷ 25

22 Écris la division euclidienne correspondant à chacune de ces phrases.

a. Le quotient de 745 par 7 est 106 et le reste est 3.

b. Le dividende est 78, le diviseur est 9, le quotient 8 et le reste 6.

23 On donne les égalités : $415 = 7 \times 59 + 2$ et $56 \times 57 = 3\,192$. Sans effectuer de calcul, donne le quotient et le reste des divisions euclidiennes suivantes.

a. 415 par 7
b. 415 par 59
c. 3 192 par 56
d. 3 192 par 57

24 On donne l'égalité $1\,211 = 85 \times 14 + 21$.

a. Cette égalité traduit-elle la division euclidienne de 1 211 par 85 ? Justifie.

b. Cette égalité traduit-elle la division euclidienne de 1 211 par 14 ? Justifie.

25 On donne l'égalité $287 = 34 \times 8 + 15$.
Sans effectuer de division...

a. détermine le quotient et le reste de la division euclidienne de 287 par 8 ;

b. détermine le quotient et le reste de la division euclidienne de 280 par 8.

26 Les égalités suivantes représentent-elles des divisions euclidiennes ? Si oui, précise laquelle (lesquelles). Justifie.

a. $29 = 6 \times 4 + 5$
b. $78 = 2 \times 39$
c. $79 = 6 \times 8 + 31$
d. $5 \times 18 + 5 = 95$
e. $58 = 56 + 2$
f. $674 = 50 + 52 \times 12$

27 Le CDI du collège a commandé 25 dictionnaires à 18 € l'unité et 20 atlas. La facture totale s'élève à 750 €.
Quel est le prix d'un atlas ?

28 Recopie et effectue chaque division euclidienne, puis écris l'égalité correspondante.

a. 7 9 8 | 4
b. 6 5 9 4 | 9
c. 4 2 1 4 | 2 3

29 Pose et effectue les divisions euclidiennes suivantes.

a. 7 549 par 61
b. 1 941 par 27

30 ***Technique et vocabulaire***

a. Quel est le quotient de la division euclidienne de 3 402 par 17 ?

b. Quel est le reste de la division euclidienne de 71 106 par 92 ?

31 **Tableur**

a. Reproduis le tableau ci-dessous dans une feuille de calcul.

	A	B	C	D
1	dividende	diviseur	quotient	reste
2		17	22	6
3		34	33	32
4		115	57	114
5		41	807	16

b. Programme la cellule A2 pour qu'elle calcule le dividende de la division euclidienne.

c. Recopie cette formule vers le bas pour obtenir le dividende de chacune des autres divisions.

d. Reproduis le tableau rempli sur ton cahier.

32 Un viticulteur veut mettre 18 100 L de vin en bouteilles de 3 L.
Combien de bouteilles pourra-t-il remplir ?

33 Pour la fête de l'école, Simon prépare des sacs contenant 12 bonbons chacun. Il a 1 000 bonbons en tout.
Combien de sacs peut-il remplir entièrement ?

34 Dans un collège, 163 élèves sont inscrits à l'UNSS. Le responsable veut acheter un maillot pour chacun des inscrits. Les maillots sont vendus par lot de 14.

a. Combien de lots doit-il acheter ?

b. Combien de maillots ne seront pas distribués ?

35 ***Quotient ou reste ?***

a. 6 798 supporters d'un club de rugby doivent faire un déplacement en car pour soutenir leur équipe. Chaque car dispose de 55 places. Combien de cars faut-il réserver ?

b. Des stylos sont conditionnés par boite de 40. Marie a 2 647 stylos. Combien lui en manque-t-il pour avoir des boites entièrement remplies ?

36 Trois amis participent à une chasse au trésor et trouvent 1 419 pièces en chocolat.

a. Si le partage est équitable, combien de pièces en chocolat auront-ils chacun ?

Pierre arrive. Il rappelle aux trois amis que c'est lui qui leur a prêté sa boussole. Il exige donc d'avoir la même part que chacun des trois autres, plus les pièces restantes.

b. Combien de pièces recevra Pierre ?

37 Le numéro de sécurité sociale d'une personne comporte 13 chiffres. On a ajouté à la fin de chaque numéro une clé de contrôle. Cette clé est un nombre de deux chiffres qui est calculé en utilisant le programme de calcul suivant : on effectue la division euclidienne du numéro de sécurité sociale par 97, puis on calcule la différence entre 97 et le reste de la division.

a. Que signifient les autres nombres constituant un numéro de sécurité sociale ? Fais une recherche et indique ce que tu connais de Nathalie Durand grâce à son numéro.

b. Vérifie la clé de contrôle de Nathalie Durand.

c. Détermine la clé de M. Jean Caisse, dont le numéro est : 1 67 04 81 065 027 ☐☐.

En recopiant son numéro (13 chiffres + clé) sur une feuille de soins, M. Jean Caisse inverse les deux derniers chiffres du numéro à 13 chiffres.

d. Que devient alors son numéro (13 chiffres + clé) et comment l'erreur faite par M. Jean Caisse peut-elle être détectée ? Justifie.

Multiples et diviseurs

38 Écris...

a. la liste des dix premiers multiples de 6 ;

b. cinq multiples de 11 ;

c. tous les multiples de 13 inférieurs à 80.

39 **Tableur**

a. Crée la table de multiplication de 7, en affichant les nombres entiers de 1 à 500 dans la colonne A, et en faisant calculer les produits de ces nombres par 7 dans la colonne B.

b. Chacun des nombres ci-dessous est-il un multiple de 7 ?

- 190
- 567
- 1 638
- 3 587

c. En procédant de la même façon qu'au **a**, donne le nombre et la liste de tous les multiples de 23 compris entre 300 et 500.

40 Quel est...

a. le plus grand multiple de 12 inférieur à 75 ?

b. le plus grand multiple de 36 inférieur à 100 ?

c. le plus petit multiple de 9 supérieur à 1 200 ?

d. le plus petit multiple de 14 supérieur à 710 ?

41 Recopie ce tableau et continue la suite des nombres entiers.

0	5	10							
1	6	...							
2	7								
3	8								
4	9								

a. Que dire des nombres de la première ligne ?

b. Entoure en rouge les multiples de 6 et en vert les multiples de 4. Où se trouvent-ils ?

c. Quels sont les nombres entourés à la fois en rouge et en vert ? Que dire de ces nombres ?

d. Sur quelle ligne se trouvent les nombres suivants ?

- 55
- 78
- 102
- 129

42 ***Multiples communs (1)***

a. Écris tous les multiples de 10 inférieurs à 155.

b. Écris tous les multiples de 15 inférieurs à 155.

c. Entoure les multiples communs à 10 et 15. Que remarques-tu ?

43 *Multiples communs (2)*

a. Trouve quatre multiples à la fois de 3 et de 5. Sont-ils tous des multiples de 15 ?

b. Trouve quatre multiples à la fois de 3 et de 6. Sont-ils tous des multiples de 18 ?

44 *Encadrement*

a. Encadre 56, puis 88, par deux multiples consécutifs de 3.

b. Encadre 125, puis 255, par deux multiples consécutifs de 4.

45 Écris la division euclidienne de 126 par 7, puis déduis-en quatre diviseurs de 126.

46 À l'aide de la calculatrice, trouve parmi les nombres suivants des diviseurs de 18 144.

a. 18. **b.** 49. **c.** 54. **d.** 63. **e.** 182. **f.** 252.

47 À l'aide de la calculatrice, trouve, parmi les nombres suivants, ceux qui ont 29 pour diviseur.

a. 129 **b.** 532 **c.** 725 **d.** 753 **e.** 1 711

48 Écris tous les diviseurs de...

a. 14 **b.** 30 **c.** 48

49 *Diviseurs communs*

a. Écris tous les diviseurs de 16.

b. Écris tous les diviseurs de 20.

c. Entoure les diviseurs communs à 16 et 20. Que remarques-tu ?

50 Même énoncé qu'à l'exercice précédent pour les nombres 24 et 18.

51 *Décompositions*

a. Décompose 27, puis 24, sous la forme d'un produit de deux facteurs entiers différents de 1.

b. Peux-tu décomposer 7 sous la forme d'un produit de deux facteurs entiers différents de 1 ? Un tel nombre est appelé nombre premier.

52 On donne l'égalité suivante : $288 = 8 \times 36$.

a. Écris 4 phrases avec le mot « multiple ».

b. Écris 4 phrases avec le mot « diviseur ».

Critères de divisibilité

53 Le nombre 1 605 est-il divisible par les nombres suivants ? Justifie chaque réponse.

a. 2 **b.** 5 **c.** 4 **d.** 3

54 Dans chaque cas, recopie la liste suivante.

24 25 544 600 173 205

a. Entoure les nombres divisibles par 2.

b. Entoure les nombres divisibles par 5.

c. Entoure les nombres divisibles par 3.

55 Reproduis, puis complète le tableau par Oui ou Non.

	Le nombre ci-dessous est-il divisible par...	4 ?	5 ?	9 ?
a.	619			
b.	999			
c.	416			
d.	296			
e.	540			
f.	1 785			

56 Même consigne qu'à l'exercice précédent.

	Le nombre ci-dessous est-il divisible par...	2 ?	3 ?	6 ?
a.	54			
b.	105			
c.	106			
d.	125			
e.	204			
f.	1 577			

57 **Vrai ou Faux**

Réponds par Vrai ou Faux et justifie.

P.1. Tout nombre qui a 3 pour chiffre des unités est divisible par 3.

P.2. Tout nombre divisible par 4 et 5 est divisible par 10.

P.3. Tout nombre divisible par 3 et 2 est divisible par 5.

P.4. Tout nombre divisible par 2 est divisible par 4.

Durées

58 Convertis chaque durée en minutes.

a. 8 h **b.** 12 h 47 min **c.** 21 h 39 min

59 Convertis chaque durée en secondes.

a. 9 h **b.** 15 h 07 min **c.** 16 h 17 min 14 s

60 Tableur

a. On veut convertir en minutes une durée en heures et minutes. Dans une feuille de calcul, recopie les données ci-dessous.

	A	B	C
1	Nombre d'heures	Nombre de minutes	Durée en minutes
2	13	52	
3	17	45	
4	9	27	
5	22	22	

b. Programme la cellule C2 pour qu'elle donne la conversion de 13 h 52 min en minutes.

c. Recopie cette formule pour convertir les autres durées.

d. Reproduis le tableau rempli sur ton cahier.

e. Dans une autre feuille de calcul, et en procédant de façon similaire, programme les cellules pour obtenir les conversions en secondes de...
- 5 h
- 6 h 32 min
- 7 h 45 min 17 s
- 12 h 29 min 55 s

61 ***Division euclidienne et conversion***

a. Écris la division euclidienne de 467 par 60.

b. Convertis 467 min en heures et minutes.

62 Convertis en heures et minutes.

a. 78 min
b. 134 min
c. 375 min
d. 1 000 min
e. 639 min
f. 1 432 min

63 Convertis en heures, minutes et secondes.

a. 7 800 s **b.** 16 000 s **c.** 25 000 s

64 Philéas Fogg fait le tour du monde en 80 jours. Il décide de partir un jeudi. Quel jour reviendra-t-il ?
Explique ta méthode.

65 Tableur

a. On veut convertir en minutes et secondes une durée en secondes. Dans une feuille de calcul, recopie les données ci-dessous.

	A	B	C
1	Durée en secondes	Nombre de minutes	Nombre de secondes
2	800		

b. Programme les cellules B2 et C2 pour qu'elles donnent la conversion de 800 s en minutes et secondes.

c. Utilise le tableur pour convertir les durées suivantes, exprimées en secondes.
- 235
- 738
- 13 724
- 24 510

d. Utilise le tableur pour convertir les deux dernières durées en heures, minutes et secondes.

66 Voici les horaires de marées à Brest, le 1er mars 2012.

	Heure	Durée de la marée
Basse Mer	4 h 01	
Pleine Mer	9 h 58	
Basse Mer	16 h 27	
Pleine Mer	22 h 34	

a. Reproduis le tableau, puis complète-le en calculant la durée de chaque marée.

b. La marée suivante dure 6 h 35 min.
À quelle date et à quelle heure a lieu la basse mer suivante ?

67 Un randonneur part en promenade à 9 h 30. Il rentre à 12 h 05 et ne s'est reposé que lors de trois pauses, de 5 minutes chacune.
Combien de temps ce randonneur a-t-il marché ?

68 Aux derniers Jeux Équestres Mondiaux, a eu lieu l'épreuve d'endurance par équipe.

a. Voici les temps des membres d'une première équipe :
7 h 36 min 56 s 8 h 07 min 27 s 8 h 09 min 13 s
Quel est le temps total mis par cette équipe ?

b. Voici les temps de deux membres d'une seconde équipe : 8 h 13 min 03 s 8 h 18 min 17 s.
Sachant que l'équipe a mis 24 h 49 min 46 s au total, calcule le temps mis par le troisième membre de cette équipe.

Exercices J'approfondis

69 ***Aire et périmètre***

a. Calcule le périmètre et l'aire d'un rectangle de longueur 74 m et de largeur 30 m.

b. Calcule le périmètre et l'aire d'un carré de côté 11 cm.

c. Quelle est la longueur du côté d'un carré dont l'aire est égale à celle d'un rectangle de longueur 16 cm et de largeur 4 cm ?

70 Un loueur de vélo propose le tarif suivant : un abonnement hebdomadaire de 14 €, puis 3 € par heure d'utilisation.

a. Combien paie un client qui loue un vélo deux heures par semaine ?

b. Marc a payé une facture de 50 € pour une semaine. Combien de temps a-t-il loué un vélo ?

Le loueur propose de ne faire payer que 2 € l'heure de location, à partir de la 2e semaine.

c. Laure a utilisé le vélo 10 heures pendant quinze jours, dont 4 heures durant la 1re semaine. Quel est le montant de la facture de Laure ?

71 Les professeurs organisent une sortie au musée avec leurs trois classes de 6e. Les 6eA sont 25, les 6eB et les 6eC sont 28 par classe. Pour chaque question ci-dessous, écris le calcul puis effectue-le.

a. La législation impose un accompagnateur pour un maximum de 12 enfants.
Combien faut-il d'accompagnateurs ?

b. Le bus comprend 12 rangées de 4 places et une rangée de 5 places.
Combien de bus faut-il prévoir ?

c. Toutes ces personnes sont accueillies dans une salle comportant 15 rangées de 12 sièges.

- Combien y a-t-il de rangées pleines ?
- Combien manque-t-il de personnes dans la rangée incomplète ?

72 Sur la boite d'un médicament, Mehdi lit sa composition :

- produit A : 14 mg ;
- produit B : 260 mg ;
- excipient : 60 g ;
- flacon vide : 15 g.

a. Quelle est la masse, en mg, du mélange contenu dans ce flacon ?

Une goutte a une masse de 90 mg.

b. Mehdi prend 15 gouttes trois fois par jour. Quelle est sa consommation quotidienne ?

c. Son traitement dure 14 jours. Le flacon suffira-t-il ? Et si le traitement dure 15 jours ?

73 Benoit veut refaire sa terrasse. Son budget est de 3 500 €. Il veut conserver au moins 3 000 € pour recouvrir sa terrasse.

Il souhaite acheter un salon de jardin, composé d'une table à 243 € et de 6 chaises vendues 67 € l'unité.

a. Paul, son fils, lui dit : « C'est trop cher pour ton budget ! »
Comment a-t-il fait pour répondre si vite ?

Pour le sol, Benoit hésite entre trois revêtements :

- soit des dalles en bois : il lui en faudrait 47 paquets, à 53 € pièce.
- soit des dalles en marbre, à 35 € le paquet de 4. Il lui en faudrait 88 paquets.
- soit des dalles en pierre bleue, à 9 € pièce. Il lui faudrait alors 418 dalles.

b. Sans poser d'opération, quel choix peut-il faire ou éliminer rapidement ?

c. Quel choix lui permettrait d'acheter quand même la table et les six chaises ?

d. Paul décide de calculer le prix total du choix fait en **c**. Quel est le résultat de son calcul ?

74 Voici un programme de calcul.

- Choisir un nombre entier à trois chiffres.
- Écrire, côte à côte, deux fois cet entier de façon à obtenir un nombre à 6 chiffres.
- Diviser ce nombre par 7.
- Diviser le quotient obtenu par 11.
- Diviser le quotient obtenu par 13.

a. Applique ce programme à 652, puis à un nombre que tu auras choisi.

b. Que remarques-tu ? Essaye d'expliquer ce résultat.

75 Traduis chacune des expressions ci-dessous par un calcul, puis effectue-le.

a. Le double de 478.
b. Le triple de 152.
c. La moitié de 458.
d. Le tiers de 741.
e. Le quart de 100.
f. Le quadruple de 36.

76 ***Nombres inconnus***

a. Trouve deux nombres entiers qui vérifient les deux conditions suivantes :

- leur somme est égale à 15 ;
- leur produit est égal à 36.

b. Y a-t-il plusieurs possibilités ?

77 Dans chaque cas ci-dessous, détermine et effectue l'opération permettant de calculer le nombre représenté par une lettre.

a. $x + 46 = 123$
b. $18 + y = 67$
c. $z - 16 = 93$
d. $r \times 8 = 56$

78 Tableur ***Somme de Gauss***

a. Calcule la somme des trois premiers entiers, puis des quatre premiers entiers, puis des cinq premiers entiers.

b. Si tu connais la somme des 15 premiers entiers, comment calcules-tu facilement la somme des 16 premiers entiers ?

c. Dans un tableur, affiche les 20 premiers entiers non nuls dans la colonne A.

d. Dans la cellule B1, tape `1` . Dans la cellule B2, écris la formule `=B1+A2`. Recopie ensuite cette formule vers le bas jusqu'en B20.

e. Qu'obtiens-tu dans la colonne B ? Explique pourquoi et compare avec les résultats du **a**.

f. Programme la colonne C pour qu'elle calcule le double de la colonne B.

g. Observe les résultats des colonnes A et C. Que remarques-tu ?

h. Aide-toi de la question **g** pour trouver, de tête, la somme des 40 premiers entiers.
Vérifie ton résultat à l'aide du tableur.

i. Calcule de tête la somme des 999 premiers entiers, en appliquant la formule que tu as découverte et qui a été démontrée par le mathématicien Gauss.

79 ***Aire et périmètre***

a. L'aire d'un rectangle est 24 cm². Quelles peuvent être ses dimensions entières ?
Écris toutes les possibilités.

b. Le périmètre d'un rectangle est 24 cm. Quelles peuvent être ses dimensions entières ?
Écris toutes les possibilités.

c. Quelles sont les dimensions entières d'un rectangle d'aire 36 cm² et de périmètre 30 cm ? Combien y a-t-il de possibilités ?

80 Lou dispose de 48 roses et 56 tulipes. Elle veut réaliser des bouquets, tous identiques, et utiliser toutes ses fleurs.

a. Donne les différentes possibilités.

b. Elle souhaite faire le plus possible de bouquets. Indique alors la composition et le nombre de bouquets à réaliser.

81 Recopie et complète la grille à l'aide des nombres que tu trouveras grâce aux définitions.

	A	B	C	D
I			■	
II				■
III		■		
IV	■		■	

Horizontalement

I : Multiple de 4 et de 7. Ses seuls diviseurs sont 1 et 3.

II : Divisible par 3 et 7.

III : Chiffre des unités d'un multiple de 10. Ce nombre est divisible par 10 si on lui ajoute 1.

IV : Diviseur commun à tous les entiers. Le reste de la division euclidienne de 124 par 10.

Verticalement

A : Somme de 103 et de 107.

B : Multiple de 12 et de 7. Le quotient de la division euclidienne de 27 par 14.

C : Double de 36.

D : Différence de 7 et de 4. Produit de 47 par 2.

82 Tableur

Voici un tableau donnant l'écriture des premiers nombres entiers en base 2.

Base 10	0	1	2	3	4
Base 2	0	1	10	11	100

5	6	7	8	9	10
101	110	111	1 000	1 001	1 010

a. Quels chiffres sont utilisés pour écrire les nombres en base 2 et comment ces nombres sont-ils construits ?

b. Comment écrire 11 en base 2 ?
Poursuis le tableau jusqu'à 20.

c. Dans une feuille de calcul, écris les entiers jusqu'à 40 dans la colonne A. Utilise la fonction du tableur qui transforme un nombre décimal (base 10) en nombre écrit en base 2, et écris les 41 premiers nombres en base 2 dans la colonne B.

d. Vérifie les résultats que tu as obtenus à la question **b**.

Exercices

Se tester avec le QCM

		R1	R2	R3	R4
1	27 personnes sont invitées à une fête. Parmi elles, 7 arrivent avec deux amis et les autres avec trois amis. Il y aura donc...	74 personnes	95 personnes	101 personnes	108 personnes
2	$15 \times 2 \times 4 \times 50 = ...$	6 000	60 000	600	15×400
3	$210 = (24 \times 8) + 18$ Le reste de la division euclidienne de...	210 par 24 est 8	210 par 24 est 18	210 par 8 est 18	210 par 8 est 2
4	Le quotient entier de 4 565 par 9 est...	57	507	2	570
5	396 est divisible par...	2	3	4	9
6	5 est...	divisible par 100	un diviseur de 100	un multiple de 50	un diviseur de 75
7	250 spectateurs, dont 80 à titre gratuit, assistent à un spectacle à 7 € la place. La recette est donnée par...	$250 + 80 \times 7$	$250 - 80 \times 7$	$250 - 80 \times 7$	$250 - 80 = ...$ $170 \times 7 = ...$
8	4 500 s sont égales à...	75 min	450 min	1 h 15 min	4 h 50 min
9	2 h 45 min sont égales à...	245 min	9 900 s	165 min	2 540 s
10	Un film débute à 20 h 55. Il dure 1 h 50 min. Il se termine donc à...	21 h 05	22 h 05	22 h 45	21 h 45
11	Henri court pendant 1 h 52 min. Il s'arrête à 10 h 07. Il est donc parti à...	8 h 55	11 h 59	8 h 15	9 h 45
12	Un ouvrier gagne 8 € de l'heure. Jeudi, il a gagné 60 €. Il a donc travaillé...	7 heures et 50 minutes	7 heures	7 heures et 30 minutes	8 heures

Récréation mathématique

Divisions internationales

Méthode laotienne

```
 905 | 37
- 6  |----
  30 | 24
-14  |
 165 |
-12  |
   45|
 - 28|
   17|
```

Méthode anglo-saxonne

```
        24
37 |  905
   | -740
      165
     -148
       17
```

Pose et effectue, selon les mêmes principes, la division de 8 572 par 67, puis celle de 9 257 par 153.

Puce « olympique »

Lorsque la puce utilise sa patte gauche seule, elle fait des bonds de 6 cm.

Lorsqu'elle utilise sa patte droite seule, elle fait des bonds de 4 cm.

Et lorsqu'elle saute « à pattes jointes », elle fait des bonds de 34 cm !

Quel nombre minimum de bonds doit-elle réaliser pour parcourir exactement 20 m ?

Même question avec 35 m.

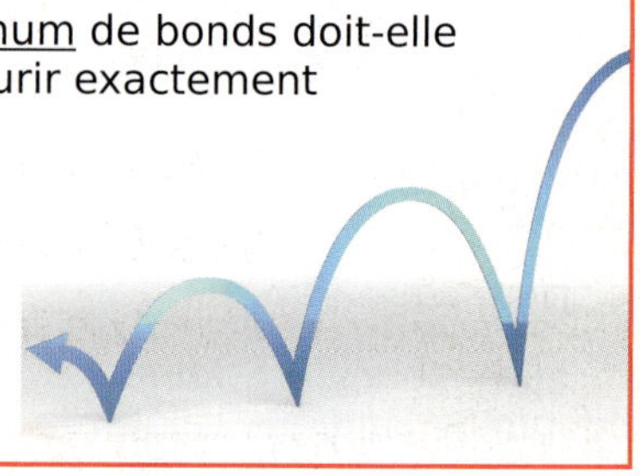

N2 Fractions

- Fractions et partage
- Vocabulaire
- Nombre fraction
- Repérage sur une demi-droite
- Comparaison
- Décomposition

Activités

1 Quel est le nombre manquant ?

→ Cours : 4

a ***De tête !***

Trouve mentalement le nombre manquant dans chacune des « multiplications à trou » suivantes.

- $4 \times ... = 8$
- $... \times 25 = 50$
- $... \times 21 = 0$
- $4 \times ... = 2$
- $6 \times ... = 54$
- $1 \times ... = 89$
- $10 \times ... = 10$
- $... \times 4 = 6$

b ***À l'aide de la calculatrice ou d'un tableur***

Peux-tu trouver le nombre manquant dans chacune des « multiplications à trou » suivantes ?

- $5 \times ... = 22$
- $4 \times ... = 3$
- $8 \times ... = 5$
- $3 \times ... = 7$

2 Fraction partage et nombre fraction

→ Cours : 4

a ***Point de départ***

Le rectangle rouge représente le rectangle unité.
On considère le carré bleu.

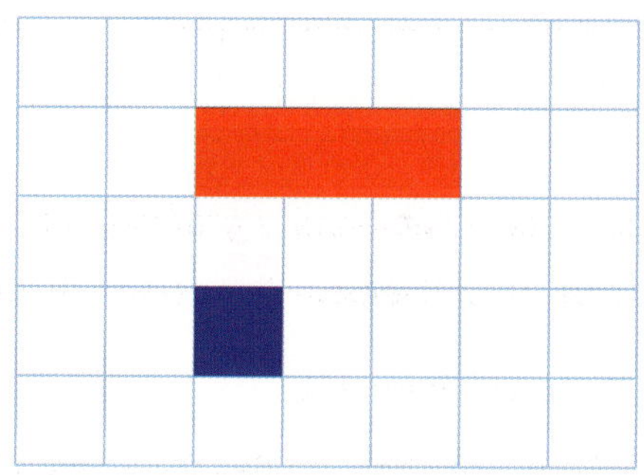

Quelle fraction du rectangle unité le rectangle bleu représente-t-il ?

b ***Fraction partage***

- Dans un quadrillage, trace plusieurs carrés bleus côte à côte pour obtenir un rectangle représentant les $\frac{4}{3}$ du rectangle unité. Combien faut-il de carrés ?
- Recopie et complète alors l'égalité : « $\frac{4}{3} = ... \times \frac{...}{...}$ ».

c ***Nombre fraction***

- Trace trois rectangles verts côte à côte représentant chacun $\frac{4}{3}$ du rectangle unité.

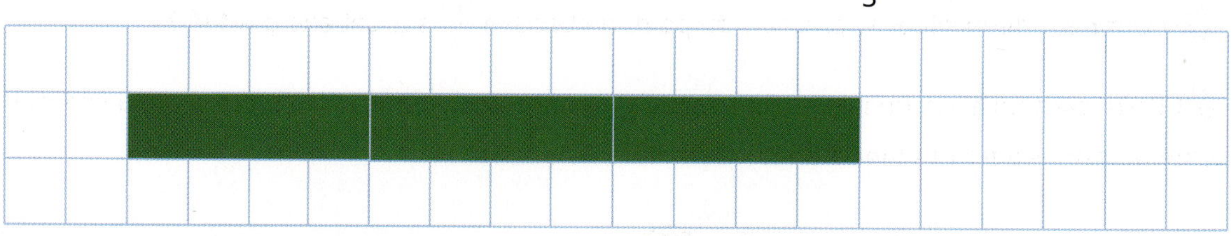

- Combien d'unités représente le grand rectangle obtenu ?
- Quelle égalité peux-tu alors écrire ?

d ***Généralisation***

- En utilisant un raisonnement similaire, donne une écriture du nombre manquant dans la « multiplication à trou » :

$$3 \times \ldots = 7.$$

- Inversement, écris une « multiplication à trou » dont le nombre manquant est $\frac{2}{9}$, puis recopie et complète la phrase : « $\frac{2}{9}$ est le nombre qui, multiplié par ..., donne ... . ».

- Écris une phrase similaire pour les nombres $\frac{12}{7}$ et $\frac{3}{11}$.

3 Sur une demi-droite graduée

Cours : 8

a Dans un quadrillage, reproduis la demi-droite graduée ci-dessous.

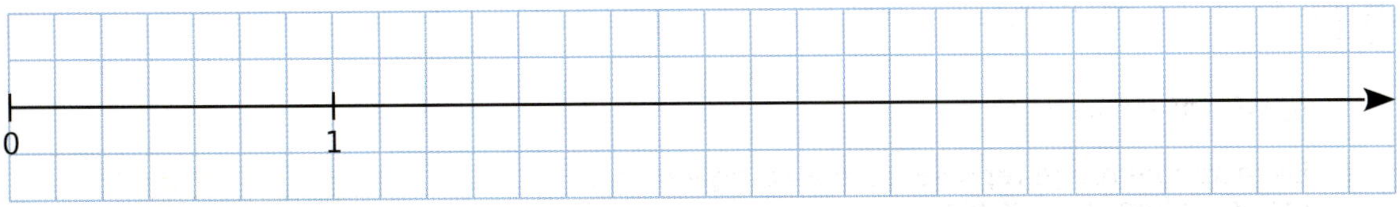

b Sur cette demi-droite graduée, place les points A $\left(\frac{1}{7}\right)$, B $\left(\frac{5}{7}\right)$, C $\left(\frac{17}{7}\right)$ et D $\left(\frac{29}{7}\right)$.
Regarde attentivement la position de ces points pour répondre aux questions qui suivent.

c ***Comparaison à 1***

- Compare chacune des fractions à 1 : $\frac{1}{7}$, $\frac{5}{7}$, $\frac{17}{7}$ et $\frac{29}{7}$.
- Essaie alors d'établir une règle qui permet de savoir si une fraction est supérieure ou inférieure à 1, sans utiliser d'axe gradué.

d Donne un encadrement à l'unité de chacune des fractions : $\frac{1}{7}$, $\frac{5}{7}$, $\frac{17}{7}$ et $\frac{29}{7}$.

e Décompose, sous la forme de la somme d'un nombre entier et d'une fraction inférieure à 1, les fractions $\frac{17}{7}$ et $\frac{29}{7}$.

f Comment déterminer la position du point d'abscisse $\frac{65}{7}$ sur cet axe gradué ?

g Déduis-en un encadrement à l'unité, puis une décomposition sous la forme de la somme d'un nombre entier et d'une fraction inférieure à 1, de $\frac{65}{7}$.

Cours

1 Vocabulaire

$\frac{a}{b}$: a → **numérateur** ; b → **dénominateur**

a est le **numérateur**

b est le **dénominateur**
et b est différent de 0

Définition $\frac{a}{b}$ est une **fraction** si son numérateur a et son dénominateur b sont des **nombres entiers**.

Exemple :
$\frac{15}{18}$ est une **fraction** tandis que $\frac{1,5}{18}$ et $\frac{1,5}{1,8}$ sont des nombres **en écriture fractionnaire**.

Règle Tout **nombre entier** peut s'écrire sous la forme d'une **fraction**.

Exemple : $21 = \frac{21}{1}$.

2 Fraction et partage

Exemple : Colorie les deux sixièmes d'un disque.

▶ Pour colorier les deux sixièmes d'un disque…

- on partage le disque en **six parts égales** :

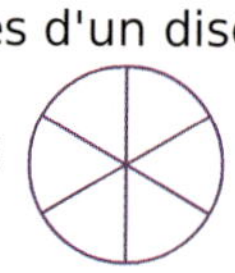

- on colorie **deux parts** sur les six :

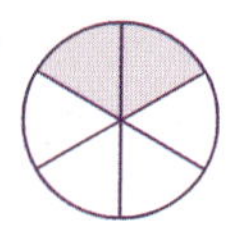

3 Lecture d'une fraction

Règle Pour lire une fraction, on lit d'abord le nombre du **numérateur** puis le nombre du **dénominateur** en ajoutant le suffixe "***ièmes***".

Exemples : $\frac{4}{7}$ se lit ***quatre septièmes*** et $\frac{3}{10}$ se lit **trois dix*ièmes***.

Mais il existe des exceptions :

$\frac{1}{2}$	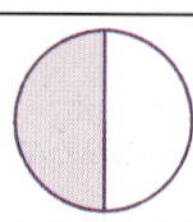	un demi
$\frac{1}{3}$	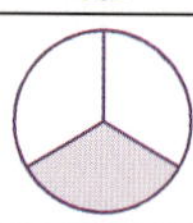	un tiers
$\frac{1}{4}$		un quart

$\frac{2}{3}$	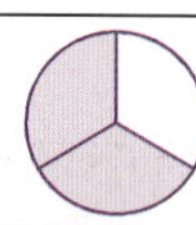	deux tiers
$\frac{3}{4}$	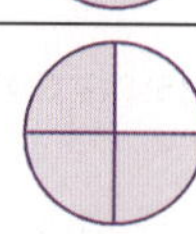	trois quarts

4 Nombre fraction

Définition La fraction $\frac{a}{b}$ est le nombre qui, multiplié par b, donne a. Soit $\frac{a}{b} \times b = a$.

Exemple :

- 1 unité est représentée par : 
- 4 unités sont représentées par : 
- $\frac{4}{3}$ d'unité sont représentés par : 
- $3 \times \frac{4}{3}$ d'unité sont représentés par : 
- $\frac{4}{3}$ est le nombre tel que $3 \times \frac{4}{3} = 4$; il est aussi le nombre tel que $\frac{4}{3} \times 3 = 4$.

5 Comparaison d'une fraction à 1

Règles

- Si le numérateur est **inférieur** au dénominateur, alors la **fraction est inférieure à 1**.
- Si le numérateur et le dénominateur sont **égaux**, alors la **fraction est égale à 1**.
- Si le numérateur est **supérieur** au dénominateur, alors la **fraction est supérieure à 1**.

Exemples : Compare les fractions $\frac{11}{15}$, $\frac{15}{15}$ et $\frac{17}{15}$ à 1.

- $\frac{11}{15}$ est **inférieure à 1** car le numérateur 11 est inférieur au dénominateur 15.
- $\frac{15}{15}$ est **égale à 1** car le numérateur 15 est égal au dénominateur 15.
- $\frac{17}{15}$ est **supérieure à 1** car le numérateur 17 est supérieur au dénominateur 15.

6 Encadrement d'une fraction entre deux nombres entiers consécutifs

Règle On effectue la **division euclidienne** du numérateur par le dénominateur. On obtient un quotient entier qui correspond à la **valeur approchée à l'unité par défaut** du quotient.

Exemple : Encadre la fraction $\frac{39}{7}$ entre deux entiers consécutifs.

- On effectue la division euclidienne de 39 par 7 :

39	7
4	**5**

- **5** est la valeur approchée à l'unité par défaut du quotient $\frac{39}{7}$ donc $5 < \frac{39}{7} < 5 + 1$

soit $\mathbf{5} < \frac{39}{7} < \mathbf{6}$.

7 Décomposition d'une fraction

Règle Toute fraction peut se décomposer en une **somme d'un entier et d'une fraction inférieure à 1**.

Exemple :

Décompose la fraction $\frac{39}{7}$ en somme d'un nombre entier et d'une fraction inférieure à 1.

▶ $\begin{array}{r|l} 39 & 7 \\ \hline 4 & \mathbf{5} \end{array}$ donc $\frac{39}{7} = \mathbf{5} + \frac{\mathbf{4}}{7}$, où $\frac{\mathbf{4}}{7} < 1$.

8 Fraction et demi-droite graduée

Exemple : Sur une demi-droite graduée, place les points A et B d'abscisses respectives $\frac{5}{6}$ et $\frac{22}{6}$.

▶ Pour placer les points A et B sur une demi-droite graduée, on choisit une longueur unité que l'on partage en six parts égales. Chacune de ces parts correspond donc à $\frac{1}{6}$ de l'unité.

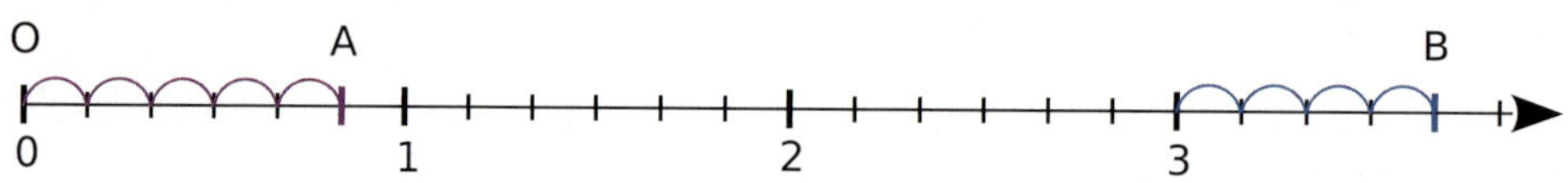

▶ Pour placer le point A, on utilise $\frac{5}{6} = 5 \times \frac{1}{6}$; on reporte donc **cinq sixièmes** à partir du point O.

▶ Pour placer le point B, on peut procéder de la même façon, ou utiliser le fait que $\frac{22}{6} = \frac{18}{6} + \frac{4}{6} = 3 + \frac{4}{6}$ (la division euclidienne de 22 par 6 a pour quotient 3 et pour reste 4), et donc reporter **quatre sixièmes** après 3.

Exercices « À toi de jouer ! »

1 Complète.

a. $6 = \frac{\dots}{5}$ **b.** $7 = \frac{\dots}{6}$ **c.** $4 = \frac{\dots}{3}$ **d.** $8 = \frac{\dots}{9}$

2 Complète par une fraction.

a. $6 \times \dots = 7$

b. $12 \times \dots = 5$

c. $18 \times \dots = 67$

d. $7 \times \dots = 98$

3 Compare chaque fraction à 1.

$\frac{14}{5}$; $\frac{13}{13}$; $\frac{3}{7}$; $\frac{15}{2}$; $\frac{4}{4}$; $\frac{1}{18}$; $\frac{3}{25}$

4 Écris chaque fraction ci-dessous comme la somme d'un nombre entier et d'une fraction inférieure à 1.

a. $\frac{32}{5}$ **b.** $\frac{21}{4}$ **c.** $\frac{2}{7}$

Déduis-en un encadrement de chaque fraction par deux nombres entiers consécutifs.

5 Sur une même demi-droite graduée, place les points : $C\left(\frac{3}{4}\right)$; $D\left(2 - \frac{1}{4}\right)$ et $E\left(\frac{5}{2}\right)$.

Fractions et partage

6 Dans quelle(s) figure(s) ci-dessous, la surface coloriée est-elle égale au quart de la surface totale ?

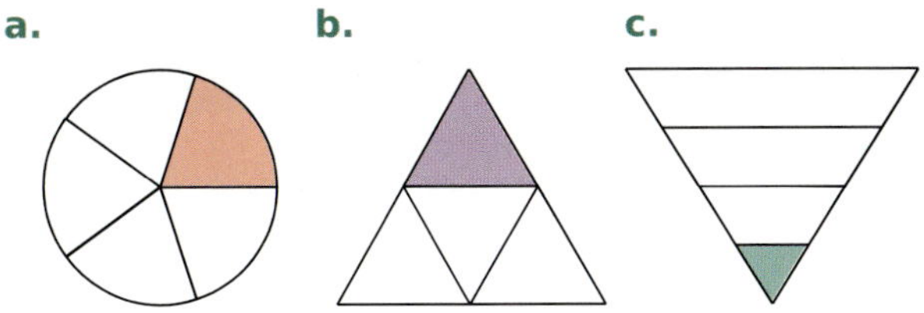

7 Pour chaque figure ci-dessous, indique la fraction de la surface totale qui est coloriée.

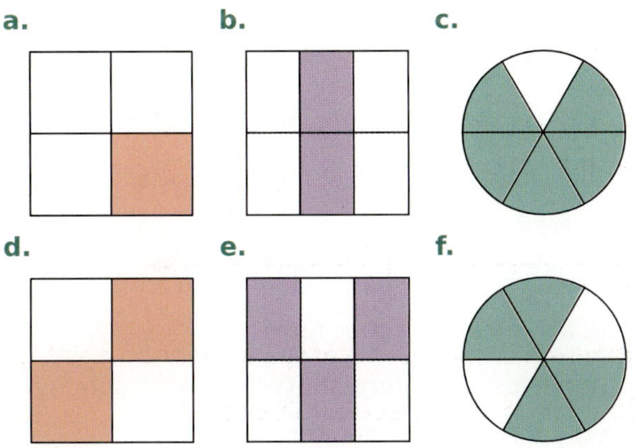

8 Même consigne qu'à l'exercice précédent.

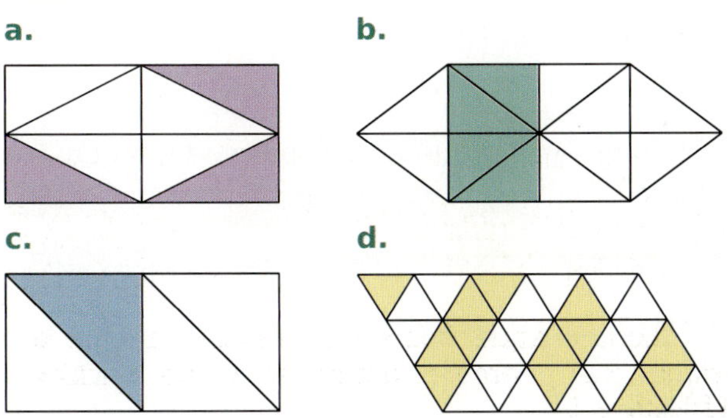

9 Observe la figure suivante.

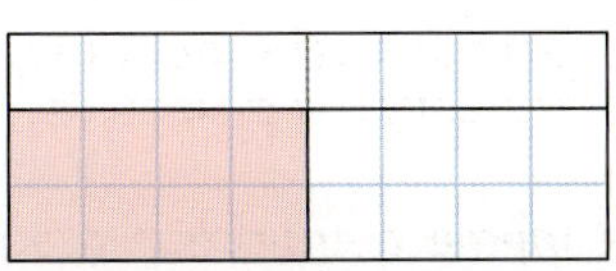

Diego affirme que la surface coloriée correspond au quart de l'aire du grand rectangle.
Camille n'est pas d'accord, elle pense qu'il s'agit du tiers de l'aire du grand rectangle.
Qui a raison ? Justifie.

10 Pour chaque figure ci-dessous, indique la fraction de la surface totale qui est coloriée.

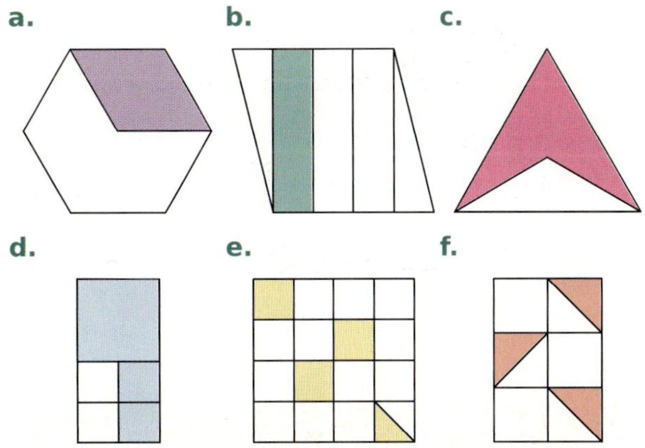

11 Même consigne qu'à l'exercice précédent.

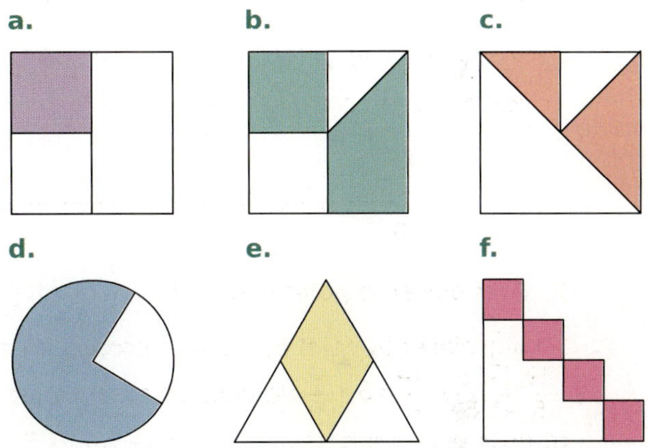

12 Voici un puzzle de 5 pièces.

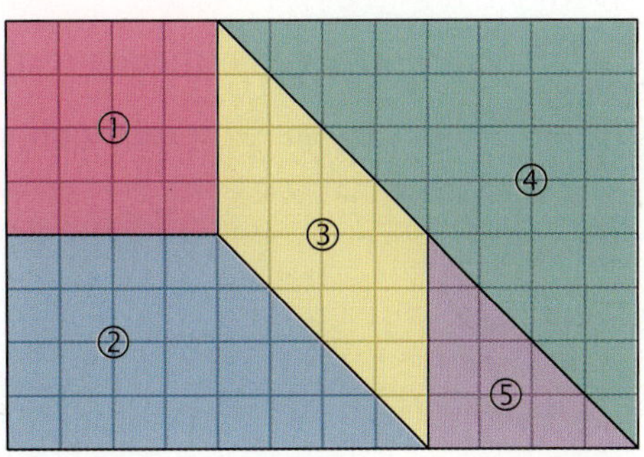

a. Reproduis ce puzzle dans un quadrillage (en respectant le nombre de carreaux).

b. Quelle fraction du grand rectangle représente chaque pièce ?

c. Avec quelles pièces peut-on recouvrir exactement, sans chevauchement, la pièce ② ?

d. Quelle fraction de chaque pièce représente la pièce ⑤ ? (Tu peux t'aider en faisant le dessin de chaque figure et des découpages.)

13 Pour chaque drapeau ci-dessous, quelle fraction de l'aire du drapeau représente la partie rouge ? (Ne tiens pas compte des dessins en surimpression.)

14 Trace quatre carrés de côté 4 cm, partage chacun comme sur le modèle ci-contre, puis colorie la fraction demandée de l'aire du carré.

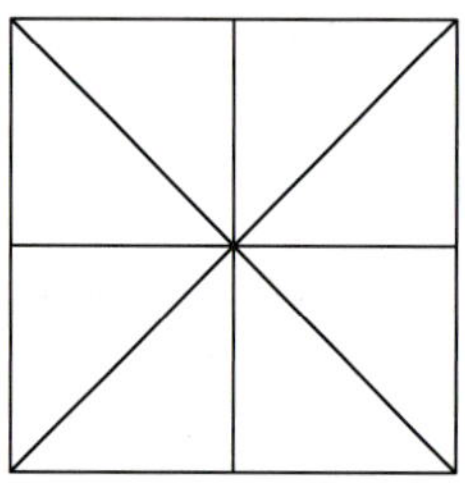

a. $\frac{3}{8}$ **b.** $\frac{7}{8}$ **c.** $\frac{3}{4}$ **d.** $\frac{1}{2}$

15 Trace huit rectangles de longueur 6 carreaux et de largeur 4 carreaux. Nomme-les respectivement 1, 2 … 8.

Colorie la fraction demandée de chaque rectangle.

a. $\frac{7}{24}$ du rectangle n°1

b. $\frac{13}{24}$ du rectangle n°2

c. $\frac{1}{2}$ du rectangle n°3

d. $\frac{1}{6}$ du rectangle n°4

e. $\frac{3}{4}$ du rectangle n°5

f. $\frac{2}{3}$ du rectangle n°6

g. $\frac{11}{12}$ du rectangle n°7

h. $\frac{5}{8}$ du rectangle n°8

16 ***À partir de figures simples***

a. Trace un cercle de rayon 4 cm.
Colorie les trois quarts de sa surface.

b. Trace un carré de côté 3 cm.
Colorie un sixième de sa surface.

c. Trace un rectangle de largeur 3 cm et de longueur 5 cm. Colorie les $\frac{7}{15}$ de sa surface.

17 Céline utilise les $\frac{5}{8}$ de la tablette de chocolat ci-contre pour faire un gâteau. Julien mange le $\frac{1}{3}$ de ce qu'il en reste.

a. Combien de carrés de chocolat reste-t-il alors ? Fais une figure pour répondre.

b. Reprends ce problème avec une tablette de 40 carrés de chocolat .

c. Dans les deux cas, quelle fraction de la tablette de chocolat reste-t-il ?

18 ***À partir d'un segment***

a. Dans un quadrillage, reproduis le segment suivant.

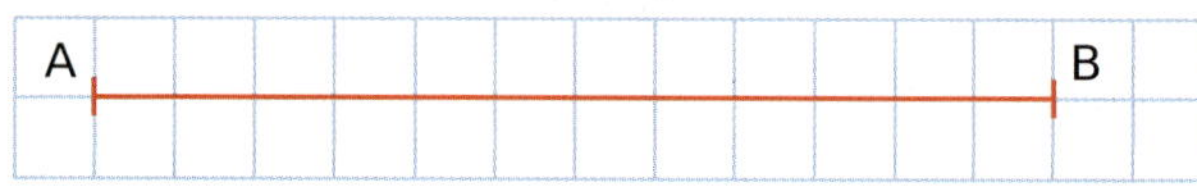

b. Construis un segment [CD] dont la longueur est égale à $\frac{1}{4}$ de la longueur AB.

c. Construis un segment [EF] dont la longueur est égale à $\frac{3}{4}$ de la longueur AB.

d. Construis un segment [GH] dont la longueur est égale à $\frac{1}{3}$ de la longueur AB.

e. Construis un segment [IJ] dont la longueur est égale à $\frac{4}{3}$ de la longueur AB.

19 En observant la figure ci-dessous, recopie puis complète chaque phrase par une fraction.

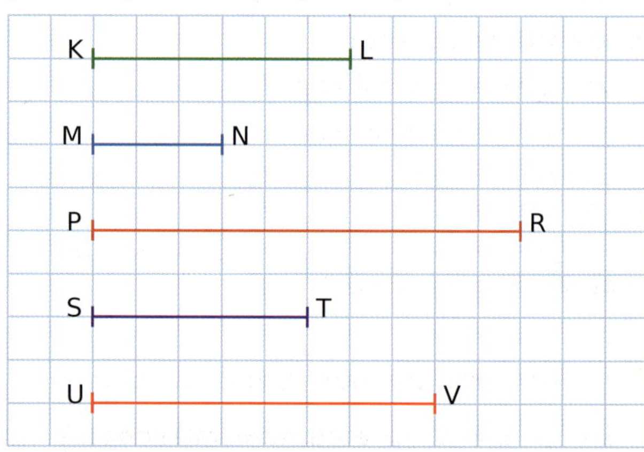

a. MN représente … de KL.

b. PR représente … de KL.

c. ST représente … de KL.

d. UV représente … de KL.

Vocabulaire

20 Donne une écriture fractionnaire des nombres suivants.

a. quatre dixièmes
b. cinq douzièmes
c. deux tiers
d. trois demis
e. six quarts
f. six vingt-cinquièmes
g. cent-dix neuvièmes
h. cent dix-neuvièmes

21 Écris chaque fraction en toutes lettres.

a. $\frac{3}{4}$ **b.** $\frac{5}{7}$ **c.** $\frac{9}{2}$ **d.** $\frac{5}{10}$ **e.** $\frac{7}{3}$

22 Recopie puis complète chaque phrase.

a. Le numérateur de la fraction $\frac{25}{16}$ est... .

b. Le dénominateur de la fraction $\frac{15}{18}$ est... .

23 Parmi les fractions suivantes, indique...

$\frac{25}{18}$	$\frac{9}{13}$	$\frac{46}{45}$	$\frac{17}{18}$	$\frac{7}{4}$	$\frac{25}{7}$	$\frac{25}{31}$	$\frac{18}{5}$	$\frac{29}{30}$	$\frac{13}{18}$

a. celles qui ont le même dénominateur.
b. celles qui ont le même numérateur.
c. celle qui a le plus grand numérateur.
d. celles dont le numérateur est inférieur au dénominateur.

24 On considère la fraction $\frac{4}{9}$.

Quelle fraction obtient-on si...

a. on double son numérateur ?
b. on triple son dénominateur ?
c. on double son numérateur et on prend le tiers de son dénominateur ?
d. on prend la moitié de son numérateur et on triple son dénominateur ?

25 Détermine chaque fraction ci-dessous.

a. Son dénominateur est le numérateur de $\frac{41}{17}$ et son numérateur est dénominateur de $\frac{53}{18}$.

b. Son numérateur est le double de celui de $\frac{41}{17}$ et son dénominateur est le tiers de celui de $\frac{53}{18}$.

Nombre fraction

26 Par quel nombre faut-il...

a. multiplier $\frac{6}{5}$ pour obtenir 6 ?
b. multiplier $\frac{7}{8}$ pour obtenir 7 ?
c. multiplier $\frac{15}{17}$ pour obtenir 15 ?
d. multiplier $\frac{27}{19}$ pour obtenir 27 ?

27 Par quelle fraction faut-il...

a. multiplier 7 pour obtenir 3 ?
b. multiplier 15 pour obtenir 29 ?
c. multiplier 21 pour obtenir 17 ?
d. multiplier 43 pour obtenir 50 ?

28 Recopie puis complète.

a. $16 \times \frac{7}{16} = \ldots$
b. $9 \times \frac{10}{9} = \ldots$
c. $11 \times \frac{24}{11} = \ldots$
d. $23 \times \frac{21}{23} = \ldots$
e. $14 \times \frac{\ldots}{\ldots} = 9$
f. $5 \times \frac{\ldots}{\ldots} = 27$
g. $12 \times \frac{\ldots}{\ldots} = 11$
h. $29 \times \frac{\ldots}{\ldots} = 31$

29 En observant cette figure, recopie puis complète chaque expression par une fraction.

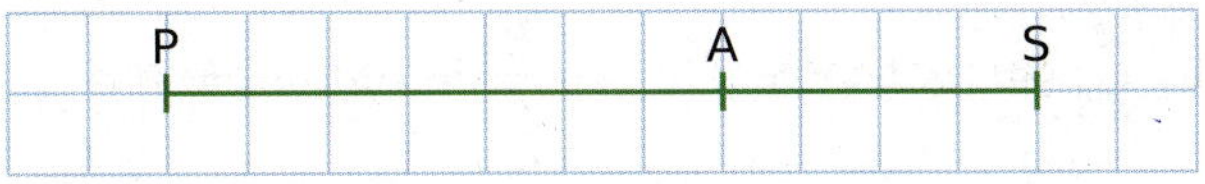

a. $PA = \frac{\ldots}{\ldots} \times PS$
b. $PA = \frac{\ldots}{\ldots} \times AS$
c. $PS = \frac{\ldots}{\ldots} \times AS$
d. $PS = \frac{\ldots}{\ldots} \times PA$
e. $AS = \frac{\ldots}{\ldots} \times PA$
f. $AS = \frac{\ldots}{\ldots} \times PS$

30 Recopie puis complète.

a. $6 = \frac{\ldots}{2}$
b. $7 = \frac{\ldots}{2}$
c. $10 = \frac{\ldots}{2}$
d. $15 = \frac{\ldots}{2}$
e. $6 = \frac{\ldots}{3}$
f. $7 = \frac{\ldots}{3}$
g. $10 = \frac{\ldots}{3}$
h. $15 = \frac{\ldots}{3}$
i. $6 = \frac{\ldots}{7}$
j. $7 = \frac{\ldots}{7}$
k. $10 = \frac{\ldots}{7}$
l. $15 = \frac{\ldots}{7}$

Exercices Je m'entraine

Repérage sur une demi-droite

31 Dans chaque cas ci-dessous, donne, sous forme d'une fraction, l'abscisse de chacun des points A, B et C placés sur la demi-droite graduée.

a.

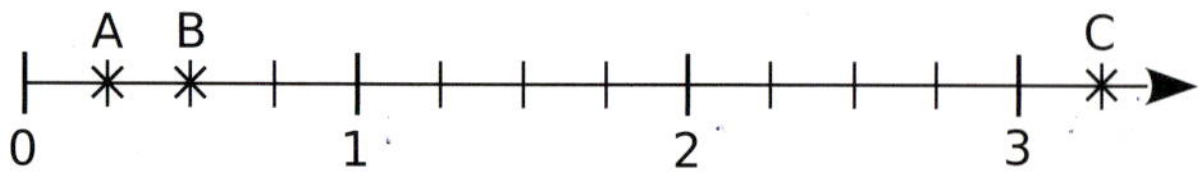

b.

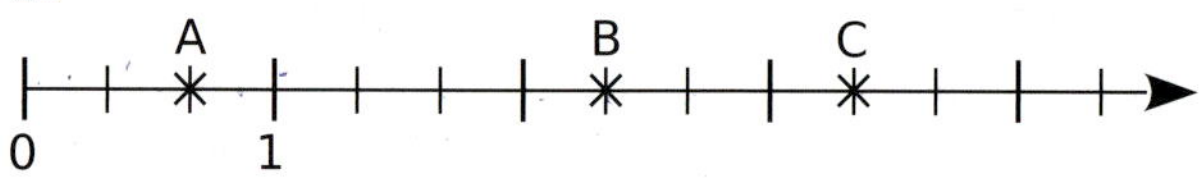

c.

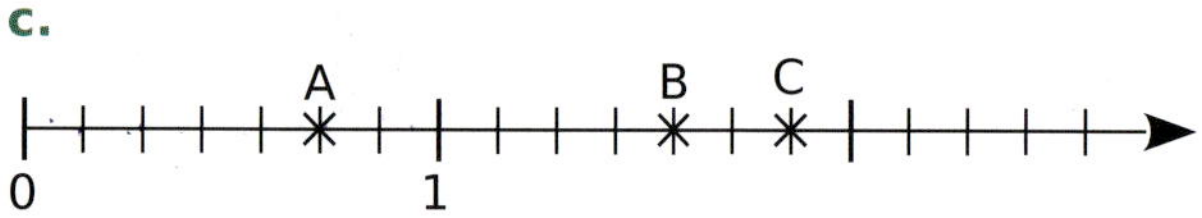

32 Observe cette demi-droite graduée.

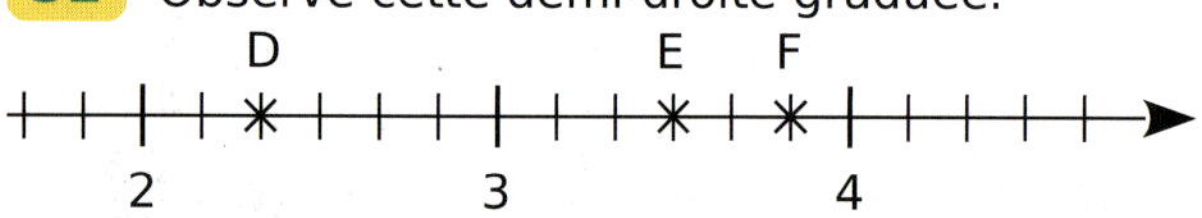

Recopie puis complète par une fraction.

$D\left(2+\frac{\dots}{\dots}\right)$ $E\left(3+\frac{\dots}{\dots}\right)$ $F\left(3+\frac{\dots}{\dots}\right)$

33 Même consigne qu'à l'exercice **31** pour les points G, H et J.

a.

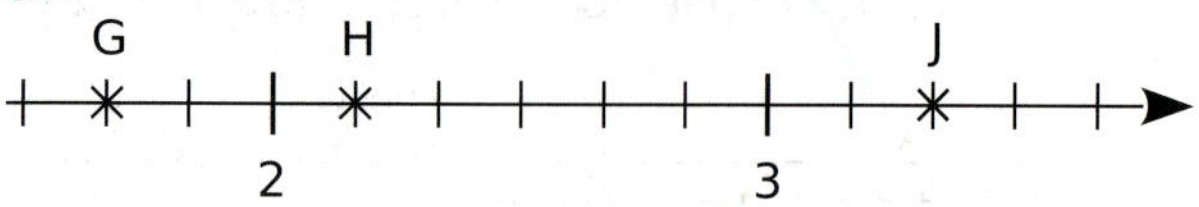

b.

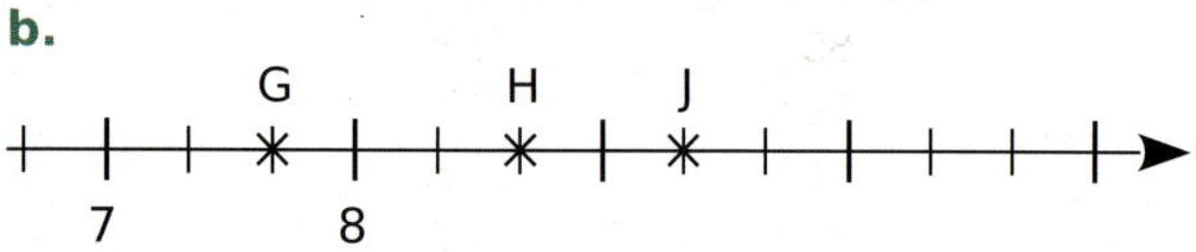

c.

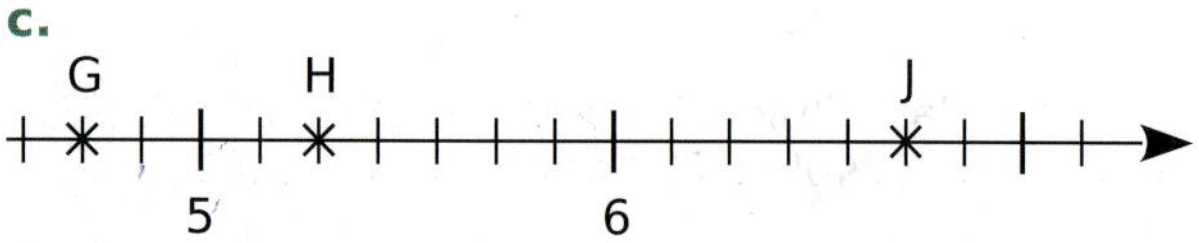

34 Reproduis chaque demi-droite graduée ci-dessous, puis place les points indiqués.

a. $A\left(\frac{1}{3}\right)$, $B\left(\frac{8}{3}\right)$ et $C\left(\frac{16}{3}\right)$.

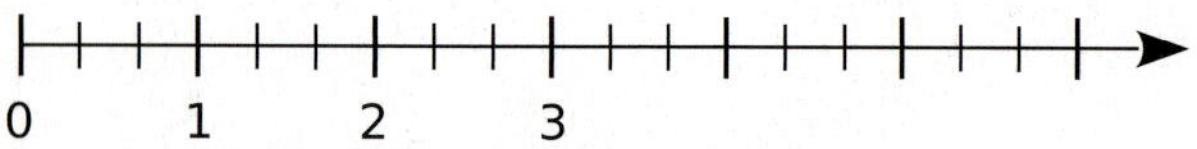

b. $D\left(\frac{2}{5}\right)$, $E\left(\frac{8}{5}\right)$ et $F\left(\frac{14}{5}\right)$.

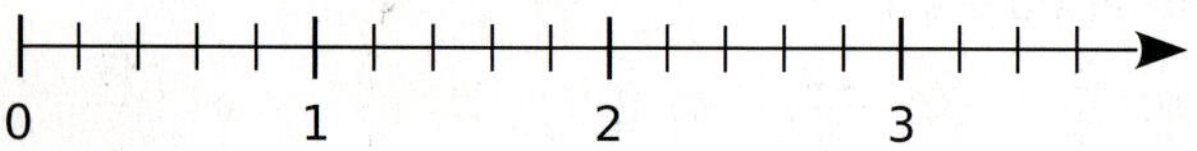

35 Même consigne qu'à l'exercice précédent.

a. $G\left(\frac{7}{9}\right)$, $H\left(\frac{17}{9}\right)$ et $J\left(\frac{30}{9}\right)$.

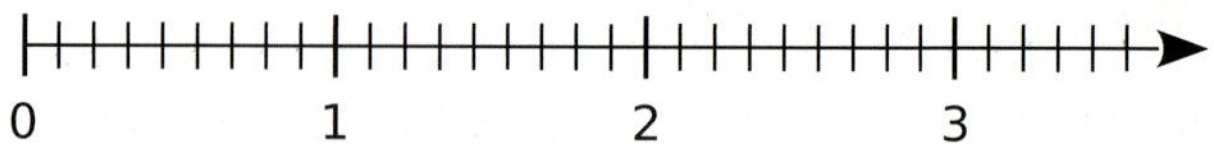

b. $K\left(\frac{5}{4}\right)$, $L\left(\frac{9}{4}\right)$ et $M\left(\frac{12}{4}\right)$.

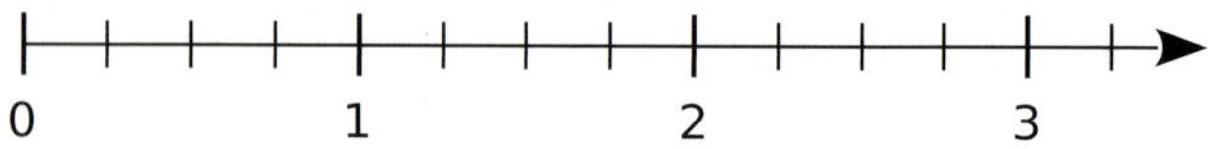

36 ***En changeant d'unité***

a. Trace une demi-droite graduée en prenant 7 carreaux pour une unité, puis place les points $N\left(\frac{2}{7}\right)$, $P\left(1+\frac{3}{7}\right)$ et $R\left(1-\frac{4}{7}\right)$.

b. Trace une demi-droite graduée en prenant 3 carreaux pour une unité, puis place les points $S\left(2+\frac{1}{3}\right)$, $T\left(6-\frac{2}{3}\right)$ et $U\left(3+\frac{4}{3}\right)$.

37 Reproduis chaque demi-droite graduée ci-dessous, puis place les points indiqués.

a. $A\left(\frac{11}{6}\right)$, $B\left(\frac{16}{6}\right)$ et $C\left(\frac{22}{6}\right)$.

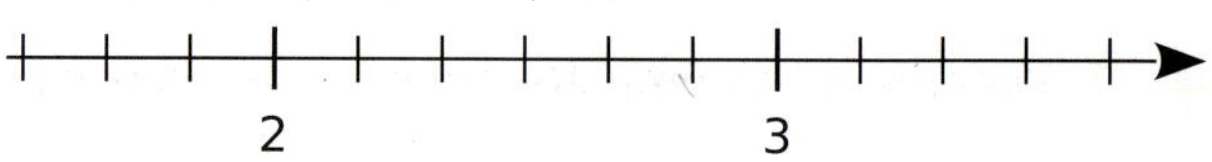

b. $D\left(\frac{20}{3}\right)$, $E\left(\frac{25}{3}\right)$ et $F\left(\frac{31}{3}\right)$.

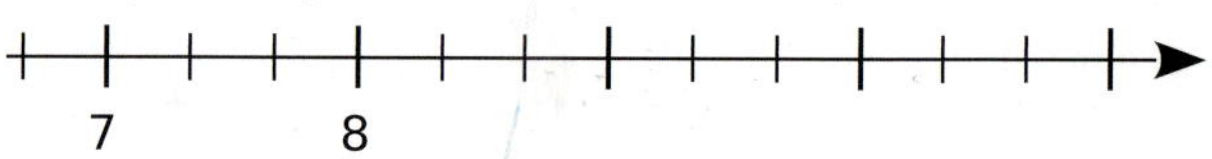

c. $G\left(\frac{39}{7}\right)$, $H\left(\frac{42}{7}\right)$ et $J\left(\frac{50}{7}\right)$.

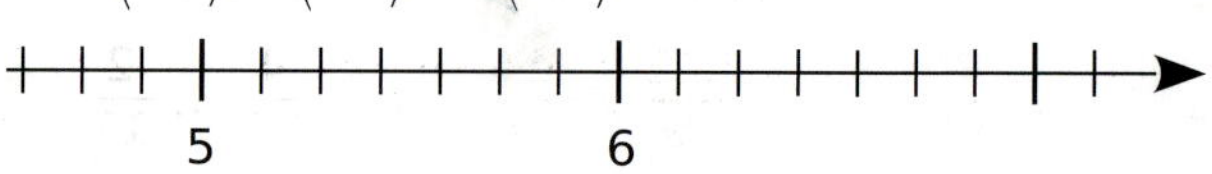

38 Trace une demi-droite graduée en prenant 12 carreaux pour une unité.

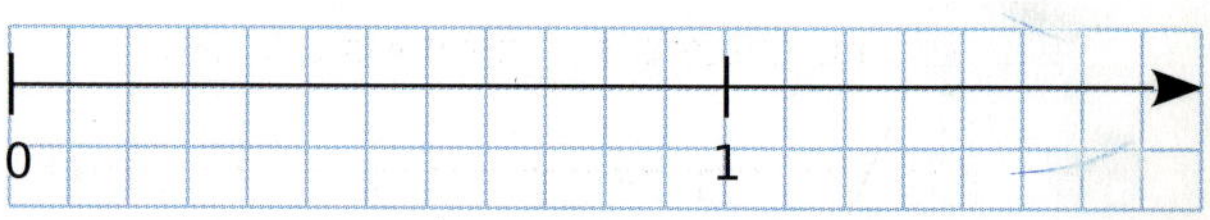

a. Combien de carreaux faut-il prendre pour avoir $\frac{1}{6}$ de l'unité ?

b. Même question pour $\frac{1}{4}$, $\frac{1}{3}$ puis $\frac{1}{2}$ de l'unité.

c. Sur cette demi-droite, place les points E, F, G et H d'abscisses respectives $\frac{11}{12}$, $\frac{5}{6}$, $\frac{3}{4}$ et $\frac{3}{2}$.

Comparaison / Décomposition

39 Vrai ou Faux

Si l'affirmation est fausse, cite un contre-exemple (c'est-à-dire un exemple pour lequel cette affirmation est inexacte).

P.1. Si deux fractions ont le même dénominateur, alors la plus grande est celle qui a le plus grand numérateur.

P.2. Si le numérateur d'une fraction est supérieur à 1, alors cette fraction est supérieure à 1.

P.3. La fraction qui a le plus grand dénominateur est toujours la plus grande.

40 Reproduis le tableau ci-dessous, puis complète-le avec les fractions suivantes.

$\frac{42}{10}$; $\frac{8}{8}$; $\frac{36}{5}$; $\frac{1}{6}$; $\frac{27}{27}$; $\frac{9}{125}$; $\frac{87}{2}$; $\frac{131}{4}$; $\frac{3}{4}$; $\frac{33}{42}$

Fractions inférieures à 1	Fractions égales à 1	Fractions supérieures à 1

41 Recopie puis complète avec le symbole <, > ou =.

a. $\frac{27}{26}$ ... 1 **b.** $\frac{101}{101}$ ... 1 **c.** $\frac{99}{9}$ ... 1

d. $\frac{3}{7}$ ... 1 **e.** $\frac{43}{47}$ ... 1 **f.** $\frac{2}{2}$ ... 1

42 Même consigne qu'à l'exercice précédent.

a. $\frac{5}{8}$ ... $\frac{7}{8}$ **b.** $\frac{11}{9}$ ... $\frac{14}{9}$ **c.** $\frac{4}{11}$ ... $\frac{2}{11}$

d. $\frac{32}{17}$ ... $\frac{30}{17}$ **e.** $\frac{8}{12}$ ... $\frac{8}{7}$ **f.** $\frac{10}{3}$ ... $\frac{10}{6}$

43 Reproduis cette demi-droite graduée.

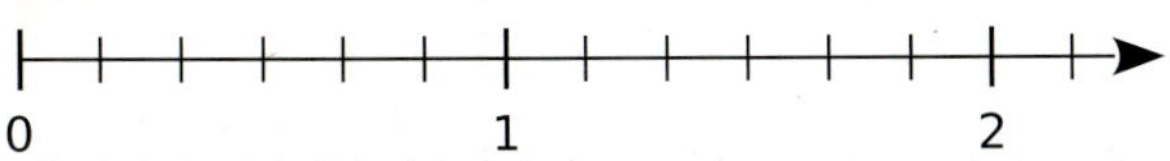

a. Place les points U, V et W d'abscisses respectives $\frac{8}{6}$; $\frac{13}{6}$ et $\frac{4}{6}$.

b. Recopie puis complète les encadrements suivants avec deux entiers consécutifs.

... < $\frac{8}{6}$ < ... ... < $\frac{13}{6}$ < ... ... < $\frac{4}{6}$ < ...

44 Voici six multiples de 13.

×	1	2	3	4	5	6
13	13	26	39	42	65	78

Déduis-en un encadrement par deux entiers consécutifs de chaque fraction ci-dessous.

a. $\frac{34}{13}$ **b.** $\frac{52}{13}$ **c.** $\frac{5}{13}$ **d.** $\frac{30}{13}$ **e.** $\frac{77}{13}$

45 Recopie et complète chaque encadrement ci-dessous par deux entiers consécutifs.

a. ... < $\frac{36}{10}$ < ... **b.** ... < $\frac{2}{7}$ < ...

c. ... < $\frac{11}{3}$ < ... **d.** ... < $\frac{49}{8}$ < ...

46 Écris chaque expression ci-dessous sous la forme d'une seule fraction.

a. $25 + \frac{1}{2}$ **b.** $4 + \frac{5}{9}$ **c.** $7 + \frac{2}{3}$

d. $12 - \frac{1}{4}$ **e.** $8 - \frac{2}{5}$ **f.** $10 - \frac{10}{11}$

47 Tableur

On cherche à écrire une fraction sous la forme de la somme d'un entier et d'une fraction inférieure à 1.

a. Dans une feuille de calcul, recopie ce tableau.

	A	B	C	D
1	Numérateur	Dénominateur	Quotient	Reste
2	855	58		
3	565	32		
4	89	823		
5	245	12		
6	1024	78		

b. Dans la cellule C2, écris =QUOTIENT(A2;B2) et dans la cellule D2, écris =MOD(A2;B2) .

c. Recopie puis complète : $\frac{855}{58} = ... + \frac{...}{58}$.

d. Recopie les deux formules du **b** vers le bas.

e. Écris alors les autres égalités.

f. Range enfin les cinq fractions dans l'ordre croissant.

48 Écris chaque fraction ci-dessous comme somme d'un nombre entier et d'une fraction inférieure à 1.

a. $\frac{5}{2}$ **b.** $\frac{10}{3}$ **c.** $\frac{7}{5}$ **d.** $\frac{3}{7}$ **e.** $\frac{37}{9}$

49 Pour chaque figure ci-dessous, indique quelle fraction de la surface totale est coloriée.

a.

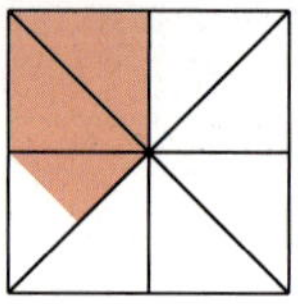

b.

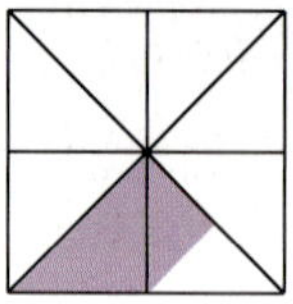

c.

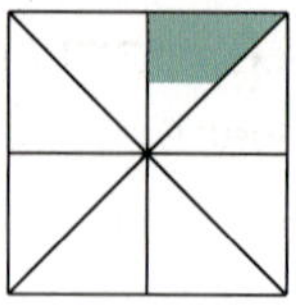

50 Pour le drapeau des Seychelles ci-dessous, quelle fraction de l'aire du drapeau représente la partie rouge ? Justifie ta démarche.

51 Trace trois rectangles de 9 cm sur 4 cm.

a. Partage le premier pour colorier les cinq sixièmes de sa surface.

b. Partage le second pour colorier les sept douzièmes de sa surface.

c. Partage le troisième pour colorier les trois huitièmes de sa surface.

52 Reproduis ce rectangle.

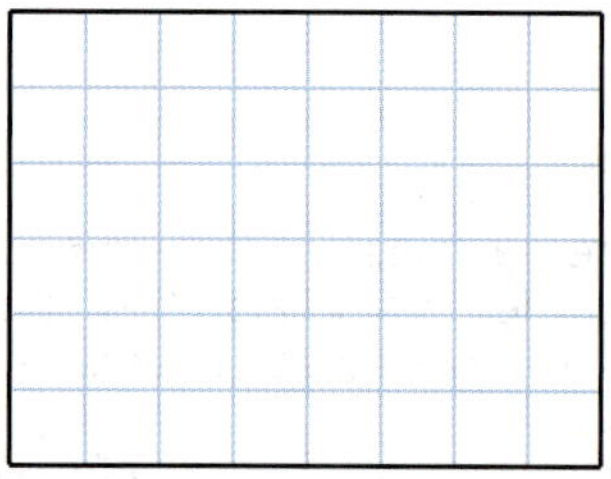

a. Colorie en bleu les $\frac{3}{8}$ de ce rectangle.

b. Colorie en vert $\frac{1}{2}$ de ce qui reste.

c. Colorie en rouge les $\frac{3}{5}$ de ce qui reste.

d. Colorie en noir les $\frac{2}{3}$ de ce qui reste.

e. Quelle fraction du grand rectangle n'est pas coloriée ?

53 Pour les deux figures ci-dessous, calcule la proportion de l'aire de la surface totale occupée par chaque couleur.

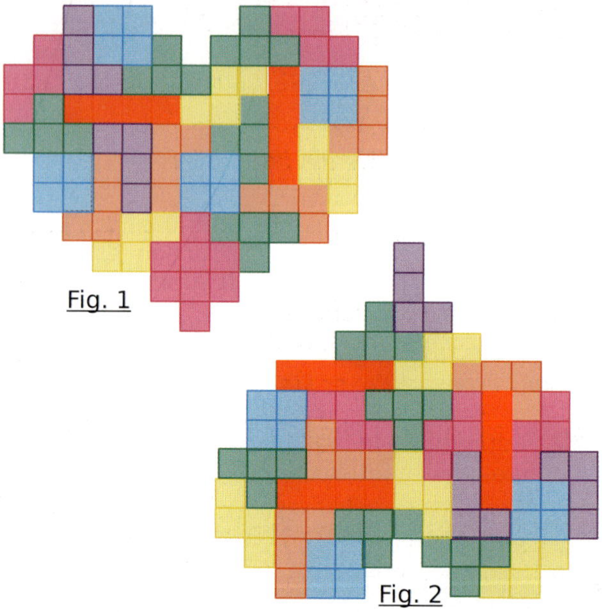

54 En utilisant les graduations ci-dessous, recopie et complète les égalités suivantes.

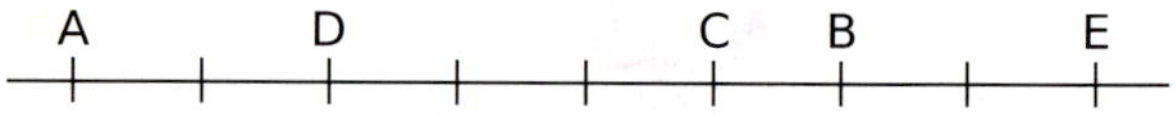

a. AC = ... × AB **b.** AE = ... × AB

c. DC = ... × AB **d.** CB = ... × BD

e. AB = ... × AE **f.** BE = ... × DC

55 Donne l'abscisse de chaque point ci-dessous, sous la forme d'une fraction ou d'un nombre entier.

a.

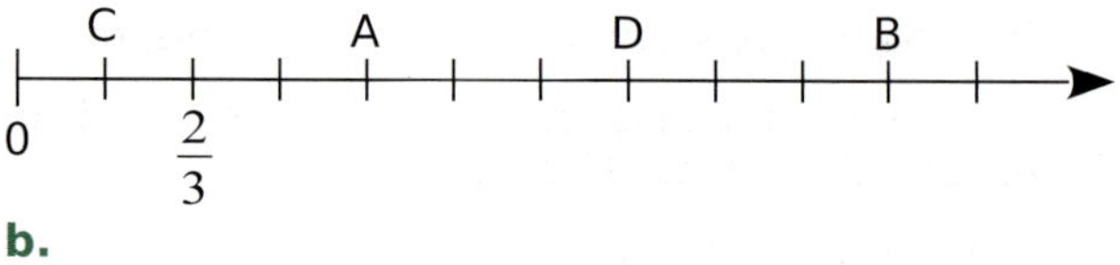

b.

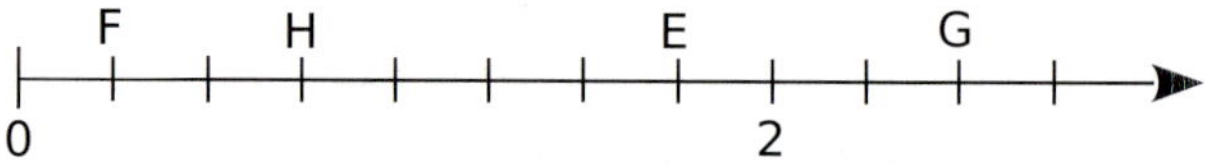

c.

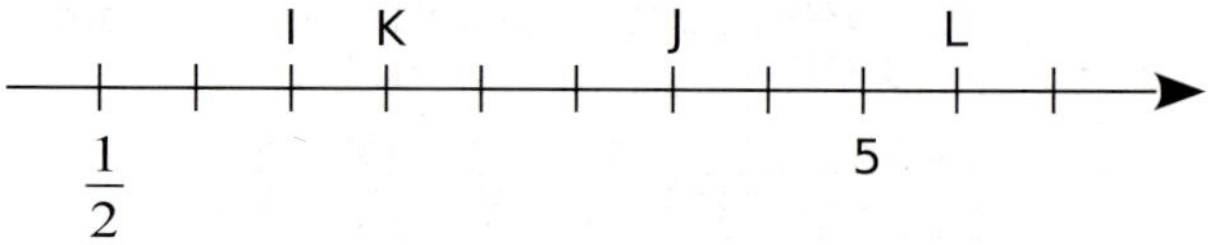

d.

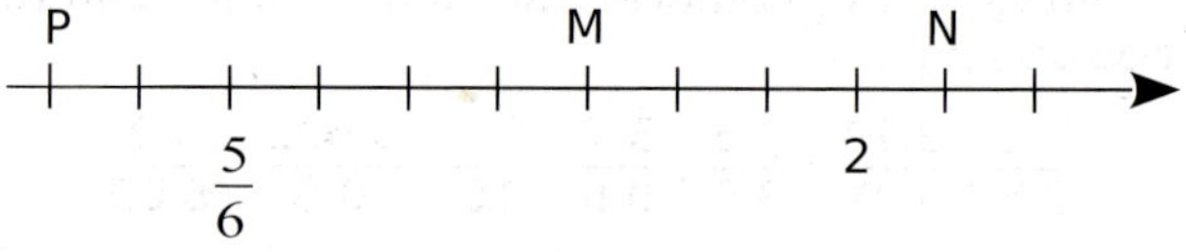

56 En choisissant judicieusement une unité de longueur sur une demi-droite graduée, place précisément les points :

A$\left(\frac{5}{6}\right)$; B$\left(\frac{1}{2}\right)$; C$\left(\frac{11}{6}\right)$; D$\left(\frac{3}{4}\right)$ et E$\left(1+\frac{1}{3}\right)$.

57 Reproduis cette demi-droite graduée, en prenant trois centimètres pour unité.

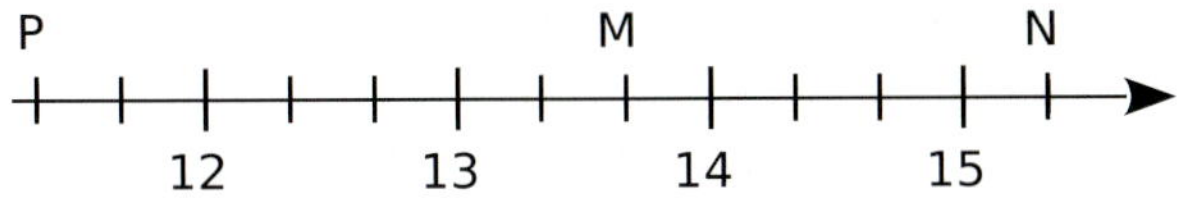

a. Donne deux écritures de chacune des abscisses des points M, N et P.

b. Sur cette demi-droite graduée, place les points : Q$\left(14+\frac{1}{3}\right)$, R$\left(13-\frac{1}{6}\right)$ et S$\left(\frac{71}{6}\right)$.

58 Les élèves de 6e C ont participé à une course d'orientation.

Leur professeur a écrit le temps de chaque équipe, sous la forme d'une fraction d'heure.

Équipe A : $\frac{45}{60}$ h — Équipe D : $\frac{13}{6}$ h

Équipe B : $\frac{8}{6}$ h — Équipe E : $\frac{4}{6}$ h

Équipe C : $\frac{7}{3}$ h — Équipe F : $\frac{11}{3}$ h

a. Quelles équipes ont mis moins d'une heure ?

b. Quelles sont celles qui ont couru entre 1 et 2 heures ? Et plus de 3 heures ?

c. Quelle équipe a gagné ?

59 ***Dans un sens et dans l'autre***

a. Range les fractions suivantes dans l'ordre croissant.

$$\frac{13}{11} ; \frac{11}{19} ; \frac{13}{7} ; \frac{3}{19} ; \frac{13}{9} ; \frac{17}{17} ; \frac{18}{19}$$

b. Range les nombres suivants dans l'ordre décroissant.

$$\frac{7,1}{8,5} ; \frac{3,14}{0,8} ; \frac{3,5}{3,5} ; \frac{3,7}{0,8} ; \frac{7,1}{10} ; \frac{3,622}{0,8} ; \frac{7,1}{8,05}$$

60 Quelle fraction mystère répond aux deux conditions suivantes ?

Première condition :
Quand on ajoute le numérateur de la fraction mystère avec le dénominateur de $\frac{5}{7}$, on obtient le nombre 9.

Deuxième condition :
Quand on ajoute le dénominateur de la fraction mystère avec le numérateur de $\frac{3}{2}$, on obtient le nombre 13.

61 ***Deux chemins valent mieux qu'un***

a. Calcule $5+\frac{2}{3}+7+\frac{1}{3}$, puis donne le résultat sous la forme d'un nombre entier.

b. Exprime $5+\frac{2}{3}$, puis $7+\frac{1}{3}$, sous la forme d'une seule fraction.

c. Calcule la somme des fractions obtenues à la question **b**. Compare avec le résultat trouvé à la question **a**.

62 ***À la bonne heure !***

On considère la plus petite portion de disque délimitée par les deux aiguilles d'une horloge, comme dans les exemples ci-dessous.

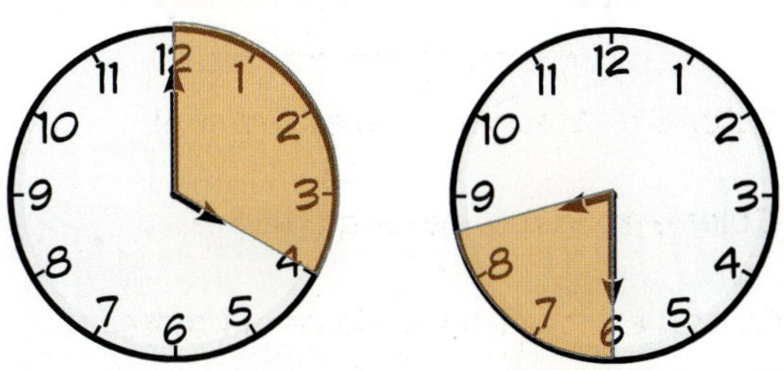

Quelle fraction de l'horloge représente la partie coloriée quand il est...

a. 5 h ? **b.** 8 h ? **c.** 4 h 30 ?

Se tester avec le QCM

		R1	R2	R3	R4
1	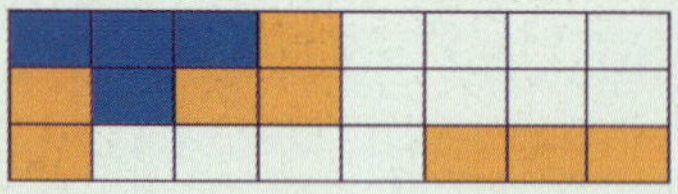	Un tiers du rectangle est en orange	Les $\frac{4}{20}$ du rectangle sont en bleu	Les $\frac{8}{16}$ du rectangle sont en orange	La moitié du rectangle est coloriée
2	Dans quelle(s) figure(s) la surface coloriée représente-t-elle les $\frac{5}{7}$ de l'aire totale ?	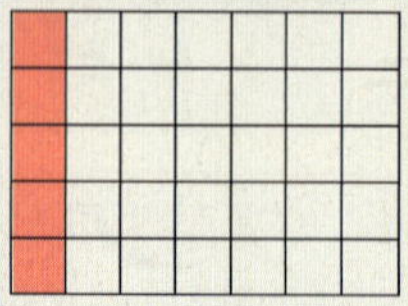	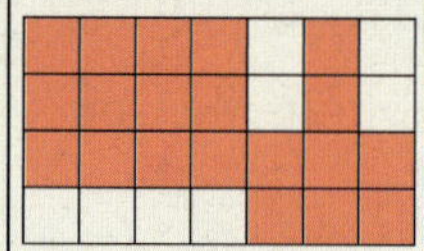	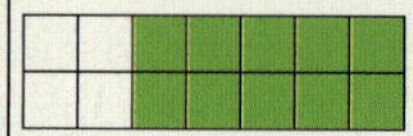	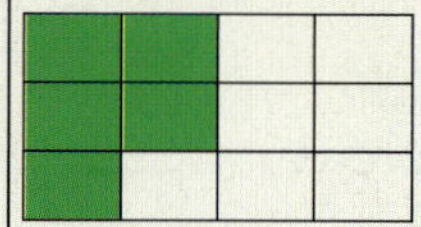
3	$\frac{14}{31}$ ...	est un nombre	a pour dénominateur 31	a pour dénominateur 14	a pour numérateur 14
4	Le nombre qui, multiplié par 3, donne 17 est égal à...	$\frac{17}{3}$	$\frac{3}{17}$	51	5
5	Le nombre manquant dans l'égalité $7 \times ... = 11$ est...	$\frac{1}{7}$	4	$\frac{11}{7}$	$\frac{7}{11}$
6	Parmi ces fractions, lesquelles sont plus petites que 1 ?	$\frac{4}{5}$	$\frac{11}{8}$	$\frac{8}{9}$	$\frac{7}{7}$
7	$4 + \frac{5}{6}$ est égal à...	$\frac{9}{6}$	$\frac{29}{6}$	$\frac{20}{6}$	$\frac{45}{6}$
8	$\frac{29}{7}$ est...	égal à $4 + \frac{1}{7}$	égal à $\frac{7}{29}$	le nombre qui, multiplié par 7, donne 29	le nombre qui, multiplié par 29, donne 7
9	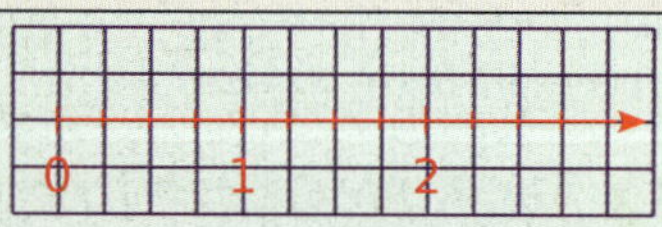 Sur cette partie de demi-droite graduée, on peut placer précisément...	$1 + \frac{2}{3}$	$2 + \frac{3}{4}$	$\frac{7}{4}$	$\frac{1}{3}$
10	Sur la demi-droite graduée ci-dessous... 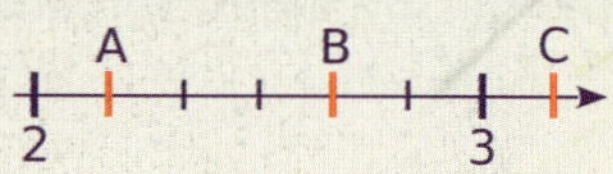	B a pour abscisse $\frac{4}{6}$	C a pour abscisse 4	A a pour abscisse $2 + \frac{1}{6}$	le point d'abscisse $\frac{5}{2}$ est entre A et B

! Récréation mathématique

Les unités de capacité aux États-Unis

Pour mesurer les liquides aux États-Unis, on utilise le gallon (gal).

There are 2 cups in a pint.

There are 2 pints in a quart.

There are 4 quarts in a gallon.

How many cups are in a gallon?

Complète les égalités suivantes.

1 quart = $\frac{\dots}{\dots}$ gal   1 pint = $\frac{\dots}{\dots}$ gal

1 cup = $\frac{\dots}{\dots}$ gal   1 cup = $\frac{\dots}{\dots}$ pint

7 quarts = ... gal + ... quarts

25 cups = ... gal + ... cups

17 pints = ... gal + ... pints

N3 Nombres décimaux

- Fractions décimales
- Écriture décimale
- Demi-droite graduée
- Comparaison et rangement
- Encadrement et valeurs approchées

Activités

1 Fractions décimales

→ Cours : 1

a *Fractions décimales inférieures à 1*

- Quelle fraction de l'aire du carré représente l'aire de chaque colonne ?

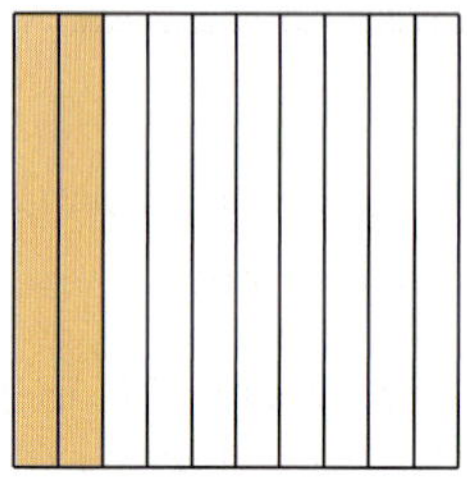

- Quelle fraction de l'aire du carré représente l'aire coloriée ?

- Quelle fraction de l'aire du carré représente l'aire de chaque petit carré ?

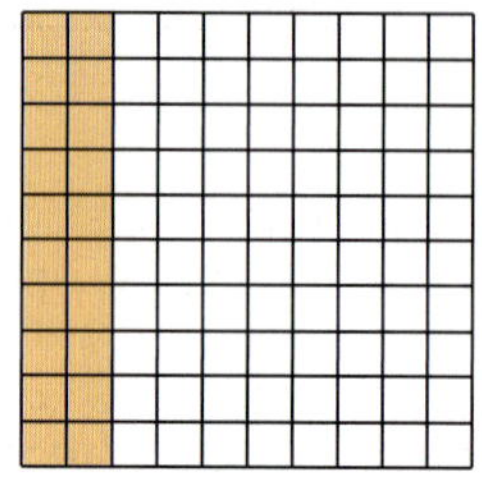

- Quelle fraction de l'aire du carré représente l'aire coloriée ?

- Que dire des surfaces coloriées ci-dessus ?
- En utilisant les réponses précédentes, déduis-en une égalité de fractions.
- Détermine la fraction de dénominateur 1 000, égale aux deux précédentes.

b *Fraction décimale supérieure à 1 et décomposition*

- Exprime la fraction de l'aire du carré que représente l'aire coloriée, sous la forme d'une fraction décimale.

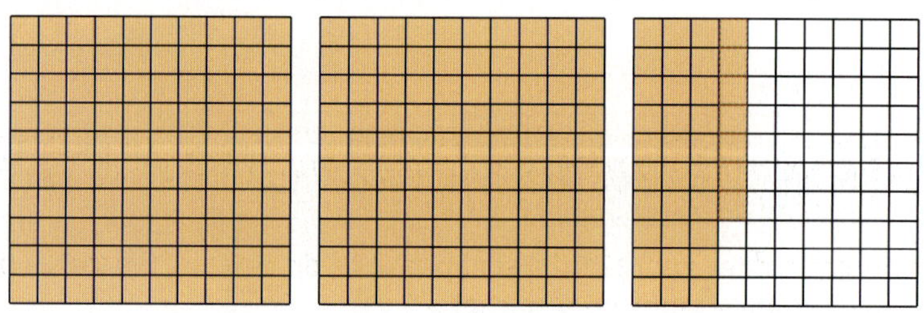

- Recopie et complète : « *On a colorié ... grands carrés, ... colonnes et ... petits carrés.* »
- Recopie et complète alors l'égalité : $\frac{237}{100} = ... + \frac{...}{10} + \frac{...}{100} = ... + \frac{...}{100}$.

2 En écriture décimale ou fractionnaire

→ Cours : 2

a On considère le tableau suivant. Quelle égalité permet-il d'écrire ?

Fraction décimale	Chiffre des...					Écriture décimale
	dizaines	unités	dixièmes	centièmes	millièmes	
$\frac{24}{10}$		2	4			2,4

b À l'aide d'un tableau similaire, détermine l'écriture décimale de...

- $\frac{536}{100}$
- $\frac{41\,235}{1\,000}$
- $\frac{5}{10}$

c À l'aide d'un tableau similaire, détermine l'écriture, sous forme de fraction décimale, de...

- 15,3
- 0,967
- 12,89

3 Comparer deux nombres décimaux

→ Cours : 4

a Reproduis la demi-droite graduée ci-dessous. Place les points A et B d'abscisses respectives 3,17 et 3,3. Explique pourquoi cela permet de comparer facilement ces deux nombres.

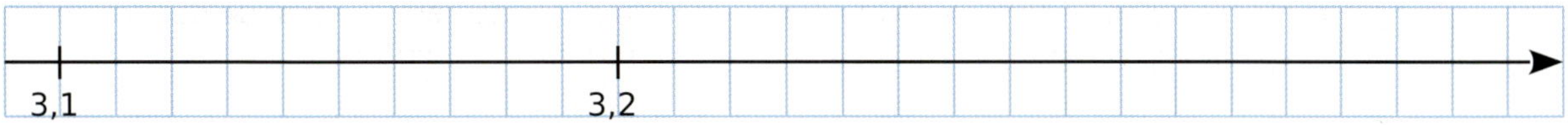

b Écris les nombres 3,17 et 3,3 sous la forme de fractions décimales de dénominateur 100. Explique pourquoi cela permet de comparer facilement ces deux nombres.

c *« Dix cahiers bleus coutent 33 € tandis que dix cahiers verts coutent 31,70 €. »*
Explique pourquoi cela permet de comparer facilement les nombres 3,3 et 3,17.

d À l'aide des questions précédentes et de tes connaissances, explique pourquoi les raisonnements des élèves suivants ne sont pas justes. Donne les raisons qui ont pu motiver leurs erreurs.

- Mariette : « *24,5 < 6,08 car 245 < 608.* »
- Peio : « *19,85 < 12,96 car 0,85 < 0,96.* »
- Servane : « *6,012 > 6,35 car, à* ***partie entière*** *égale, le plus grand nombre est celui qui a le plus de chiffres après la virgule.* »
- Selma : « *5,24 > 5,8 car les parties entières sont égales et 24 > 8.* »
- Alvin : « *14,3 < 14,30 car les parties entières sont égales et 3 < 30.* »
- Zita : « *103,6020 = 13,62 car les zéros ne servent à rien.* »

3 Intercaler un nombre décimal entre deux nombres décimaux

a Quel nombre entier suit 128 ? Est-il possible de répondre à cette question si l'on remplace « nombre entier » par « nombre décimal » ?
Même question si l'on remplace 128 par 5,4.

b Est-il possible de trouver un nombre entier compris entre 1 025 et 1 026 ?
Si oui, donne un exemple.
Même question en remplaçant « nombre entier » par « nombre décimal ».

c Existe-t-il des nombres compris entre 14,2 et 14,3 ? Explique.

d Est-il possible de trouver un nombre décimal compris entre 12,88 et 12,89 ?
Et entre 8,975 et 8,976 ?

e Ingrid affirme à son voisin :
« Indique-moi deux nombres décimaux différents et je suis certaine, à chaque fois, d'en trouver un qui sera entre les deux. »
A-t-elle raison ?

f Elle réfléchit et ajoute :
« Je suis même certaine d'en trouver autant que je veux entre les deux nombres que tu auras choisis. »
Qu'en penses-tu ?

1 Sous-multiples de l'unité

A Les dixièmes

Définition

Quand on coupe une unité en 10 parties égales, on obtient des **dixièmes**.
Un dixième se note : $\frac{1}{10}$. Dans l'unité, il y a 10 dixièmes donc : $1 = \frac{10}{10}$.

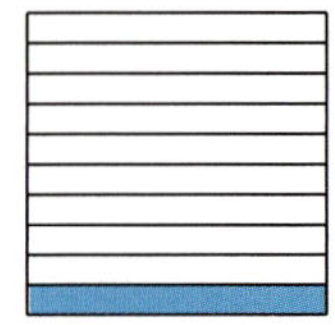

Exemples :

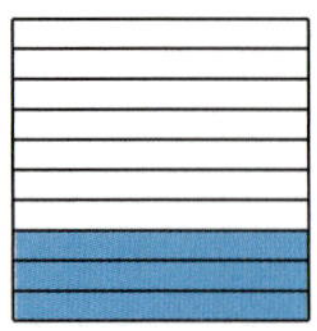

représente $\frac{3}{10}$

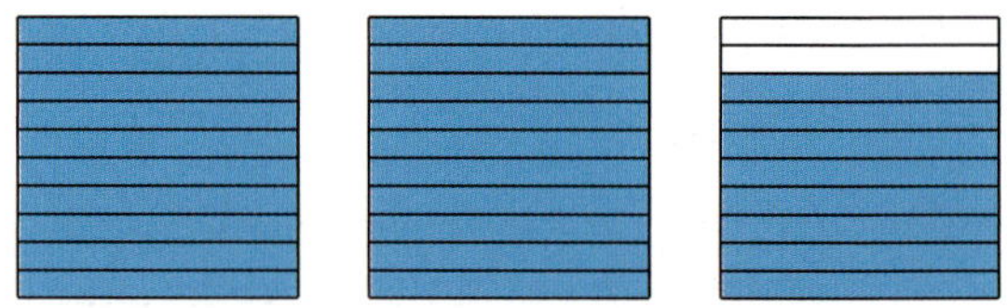

représente $2 + \frac{8}{10} = \frac{28}{10} = 2{,}8$

B Les centièmes

Définition

Quand on coupe une unité en 100 parties égales, on obtient des **centièmes**.
Un centième se note : $\frac{1}{100}$. Dans l'unité, il y a 100 centièmes donc : $1 = \frac{100}{100}$.

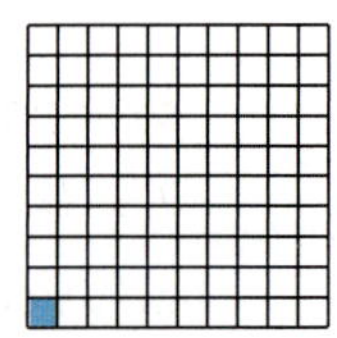

Exemples :

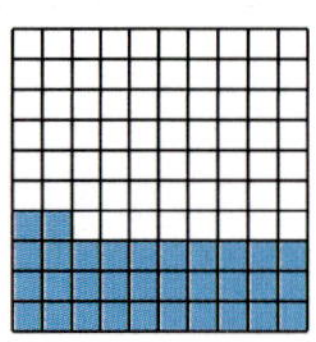

représente $\frac{32}{100} = \frac{3}{10} + \frac{2}{100}$

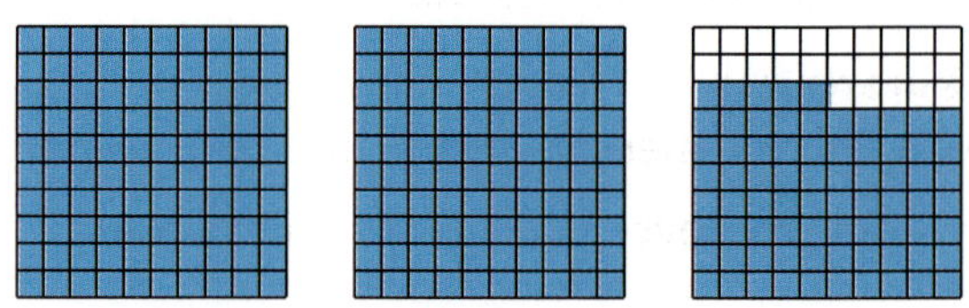

représente $\frac{275}{100} = 2 + \frac{75}{100} = 2 + \frac{7}{10} + \frac{5}{100} = 2{,}75$

C Les millièmes

Définition

Quand on coupe une unité en 1 000 parties égales, on obtient des **millièmes**.
Un millième se note : $\frac{1}{1\,000}$.
Dans l'unité, il y a 1 000 millièmes donc : $1 = \frac{1\,000}{1\,000}$.

Exemple :

$\frac{14\,531}{1\,000} = 14 + \frac{531}{1\,000} = 14 + \frac{5}{10} + \frac{3}{100} + \frac{1}{1\,000} = 14{,}531.$

2 Décomposition et nom des chiffres

Définitions

Un nombre pouvant s'écrire sous la forme d'une fraction décimale (dont le numérateur est un nombre entier et le dénominateur est 1, 10, 100, 1 000...) est un **nombre décimal**.
Il peut aussi se noter en utilisant une virgule, c'est son **écriture décimale** : elle est composée d'une **partie entière** et d'une **partie décimale**.

Exemple : On considère le nombre décimal 1 345,824.

a. Écris ce nombre en toutes lettres.

b. Donne une décomposition de ce nombre.

c. Donne le nom de chaque chiffre.

▶ On peut utiliser un tableau. $\underbrace{1\,345}_{\text{partie entière}}\,,\ \underbrace{824}_{\text{partie décimale}}$

Partie entière		Partie décimale					
		Dixièmes	Centièmes	Millièmes	Dix-millièmes	Cent-millièmes	Millionièmes
1 345	,	8	2	4			

a. Ce nombre se lit donc :

mille-trois-cent-quarante-cinq unités et
- huit-cent-vingt-quatre millièmes
- ou huit dixièmes deux centièmes quatre millièmes
- ou virgule huit-cent-vingt-quatre

b. Il peut se décomposer comme ci-dessous.

$$1\,345{,}824 = (1 \times 1\,000) + (3 \times 100) + (4 \times 10) + (5 \times 1) + \left(8 \times \frac{1}{10}\right) + \left(2 \times \frac{1}{100}\right) + \left(4 \times \frac{1}{1\,000}\right)$$

c. Voici le nom de chaque chiffre :
- 1 est le chiffre des unités de mille
- 3 est le chiffre des centaines
- 4 est le chiffre des dizaines
- 5 est le chiffre des unités
- 8 est le chiffre des dixièmes
- 2 est le chiffre des centièmes
- 4 est le chiffre des millièmes

Remarque :
Un nombre entier est un nombre décimal particulier.
En effet, 25 peut s'écrire avec une virgule (25,0) ou sous la forme d'une fraction décimale $\left(\frac{25}{1}\right)$.

3 Repérage sur une demi-droite graduée

Exemple :
Quelles sont les abscisses des points A et B ?

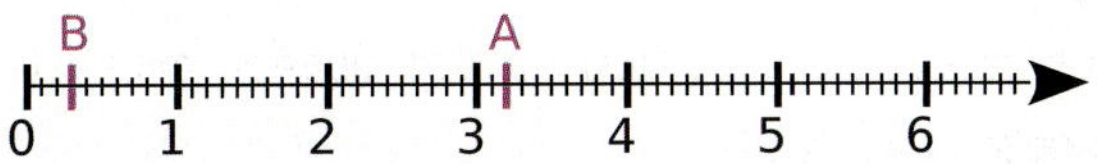

▶ Une unité est divisée en dix parts égales, ce qui signifie qu'elle est partagée en dix dixièmes.

▶ Le point A se trouve 2 dixièmes après 3. Donc son abscisse est $3 + \frac{2}{10}$, soit 3,2.

▶ Le point B a pour abscisse $0 + \frac{3}{10}$, soit 0,3.

▶ On note A(3,2) et B(0,3).

4 Comparaison et rangement

A Comparaison de deux nombres décimaux

Définition **Comparer** deux nombres, c'est trouver lequel est le plus grand, ou le plus petit, ou dire s'ils sont égaux.

Remarque : On utilise les symboles > pour « plus grand que » et < pour « plus petit que ».

Règle Pour comparer deux nombres décimaux écrits sous forme décimale :
- on compare les **parties entières** ;
- si les parties entières sont égales, alors on compare les **chiffres des dixièmes** ;
- si les chiffres des dixièmes sont égaux, alors on compare les **chiffres des centièmes** ;
- et ainsi de suite jusqu'à ce que les deux nombres aient des chiffres différents.

Exemple : Compare les nombres 81,357 et 81,36.
- ▶ On compare d'abord les **parties entières** des deux nombres ;
- ▶ elles sont égales, donc on compare les **chiffres des dixièmes** ;
- ▶ ils sont égaux, donc on compare les **chiffres des centièmes** ;
- ▶ **5** < **6** donc 81,3**5**7 < 81,3**6**.

Remarque : Quand les parties entières sont égales, on peut comparer les **parties décimales**.

$81{,}357 = 81 + \frac{357}{1\,000}$ et $81{,}36 = 81 + \frac{36}{100} = 81 + \frac{360}{1\,000} = 81{,}360$.

Or, **360 millièmes** est plus grand que **357 millièmes** donc 81,**36** > 81,**357**.

B Rangement de nombres décimaux

Exemple : Range les nombres 25,342 ; 253,42 ; 25,243 ; 235,42 ; 25,324 dans l'ordre croissant.
- ▶ On repère le plus petit, puis le plus petit des nombres qui restent, et ainsi de suite jusqu'au dernier.
- ▶ On obtient donc : 25,243 < 25,324 < 25,342 < 235,42 < 253,42.

Exercices « À toi de jouer ! »

1 Donne une écriture décimale des nombres $\frac{30\,073}{1\,000}$ et $27 + \frac{4}{100} + \frac{3}{1\,000}$.

2 Écris les nombres suivants en toutes lettres.
a. 15,2 **b.** 4,89 **c.** 8,999 **d.** 0,234 5

3 On considère le nombre 59 364,281 07. Donne le nom de chaque chiffre.

4 Sur une demi-droite graduée, place le point M d'abscisse 2,7 et le point N d'abscisse 5,2.

5 Trouve le plus grand nombre et le plus petit nombre parmi les nombres suivants.

73,092 ; $73 + \frac{902}{1\,000}$; $73 + \frac{2}{10} + \frac{9}{100}$; soixante-treize unités et quatre-vingt-douze centièmes ; $\frac{73\,209}{1\,000}$; $\frac{73\,029}{1\,000}$

6 Range dans l'ordre croissant les nombres suivants : 25,342 ; 253,42 ; 25,243 ; 235,42 ; 25,324.

Fractions décimales

7 Pour chaque figure ci-dessous, écris la fraction décimale correspondant à la partie coloriée.

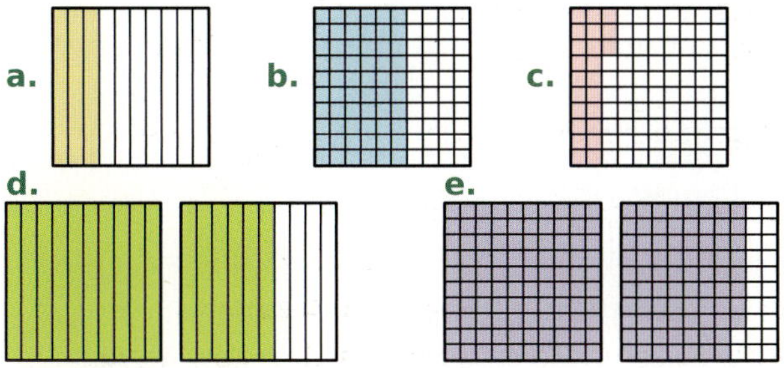

8 Recopie puis complète en utilisant les figures de l'exercice précédent.

a. $\frac{6}{10} = \frac{...}{100}$ **c.** $\frac{23}{100} = \frac{...}{10} + \frac{...}{100}$

b. $\frac{16}{10} = ... + \frac{...}{10}$ **d.** $\frac{178}{100} = ... + \frac{...}{10} + \frac{...}{100}$

9 ***Combien de... dans... ?***

a. Combien de millièmes d'unité y a-t-il dans une unité ? Traduis cela par une égalité.

b. Combien de centièmes d'unité y a-t-il dans un dixième d'unité ? Traduis cela par une égalité.

10 Recopie et complète chaque égalité.

a. 4 unités 6 dixièmes = ... dixièmes.

b. ... unité ... centièmes = 123 centièmes.

c. 12 unités 37 millièmes = ... millièmes.

d. ... unité ... dixièmes = 150 centièmes.

11 Écris avec une seule fraction décimale.

a. $15 + \frac{8}{10}$ **c.** $47 + \frac{543}{1\,000}$ **e.** $6 + \frac{17}{1\,000}$

b. $8 + \frac{36}{100}$ **d.** $91 + \frac{107}{1\,000}$ **f.** $1 + \frac{8}{100}$

12 Écris chaque nombre ci-dessous comme somme d'un nombre entier et d'une seule fraction décimale inférieure à 1.

a. $\frac{478}{100}$ **c.** $\frac{42}{10}$ **e.** $\frac{752}{1\,000}$

b. $\frac{7\,752}{1\,000}$ **d.** $\frac{8\,947}{100}$ **f.** $\frac{999}{10}$

13 Écris avec une seule fraction décimale.

a. $8 + \frac{5}{10} + \frac{6}{100}$ **d.** $6 + \frac{3}{10} + \frac{7}{1\,000}$

b. $14 + \frac{1}{10} + \frac{7}{100}$ **e.** $9 + \frac{2}{100} + \frac{3}{1\,000}$

c. $7 + \frac{9}{10} + \frac{3}{100} + \frac{8}{1\,000}$ **f.** $\frac{4}{10} + \frac{5}{1\,000}$

14 Même consigne qu'à l'exercice **12**.

a. $9 + \frac{6}{10} + \frac{5}{100}$ **d.** $2 + \frac{4}{10} + \frac{8}{1\,000}$

b. $58 + \frac{7}{10} + \frac{9}{100}$ **e.** $1 + \frac{5}{100} + \frac{6}{1\,000}$

c. $4 + \frac{8}{10} + \frac{4}{100} + \frac{3}{1\,000}$ **f.** $\frac{8}{10} + \frac{2}{1\,000}$

15 Dans chaque cas ci-dessous, les points A, B et C sont placés sur la demi-droite graduée. Donne leur abscisse sous forme d'une fraction décimale.

a.

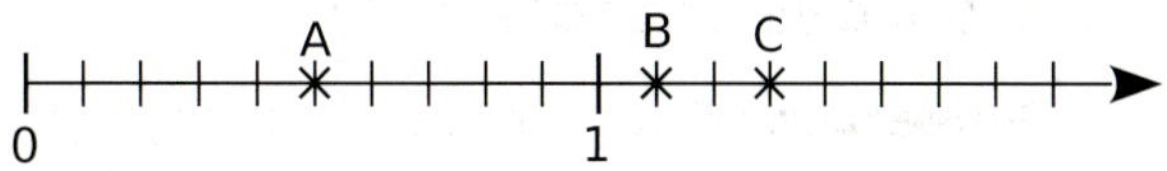

b.

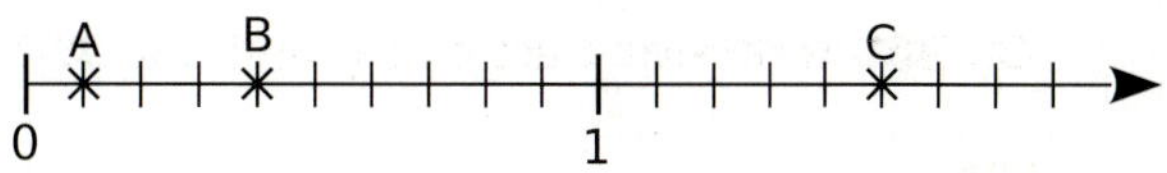

c.

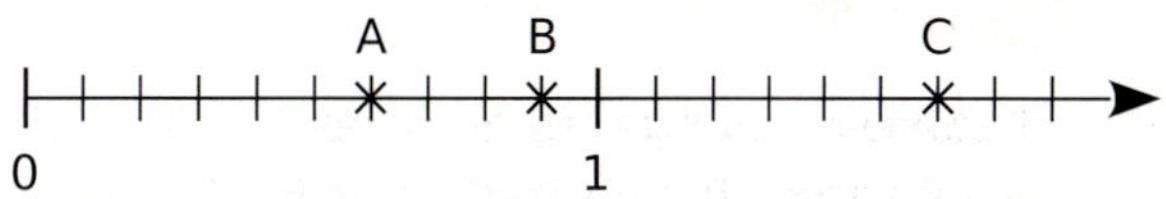

16 Sur du papier millimétré, trace une demi-droite graduée en prenant 10 cm pour une unité. Place alors les points A, B, C et D.

A → 12 dixièmes B → 84 centièmes

C → $\frac{5}{10}$ D → $1 + \frac{4}{10} + \frac{6}{100}$

17 Donne une écriture décimale de chaque nombre ci-dessous.

a. $\frac{54}{10}$ **c.** $\frac{15\,384}{1\,000}$ **e.** $\frac{259}{100}$ **g.** $\frac{15}{100}$

b. $\frac{108}{100}$ **d.** $\frac{24\,789}{10\,000}$ **f.** $\frac{3}{10}$ **h.** $\frac{82}{1\,000}$

18 Même consigne qu'à l'exercice précédent.

a. $\frac{28}{10}$ **c.** $\frac{75}{1\,000}$ **e.** 9 dixièmes

b. $\frac{4\,789}{100}$ **d.** 5 centièmes **f.** 956 millièmes

19 Écris chaque nombre ci-dessous sous la forme d'une seule fraction décimale.

a. 2,5 **d.** 98,005 **g.** 0,15
b. 4,103 **e.** 123,25 **h.** 0,6
c. 250,04 **f.** 95 **i.** 0,015 9

20 Donne une écriture décimale.

a. $3 + \frac{2}{10}$
b. $75 + \frac{1}{10} + \frac{9}{100}$
c. $\frac{3}{100} + \frac{6}{1\,000}$
d. $9 + \frac{4}{10} + \frac{3}{100} + \frac{7}{1\,000}$
e. $258 + \frac{8}{10} + \frac{5}{1\,000}$
f. $7 + \frac{1}{10} + \frac{9}{10\,000}$

21 Recopie puis complète ce tableau, en prenant modèle sur la première ligne.

	12,59	$12 + \frac{59}{100}$	$12 + \frac{5}{10} + \frac{9}{100}$	$\frac{1\,259}{100}$
a.	9,64			
b.	8,459			
c.	78,92			
d.	45,025			
e.	0,307			
f.	1,010 1			

22 Recopie puis colorie d'une même couleur les cases dont les expressions sont égales.

$7 + \frac{5}{10}$	$7 + \frac{5}{100}$	7,05
$\frac{705}{100}$	7,5	$\frac{75}{10}$

23 Même consigne qu'à l'exercice précédent.

$4 + \frac{2}{10} + \frac{7}{100}$	$\frac{25}{10}$	4,27
$2 + \frac{50}{100}$	$\frac{4\,207}{100}$	$4 + \frac{207}{1\,000}$
2,5	$\frac{205}{100}$	4,207

24 Donne trois écritures différentes de chacun des nombres suivants.

a. 51,82 **b.** 8,456 **c.** 1,090 9

Écriture décimale

25 Donne une écriture décimale de chacun des nombres suivants.

a. Sept unités et huit dixièmes.
b. Cent unités huit dixièmes et un centième.
c. Deux unités et trois centièmes.
d. Treize centaines neuf dixièmes et quatre millièmes.
e. Trente-six milliers et huit millièmes.
f. Cinq unités et quinze millièmes.

26 Écris en toutes lettres les nombres décimaux ci-dessous, sans utiliser le mot « virgule ».

a. 8,9 **c.** 13,258 **e.** 54,002
b. 7,54 **d.** 120,015 **f.** 9,506

27 Récris les nombres suivants en supprimant les zéros inutiles (lorsqu'il y en a).

a. 17,200 **d.** 0 021,125 **g.** 30,000
b. 123,201 **e.** 0,123 0 **h.** 0 050,12
c. 36,700 10 **f.** 023,201 20 **i.** 1 205 500,0

28 Donne une écriture décimale qui correspond à chaque décomposition ci-dessous.

a. $(3 \times 10) + (4 \times 1) + (4 \times 0,1) + (7 \times 0,01)$
b. $(8 \times 100) + (5 \times 1) + (9 \times 0,1) + (6 \times 0,01)$
c. $(5 \times 1) + (4 \times 0,01) + (3 \times 0,001)$
d. $(7 \times 100) + (9 \times 1) + (8 \times 0,1) + (6 \times 0,001)$

29 Décompose chaque nombre ci-dessous de la même façon qu'à l'exercice précédent.

a. 9,6 **c.** 7,102 **e.** 0,008 3
b. 84,258 **d.** 123,015 **f.** 1 002,200 4

30 Tableur

a. Dans une feuille de calcul, reproduis ce tableau.

	A	B	C	D	E
1	2	5	4	7	

b. Dans la cellule E1, écris une formule qui permet d'afficher 25,47.

c. Sans modifier la formule de la cellule E1, que faut-il changer pour qu'elle affiche 78,09 ?

31 Reproduis ce tableau, places-y le nombre 153,698 puis réponds aux questions.

centaines	dizaines	unités	dixièmes	centièmes	millièmes

a. Quel est le chiffre des dixièmes ?
b. Quel est le chiffre des centaines ?
c. Quel est le chiffre des unités ?
d. Que représente le chiffre 5 ?
e. Que représente le chiffre 8 ?
f. Que représente le chiffre 9 ?

32 On considère le nombre 71,865.

a. Donne la partie entière de ce nombre.
b. Donne la partie décimale de ce nombre.
c. Que représente le chiffre 8 ?
d. Que représente le chiffre 1 ?
e. Quel est le chiffre des millièmes ?
f. Quel est le chiffre des centièmes ?
g. Quel est le nombre de millièmes ?
h. Quel est le nombre de centièmes ?

33 ***Centaine ou centième ?***

a. Indique le chiffre des centaines puis le chiffre des centièmes de chaque nombre ci-dessous.

• 4 325,589 • 89,15 • 325,1

b. Indique le nombre de centièmes de chaque nombre ci-dessous.

• 14,25 • 0,373 • 1,2

34 ***Qui suis-je ?***

Trouve chaque nombre.

a. Je suis un nombre décimal à 5 chiffres.
Mon chiffre des centièmes est 8.
Mon chiffre des dixièmes et des centaines est 7.
Mon chiffre des unités est 4.
Mon chiffre des dizaines est 9.

b. Je suis un nombre décimal à 4 chiffres.
Mon chiffre des dixièmes est 6.
Mon chiffre des unités et des centièmes est la moitié de celui des dixièmes.
Mon chiffre des millièmes est le tiers de celui des dixièmes.

c. Je suis un nombre décimal à 5 chiffres.
Mon nombre de dixièmes est 243.
Mon chiffre des centièmes est la somme de celui des unités et de celui des dixièmes.
Mon chiffre des millièmes est le produit de celui des dizaines par celui des dixièmes.

Demi-droite graduée

35 Observe, recopie et complète chaque série.

a.	5,6	5,7				
b.			9,58	9,59		
c.					3	3,01
d.	5,25	5				
e.			15	14,8		

36 Écris l'abscisse de chaque point ci-dessous.

a.
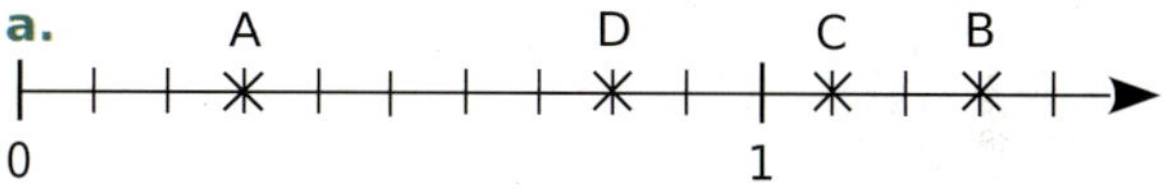

b.
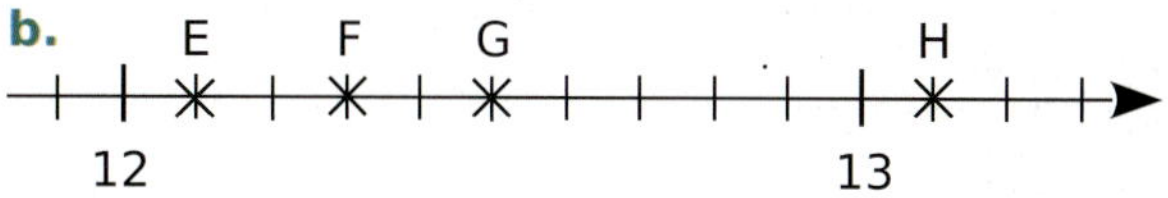

c.
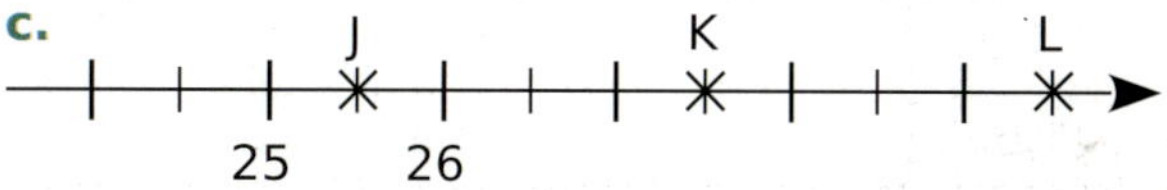

37 Même consigne qu'à l'exercice précédent.

a.
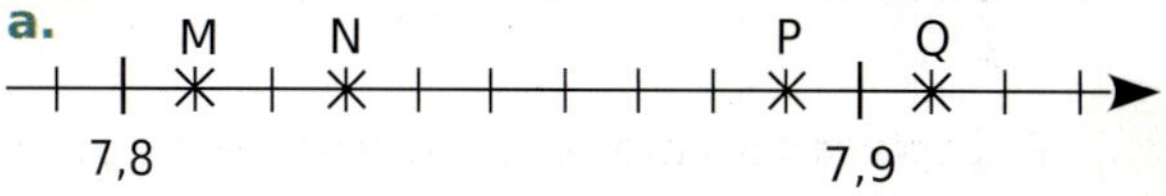

b.
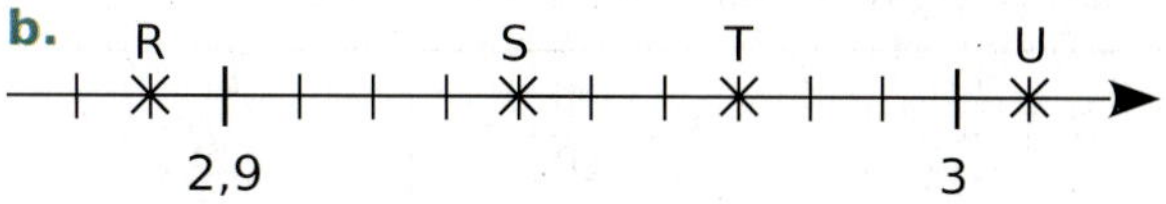

c.
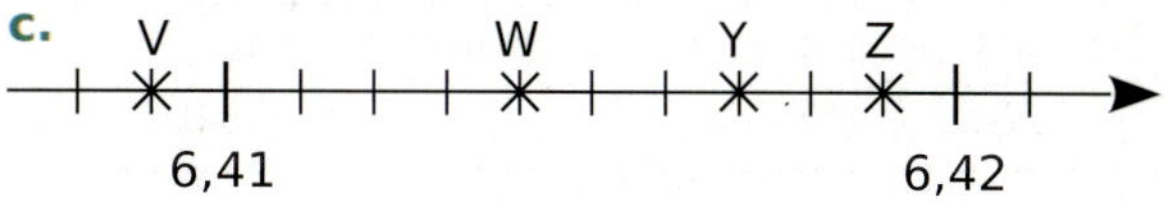

38 Sur du papier millimétré, reproduis chaque demi-droite graduée, puis place les points demandés.

a. A(13,5) ; B(8,9) ; C(10,7) et D(15,1).

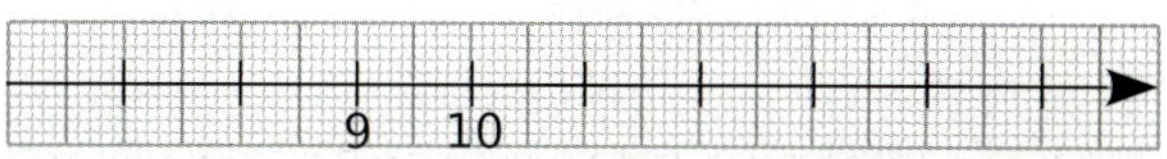

b. E(0,2) ; F(0,9) ; G(0,45) et H(0,63).

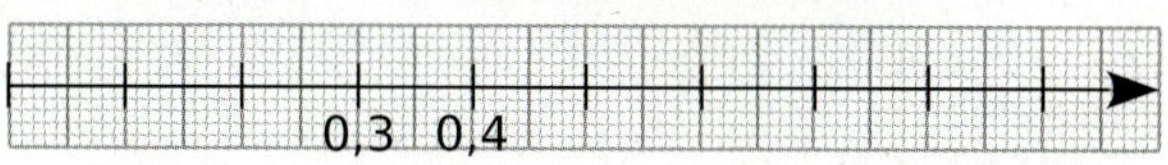

c. J(5,34) ; K(5,38) ; L(5,315) et M(5,304).

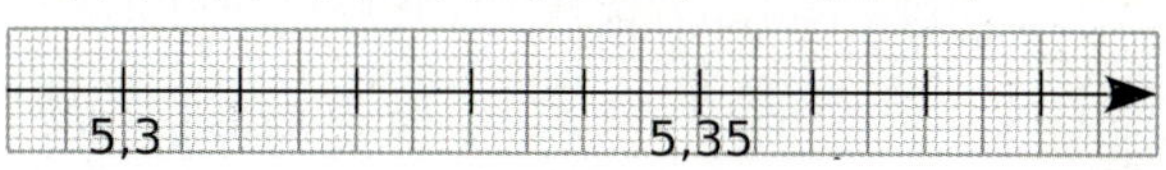

Comparaison et rangement

39 Reproduis cette demi-droite graduée.

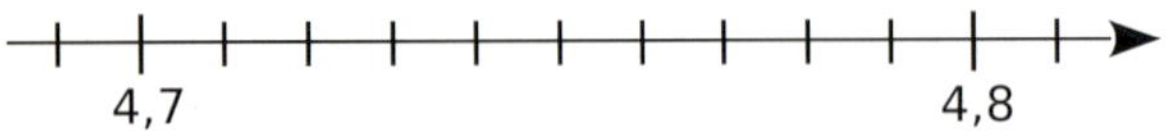

a. Place les points A(4,81), B(4,73), C(4,69) et D(4,75).

b. Recopie puis complète avec < ou >.

• 4,75 ... 4,68 • 4,73 ... 4,8 • 4,81 ... 4,7

40 Recopie puis complète avec < ou >.

a. $\frac{32}{100} \dots \frac{45}{100}$

b. $\frac{7}{10} \dots \frac{7}{100}$

c. $\frac{43}{100} \dots \frac{4}{10}$

d. $\frac{85}{100} \dots \frac{9}{10}$

e. $\frac{37}{100} \dots \frac{307}{1\,000}$

f. $5 + \frac{8}{10} \dots 5 + \frac{8}{100}$

g. $3 + \frac{2}{10} \dots 3 + \frac{22}{100}$

h. $\frac{7\,859}{1\,000} \dots 78 + \frac{59}{100}$

41 Même consigne qu'à l'exercice précédent.

a. 15,1 ... 15,09

b. 132,45 ... 123,46

c. 7,101 ... 7,011

d. 435,6 ... 438,6

e. 5,126 ... 5,123 6

f. 6,048 ... 6,15

g. 8,75 ... 8,9

h. 19,47 ... 19,435

42 Reproduis cette demi-droite graduée.

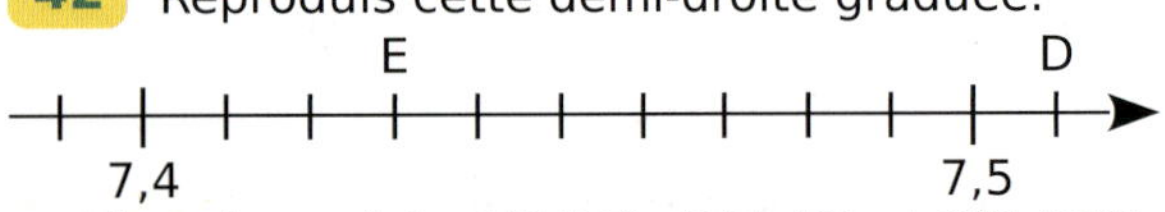

a. Place les points A(7,39) ; B(7,46) et C(7,425).

b. Donne les abscisses des points D et E.

c. Range dans l'ordre décroissant les abscisses des points A, B, C, D et E.

43 Range chaque série de nombres dans l'ordre croissant.

a.	4,99	4,9	4,88	5,01	4,909	4,879
b.	0,7	0,07	0,707	0,007	0,77	0,077

44 Range chaque série de nombres dans l'ordre décroissant.

a.	1,28	1,82	1,028	1,8	1,282	1,2
b.	5,3	3,5	5,35	3,53	5,353	3,535

45 Voici les diamètres des planètes du système solaire (en milliers de kilomètres).

Jupiter : 143	Mars : 6,8	Mercure : 4,9
Neptune : 49,2	Pluton : 2,3	Saturne : 120,5
Terre : 12,7	Uranus : 50,7	Vénus : 12,1

Donne le nom des planètes (Pluton y compris) dans l'ordre décroissant de leur diamètre.

46 Voici les résultats des six premières athlètes à l'épreuve de lancer du marteau, aux derniers Jeux Olympiques.

Donne le classement de ces athlètes.

Anita : 77,6 m
Betty : 77,13 m
Kathrin : 76,05 m
Tatyana : 78,18 m
Yipsi : 74,6 m
Wenxiu : 76,34 m

47 Avant la Révolution française, il existait plusieurs unités de capacité, dont quelques exemples sont présentés ci-dessous. Plus tard, le litre fut décrété « unité universelle ».

Le velte (7,62 L)	Le litron (0,79 L)
Le sétier de Gap (48 L)	La feuillette (137 L)
Le muid (212,04 L)	Le civeyre (4 L)
La pinte (0,93 L)	La chopine (0,33 L)

a. Range ces différentes unités dans l'ordre croissant de leur capacité en litres.

b. Aux États-Unis, une autre unité de capacité a été adoptée pour certaines mesures (en particulier pour l'essence) : c'est le gallon.

• Fais une recherche pour déterminer combien de litres mesure 1 gallon.

Entre quelles unités de capacité se situe le gallon ?

Encadrement et valeurs approchées

48 Voici une liste de nombres. Recopie puis complète le tableau avec ces nombres.

6,46 — 6,56 — 6,61 — 6,458 — 6,51 — 6,67 — 6,521 — 6,28 — 6,55 — 6,7

Nombres inférieurs à 6,5	Nombres compris entre 6,5 et 6,6	Nombres supérieurs à 6,6

49 Dans chaque cas, recopie puis intercale un nombre décimal entre les deux nombres donnés.

a. 57 < ... < 58

b. 8,4 < ... < 8,5

c. 74,1 < ... < 74,2

d. 0,6 < ... < 0,61

e. 5,12 < ... < 5,123

f. 45,78 < ... < 45,781

50 Pour un film, on cherche un pingouin ayant les caractéristiques suivantes :

- il doit mesurer entre 0,75 m et 0,85 m ;
- il doit peser entre 4,8 et 5,2 kg ;
- il doit avoir moins de 10 ans.

Trouve le pingouin qu'il faut. Explique ce choix.

Fluffy (7 ans)		Pitch (11 ans)		Melman (9 ans)	
0,752 m	4,72 kg	0,8 m	5 kg	0,87 m	4,78 kg

Pibouli (9 ans)		Hugsy (8 ans)		Rico (8 ans)	
0,705 m	5,05 kg	0,785 m	5,1 kg	0,8 m	5,29 kg

51 Dans chaque cas ci-dessous, recopie puis complète avec le nombre entier qui suit, ou celui qui précède.

a. 3,2 < ...

b. 7,8 < ...

c. ... < 5,7

d. ... < 10,01

e. 8 < ...

f. ... < 13

g. 14,3 < ...

h. 17,8 < ...

i. ... < 15,1

j. ... < 0,6

52 Dans chaque cas ci-dessous, recopie puis complète avec deux entiers consécutifs.

a. ... < 8,5 < ...

b. ... < 99,01 < ...

c. ... < 0,956 < ...

d. ... < 29,008 < ...

e. ... < 123,09 < ...

f. ... < 77,777 < ...

53 Donne un encadrement, au dixième près, de chaque nombre ci-dessous.

a. 37,64

b. $\frac{8\,568}{1\,000}$

c. 82,938

d. $9 + \frac{705}{1\,000}$

e. 0,826

f. $\frac{3}{10} + \frac{9}{1\,000}$

54 Recopie et complète ce tableau.
Tu donneras les valeurs approchées au dixième.

	Nombre	Valeur approchée par défaut	Valeur approchée par excès
a.	12,356		
b.	59,598		
c.	2,3535		
d.	0,359		
e.	79,952		
f.	99,999		

55 Même consigne qu'à l'exercice précédent, mais en donnant les valeurs approchées au centième.

56 Pour confectionner des costumes d'Arlequin, Luc a besoin de 25,75 m de tissu. Il passe commande sur Internet. Quelle longueur de tissu doit-il acheter si...

a. le tissu est vendu au mètre ?

b. le tissu est vendu au décimètre ?

57 On considère le nombre suivant.

$$12 + \frac{4}{10} + \frac{7}{1\,000} + \frac{8}{10\,000} + \frac{5}{100\,000}$$

a. Donne une écriture décimale de ce nombre.

b. Donne la valeur approchée par défaut à l'unité près de ce nombre.

c. Donne la valeur approchée par excès au centième près de ce nombre.

d. Donne un encadrement au millième près de ce nombre.

58 Trouve le nombre décimal à six chiffres tel que...

- son chiffre des unités est 2 ;
- l'un de ses chiffres est 6 et sa valeur dans cette écriture décimale est cent fois plus petite que celle du chiffre 2 ;
- son chiffre des dizaines est le double de celui des unités, et son chiffre des dixièmes est le quart de celui des dizaines ;
- ce nombre est compris entre 8 975,06 et 9 824,95 ;
- la somme de tous ses chiffres est égale à 27.

59 Recopie et complète la grille à l'aide des nombres que tu trouveras grâce aux définitions.

	A	B	C	D	E
I				■	
II					
III		■			
IV					■
V	■				

Horizontalement
I : La partie entière de 328,54. Le chiffre des centièmes de 634,152.
II : Son chiffre des dizaines est le triple de celui des unités.
III : Le chiffre des dixièmes de 34. Une valeur approchée par défaut à l'unité près de 178,356.
IV : Entier compris entre 8 000 et 9 000.
V : Quarante-deux centaines.

Verticalement
A : $(3 \times 1\,000) + (5 \times 100) + (8 \times 1)$.
B : Le nombre de dixièmes dans 2,6. La partie entière de $\frac{2\,498}{100}$.
C : Quatre-vingt-six milliers et cent-deux unités.
D : En additionnant tous les chiffres de ce nombre, on trouve 20.
E : Une valeur approchée par excès à l'unité près de 537,56. Entier qui précède 1.

60 **Tableur**

Voici les résultats (en s) du 100 m masculin, aux JO de Pékin en 2008.

Martina : 9,93 ; Frater : 9,97 ;
Burns : 10,01 ; Patton : 10,03 ;
Bolt : 9,69 ; Powell : 9,95 ;
Dix : 9,91 ; Thompson : 9,89.

Inscris ces résultats dans une feuille de calcul. Utilise une fonctionnalité du tableur pour classer automatiquement ces coureurs.

61 ***À ordonner***

Range les nombres suivants dans l'ordre croissant.

25 unités et deux dixièmes ; $\frac{2\,504}{100}$; $25 + \frac{2}{100}$; deux-mille-cinquante-deux centièmes ; 20,54 ; $\frac{254}{10}$

62 ***À placer***

En choisissant judicieusement l'unité de longueur, place précisément sur une demi-droite graduée les points A, B, C, D et E d'abscisses respectives :
12,02 ; mille-deux-cent-treize centièmes ;
$12 + \frac{7}{100}$; $\frac{1\,198}{100}$; cent-vingt-et-un dixièmes.

63 Dans chaque cas ci-dessous, propose, si c'est possible, un nombre entier que l'on peut intercaler entre les deux nombres donnés.
Y a-t-il plusieurs solutions ? Si oui, cite-les.

a. $5 < ... < 6$
b. $\frac{64}{10} < ... < \frac{68}{10}$
c. $3{,}8 < ... < 5{,}3$
d. $\frac{65}{10} < ... < \frac{721}{100}$

64 Dans chaque cas ci-dessous, donne trois exemples différents de nombres décimaux que l'on peut intercaler entre les deux nombres donnés.

a. $6 < ... < 7$
b. $4{,}5 < ... < 4{,}9$
c. $3{,}45 < ... < 3{,}48$
d. $6{,}8 < ... < 6{,}9$
e. $15{,}13 < ... < 15{,}14$
f. $3{,}238 < ... < 3{,}24$

65 ***Chiffres masqués***

Certains chiffres ci-dessous sont masqués par #. Lorsque c'est possible, recopie et complète les pointillés avec <, > ou =.

a. 6,51 ..... 6,7#
b. 5,42 ..... 5,0#
c. #,23 4,16
d. 6,04 ..... 6,1#
e. 3,#35 3,01
f. 43,#96 ..... 43,0#

66 ***Nombres à trouver***

Dans chaque cas ci-dessous, recopie et complète les pointillés par un nombre décimal.

a. $24{,}5 < ..... < 24{,}6$
b. $12{,}99 < ..... < 13$
c. $32{,}53 < ..... < 32{,}54$
d. $58 < ..... < 58{,}01$
e. $5{,}879 < ..... < ..... < ..... < 5{,}88$

67 ***Comparaison***

a. Quel est le plus grand nombre décimal inférieur à 83 ayant un chiffre après la virgule ?

b. Quel est le plus petit nombre décimal supérieur à 214,3 ayant trois chiffres après la virgule ?

c. Quel est le plus grand nombre décimal inférieur à 97,8 ayant deux chiffres après la virgule et tous ses chiffres différents ?

d. Quel est le plus petit nombre décimal supérieur à 2 341 ayant trois chiffres après la virgule et tous ses chiffres différents ?

68 Voici les masses de lipides et glucides (en g) contenues dans 50 g de différents biscuits.

Biscuit	A	B	C	D	E
Lipides	9,527	9,514	9,53	9,521	9,6
Glucides	32,43	33	33,6	33,15	33,50

a. Classe ces biscuits selon l'ordre croissant de leur quantité de lipides.

b. Classe ces biscuits selon l'ordre décroissant de leur quantité de glucides.

69 **Vrai ou Faux**

Pour chaque affirmation ci-dessous, dis si elle est vraie ou fausse, et justifie ta réponse.

P.1. $59,1 < 59,8 < 59,12$.

P.2. Aucun nombre décimal ne peut s'intercaler entre 24,8 et 24,9.

P.3. 32 dixièmes est supérieur à 280 centièmes.

P.4. $\frac{25}{10}$ est inférieur à $\frac{24\,537}{10\,000}$.

P.5. $1,3 < \frac{1\,358}{1\,000} < 1,5$.

P.6. 4,05 est égal à 4,5.

P.7. Un encadrement au dixième près de 7,386 est $7,2 < 7,386 < 7,4$.

P.8. Aucun nombre entier ne peut s'intercaler entre 12,3 et 12,4.

P.9. $27,2 < 27,06 < 27,14$.

P.10. Un encadrement au centième près de $\frac{5\,673}{1\,000}$ est $5,67 < \frac{5\,673}{1\,000} < 5,68$.

P.11. Il n'existe qu'un seul nombre décimal entre 4,5 et 4,7.

70 ***Un peu d'histoire...***

Voici un extrait de « La Disme », écrit par Simon Stevin en 1585.

> « Les 27 (0) 8 (1) 4 (2) 7 (3) donnés, font $27\frac{8}{10}$, $\frac{4}{100}$, $\frac{7}{1\,000}$, ensemble $27\frac{847}{1\,000}$, et par même raison les 37 (0) 6 (1) 7 (2) 5 (3) valent $37\frac{675}{1\,000}$. Le nombre de multitude des signes, excepté (0), n'excède jamais le 9. Par exemple nous n'écrivons pas 7 (1) 12 (2), mais en leur lieu 8 (1) 2 (2). »

a. Où, et à quelle époque, Simon Stevin a-t-il vécu ?

b. Cherche comment on écrit de nos jours le nombre 38 (0) 6 (1) 5 (2) 7 (3).

c. Écris, à la manière décrite par Simon Stevin, les nombres : $124 + \frac{7}{10} + \frac{5}{100}$ et 34,802.

d. Choisis trois nombres décimaux différents et écris-les de la manière décrite par Stevin.

71 ***Nombres mystérieux***

Pour chacune des énigmes ci-dessous, aide-toi des indices pour trouver la (ou les) réponse(s) possible(s) parmi celles proposées dans le tableau.

a. Ma partie entière est impaire, mon chiffre des centièmes est supérieur à celui des unités. Qui suis-je ?

17,34	0,745	4,765	19,015	73,45
8,96	7,304	6,485	9,43	24,003

b. Mon chiffre des unités est le triple de celui des dixièmes, mon chiffre des centièmes est supérieur à 3. Qui suis-je ?

19,31	84,22	41,7	46,208	36,45
0,009	1,35	61,48	13,19	24,47

c. Je suis compris entre 15,03 et 15,12. Je suis plus proche de 15,1 que de 15. Qui suis-je ?

15,8	30,15	15,08	15,045	12,15
15	15,033	15,008	15,7	15,052

d. Mon chiffre des centièmes est impair. Je suis supérieur à 19,9 et inférieur à 20. Je suis plus proche de 20 que de 19,9. Qui suis-je ?

19,9	19,93	19,83	19,92	19,099
19,991	20,01	19,98	20	19,9

Se tester avec le QCM

		R1	R2	R3	R4
1	Un centième est...	plus grand qu'un dixième	égal à dix millièmes	plus petit qu'un millième	égal à dix dixièmes
2	Une écriture décimale de $\frac{456}{100}$ est...	456,100	456 100	4,56	$\frac{4\,560}{1\,000}$
3	Le nombre $5 + \frac{4}{10} + \frac{7}{1\,000}$ peut aussi s'écrire...	$\frac{547}{1\,000}$	5,47	5,407	$\frac{5\,047}{1\,000}$
4	7 unités 8 centièmes et 5 millièmes s'écrit...	7,85	7,085	7,800 500 0	7,085 0
5	Dans l'écriture décimale du nombre 45,631...	la valeur du chiffre 3 est dix fois moins grande que celle du chiffre 6	6 est le chiffre des centaines	la valeur du chiffre 4 est deux fois plus grande que celle du chiffre 6	0,631 est la partie décimale
6	Sur la demi-droite graduée ci-dessous... 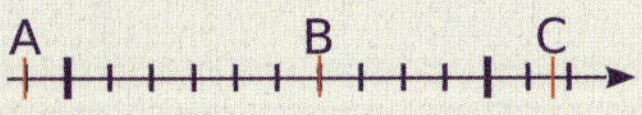 A B C 5,9 6	l'abscisse du point A est 5,8	l'abscisse du point C est comprise entre 6,1 et 6,2	l'abscisse du point A est $5 + \frac{8}{10} + \frac{9}{100}$	l'abscisse du point B est 5,6
7	Le nombre 6,58 est supérieur à...	6,6	$6 + \frac{5}{100} + \frac{6}{10}$	6,57	$\frac{65}{10}$
8	Un nombre compris entre 24,56 et 24,57 est par exemple...	$\frac{24\,568}{1\,000}$	24,560 7	impossible, il n'y a pas de nombre compris entre 24,56 et 24,57	$42 + \frac{562}{1\,000}$

Récréation mathématique

La constante de Champernowne

Ce nombre, inventé par le mathématicien anglais David Gawen Champernowne en 1933, commence par 0,123456789101112131415...

a. Quelle est la particularité de ce nombre ? Donne les dix décimales suivantes.

b. À ton avis, peut-on écrire ce nombre sous forme d'une fraction décimale ?

c. Propose une façon d'écrire une valeur approchée, au cent-milliardième près, de cette constante à l'aide de fractions décimales.

D.G. Champernowne était professeur d'économie à l'université de Cambridge.

N4 Opérations sur les nombres décimaux

- *Techniques opératoires*
- *Résolution de problèmes*

Activités

1 Multiplication et division par 10 ; 100 ; 1 000...

→ Cours : 3

a Multiplication par 10 ; 100 ; 1 000...

- Que valent 10 dizaines, 10 centaines, 10 milliers, 1 000 dixièmes, 100 centièmes ?
- On veut multiplier par 10 le nombre suivant :

  7 centaines, 8 dizaines, 3 unités, 5 dixièmes et 4 centièmes

  Écris le résultat sous la même forme, puis déduis-en une égalité en écriture décimale.
- Écris le nombre 15,034 comme ci-dessus. Multiplie-le par 1 000 en t'inspirant des questions précédentes.
- Donne une règle permettant de multiplier un nombre décimal par 10, 100 ou 1 000.
  Que devient cette règle dans le cas d'un nombre entier ?

b Division par 10 ; 100 ; 1 000...

- En t'inspirant de la méthode précédente, divise par 10 le nombre suivant :

  3 milliers, 4 dizaines, 6 unités, 3 dixièmes et 5 centièmes

  Écris l'égalité en écriture décimale.
- Écris le nombre 73,305 comme ci-dessus, puis divise-le par 1 000.
- Donne une règle permettant de diviser un nombre décimal par 10, 100 ou 1 000.

2 Multiplication de deux nombres décimaux

→ Cours : 5

a En changeant d'unité

- Des pommes sont vendues à 2,30 € le kg. J'en achète 3 kg. Combien vais-je payer ?
- Si j'en achète 0,625 kg, quelle opération dois-je faire pour connaitre le prix à payer ?
- Pour connaitre le résultat de cette opération, on peut considérer que 2,30 € correspondent à 230 centimes d'euros. Pose et effectue l'opération 0,625 × 230.
  Quel prix, en centimes d'euros, vais-je payer pour mes 0,625 kg de pommes ?
- Quel est donc le résultat de l'opération 0,625 × 2,30 ?

b Dix fois, cent fois, mille fois plus petit

- On sait que 7 432 × 180 = 1 337 760. Peux-tu prévoir le résultat de 7 432 × 18 ?
  Explique comment et pourquoi.
- On sait que 13,45 × 12 = 161,4. Donne le résultat de 13,45 × 1,2. Justifie ton résultat.
- Applique le même raisonnement pour trouver le résultat de 1,25 × 0,032.
- Énonce une règle permettant de multiplier deux nombres décimaux.

c Où se trouve la virgule ?

On utilise les multiplications de 1 341 par 18 et de 623 par 87, pour trouver le produit de 13,41 par 0,18 et de 62,3 par 0,087. Recopie, complète et place les virgules correctement.

1 3 4 1	÷ .... →	1 3, 4 1
× 1 8	÷ .... →	× 0, 1 8
1 0 7 2 8		1 0 7 2 8
1 3 4 1 .		1 3 4 1 .
2 4 1 3 8	÷ .... →	2 4 1 3 8

6 2 3	÷ .... →	6 2, 3
× 8 7	÷ .... →	× 0, 0 8 7
4 3 6 1		4 3 6 1
4 9 8 4 .		4 9 8 4 .
5 4 2 0 1	÷ .... →	5 4 2 0 1

3 La multiplication qui rend petit

→ Cours : 5

Tableur

feuille n°1

	A	B
1	3,23	16,15
2	0,02	0,1
3	7,21	36,05
4	1,24	6,2
5	8,5	42,5

feuille n°2

	A	B
1	3,23	1,615
2	0,02	0,01
3	7,21	3,605
4	1,24	0,62
5	8,5	4,25

feuille n°3

	A	B
1	3,23	0,0646
2	0,02	0,0004
3	7,21	0,1442
4	1,24	0,0248
5	8,5	0,17

a Construis la feuille de calcul n°1. Les nombres de la colonne A doivent être saisis directement, ceux de la colonne B sont obtenus au moyen d'une formule comportant une multiplication.

b Est-il possible, en utilisant uniquement une multiplication, d'obtenir la feuille de calcul n°2 ? Si oui, fais-le et explique comment tu as fait.

c Construis de la même façon la feuille de calcul n°3.

d Dans une multiplication, comment choisir le deuxième facteur pour que le résultat soit plus petit que le premier facteur ?

e Trouve la multiplication qui permet d'obtenir des nombres 25 fois plus petits.

4 Une machine qui fait la monnaie

→ Cours : 6

Léonard est un inventeur de génie. Il a créé une machine qui échange de la monnaie. Elle ne fonctionne cependant qu'avec des billets de 10 € et des pièces de 1 €, 10 cents et 1 cent.

Avec la machine, on peut échanger, par exemple, une pièce de 1 € contre 10 pièces de 10 cents, et inversement.

Léonard invite quatre de ses amis à découvrir sa machine.

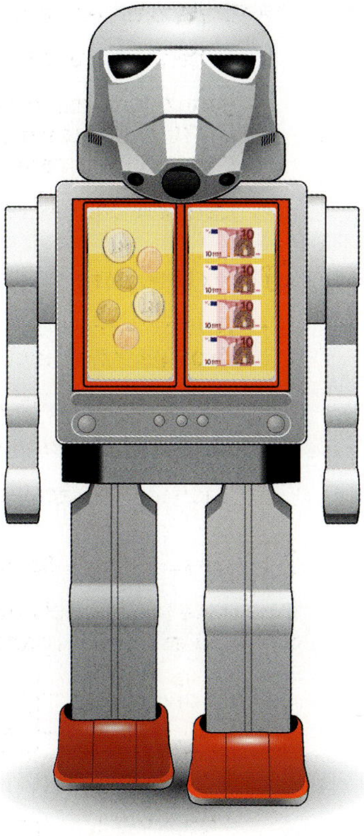

a Il dispose de 51,20 € (5 billets de 10 €, 1 pièce de 1 € et 2 pièces de 0,10 €) et propose de les partager équitablement entre ses quatre amis.

Comment va-t-il effectuer le partage avec l'aide de sa machine ? Décris en détail ce qu'il va faire.

b Au final, quelle somme aura chaque ami ?

c Pose et effectue la division de 51,2 par 4 et compare l'opération avec tes réponses aux questions précédentes.

d Léonard partage une nouvelle somme, cette fois-ci entre douze amis. Ce partage est illustré par la division ci-contre.

```
 8 1      | 12
-7 2      |-----
 ---      | 6,75
   9 0    |
  -8 4    |
  ----    |
     6 0  |
    -6 0  |
    ----  |
       0  |
```

En utilisant cette division, décris la manière dont Léonard va faire le partage avec l'aide de sa machine, sachant qu'il dispose au départ de 8 billets de 10 € et de 1 pièce de 1 €.

Cours

1 Ordre de grandeur

Définition

Un **ordre de grandeur** d'un nombre est une valeur approchée simple de ce nombre.

Remarque : Calculer un ordre de grandeur permet de vérifier la cohérence d'un résultat.

Exemples : Détermine un ordre de grandeur de ces calculs : **a.** 546,3 + 52 **b.** 65,7 × 4,1

a. On cherche un ordre de grandeur de chacun des termes utilisés dans le calcul.
550 est proche de **546,3** et **50** est proche de **52**.
Comme **550** + **50** = **600**, la somme **546,3** + **52** est proche de **600**.
On dit que **600** est un ordre de grandeur de **546,3** + **52**.

b. On cherche un ordre de grandeur de chacun des facteurs utilisés dans le calcul.
65,7 est proche de **65** et **4,1** est proche de **4**.
Comme **65** × **4** = **260**, le produit **65,7** × **4,1** est proche de **260**.
260 est donc un ordre de grandeur de **65,7** × **4,1**.

Remarque : Un ordre de grandeur n'est pas unique. Pour le deuxième exemple, on aurait pu prendre 70 comme valeur proche de 65,7 et 4 comme valeur proche de 4,1. Ce qui aurait donné 70 × 4 = 280 comme ordre de grandeur du produit 65,7 × 4,1.

2 Addition et soustraction de nombres décimaux

Règle Pour poser et effectuer une **addition** ou une **soustraction** de nombres décimaux, on place les nombres les uns en dessous des autres, de sorte que les **virgules soient alignées verticalement**.

Exemples :

	(1)			
	1	5,	2	
+		0,	5	7
+	2	8		
=	4	3,	7	7

Addition bien posée

	1	5,	2	
+		0,	5	7
+			2	8

Addition mal posée

▶ Pour poser la soustraction 12 – 6,7 on place les nombres correctement, et on ajoute un zéro pour que les deux nombres aient le même nombre de chiffres dans leur partie décimale (en effet, 12 = 12,0).

	1	$_{1}$2,	$_{1}$0
−	$_{1}$	$_{1}$6,	7
=	0	5,	3

3 Multiplication et division par 10 ; 100 ; 1 000

Pour multiplier par :	on décale les chiffres de :
10	**1** rang vers la gauche.
1**00**	**2** rangs vers la gauche.
1 **000**	**3** rangs vers la gauche.

Exemples :

0,47 × **10** = 4,7

35 × **100** = 35,00 × **100** = 3 500

9,82 × 1 **000** = 9,820 × 1 **000** = 9 820

Pour diviser par :	on décale les chiffres de :
10	**1** rang vers la droite.
1**00**	**2** rangs vers la droite.
1 **000**	**3** rangs vers la droite.

Exemples :

27 ÷ **10** = 27,0 ÷ **10** = 2,7

456,5 ÷ **100** = 4,565

0,3 ÷ 1 **000** = 0000,3 ÷ 1 **000** = 0,000 3

4 Conversion des unités de longueur et de masse

Unités de longueur	kilomètre **km** 1 km = 1 000 m	hectomètre **hm** 1 hm = 100 m	décamètre **dam** 1 dam = 10 m	mètre **m** 1 m	décimètre **dm** 1 dm = 0,1 m	centimètre **cm** 1 cm = 0,01 m	millimètre **mm** 1 mm = 0,001 m

Unités de masse	kilogramme **kg** 1 kg = 1 000 g	hectogramme **hg** 1 hg = 100 g	décagramme **dag** 1 dag = 10 g	gramme **g** 1 g	décigramme **dg** 1 dg = 0,1 g	centigramme **cg** 1 cg = 0,01 g	milligramme **mg** 1 mg = 0,001 g

À savoir : On utilise également d'autres unités de masse :
- le quintal (q) qui équivaut à 100 kg : 1 q = 100 kg ;
- la tonne (t) qui équivaut à 1 000 kg : 1 t = 1 000 kg.

5 Multiplication de deux nombres décimaux

A Multiplication par 0,1 ; 0,01 ; 0,001

Multiplier par :	c'est diviser par :
0,**1**	**10** car $0,1 = \frac{1}{10}$.
0,**01**	**100** car $0,01 = \frac{1}{100}$.
0,**001**	**1 000** car $0,001 = \frac{1}{1\,000}$.

Exemples :

78 × 0,**1** = 7,8

3,5 × 0,**01** = 003,5 × 0,**01** = 0,035

56,2 × 0,**001** = 0056,2 × 0,**001** = 0,056 2

B Multiplication de deux nombres décimaux

Règle Pour effectuer la multiplication de deux nombres décimaux,
- on effectue d'abord **la multiplication sans tenir compte des virgules** ;
- on **place la virgule** dans le produit, en procédant comme ci-dessous.

Exemple : Effectue la multiplication de 2,34 par 1,2.

		2,	3	4
	×		1,	2
		①4	6	8
+	2	3	4	0
=	2,	8	0	8

× **100** →
× **10** →
← ÷ **1 000**

		2	3	4
	×		1	2
		①4	6	8
+	2	3	4	0
=	2	8	0	8

▶ On effectue la multiplication de 234 par 12.

234 est **100** fois plus grand que 2,34
et 12 est **10** fois plus grand que 1,2.
Le produit 2,34 × 1,2 est donc **1 000** fois plus petit que 2 808.

Finalement 2,34 × 1,2 = 2,808.

		2,	3	4	← 2 décimales
	×		1,	2	← + 1 décimale
		①4	6	8	
+	2	3	4	0	
=	2,	8	0	8	← 3 décimales au produit

▶ Le facteur 2,34 a deux chiffres après la virgule. Le facteur 1,2 a un chiffre après la virgule.

On doit donc placer la virgule dans le produit de telle sorte qu'il y ait 2 + 1 = 3 chiffres après la virgule.

Cours

6 Priorités opératoires

Règles

- Les multiplications sont prioritaires sur les additions et les soustractions.
- Les calculs entre parenthèses sont prioritaires sur les autres.

Exemples :

- $3{,}8 + 2{,}7 \times 2{,}1 = 3{,}8 + 5{,}67 = 9{,}47$
  La multiplication est prioritaire sur l'addition.
- $(3{,}8 + 2{,}7) \times 2{,}1 = 6{,}5 \times 2{,}1 = 13{,}65$
  Le calcul entre parenthèses est prioritaire.

7 Division d'un nombre décimal par un entier

Règle Effectuer la **division décimale** de deux nombres, c'est trouver la valeur exacte ou une valeur approchée du **quotient** de ces deux nombres.

Exemples : Effectue la division de 75,8 par 4 puis celle de 4,9 par 9.

D	U	$\frac{1}{10}$	$\frac{1}{100}$	4			
7	5,	**8**		D	U	$\frac{1}{10}$	$\frac{1}{100}$
3	5			1	8,	9	5
	3	**8**					
		2	0				
			0				

Dès que l'on abaisse le chiffre des dixièmes du dividende, on place la virgule dans le quotient.

U	$\frac{1}{10}$	$\frac{1}{100}$	$\frac{1}{1000}$	9			
4,	**9**			U	$\frac{1}{10}$	$\frac{1}{100}$	$\frac{1}{1000}$
4	**9**			0,	5	4	4
	4	0					
		4	0				
			4				

- Le nombre 18,95 est **la valeur exacte** du quotient de 75,8 par 4.
- Le nombre 0,544 est **une valeur approchée** au millième du quotient de 4,9 par 9.

Exercices « À toi de jouer ! »

1 Donne un ordre de grandeur.

a. $802 + 41{,}6$

b. $96{,}4 \times 3{,}01$

c. $1\,011 \times 5{,}56$

2 Effectue.

a. $3{,}6 \times 100$
b. $870 \times 1\,000$
c. $63 \div 10$
d. $87\,654 \div 100$

3 Convertis en cm.

a. 4 dm
b. 8,1 dam
c. 3,5 mm
d. 0,035 m

4 Sachant que $168 \times 32 = 5\,376$, détermine les produits (sans aucun calcul).

a. $168 \times 3{,}2$
b. $16{,}8 \times 0{,}32$
c. $1\,680 \times 3{,}2$
d. $1{,}68 \times 32$

5 Pose et effectue les opérations.

a. $68{,}7 \times 39$
b. $123 \times 6{,}3$
c. $1{,}3 \times 0{,}7$
d. $54{,}6 \times 8{,}25$

6 Calcule la valeur exacte ou une valeur arrondie au centième des quotients.

a. $10 \div 7$
b. $24{,}96 \div 8$
c. $5{,}2 \div 6$
d. $145{,}2 \div 3$

Techniques opératoires

7 Calcule mentalement les additions suivantes.

a. 4,6 + 5,2
b. 6,2 + 3,4
c. 4,5 + 6,1
d. 8,3 + 9,6
e. 8 + 1,5
f. 8,6 + 8,9
g. 3,9 + 5,4
h. 6,5 + 8,7
i. 6,8 + 9,4

8 Calcule mentalement les soustractions suivantes.

a. 6,5 – 4,3
b. 7,6 – 0,4
c. 4,9 – 4,3
d. 5,7 – 0,4
e. 4,7 – 4,3
f. 6,2 – 4,6
g. 9 – 8,7
h. 3,1 – 1,8
i. 7,8 – 6,9

9 Recopie et complète les pointillés.

a. 4,5 + ... = 6
b. 7,8 + ... = 10
c. 0,8 + ... = 14
d. ... + 0,2 = 11,8
e. ... + 5,8 = 9,7
f. ... – 2,3 = 4
g. ... – 0,9 = 4,5
h. ... – 5,8 = 4,7
i. 7,3 – ... = 3,5
j. 8 – ... = 5,7

10 Donne un ordre de grandeur pour chaque terme ci-dessous, puis déduis-en un ordre de grandeur de leur somme ou de leur différence.

a. 52,758 + 46,7
b. 97,367 4 + 4,692
c. 10,397 – 4,754 9
d. 49,021 4 – 0,003 9

11 Calcule les sommes ci-dessous en effectuant des regroupements astucieux.

a. 6,5 + 12,6 + 1,5
b. 36,99 + 45,74 + 2,01 + 13,26
c. 9,25 + 8,7 + 5,3 + 16,75
d. 34,645 + 34,75 + 2,25 + 4,355
e. 7,42 + 4,2 + 7,8 + 25,58
f. 3,01 + 2,9 + 6,1 + 7,99 + 2,001

12 Recopie et effectue les opérations.

a.	**b.**	**c.**
13,25 + 5,72	9,876 + 2,63	0,527 + 1,206
d.	**e.**	**f.**
135,8 – 6,1	35,61 – 8,9	9,5 – 2,64

13 Pose et effectue.

a. 853,26 + 4 038,3
b. 52 + 8,63 + 142,8
c. 49,3 + 7,432 + 12,7
d. 948,25 – 73,2
e. 9,8 – 0,073
f. 83 – 43,51

14 *Calculs*

a. Calcule la somme de 4,67 et de 12,38.

b. Calcule la différence de 56,78 et de 34,213.

15 *Devinettes*

a. La somme de deux nombres vaut 78,92. L'un d'eux est 29,6. Quel est le second ?

b. La différence de deux nombres est 43,7. L'un d'eux est 5,68. Quel est le second ?

c. La différence de deux nombres est 68,72. L'un d'eux est 70,35. Quel est le second ?

16 Calcule mentalement.

a. 4,357 × 100
b. 89,7 × 1 000
c. 0,043 × 10
d. 0,28 × 1 000
e. 39 × 100
f. 0,48 × 10
g. 354 × 10
h. 0,03 × 10 000

17 Calcule mentalement.

a. 4 338 ÷ 10
b. 1 297 ÷ 1 000
c. 12,3 ÷ 10
d. 0,87 ÷ 100
e. 3,8 ÷ 1 000
f. 0,04 ÷ 100
g. 354 ÷ 10
h. 12,5 ÷ 100

18 Recopie et complète par 10 ; 100 ; 1 000...

a. 8,79 × ... = 87,9
b. 4,35 × ... = 43 500
c. 0,837 × ... = 8,37
d. 0,367 × ... = 3,67
e. 0,028 × ... = 0,28
f. 0,17 ÷ ... = 0,017
g. 23 ÷ ... = 0,23
h. 480 ÷ ... = 4,8
i. 900 ÷ ... = 0,09
j. 18 000 ÷ ... = 18

19 Calcule mentalement, en regroupant astucieusement, et en détaillant ta démarche.

a. 0,1 × 14 × 1 000
b. 2,18 × 0,001 × 100
c. 1,8 × 0,01 × 10
d. 4 × 0,01 × 100

20 Recopie et complète par le signe opératoire qui convient.

a. 0,8 ... 100 = 80
b. 0,38 ... 10 = 0,038
c. 47 ... 100 = 0,47
d. 380 ... 10 = 38
e. 5 ... 0,1 = 0,5
f. 60 000 ... 10 = 6 000
g. 4 100 ... 100 = 4 000
h. 56 000 ... 100 = 560
i. 8 ... 0,01 = 0,08
j. 100 ... 1,2 = 120

21 Sachant que 48 × 152 = 7 296, détermine les produits suivants.

a. 480 × 1,52
b. 4,8 × 15,2
c. 0,48 × 0,152
d. 0,048 × 1 520

22 Convertis les masses ci-dessous.

a. 152 cg = ... g
b. 458 hg = ... g
c. 893 hg = ... kg
d. 4,5 t = ... kg

23 Convertis les longueurs ci-dessous.

a. 5 mm = ... m
b. 2,8 hm = ... km
c. 3 dam = ... m
d. 3,8 dm = ... cm

24 Recopie et relie chaque produit à son ordre de grandeur dans la colonne de droite.

41 × 1,03 •	• 400
0,011 × 40,5 •	• 4 000
20,4 × 20,2 •	• 40
3,99 × 0,98 •	• 4
39,8 × 0,001 2 •	• 0,4
4,15 × 99 •	• 0,04

25 Calcule en regroupant astucieusement.

a. 0,8 × 2 × 0,6 × 50
b. 0,25 × 12,38 × 4
c. 8 × 49 × 1,25
d. 2,5 × 12,9 × 0,04
e. 0,15 × 70 × 0,02
f. 75 × 0,06 × 0,4

26 Recopie en plaçant correctement la virgule dans le produit (et en ajoutant éventuellement un ou plusieurs zéros).

a. 12,8 × 5,3 = 6 784
b. 28,7 × 1,04 = 29 848
c. 0,15 × 6,3 = 945
d. 0,008 × 543,9 = 43 512
e. 0,235 × 0,132 = 3 102

27 Recopie en plaçant la virgule dans le facteur écrit en vert pour que l'égalité soit vraie.

a. 3,42 × 271 = 9,268 2
b. 432 × 0,614 = 26,524 8
c. 0,48 × 62 = 29,76
d. 2,6 × 485 = 126,1
e. 45 × 29,232 = 131,544

28 Recopie et effectue les multiplications.

a.
```
  93,76
×     5
```
b.
```
  356,1
×    14
```
c.
```
  14,9
× 0,8
```

29 Pose et effectue les multiplications.

a. 2,08 × 4,23
b. 4,38 × 5,7
c. 6,93 × 15,8
d. 8,35 × 0,18

30 Calcule...

a. le double de 3,74.

b. le produit de 3,75 par 34,52.

c. le produit de 4,5 par la somme de 6,73 et de 67,8.

d. le produit de la somme de 34,879 et de 32,8 par la différence de 78,45 et de 6,9.

31 Calcule mentalement.

a. 8,6 ÷ 2
b. 24,8 ÷ 4
c. 8,8 ÷ 8
d. 7,7 ÷ 11
e. 15,6 ÷ 3
f. 63,6 ÷ 6

32 Recopie et complète les pointillés.

a. 14,2 ÷ ... = 7,1
b. 3,18 ÷ ... = 1,06
c. ... ÷ 4 = 2,1
d. ... ÷ 5 = 3,08

33 Pose et effectue les divisions décimales suivantes pour trouver la valeur exacte du quotient.

a. 12,6 ÷ 6
b. 28,48 ÷ 4
c. 169,2 ÷ 3
d. 0,162 ÷ 9
e. 67,5 ÷ 4
f. 9,765 ÷ 15

34 ***Valeurs approchées***

a. Pose et effectue les divisions suivantes jusqu'au millième.

- 12 ÷ 7
- 123,8 ÷ 7
- 148,9 ÷ 12
- 13,52 ÷ 3
- 235,19 ÷ 11
- 0,14 ÷ 3

b. Recopie et complète le tableau.

Quotient	Valeur approchée			
	à l'unité		au centième	
	par défaut	par excès	par défaut	par excès
12 ÷ 7				
123,8 ÷ 7				
148,9 ÷ 12				
13,52 ÷ 3				
235,19 ÷ 11				
0,14 ÷ 3				

35 **Tableur**

a. Dans une feuille de calcul, recopie le tableau de l'exercice précédent.

b. Quelle formule dois-tu saisir pour compléter la cellule jaune « Valeur approchée par défaut à l'unité » ? Recopie cette formule vers le bas.

c. Quelle formule dois-tu saisir pour compléter la cellule orange « Valeur approchée par excès à l'unité » ? Recopie cette formule vers le bas.

d. Complète les cellules encore vides.

36 Recopie et complète en utilisant ta calculatrice.

a. 48,2 × ... = 698,9
b. 23 × ... = 294,4
c. 12,7 × ... = 25,527
d. ... ÷ 1,4 = 35,28
e. ... ÷ 4,5 = 1 062
f. ... ÷ 0,25 = 29,2
g. ... ÷ 1,53 = 96
h. ... × 18 = 473,4
i. ... × 1,5 = 3,519
j. ... × 0,9 = 28,89
k. 21,4 ÷ ... = 2,5
l. 47,56 ÷ ... = 3,28
m. 7 ÷ ... = 8,75
n. 0,25 ÷ ... = 0,5

Résolution de problèmes

37 Recopie chaque problème ci-dessous en supprimant les données inutiles pour le résoudre.

a. Victor part se promener en vélo à 14 h 00. Il roule pendant 5,2 km et s'arrête 30 minutes pour réparer sa roue. Il roule encore 3,5 km et arrive chez son ami à 15 h 10 min. Combien de kilomètres a-t-il parcourus ?

b. Vincent habite à 200 m de la boulangerie. Il achète une baguette à 0,85 € et trois gâteaux à 2,25 € pièce. Il a 13,84 € dans son porte-monnaie. Combien paie-t-il ?

38 Jules va faire des courses au supermarché. Voici les calculs effectués par la caissière.

- 3 × 2,65 = 7,95
- 2 × 3,42 = 6,84
- 1,65 × 2,4 = 3,96
- 6,84 + 3,96 + 1,17 + 7,95 = 19,92
- 20 – 19,92 = 0,08

Recopie puis complète le texte.

Il achète deux paquets de madeleines à ... l'un, 1,650 kg de pommes à ... le kg, ... packs de six bouteilles de jus de fruits à 2,65 € le pack et une tablette de chocolat à ... . Il paye avec un billet de ... . On lui rend ... centimes.

39 **QCM**

Dans chaque cas ci-dessous, quelle opération permet de résoudre le problème ?

Problème 1 : Agnès achète un pull à 54,70 €. Le commerçant lui fait une remise de 12,50 €. Combien va-t-elle payer le pull ?

a. 54,70 + 12,50
b. 54,70 – 12,50
c. 54,70 × 12,50
d. 54,70 ÷ 12,50

Problème 2 : Élise commande un livre sur Internet. Son prix est de 12,60 € et les frais de port sont de 3,60 €. Combien va-t-elle payer ?

a. 12,60 + 3,60
b. 12,60 – 3,60
c. 12,60 × 3,60
d. 12,60 ÷ 3,60

Problème 3 : Laurent a acheté 3,2 kg d'abricots à 2,70 € le kilogramme. Combien a-t-il payé ?

a. 3,2 + 2,70
b. 3,2 – 2,70
c. 3,2 × 2,70
d. 3,2 ÷ 2,70

Problème 4 : Sophie vend un bouquet de 15 roses pour 22,50 €. Combien coute une rose ?

a. 15 ÷ 22,50
b. 22,50 – 15
c. 22,50 ÷ 15
d. 22,50 × 15

40 Huit amis préparent un repas. Chacun donne 5 € pour la cagnotte commune.

L'un d'eux part au supermarché et achète : quatre paquets de chips, deux packs de quatre yaourts, une boite de 12 portions de fromage, 900 g de rôti de bœuf froid et, enfin, une grande bouteille de deux litres de soda.

On souhaite déterminer le prix de ces courses et l'argent qu'il reste ensuite dans la cagnotte.

Écris la résolution du problème en alternant les calculs en ligne (premier tableau) et les explications (deuxième tableau).

①	$7{,}4 + 6{,}1 + 2{,}29 + 11{,}7 + 2{,}43 = 29{,}92$
②	$2 \times 3{,}05 = 6{,}1$
③	$8 \times 5 - 29{,}92 = 10{,}08$
④	$4 \times 1{,}85 = 7{,}4$
⑤	$13 \times 0{,}9 = 11{,}7$
⑥	$29{,}92 \div 8 = 3{,}74$

Les 900 g de rôti de bœuf coutent 11,70 €.
Le prix des yaourts est 6,10 €.
Le repas coute 3,74 € à chacun des copains.
Pour la prochaine fois, il reste 10,08 € dans la cagnotte.
Les quatre paquets de chips coutent 7,40 €.
Le montant des achats s'élève à 29,92 €.

41 Pierre a relevé le compteur de sa voiture au départ et au retour de ses vacances. Au départ, le compteur indiquait 58 257,6 km. Au retour, il indiquait 59 329,1 km.
Quelle distance a-t-il parcourue ?

42 Pour chaque problème ci-dessous, écris en ligne la (ou les) opération(s) à effectuer pour le résoudre. Ne fais aucun calcul.

a. Philippe fait une randonnée de 13,7 km. Il a parcouru 8,6 km le matin.
Combien lui reste-t-il à parcourir ?

b. Un apiculteur répartit 6,3 kg de miel dans 14 pots identiques.
Quelle est la contenance de chacun des pots ?

c. Un manteau coute 56,80 €. Le commerçant me fait une remise de 12,40 €.
Combien vais-je payer ce manteau ?

d. J'achète 10 baguettes pour un total de 8,50 €. Combien coutent trois baguettes ?

e. Claire veut acheter un livre. Elle a 12,42 € mais il lui manque 3,45 € pour le payer.
Quel est le prix du livre ?

43 Antoine possédait 832,28 € sur son livret d'épargne. Pour son anniversaire, ses parents y ont déposé 75 €. Combien a-t-il maintenant sur son livret ?

44 Un panier plein de fruits pèse 1,836 kg. Ce panier, lorsqu'il est vide, pèse 0,425 kg. Quelle est la masse des fruits contenus dans ce panier ?

45 Simon veut aller au théâtre. Il a 12,28 € en poche et il lui manque 3,25 € pour entrer.
Quel est le prix du ticket ?

46 Une voiture consomme, en moyenne, 8,5 L d'essence pour faire 100 km. Combien consomme-t-elle d'essence pour faire 500 km ?

47 Un employé gagne 8,25 € de l'heure. Il travaille 35 heures par semaine. Combien gagne-t-il chaque semaine ?

48 Au marché, Anne a déposé dans son panier 1,2 kg de carottes, 600 g de raisins et 1,3 kg de pommes. Combien pèse le contenu de son panier ?

49 Les côtés d'un terrain de forme triangulaire mesurent 45 m, 3 hm et 150 dam. Calcule le périmètre de ce terrain.

50 Djamel a acheté 1,6 kg de poires à 2,30 € le kg. Combien a-t-il payé ?

51 Pour aller au collège, Caroline fait 1,4 km avec son vélo, qu'elle laisse chez sa grand-mère. Puis elle parcourt 150 m à pied jusqu'au collège. Quelle distance parcourt-elle au total ?

52 Gérard a payé 28,56 € pour 12 pieds de tomate. Quel est le prix d'un pied de tomate ?

53 Dans le système de mesure anglo-saxon, un pouce mesure 2,54 cm et 1 pied vaut 12 pouces.

a. La taille d'un écran d'ordinateur est donnée par la longueur de sa diagonale et est exprimée en pouces. Quelle est la longueur de la diagonale d'un écran de 17 pouces ?

b. John mesure 5 pieds et 10 pouces. Quelle est sa taille en mètres ?

54 Voici une note de restaurant pour le repas de douze personnes. Recopie-la puis complète-la en effectuant les calculs nécessaires.

Pizzeria VALERIO		
Pizza Calzone	4 ×	33,20
Pizza Orientale	3 × 9,40	
Tagliatelles Bolognaise	2 ×	17,00
Lasagnes	3 × 9,50	
Fondant au chocolat	6 ×	39,00
Mousse au chocolat	4 × 5,50	
Tiramisu	2 ×	12,60
Pichet vin 50 cL	4 × 4,80	
Bière	6 ×	21,60
Café	8 ×	11,20
	TOTAL	

55 ***24 et 60....***

a. Bernadette a acheté 24 livres identiques pour 60 €. Quel est le prix d'un livre ?

b. Pierre a 24 ans et Gilbert 60 ans. Quel sera l'âge de Gilbert lorsque l'âge de Pierre aura doublé ?

c. Avec 24 kg de cerises, Brigitte fait 60 pots de confiture. Quelle masse de cerises contient chaque pot ?

d. Bernard veut déménager ses 60 livres. À chaque voyage, il peut transporter 24 livres. Combien de voyages doit-il faire au minimum ?

e. Combien peut-on faire de bouquets de 24 roses avec 60 roses ?

56 Mercredi après-midi, Anh Hao a fait cinq tours d'un circuit de VTT. Il a parcouru en tout 23,5 km. Quelle est la longueur de ce circuit ?

57 J'ai 20 €. En arrivant à la caisse, le montant de mes achats est de 18,67 €. Je remarque une boite de bonbons à 1,35 €.
Puis-je la rajouter à mes achats ?

58 **Tableur**

Un magasin de meubles vend des chaises à 85,45 € pièce, des tables à 125,12 € chacune et des tabourets à 45,63 € l'unité.

Partie 1 :

M. Resto commande 25 chaises, 15 tables et 10 tabourets.

a. Sur une feuille de calcul, reproduis ce tableau.

	A	B	C	D
1		Prix unitaire	Quantité	Prix total
2	Prix des chaises en €	85,45	25	
3	Prix des tables en €	125,12	15	
4	Prix des tabourets en €	45,63	10	
5				
6			Total :	

b. Quelle formule vas-tu saisir dans la cellule D2 ?

c. En recopiant cette formule, complète les cellules D3 et D4.

d. Quelle formule vas-tu saisir dans la cellule D6 ? Quel est le montant total de la facture de M. Resto ?

Partie 2 :

M. Pizzo commande 50 chaises, 24 tables et 12 tabourets.

e. Que suffit-il de modifier au tableau précédent pour calculer le montant de la commande de M. Pizzo ?

f. Donne le montant de cette commande.

Partie 3 :

Un mois plus tard, M. Véranda fait la même commande que M. Pizzo mais les prix ont augmenté. Le prix d'une chaise est passé à 91,63 €, celui d'une table est passé à 132,41 € et le prix d'un tabouret est resté stable.

g. Quel est le montant de la facture de M. Véranda ?

59 ***Calculer sans poser***

a. Calcule mentalement les produits suivants, sachant que $6{,}5 \times 3{,}7 = 24{,}05$.

- $6{,}5 \times 37$
- $13 \times 3{,}7$
- $6\,500 \times 0{,}003\,7$
- 65×37
- $6{,}5 \times 0{,}37$
- $65 \times 0{,}37$

b. Calcule mentalement les quotients suivants, sachant que $935 \div 17 = 55$.

- $9\,350 \div 170$
- $93\,500 \div 1\,700$
- $93{,}5 \div 1{,}7$
- $9{,}35 \div 0{,}17$

60 ***Calculer sans poser (bis)***

a. Calcule $96{,}5 + 83{,}7$ et $96{,}5 - 83{,}7$.

b. Déduis-en les sommes et les différences suivantes, sans poser les opérations.

- $965 + 837$
- $9{,}65 - 8{,}37$
- $0{,}965 + 0{,}837$
- $96\,500 - 83\,700$

c. Peut-on trouver, par ce moyen, les résultats des opérations $96\,500 + 8\,370$ et $9\,650 - 837$?

61 Calcule, en détaillant ta démarche, un ordre de grandeur de chacune des expressions suivantes.

a. $792{,}69 + 5\,246{,}8 + 38{,}37$

b. $5\,813{,}8 - 3\,789{,}68 - 89{,}54$

c. $574{,}69 \times 0{,}537 \times 8{,}41$

d. $4\,784{,}0 \div 19{,}15$

62 Théo, Charlotte et Lucas se sont rendus aux Jeux Olympiques de Londres. À leur retour, ils font le point sur leurs dépenses. La monnaie en Angleterre est la livre sterling (£). À ce moment-là, 1 £ valait 1,17 €.

a. Chaque billet Eurostar (aller/retour) a couté 177,25 €. Combien les amis ont-ils dépensé, en tout, pour les trois billets ?

b. À Londres, ensemble, ils ont dépensé : 542,30 £ pour les frais de déplacement, 1 068 £ pour l'hébergement, 406,70 £ pour la nourriture et 841 £ pour les billets d'entrée aux différentes épreuves des J.O. et autres visites.
Combien ont-ils dépensé à Londres, en livres sterling ? Convertis cette somme en euros.

c. Combien ont-ils dépensé en tout, en euros, pour l'ensemble du voyage ?

d. Ils partagent tous les frais en trois parts égales. Combien chacun d'eux a-t-il dépensé ?

e. Charlotte avait 2 152 € d'économies avant ce voyage. Quelle somme lui reste-t-il après ?

63 Éva paie ses impôts directs par "tiers provisionnels", c'est-à-dire en 3 fois. Cette année, elle a payé 921,05 € le 15 janvier, autant le 15 mai et 1 114,75 € le 15 septembre. Arthur, lui, paie mensuellement, c'est-à-dire en 10 mois, chaque fois 298 €.
Qui d'Éva ou d'Arthur paie le moins d'impôts ?

64 On a reçu au collège 7 ramettes de 500 feuilles pour la photocopieuse et 3 paquets de 24 pièces de « carton plume ».

a. L'épaisseur d'une feuille de papier pour photocopieuse est de 0,11 mm et celle d'une pièce de « carton plume » est de 5 mm. Calcule un ordre de grandeur de la hauteur totale de tous ces paquets empilés.

b. Écris la hauteur totale des paquets en une seule expression, puis calcule-la.

65 ***Densité de population***

Pays	Nombre d'habitants	Superficie en km²
Allemagne	81 751 602	357 021
Belgique	10 951 665	30 528
France	65 048 412	547 030
Italie	60 626 442	301 230
Luxembourg	511 840	2 586
Pays-Bas	16 655 799	41 526

a. Quel pays a le plus grand nombre d'habitants ? Et le plus petit nombre ?

b. Quel pays a la plus grande superficie ? Et la plus petite ?

c. Pour chaque pays, calcule la densité de population, exprimée en habitants par km². (Tu donneras une valeur approchée à l'unité et tu pourras t'aider d'un tableur.)

d. Calcule le nombre moyen d'habitants au km² pour l'ensemble de ces six pays. Indique les pays qui sont en dessous de cette moyenne et ceux qui sont au-dessus.

66 Au supermarché, j'ai acheté un rôti à 15 € le kilogramme, un pack de 6 bouteilles de lait à 2,56 €, 3 paquets de gâteaux à 1,87 € l'un.

J'ai payé avec un billet de 20 €. Le caissier me rend 2,08 €. Quelle est la masse du rôti ?

67 On a répertorié dans le tableau suivant les commandes des élèves d'un collège pour les photos de classe.

a. Recopie et complète ce tableau.

	Prix	Quantité	TOTAL
La pochette complète	15,20	254	
Le groupe classe	6,80	15	
Les photos individuelles	10,30	62	
TOTAL COMMANDE			

b. Le FSE touche 1,85 € sur chaque vente. Combien cette commande lui rapporte-t-elle ?

68 La fourgonnette d'un viticulteur est remplie de 32 caisses identiques, contenant du raisin. Ces 32 caisses ont une masse totale de 432 kg. La fourgonnette chargée pèse 1852,7 kg.

a. Quelle est la masse de la fourgonnette à vide ?

b. Combien pèse chaque caisse remplie de raisins ?

c. Ces 32 caisses contiennent 384 kg de raisins. 1 kg de raisins est vendu 1,65 € à la coopérative. Combien a rapporté la vente de ces 32 caisses au viticulteur ?

d. Les deux jours suivants, le viticulteur a récolté respectivement 437,6 kg et 658,3 kg de raisins. Quelle quantité de raisins a-t-il récoltée pendant ces trois jours ?

69 Voici les tarifs pour visiter un parc animalier.

Moins de 4 ans Gratuit	4 à 12 ans 3,80 €	Adulte 7,20 €
Senior (plus de 60 ans) 5,70 €	Personne à mobilité réduite 3,60 €	Groupe (à partir de 10 personnes) 5,80 €

a. Quel prix paiera une famille composée de deux adultes et de deux enfants âgés respectivement de 3 et 8 ans ?

b. Un groupe de 52 adultes souhaite visiter ce parc. Parmi ces personnes, trois sont handicapées et 25 ont plus de 60 ans. Ce groupe dispose de 300 € pour la visite. Cette somme suffira-t-elle ?

c. Un groupe classe de 28 élèves de 6e visite le parc animalier. Trois professeurs accompagnent les élèves. Un adulte par groupe peut entrer gratuitement. La visite leur revient à 84,40 €. Quel est le prix de la visite pour un élève ?

70 Julie décide de carreler sa salle de bains rectangulaire avec des carreaux de côté 20 cm.

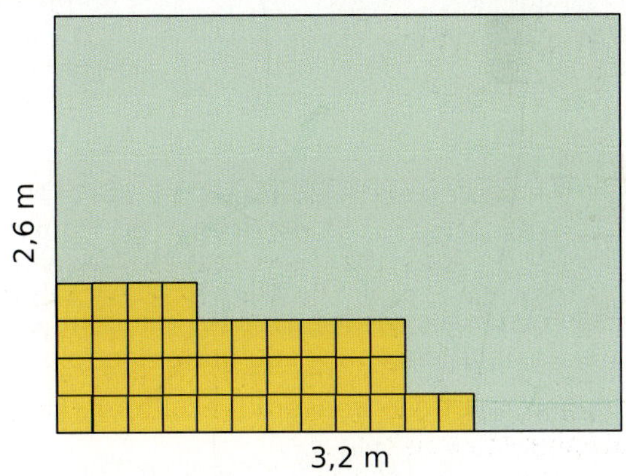

a. Construis un plan sur lequel 1 cm (sur le plan) représente 20 cm dans la réalité.

b. Combien faut-il de carreaux pour recouvrir toute la surface ?

c. Les carreaux sont conditionnés par paquets de 30. Combien faut-il de paquets ?

d. Le prix d'un m^2 de carreaux est 20,80 €. Quel est le prix du carrelage ?

e. Par ailleurs, il faut de la colle, vendue en pots de 5 kg. Chaque pot permet de carreler 2 m^2 de sol. Sachant qu'un pot coute 15,75 €, calcule le prix de la colle.

f. Calcule la dépense totale de Julie.

Se tester avec le QCM

		R1	R2	R3	R4
1	873,023 est...	1 000 fois plus grand que 873 230	100 fois plus petit que 87 302,3	10 000 fois plus grand que 0,087 302 3	10 fois plus petit que 87,302 3
2	8,35 dm correspond à...	0,083 5 dam	835 cm	83 500 mm	0,000 835 km
3	72,3 + 15,29 = ...	87,32	22,52	87,59	2,252
4	57,41 − 27,83 = ...	30,42	30,58	29,58	19,58
5	872,967 = ...	87 296,7 ÷ 100	862,967 × 10	87,296 7 × 10	8,729 67 × 100
6	78,23 × 21,796 = ...	170 510,108	3 705,101 08	1 705,101 08	1 800
7	34,1 + 123,79 se pose...	34,10 +123,79	34,1 +123,79	34,1 +123,79	34,1 +123,79
8	0,33 + 0,8 = ...	0,41	0,113	1,13	1,03
9	192 × □ = 38,4. Donc trouver □...	est impossible	revient à diviser 38,4 par 192	revient à multiplier 192 par 38,4	revient à diviser 192 par 38,4
10	Un plateau de fromage de 0,4 kg se vend 13,85 € le kg. Le prix à payer est...	d'environ 34 €	de plus de 14 €	de moins de 7 €	d'environ 5,50 €
11	Une ficelle mesure 7,2 m. On la partage en 16 parts égales.	Chaque bout mesure 1,152 m	C'est impossible, 16 > 7,2	Chaque bout mesure environ 2,2 m	Chaque bout mesure 45 cm
12	0,75 peut être la réponse du (ou des) problème(s) suivant(s).	Avec 126 litres d'eau, on a rempli 168 bouteilles. Quelle est la contenance d'une bouteille ?	Une baignoire peut contenir 223,24 L. On la remplit avec 222,49 L d'eau. Combien d'eau peut-on encore verser ?	Ahmed achète un bonbon à 0,27 € et un chewing-gum à 0,58 €. Combien paye-t-il ?	125 CD de 6 mm d'épaisseur sont empilés. Quelle est la hauteur de la pile, en mètre ?

! Récréation mathématique

Calculatrices infernales (d'après Apmep)

1 Sur la calculatrice d'Aïsha, la touche pour afficher la virgule ne fonctionne plus et la touche « = » ne peut fonctionner qu'une seule fois par ligne de calcul.

Comment peut-elle trouver le résultat de (17,32 × 45,3) + 15,437 ?

2 Bruce vient de faire tomber sa calculatrice. Elle ne comporte plus que les chiffres, la virgule et les quatre opérations. Mais, quand on appuie sur « + », elle ajoute 1 ; quand on appuie sur « − », elle retranche 1 ; quand on appuie sur la touche « × », elle multiplie par 10 ; quand on appuie sur la touche « ÷ », elle divise par 10.

a. Romain emprunte la calculatrice de Bruce.
Il tape 27,2 puis appuie ensuite sur les touches « × », « × », « + », « + », « − », « ÷ », « ÷ », « ÷ », « + », « × ». Quel résultat Romain trouve-t-il ?

b. Comment peut-il passer, en sept opérations…
- de 3,14 à 300 ?
- de 3,14 à 297 ?
- de 297 à 0,2 ?

c. Tu viens de passer de 3,14 à 0,2 en quatorze opérations. Trouve un chemin qui permet de faire cela avec le minimum d'opérations. Compare avec tes camarades.

d. Trouve un chemin qui permet de passer de 5 à 4,99 en un minimum d'opérations, puis compare avec tes camarades.

D1 Proportionnalité

- *Grandeurs proportionnelles ou non*
- *Utilisation de la proportionnalité*
- *Application aux pourcentages*

1 Les bonnes quantités

→ Cours : 1

Nora souhaite faire un gâteau aux pommes. La recette donne les ingrédients suivants, pour 6 personnes :
120 g de farine, 80 g de sucre, 100 g de beurre, 3 œufs, 4 pommes et deux sachets de sucre vanillé.

a Détermine la quantité nécessaire de chaque ingrédient si Nora veut faire ce gâteau...

- pour 3 personnes ;
- pour 12 personnes ;
- pour 9 personnes.

(Tu pourras présenter tes résultats dans un tableau.)

b Dans son placard, Nora a une boite neuve d'1 kg de sucre. Elle se demande pour combien de personnes elle pourrait faire ce gâteau en utilisant toute la boite. Aide-la à répondre et à prévoir les quantités nécessaires des autres ingrédients.

c Nora se rend au supermarché pour acheter des pommes. Juste avant elle, un client distrait a oublié l'étiquette sortie de la caisse après avoir pesé ses pommes : des Golden.

- À quel prix est vendu le kilogramme de cette variété de pommes ?
- Nora achète 3,250 kg de ces pommes. Combien va-t-elle payer ?

2 En charge !

→ Cours : 3

a Lorsque la batterie de Grégoire est chargée au maximum, l'autonomie de son téléphone est de 10 heures. Dans chaque cas ci-dessous, indique le pourcentage de charge disponible et l'autonomie correspondante.

①	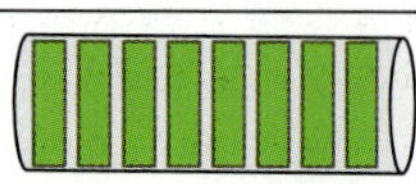	100 %	10 heures
②	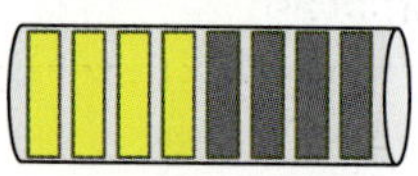		
③	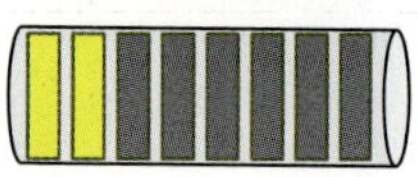		

④	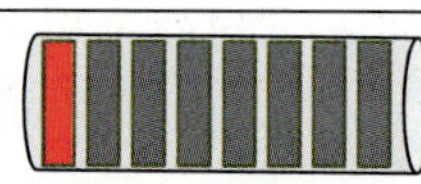		
⑤	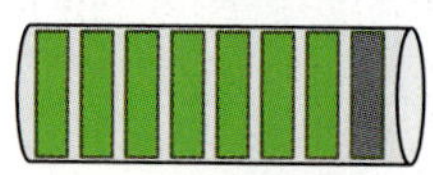		
⑥	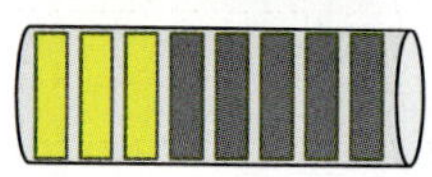		

b Quel pourcentage de charge reste-t-il lorsque l'autonomie du téléphone est de 7 h 30 min ?
Dessine l'icône correspondante.

c À 15 h 50, Grégoire part se promener en forêt. Il jette un œil sur l'écran de son téléphone et constate qu'il lui reste 22 % d'autonomie.
À quelle heure doit-il rentrer s'il ne veut pas que son téléphone soit à cours de batterie ?

1 Grandeurs proportionnelles

Définition Deux grandeurs sont **proportionnelles** lorsque les valeurs de l'une s'obtiennent en multipliant,ou en divisant, par un même nombre non nul les valeurs de l'autre.

Exemple : Une station service propose un carburant au prix de 1,15 € le litre (1,15 €/L).

- Si on double la quantité de carburant achetée, alors le prix est doublé. Si on triple la quantité achetée, alors le prix est triplé, etc.
- On obtient le prix à payer (en €), en multipliant la quantité achetée (en L) par le nombre 1,15.
- Les deux grandeurs sont donc **proportionnelles**.
- Le nombre 1,15 est appelé **coefficient de proportionnalité**.

Remarque : Deux grandeurs ne sont pas toujours proportionnelles.
En voici quelques-unes qui ne le sont pas :

- la **taille** d'une personne et son **âge** ;
- le **temps** nécessaire pour nettoyer une plage et le **nombre de participants** au nettoyage.

2 Calculs dans une situation de proportionnalité

Pour illustrer une situation de proportionnalité, on utilise souvent un **tableau de proportionnalité**, où les nombres de la seconde ligne sont obtenus en multipliant ceux de la première ligne par le coefficient de proportionnalité.

Exemple :
Complète le tableau de proportionnalité ci-contre.

Masse de pommes (en kg)	2	8			0,8
Prix (en €)		24	30	48	

▶ À l'aide d'opérations sur les lignes ou les colonnes

On sait que 8 kg de pommes coutent 24 €. 2 kg de pommes coutent 4 fois moins cher, puisque 2 kg est une masse 4 fois moins grande que 8 kg. Donc 2 kg de pommes coutent 24 ÷ 4 = **6** €.

Si on achète 2 kg, puis 8 kg de pommes (donc 10 kg de pommes), on paiera 6 €, puis 24 € (donc 30 €). On en conclut que 30 € est le prix correspondant à **10** kg de pommes.

Masse de pommes (en kg)	2	8	2 + 8 = **10**	8 × 2 = **16**	0,8
Prix (en €)	24 ÷ 4 = **6**	24	30	48	24 ÷ 10 = **2,40**

▶ À l'aide du coefficient de proportionnalité

On sait que 8 kg de pommes coutent 24 €. On cherche le coefficient de proportionnalité, c'est-à-dire le nombre manquant dans la multiplication : 8 × ... = 24. Ce nombre est égal à 24 ÷ 8 = **3**.

Masse de pommes (en kg)	2	8	**10**	**16**	0,8
Prix (en €)	**6**	24	30	48	**2,40**

× 3
÷ 3

Remarque :
Le coefficient de proportionnalité est ici le prix payé pour 1 kg de pommes : 3 €.
Une fois que l'on connait le prix payé pour 1 kg, il est facile d'obtenir le prix pour n'importe quelle masse achetée !

3 Pourcentage

Définition Un **pourcentage** traduit une situation de proportionnalité où la quantité totale est rapportée à 100.

Exemple :

Sur un pot de crème fraiche, on lit : « *30 % de matière grasse* ». Calcule la masse de matière grasse contenue dans un pot de crème fraiche de 250 g.

▶ « *30 % de matière grasse* » signifie que 100 g de crème fraiche contiennent 30 g de matière grasse, la masse de matière grasse étant proportionnelle à la masse de crème fraiche.
Pour connaitre la masse de matière grasse contenue dans un pot de 250 g, on peut utiliser plusieurs méthodes.

Première méthode : À l'aide d'un tableau de proportionnalité

Masse de crème fraiche (en g)	100	250
Masse de matière grasse (en g)	30	**75**

× 0,30

Le coefficient de proportionnalité de ce tableau est le nombre manquant dans la multiplication $100 \times ... = 30$. Ce nombre est égal à $30 \div 100 = 0{,}30$.
Ensuite, pour trouver la masse de matière grasse pour 250 g de crème fraiche, on calcule : $250 \times 0{,}30 =$ **75**.

Deuxième méthode : En plusieurs étapes

Si 100 g de crème fraiche contiennent 30 g de matière grasse, alors, dans les mêmes proportions, 200 g de crème fraiche en contiennent 60 g et 50 g de crème fraiche en contiennent 15 g.
On en conclut que 250 g en contiennent 75 g ($60 + 15 =$ **75**).

Exercices « À toi de jouer ! »

1 Lors d'une vente promotionnelle, on peut lire sur une affiche :

2 torchons pour 6,40 €
5 torchons pour 16 €
7 torchons pour 22 €

S'agit-il d'une situation de proportionnalité ? Explique ta réponse.

2 Reproduis et complète ce tableau de proportionnalité qui indique les tarifs à l'entrée d'un cinéma.

Nombre de personnes	6	2	8		
Prix payé (en €)	42			84	70

Quel est le coefficient de proportionnalité de ce tableau ?

3 La voiture de Marie consomme en moyenne 4,5 L d'essence sur 100 km.

a. Quelle est sa consommation d'essence si elle parcourt 50 km ? 250 km ? 1 250 km ?

b. Quelle distance Marie peut-elle parcourir avec 13,5 L d'essence ? Avec 135 L d'essence ?

4 Sur un terrain d'une surface totale de 600 m², on construit une maison et un garage (séparé de la maison), le reste constituant un jardin.

Le jardin occupe 50 % du terrain, le garage 10 %.

a. Calcule la surface occupée par le jardin.

b. Calcule la surface occupée par le garage.

c. Calcule, de deux façons différentes, la surface occupée par la maison.

Grandeurs proportionnelles ou non

5 Au magasin Val-Fruit, on peut lire au-dessus de l'étal de pommes : « 2,85 € le kg ».

a. Quelles sont les deux grandeurs qui interviennent dans cet énoncé ?

b. Sont-elles proportionnelles ?Justifie.

6 Au marché, le prix des pamplemousses est affiché ainsi : « 1,20 € l'unité, 2 € les deux ».

a. Quelles sont les deux grandeurs qui interviennent dans cet énoncé ?

b. Sont-elles proportionnelles ? Justifie.

7 Nassim a 12 ans et chausse du 39.

a. Quelles sont les deux grandeurs qui interviennent dans cet énoncé ?

b. Sont-elles proportionnelles ? Justifie.

8 Dans chaque cas ci-dessous, indique si, à ton avis, les grandeurs sont proportionnelles ou non. Justifie.

a. La masse et l'âge d'une personne.

b. La distance parcourue par une voiture roulant à vitesse constante et son temps de trajet.

c. La longueur du côté d'un carré et son périmètre.

d. Le prix d'un ticket de cinéma et la durée du film.

9 Pour chaque tableau ci-dessous, indique si les deux grandeurs considérées sont proportionnelles ou non. Justifie tes réponses.

a. *Prix des stylos*

Nombre de stylos	3	5	7
Prix payé (en €)	12	20	28

b. *Prix des photos de classe*

Nombre de photos	2	5	10
Prix payé (en €)	16	40	60

c. *Masse de ciment pour la fabrication de béton*

Volume de béton (en m^3)	1	4	6
Masse de ciment (en kg)	350	1 400	2 100

10 Les tableaux suivants sont-ils des tableaux de proportionnalité ? Justifie.

a.

2	3	7
8	12	28

b.

2	3	4
15	21	28

c.

2	4	5
102	104	105

d.

2	5	7
3,2	8	11

11 Devant une attraction de fête foraine, on peut lire : « 4 tickets pour 6 €, 10 tickets pour 12 € ». Les prix sont-ils proportionnels au nombre de tickets achetés ? Justifie ta réponse.

12 Les dimensions du premier rectangle sont-elles proportionnelles aux dimensions du deuxième rectangle ? Justifie ta réponse.

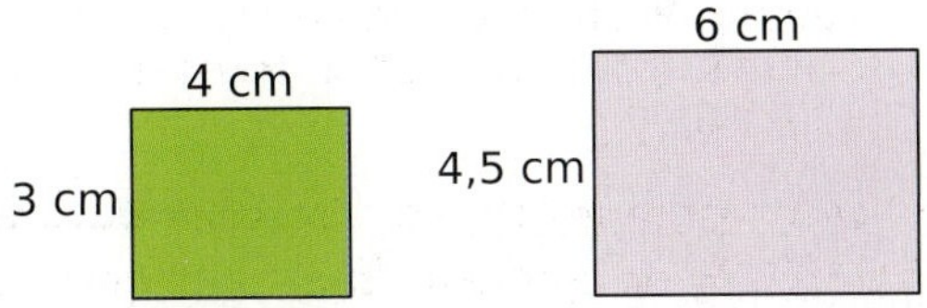

13 Le tableau ci-dessous donne le prix de yaourts identiques, vendus par lot de 4, de 8 ou de 16.
Sans calculer le prix d'un yaourt dans chaque lot, détermine si le prix payé est proportionnel ou non au nombre de yaourts achetés.

Nombre de yaourts achetés	4	8	16
Prix payé (en €)	1,70	3,40	6,20

14 Justin fait du vélo trois fois par semaine et note, à chaque fois, la durée et la distance du parcours effectué. Voici ses derniers relevés.

Jour	Mercredi	Samedi	Dimanche
Durée (en h)	2	3	5
Distance (en km)	50	75	110

La distance parcourue par Justin est-elle proportionnelle à la durée du parcours ? Justifie.

15 Hier, Sophie a cueilli 3 kg de cerises en 45 min. Ce matin, elle a cueilli 6 kg de cerises en 1 h 30 min.
La masse de cerises cueillies est-elle proportionnelle à la durée de la cueillette ? Justifie ta réponse.

Utilisation de la proportionnalité

16 Pour préparer un gâteau pour 4 personnes, il faut 250 g de chocolat. Quelle masse de chocolat faut-il pour préparer ce gâteau pour 8 personnes ?

17 Le prix de 2 kg de pommes est 2,35 €. Combien coutent 6 kg de pommes ?

18 Un cycliste roule à allure régulière et parcourt 2,8 km en six minutes. Combien de kilomètres parcourt-il en trois minutes ?

19 Au marché, les kiwis sont vendus à l'unité. Trois kiwis valent 1,80 €.

a. Quel est le prix d'un kiwi ?

b. Quel est le prix de sept kiwis ?

20 Il faut 2,5 kg de framboises pour faire 4 kg de confiture. Quelle masse de framboises faut-il pour faire...

a. 1 kg de confiture ?

b. 5 kg de confiture ?

21 Pour télécharger un fichier de 40 Mo (MégaOctets), un ordinateur met 8 s.

a. Combien de temps lui faut-il pour télécharger un fichier de 1 Mo ?

b. Quelle est la taille d'un fichier téléchargé en une seconde ?

22 Recopie et complète les tableaux de proportionnalité ci-dessous.

a. × 6

Durée (h)	4	7,5	
Distance (km)			54

b. × ....

Grenadine (cL)	6	7	
Eau (cL)		35	45

c. × ....

Quantité (L)	6		5
Prix (€)	6,6	11	

23 Recopie et complète les tableaux de proportionnalité suivants, en effectuant des calculs sur les colonnes.

a.

Cèpes (kg)	0,4	0,2	0,8	6	14
Prix (€)	13				

b.

Nombre d'avocats	3	1,5	4,5	18	22,5
Prix (€)	4				

24 Pour fabriquer 6 L de jus de pomme, on utilise 10 kg de pommes. Recopie et complète le tableau ci-dessous, sachant que la quantité de jus de pomme obtenue est proportionnelle à la masse de pommes utilisée.

Masse de pommes (en kg)	10		2
Quantité de jus de pomme (en L)		9	

25 Un automobiliste, roulant à vitesse constante, parcourt 85 km en 1 h.
Recopie et complète ce tableau.

Distance parcourue (en km)		255	
Durée (en h)	1		2,5

26 Les distances mesurées sur une carte de France sont proportionnelles aux distances réelles. Il est indiqué que 1,5 cm sur la carte correspond à 60 km dans la réalité.
Recopie et complète ce tableau.

Distance sur la carte (en cm)	1,5	3	
Distance réelle (en km)			10

27 Dans une cantine scolaire, la masse de viande utilisée chaque jour est proportionnelle au nombre de repas préparés.
Pour la préparation de 20 repas, 4 kg de viande sont utilisés.
Recopie et complète le tableau ci-dessous.

Nombre de repas	20	150	
Masse de viande (en kg)			10

28 Un disquaire vend tous les CD au même prix. Pour deux CD, Nicolas a payé 13,50 €.
Construis un tableau de proportionnalité et réponds, par une phrase, aux questions posées.

a. Quel prix Caroline va-t-elle payer si elle achète quatre CD ?

b. Quel prix Patrick va-t-il payer pour trois CD ?

c. Anne a payé 47,25 €. Combien de CD a-t-elle achetés ?

29 Un cycliste parcourt 4 km en 10 min.
Construis un tableau de proportionnalité et réponds, par une phrase, aux questions posées.

a. À cette même vitesse, combien de temps lui faut-il pour parcourir 14 km ?

b. À cette même vitesse, quelle distance parcourt-il en 45 min ? En une heure ?

30 Dans une laiterie, on utilise 19,6 L de lait pour fabriquer 3,5 kg de fromage.
Construis un tableau de proportionnalité et réponds par une phrase aux questions posées.

a. Quelle quantité de lait est nécessaire à la fabrication de 7 kg de fromage ?

b. Quelle quantité de lait est nécessaire à la fabrication d'1 kg de fromage ?

31 Une moto consomme en moyenne 4 L de carburant pour parcourir 100 km.

a. Quelle est la consommation de cette moto pour parcourir 350 km ?

b. Avec 9 L de carburant, quelle distance peut-elle parcourir en moyenne ?

32 Un livre de cuisine indique que, pour faire cuire un rôti, il faut compter « 15 min à four chaud pour 500 g de viande ».

a. Calcule le temps nécessaire à la cuisson d'un rôti pesant 750 g.

b. Même question pour un rôti pesant 600 g.

33 Pour faire un gâteau pour six personnes, il faut 240 g de farine et 3 œufs.
Quelle masse de farine et combien d'œufs faut-il pour réaliser ce gâteau pour quatre personnes ?

34 Un robinet permet de remplir huit seaux de dix litres en trois minutes.

a. Quel est le temps nécessaire pour remplir un réservoir de 480 L ?

b. Quelle est la quantité d'eau écoulée en 15 min ?

c. Si on laisse, par mégarde, ce robinet ouvert pendant deux heures, quelle sera la quantité d'eau écoulée ?

35 Un rectangle a pour largeur 4 cm et pour longueur 6 cm.
Construis un agrandissement de ce rectangle, en prenant une largeur de 6 cm.

36 Reproduis cette figure, en l'agrandissant dans un carré de 9 carreaux de côté.

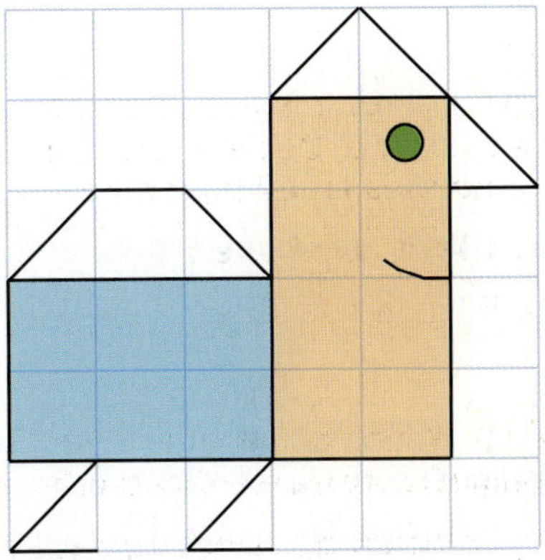

37 On veut obtenir un puzzle agrandi, de même forme que le carré ci-contre.

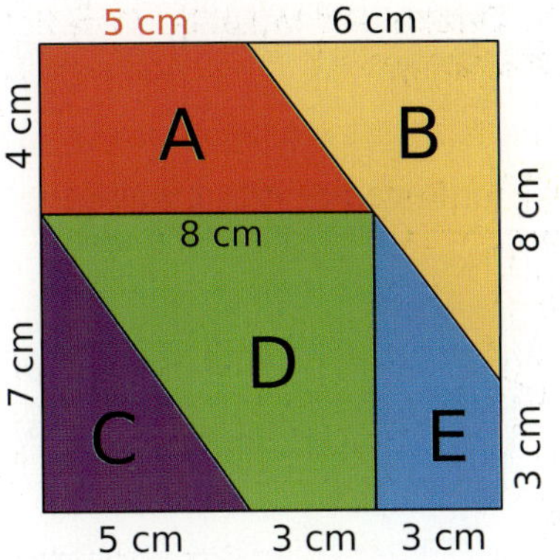

a. Sur le puzzle agrandi, le côté qui mesure 5 cm devra mesurer 7 cm.
Dessine chaque pièce agrandie individuellement, puis essaye de reconstituer le carré avec les pièces réalisées.

b. En procédant comme au **a**, effectue une réduction qui transforme le segment de 5 cm en un segment de 4 cm.

38 Un terrain rectangulaire mesure 240 m sur 60 m. Sur le plan du cadastre, la longueur de ce terrain est 4,6 cm.

Quelle est sa largeur sur le plan ?

39 Dans une halte-garderie, le prix payé est proportionnel au nombre d'heures de garde. Lary, qui a laissé son enfant pendant trois heures, a payé 18,60 €.

Combien paiera Cécile qui a laissé son enfant deux heures de plus ?

40 J'ai acheté cinq baguettes pour 4,25 €.
J'aurais eu sept baguettes pour 5,95 €.
Sans calculer le prix d'une baguette, calcule celui :

a. de douze baguettes ;

b. de deux baguettes ;

c. de trois baguettes ;

d. de quinze baguettes.

41 Trois associés consacrent respectivement 5 000 €, 3 000 € et 2 000 € au financement d'un projet commun.
Au bout d'un an, le bénéfice est de 4 000 €. Ils décident de le partager, proportionnellement à leurs mises de départ.
Quelle est la part de chacun ?

42 Tableur

Pour son gouter d'anniversaire, Marie prévoit d'utiliser sa recette préférée de gâteau au chocolat.

Voici les ingrédients nécessaires à la réalisation d'un gâteau pour 4 personnes.

Nombre de gâteaux	Farine en g	Œufs	Sucre en g	Beurre en g	Chocolat en g
1	80	4	180	120	170

a. Dans un tableur, reproduis le tableau ci-dessus.

b. Programme les cellules de la troisième ligne du tableau pour qu'elles affichent les quantités nécessaires à la réalisation de deux gâteaux.

c. Reprends la question précédente pour cinq gâteaux.

d. Marie dispose de 600 g de farine. Par un calcul, détermine le nombre maximum de gâteaux qu'elle peut réaliser. Vérifie ta réponse avec le tableur.

43 Dans une crêperie, on peut acheter des crêpes à emporter au tarif suivant :

- l'unité : 0,50 € ;
- la demi-douzaine : 2,20 € ;
- la douzaine : 4,10 €.

a. Calcule le prix minimum à payer pour :

- deux crêpes ;
- quatre crêpes ;
- cinq crêpes ;
- six crêpes ;
- huit crêpes ;
- vingt crêpes.

b. Le prix à payer est-il proportionnel au nombre de crêpes achetées ? Justifie.

44 Voici les prix de deux bouteilles de jus d'orange de marques différentes :

- Ô-Jus : 2,04 € la bouteille de 1,5 L ;
- Vital-J : 2,69 € la bouteille de 2 L.

Quelle marque est la plus chère au litre ? Justifie.

45 Tableur

Un ciné-club propose un tarif sans abonnement à 6,50 € la séance.

a. Dans un tableur, construis un tableau comme ci-dessous, qui permet de déterminer le prix payé en fonction du nombre de séances.

	A	B
1	Nombre de séances	Prix payé sans abonnement (en €)
2	1	6,50 €
3	2	
4	3	
5	4	
6	5	

b. Quelle formule peux-tu saisir dans la cellule B3 ?

c. En recopiant cette formule vers le bas, complète le tableau pour déterminer les prix payés sans abonnement jusqu'à vingt séances.

d. Le ciné-club propose un deuxième tarif : un abonnement annuel de 20,40 € auquel s'ajoutent 4,80 € par séance.

Ajoute au tableau une colonne donnant le prix payé en choisissant le deuxième tarif (abonnement inclus).

e. Nicolas prévoit d'aller au ciné-club huit fois dans l'année. A-t-il intérêt à s'abonner ?

f. Frédéric pense aller au ciné-club deux fois par mois, tout au long de l'année. A-t-il intérêt à s'abonner ?

Application aux pourcentages

46 ***Pourcentages particuliers***

a. Dans chaque cas ci-dessous, indique le pourcentage du disque qui est coloré.

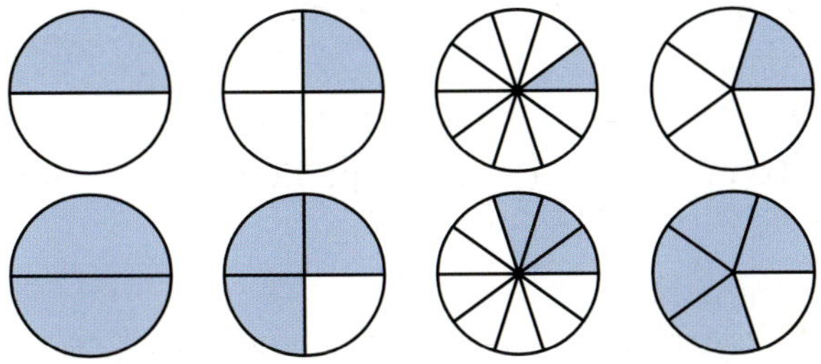

b. Calcule mentalement.

- 25 % de 12 € ;
- 10 % de 160 g ;
- 50 % de 438 m ;
- 80 % de 50 € ;
- 20 % de 45 L ;
- 75 % de 28 min ;
- 10 % de 48 km ;
- 100 % de 33 cL.

47 Dans un collège de 575 élèves, 20 % des collégiens sont en 6e. Calcule le nombre d'élèves de 6e dans ce collège.

48 Une citerne ayant une capacité de 8 500 L est remplie d'eau à 60 %.

a. Quelle quantité d'eau, en litres, cette citerne contient-elle ?

b. Quelle quantité d'eau, en litres, cette citerne peut-elle encore recevoir ?

49 Le blé donne 80 % de sa masse en farine.

a. Recopie et complète le tableau de proportionnalité ci-dessous et réponds, par une phrase, aux questions posées.

Masse de blé en g	100	500	
Masse de farine en g			500

b. Quelle masse de farine est obtenue à partir de 500 g de blé ?

c. Quelle masse de blé faut-il pour obtenir 500 g de farine ?

50 ***Surface***

a. Construis un rectangle de longueur 6 cm et de largeur 5 cm.

b. Hachure 40 % de la surface de ce rectangle.

51 Dans un club d'équitation comptant 115 membres, il y a 80 % de filles.

a. Combien y a-t-il de filles dans ce club ?

b. Combien y a-t-il de garçons dans ce club ?

c. 25 % des filles inscrites dans ce club ont plus de 16 ans. Combien y a-t-il de filles de plus de 16 ans dans ce club ?

52 En cinq ans, le nombre d'habitants d'une ville de 12 500 habitants a augmenté de 15 %.

a. Calcule le nombre de nouveaux habitants dans cette ville.

b. Combien d'habitants y a-t-il désormais dans cette ville ?

53 Durant les soldes, un commerçant effectue une remise de 40 % sur tous les articles de son magasin.

Recopie et complète ce tableau et réponds aux questions par une phrase.

Prix initial en €	100	20	39
Remise effectuée en €	40		

a. Quelle remise est effectuée sur un pull coutant 20 € ? Quel est alors son nouveau prix ?

b. Quel est le nouveau prix d'un pantalon qui coutait 39 € avant les soldes ?

54 Une société de vente par Internet fait payer 2 % du montant de la commande pour les frais de transport.

a. Recopie et complète le tableau de proportionnalité ci-dessous et réponds aux questions posées par une phrase.

Montant de la commande en €	100	38	165
Montant des frais de transport en €			

b. Quel est le montant des frais de transport pour un article coutant 38 € ?

c. Quel est le prix total facturé, frais de transport compris, pour un article coutant 165 € ?

55 Des spectateurs ont assisté à la projection d'un film en avant-première. Dans la salle, ils étaient munis d'un boitier leur permettant de donner leur impression. Voici les résultats, sachant qu'ils ont tous répondu à cette enquête.

N'ont pas aimé	Ont aimé un peu	Ont bien aimé	Ont adoré
10	16	40	24

a. Combien de spectateurs étaient présents ?

On souhaite représenter ces données à l'aide d'un diagramme circulaire.

b. Recopie et complète le tableau de proportionnalité suivant.

Avis	...	...	...	...	Total
Nombre de spectateurs	10	16	40	24	...
Mesure de l'angle au centre (en°)					

c. Trace un cercle de rayon 5 cm et représente la répartition des spectateurs sous forme de diagramme circulaire.

56 Une place de village a la forme d'un disque de rayon 10 m. Sur la gauche, un jardin occupe un demi-disque et deux secteurs angulaires (voir ci-contre). On souhaite clôturer ce jardin par un grillage.

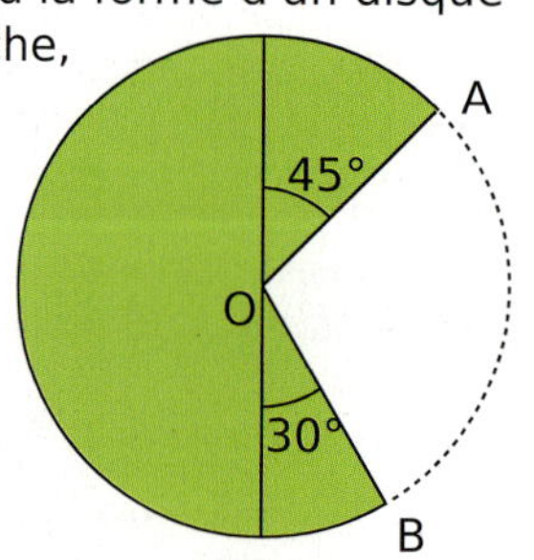

a. Détermine le périmètre de la place, arrondi au décimètre près.

b. Détermine la mesure de l'angle $\widehat{AOB}$.

c. En sachant que la longueur d'un arc de cercle est proportionnelle à la mesure de l'angle au centre correspondant, recopie et complète le tableau ci-dessous afin de calculer la longueur de l'arc de cercle $\overset{\frown}{AB}$.

Mesure de l'angle au centre (en °)	360°	
Longueur de l'arc		

d. Quelle longueur de grillage faut-il prévoir ? (Tu donneras un arrondi au dm près.)

e. Le grillage est vendu à 3,45 € le mètre. Combien coutera l'achat du grillage ? (Tu donneras un arrondi au centime près.)

57 Pour faire une boisson à la fraise, Maxime met 4 volumes de sirop pour 7 volumes d'eau. Sofia, quant à elle, met 5 volumes du même sirop pour 9 d'eau.
Qui obtient la boisson la plus sucrée ? Justifie.

58 Est-il plus intéressant d'acheter un lecteur DVD à 40 € avec une remise de 5 %, ou ce même lecteur DVD à 48 € avec une remise de 20 % ? Justifie.

59 Au 1er janvier 2016, le montant d'un loyer a augmenté de 4 %, ce qui correspond à une hausse de 48 €. À l'aide d'un tableau de proportionnalité comme ci-dessous, trouve le montant du loyer après l'augmentation.

Loyer 2015 (en €)	100	
Augmentation (en €)		48
Loyer 2016 (en €)		

60 Au début des soldes, un commerçant applique une réduction de 50 % sur tous les articles de son magasin. Quelques jours après, il ajoute une deuxième démarque de 10 %.
Anne achète un appareil photo qui coutait initialement 100 €.

a. Combien va-t-elle finalement payer cet appareil photo ?

b. Quel est le pourcentage de remise totale ? Que peux-tu remarquer ?

61 Cyril gagne 2 000 € par mois. Son patron étant satisfait de son travail, il augmente son salaire de 10 %.
Plusieurs mois plus tard, l'entreprise rencontre des difficultés financières. Il est alors décidé de diminuer le salaire de chaque employé de 10 %.
Cyril déclare alors : « Ça m'est égal car je toucherai à nouveau 2 000 €. » A-t-il raison ?

62 Le prix d'un séjour à la montagne est de 23 € par personne et par jour.
Quel est le prix d'un séjour pour un groupe de 4 personnes et pour 6 jours ?

63 Quatre ouvriers mettent 12 jours pour réaliser un travail. Dans les mêmes conditions, combien de temps mettraient six ouvriers pour réaliser ce travail ?

64 Dans une entreprise, voici la répartition des 400 salariés selon leur catégorie socio-professionnelle.

cadres	employés	ouvriers	techniciens
15 %	25 %	40 %	20 %

Par catégorie, les femmes représentent :

cadres	employés	ouvriers	techniciens
30 %	40 %	25 %	20 %

a. Calcule le nombre de salariés de chaque catégorie socio-professionnelle. (Tu pourras présenter tes résultats dans un tableau.)

b. Calcule le nombre de femmes de chaque catégorie socio-professionnelle. (Tu pourras présenter tes résultats dans un tableau.)

c. Compare le nombre de femmes cadres et de femmes ouvrières, avec leur pourcentage dans leur catégorie socio-professionnelles.
Est-ce surprenant ?

65 Tableur

Maryse entre dans un magasin de vêtements et voit la pancarte ci-dessous.

Soldes de 35 % sur tout le magasin

a. Dans un tableur, construis un tableau qui permettra de déterminer le montant de la réduction en caisse...

- pour une paire de chaussures dont le prix affiché est de 100 € ;
- pour une chemise dont le prix est 55 € ;
- pour une écharpe coutant 27 € ;
- pour un pantalon à 70,80 €.

	A	B	C	D	E
1	Ancien prix en €	100	55	27	70,80
2	Réduction en €				
3	Nouveau prix en €				

b. Complète le tableau pour déterminer le prix que Maryse va payer en caisse pour chacun de ces articles.

c. Les prix en caisse après réduction sont-ils proportionnels aux prix affichés initialement ? Justifie ta réponse.

d. Comme c'est le dernier jour des soldes, le magasin accorde 10 % supplémentaires sur le prix déjà soldé. Complète le tableau et donne le montant total des achats de Maryse.

66 Construis un agrandissement de la figure ci-contre, telle que la figure agrandie ait une hauteur de 9 carreaux.

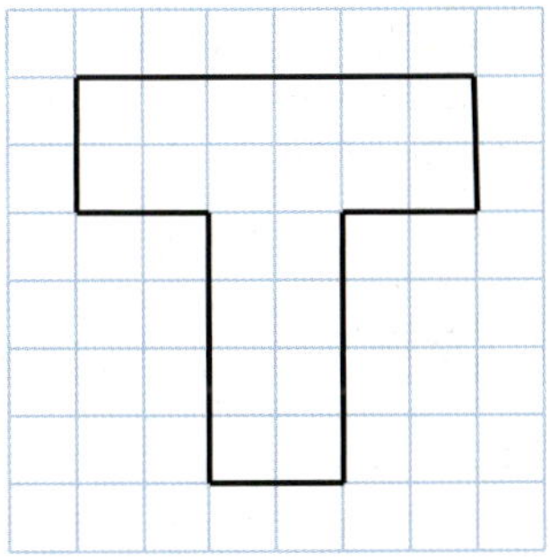

67 La ville de Jyabit comptait autrefois 10 000 habitants. Sa population augmente de 200 %. Combien cette ville compte-t-elle d'habitants désormais ?

68 Une puce mesure 5 mm, et peut, en sautant, atteindre une hauteur de 25 cm.
Le cubain Javier Sotomayor mesure 1,95 m et a sauté à 2,45 m (il est recordman du saut en hauteur !).

Proportionnellement à sa taille, la puce est-elle plus ou moins performante que le champion ? Explique ta démarche.

69 La salinité d'une eau mesure la quantité de sel contenue dans un certain volume de cette eau. L'eau de mer contient en moyenne 35 g de sel par litre.

a. Combien de litres d'eau de mer sont nécessaires pour extraire 500 g de sel ?

b. Une piscine d'eau de mer a les dimensions suivantes : 25 m de longueur, 10 m de largeur et 1,80 m de profondeur. Quelle masse de sel contient cette piscine ? (Tu exprimeras le résultat en tonnes.)

70 Le schéma suivant représente un terrain rectangulaire. Il est entouré d'une clôture dont la longueur totale est 120 m.

Détermine l'aire réelle de ce terrain.

Se tester avec le QCM

		R1	R2	R3	R4
1	1 CD coute 6,50 €. Combien coutent 11 CD ?	65 €	71,5 €	715 €	11 €
2	1 kg de pommes coute 1,60 €. Rémi paye 1,20 €. Il a donc acheté...	750 g de pommes	0,40 kg de pommes	1,333 kg de pommes	0,75 kg de pommes
3	Quelle(s) est (sont) la (les) situation(s) de proportionnalité ?	Les dimensions d'une maquette par rapport aux dimensions de l'objet réel	La taille d'un être humain en fonction de son âge	La quantité de peinture en fonction de l'aire de la surface à peindre	Le prix à payer en fonction du nombre d'articles achetés
4	Quel(s) est (sont) le (les) tableau(x) de proportionnalité ?	1 ; 2 ; 3 / 4,5 ; 9 ; 13,5	1 ; 2 ; 6 / 7 ; 14 ; 41	3 ; 6 ; 9 / 7,5 ; 15 ; 21,5	5 ; 10 ; 20 / 9 ; 14 ; 24
5	Si trois baguettes coutent 2,40 €, alors...	cinq baguettes coutent 4,40 €	dix baguettes coutent 8 €	six baguettes coutent 8,20 €	deux baguettes coutent 1,60 €
6	8 fourmis de même taille, en file indienne, mesurent au total 7,2 cm. Donc...	7 fourmis mesurent au total 6,3 cm	12 fourmis mesurent au total 10,2 cm	16 fourmis mesurent au total 144 mm	2 fourmis mesurent au total 1,6 cm
7	Un nénuphar double de surface tous les jours. En quarante jours, il recouvre un lac.	Le lac était recouvert à moitié le vingtième jour	Le 80e jour, le nénuphar couvrira deux lacs de même surface	Un quart du lac était recouvert le trente-huitième jour	La situation présentée est proportionnelle
8	Une voiture de course fait un tour de circuit de 14 km en 4 minutes, à vitesse constante. Alors...	en une heure, elle parcourt 280 km	elle a parcouru 3,5 km par minute	elle parcourt, en 12 minutes, trois fois plus de distance	elle roule en moyenne à 210 km/h
9	10 % de 66, c'est...	76	660	6,6	56
10	Sur 300 élèves d'un collège, 15 habitent la même rue, soit...	le dixième	5 %	20 %	le vingtième

Récréation mathématique

La Mare Enchantée

Nous sommes en 2100.

a. En 2050, la population des grenouilles de la Mare Enchantée était de 4 000 individus. Elle est aujourd'hui de 5 000 individus. Le crapaud Coa se demande de quel pourcentage la population des grenouilles a augmenté. Peux-tu l'aider ?

b. Mégresine, la grenouille-fée, se souvient qu'en 2050, les crapauds étaient au nombre de 3 000. En 2075, leur population a augmenté de 20 % par rapport à celle de 2050. En 2100, elle a baissé de 20 % par rapport à celle de 2075 car certains d'entre eux ont décidé de quitter la mare. Coa pense que la population des crapauds n'a pas varié. Mégresine pense qu'elle a baissé. Qui a raison ? Explique.

D2 Gestion de données

- Lecture de tableaux
- Lecture de diagrammes
- Organisation de données dans un tableau

Activités

1 Victimes de la route

→ Cours : 2

Voici deux diagrammes indiquant le nombre de victimes de la route selon l'âge et la catégorie d'usagers, en 2010.

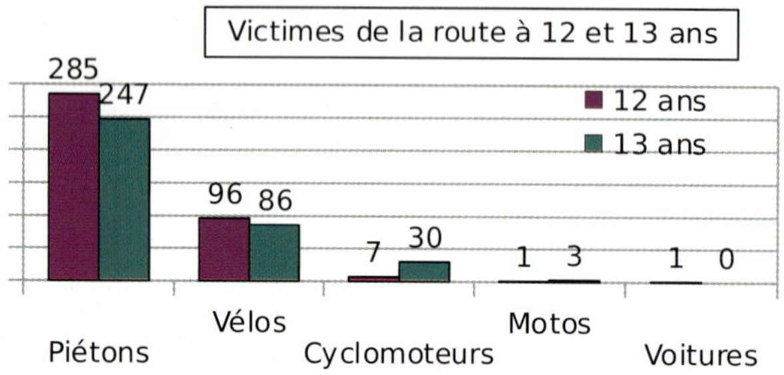

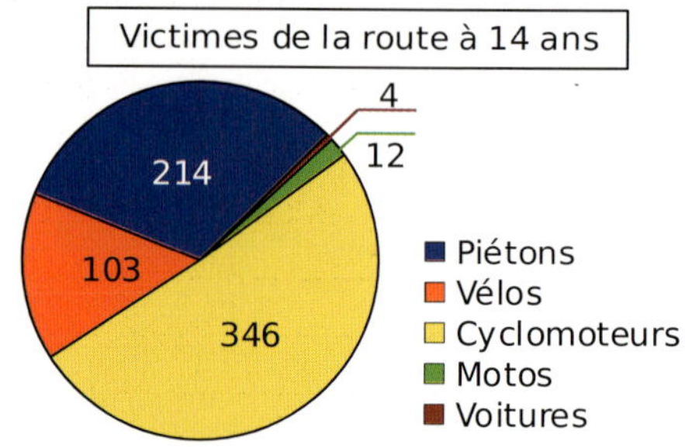

a Quelle catégorie d'usagers de la route de 12 et 13 ans est le plus souvent victime d'accidents ?

b Observe le diagramme circulaire. Que permet-il de voir rapidement ?

c Recopie le tableau ci-dessous, puis complète les lignes 2, 3 et 4.

Nombre de victimes	Piétons	Vélos	Cyclomoteurs	Motos	Voitures
12 ans					
13 ans					
14 ans					
15 ans					

ONISR 2010 - Fichier national des accidents corporels

d On a tracé le diagramme cartésien ci-contre.

- Grâce à ses données, complète la dernière ligne du tableau.
- Une case ne peut être remplie. Laquelle ?
- Sachant que le nombre total des victimes de 15 ans est de 1 057, calcule le nombre manquant et complète le tableau.

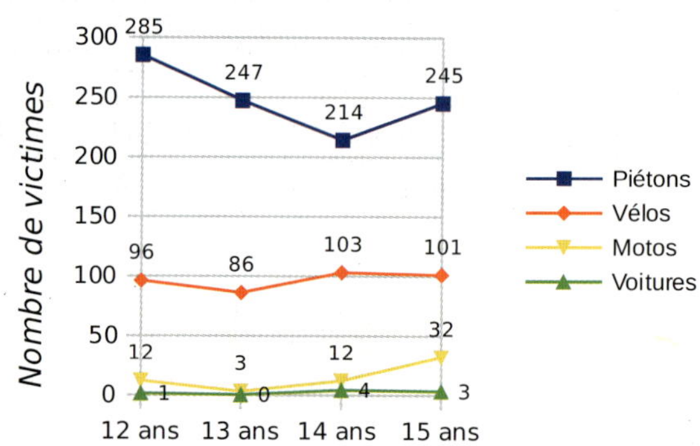

2 Tableur

→ Cours : 1

	A	B	C	D	E	F	G
1	Nombre de victimes	Piétons	Vélos	Cyclomoteurs	Motos	Voitures	Total
2	16 ans	241	90	998	80	20	
3	17 ans	204	73	1138	135	48	
4	18 ans	220	87	924	121	476	

a Programme les cellules G2, G3 et G4 pour qu'elles calculent le nombre total de victimes suivant l'âge.

b Sélectionne la plage de cellules A1:F2. Clique sur l'icône , puis sur , pour obtenir le diagramme circulaire de la répartition des victimes de 16 ans.

c Sélectionne la plage de cellules A1:F4, puis clique sur l'icône , pour obtenir le diagramme en barres de la répartition des victimes de 16 à 18 ans.

1 Tableaux

Règle Un tableau permet de **regrouper** et d'**organiser** des données, de **lire** facilement des informations.

Exemple : Les tableaux ci-dessous sont des tableaux à simple entrée.

Continent	Population en 1995 en millions d'habitants
Afrique	728
Asie	3 458
Europe	**727**
Amérique latine	482
Amérique du Nord	293
Océanie	28

Continent	Population en 2008 en millions d'habitants
Afrique	987
Asie	4 075
Europe	731
Amérique latine	579
Amérique du Nord	342
Océanie	**35**

a. Que signifient les nombres 727 et 35 ?

▶ Le nombre **727** indique qu'il y avait 727 millions d'habitants, en 1995, en Europe.

▶ Le nombre **35** indique qu'il y avait 35 millions d'habitants, en 2008, en Océanie.

b. Fusionne ces deux tableaux pour n'en faire qu'un seul, à double entrée.

Continent	Population en millions d'habitants	
	Année 1995	Année 2008
Afrique	728	987
Asie	3 458	4 075
Europe	727	731
Amérique latine	482	579
Amérique du Nord	293	342
Océanie	28	35

Remarque :

Un seul tableau permet d'effectuer des comparaisons facilement et rapidement.

On remarque, par exemple, que la population a augmenté entre 1995 et 2008 et ce, dans chacun des continents.

2 Représentations graphiques et interprétation

A Graphique cartésien

Règle

Un graphique cartésien permet de représenter l'évolution d'une grandeur **en fonction** d'une autre.

Exemple :

Ce diagramme donne l'évolution de la population mondiale, en milliards d'habitants, en fonction de l'année.

En quelle année les 3 milliards d'habitants ont-ils été atteints ?

▶ On peut lire que les **3 milliards d'habitants** ont été atteints en **1960** (pointillés roses).

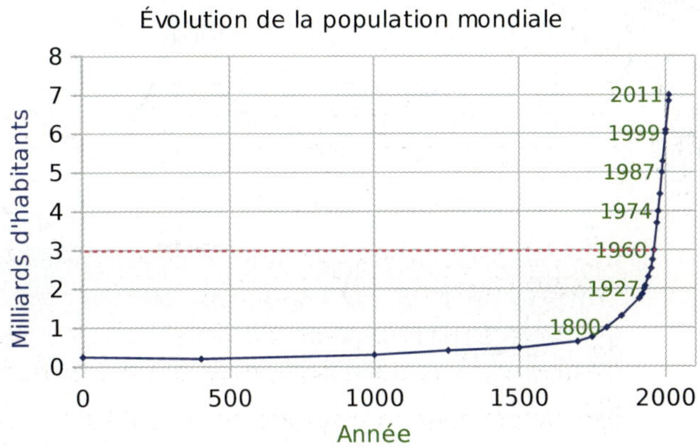

B Diagrammes en bâtons ou en barres

Règle Dans un diagramme en bâtons ou en barres, les hauteurs des bâtons sont **proportionnelles** aux quantités représentées.

Exemple :
Ci-contre, on a construit un diagramme en barres représentant la population en 1995 et en 2008, en millions d'habitants, par continent.

a. Que permet de visualiser ce diagramme d'un premier coup d'œil ?

b. Dans quel continent y a-t-il le plus d'écart entre la population en 1995 et celle en 2008 ?

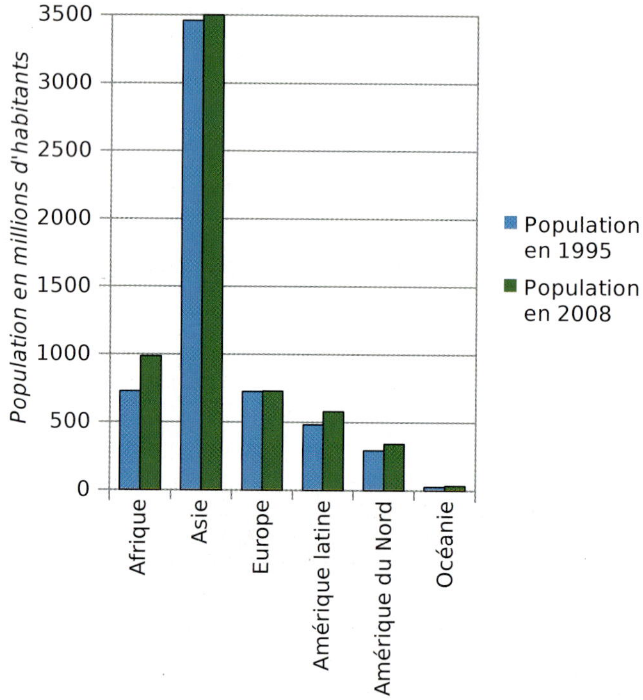

a. Ce diagramme permet de voir que la population en Asie est la plus importante des cinq continents, que ce soit en 1995 ou en 2008.

b. C'est en Afrique que l'écart entre la population en 1995 et celle en 2008 est le plus grand.

C Diagramme circulaire ou semi-circulaire

Règle Dans un diagramme circulaire ou semi-circulaire, les mesures des angles sont **proportionnelles** aux quantités représentées.

Exemple :
Ci-dessous, un diagramme circulaire représente la population, en 2008, en millions d'habitants, par continent.

a. Classe les cinq continents du moins peuplé au plus peuplé, en 2008.

b. Est-il vrai que plus de la moitié de la population mondiale, en 2008, se trouve en Asie ? Justifie.

a. Pour classer les continents du moins peuplé au plus peuplé, en 2008, il suffit de comparer les mesures des angles de couleur et on obtient : Océanie, Amérique du Nord, Amérique latine, Europe, Afrique et Asie.

b. Oui, plus de la moitié de la population mondiale, en 2008, se trouve en Asie car l'angle du secteur orange mesure plus de 180°.

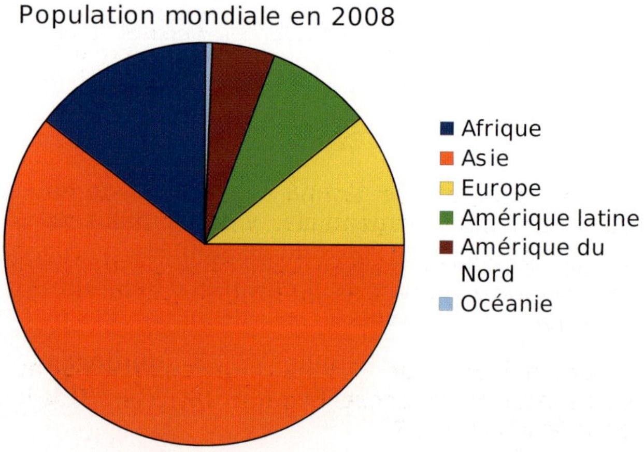

Exercices « À toi de jouer ! »

1 Le tableau ci-dessous présente les essais marqués lors du tournoi des six nations, en 2012.

Pays	P. de Galles	Angleterre	Irlande	France	Italie	Écosse
Nombre d'essais marqués	10	6	13	8	4	4

a. Combien d'essais a marqué la France ?

b. Quelles équipes ont marqué le même nombre d'essais ?

c. Quelle équipe a marqué le plus d'essais ?

d. Le vainqueur du tournoi est le Pays de Galles. Combien d'essais a-t-il marqué ? Que remarques-tu ?

2 La boutique « Tout-vélo » propose à la location 24 VTT en aluminium, 16 VTT en carbone, 20 vélos de loisir dont 11 en carbone, et enfin 18 VTC en aluminium.

a. Recopie et complète le tableau suivant, sachant que la boutique possède 99 vélos en tout.

	Aluminium	Carbone	Total
Loisir			
VTT			
VTC			
Total			

b. Combien possède-t-elle de VTC ?

c. En quel matériau la boutique possède-t-elle le plus de vélos ?

3 À l'aide du graphique ci-dessous, réponds aux questions.

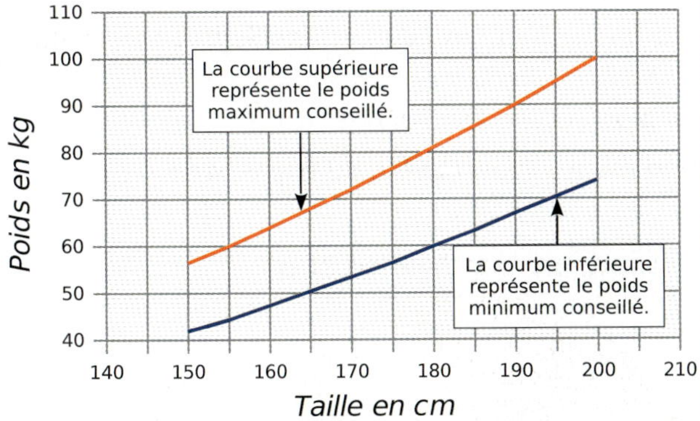

a. Donne le poids minimum et le poids maximum conseillés pour une personne mesurant 180 cm.

b. Une personne mesure 165 cm et pèse 72 kg. Elle dépasse le poids maximum conseillé. De combien ?

c. Une personne de 72 kg a un poids inférieur au poids maximum conseillé pour sa taille. Quelle peut être sa taille ?

4 Ce diagramme donne la répartition en pourcentage des adhérents d'un club de basket.

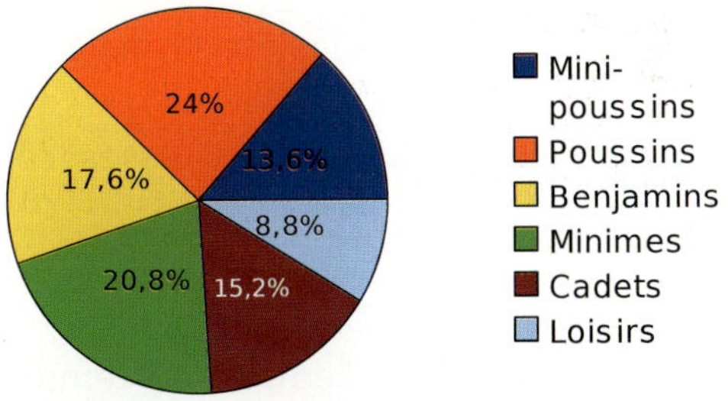

a. Quel est le pourcentage de poussins ?

b. Quel est le pourcentage de minimes ?

c. Ce graphique permet-il de connaitre le nombre de cadets ? Pourquoi ?

5 La course automobile des 24 heures du Mans consiste à effectuer, en 24 heures, le plus grand nombre de tours d'un circuit.

Le diagramme ci-dessous donne la répartition du nombre de tours effectués par les 25 premiers équipages.

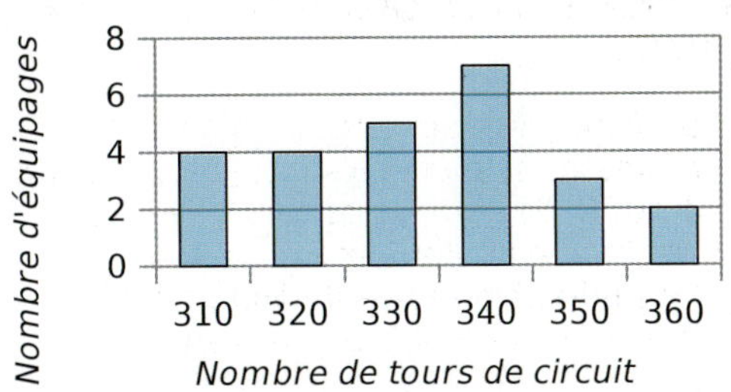

Recopie et complète le tableau ci-dessous à l'aide du diagramme.

Nombre de tours effectués	310	320	330	340	350	360
Nombre d'équipages						

Lecture de tableaux

6 La distance de freinage est la distance parcourue entre l'instant où le frein est actionné et l'arrêt du véhicule. Voici les valeurs pour une voiture en bon état et sur route sèche.

Vitesse en km/h	30	50	90	110	130
Distance de freinage en m	4,4	12,3	39,9	59,5	83,2

a. Sur route sèche, quelle est la distance de freinage à 110 km/h ?

b. Sur route sèche, quelle vitesse correspond à une distance de freinage supérieure à 70 m ?

On suppose que, sur route mouillée, la distance de freinage est doublée.

c. Sur route mouillée, quelle est la distance de freinage à 50 km/h ?

d. Sur route mouillée, quelles vitesses correspondent à une distance de freinage supérieure à 70 m ? Que remarques-tu ?

7 Voici une partie de l'emploi du temps des 6eB.

	Lundi	Mardi	Mercredi
8h	Francais		E.P.S.
9h	Maths	S.V.T	Maths
10h	E.P.S.	Anglais	Technologie
11h	E.P.S.	Hist. Géo.	
Repas			
13h30	Hist. Géo.	Français	
14h30	Éducation Musicale	Français	
15h30	Anglais	Arts Plastiques	

a. Quel cours ont les 6eB le mardi à 10 h ?

b. Quand ont-ils cours d'Éducation Musicale ?

c. Quand ont-ils cours de S.V.T. ?

d. Combien d'heures de Français ont-ils en ce début de semaine ? Précise les horaires.

e. Dans quelles matières peuvent-ils avoir des devoirs du lundi au mardi ?

f. Quelles affaires doit mettre un élève de 6eB dans son sac pour aller en classe le mercredi ?

8 Les notes obtenues par cinq élèves à deux devoirs sont données dans le tableau ci-dessous.

	Célia	Pierre	Rachid	Alissa	Kévin
Devoir 1	18	11,5	10	14,5	12
Devoir 2	14,5	12	14	10,5	16

a. Quelle est la note de Rachid au devoir 1 ?

b. Qui a eu la meilleure note au devoir 2 ?

9 Voici un extrait de tarifs, début 2012, pour l'envoi d'une lettre prioritaire. Pour expédier une lettre recommandée, on paie le timbre auquel s'ajoute le prix de la recommandation.

Masse jusqu'à	20 g	50 g	100 g	250 g	500 g
Tarif	0,60 €	1,00 €	1,45 €	2,40 €	3,25 €

Recommandation	R1	R2	R3
Tarif	2,78 €	3,38 €	4,28 €

a. Combien coute l'envoi d'une lettre prioritaire de 25 g ? De 51 g ? De 499 g ?

b. Combien coute l'affranchissement d'une lettre recommandée de 100 g de valeur R2 ?

10 Voici un extrait d'horaires de trains TER.

	TER 1	TER 2	TER 3	TER 4	TER 5
Belfort	7:22	8:12	9:10	18:45	20:14
Héricourt	7:32	8:20	9:18		20:23
Montbéliard	7:40	8:27	9:25	18:59	20:30
L'Isle-sur-le Doubs	7:57	8:41	9:45		20:44
Clerval	8:07	8:50	9:56		20:53
Baume-les-Dames	8:20	9:03	10:09		21:06
Roche-lez-Beaupré		9:22			
Besançon	8:44	9:30	10:32	19:56	21:29

a. Que signifient les cases vides du tableau ?

b. Malika veut arriver à Besançon avant 10 h. Elle part de Clerval. Quel(s) train(s) peut-elle choisir ?

c. Finalement, elle prend le train de 8 h 50. Quelle est la durée du trajet ?

d. Luc part de Belfort pour Besançon après 18 h. Il veut comparer la durée de trajet des trains possibles. Quel train est le plus rapide ?

Lecture de diagrammes

11 Le graphique ci-dessous représente la répartition des médailles d'or gagnées aux Jeux Paralympiques de 2012, pour ces neuf pays.

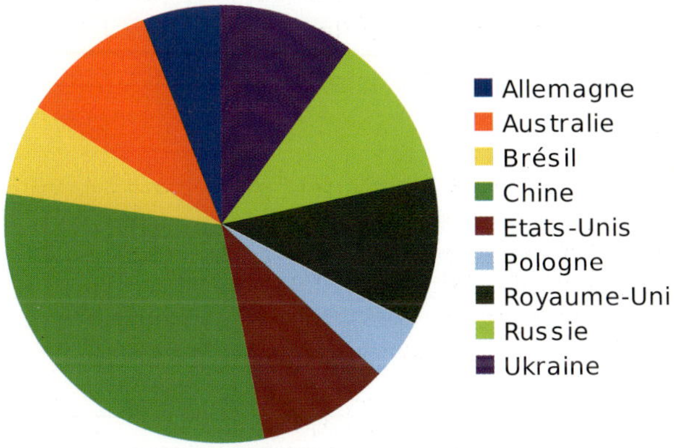

Explique chacune de tes réponses.

a. Quel pays a gagné le plus de médailles d'or ?

b. Parmi ces neuf pays, quels sont ceux qui ont gagné moins de médailles d'or que le Brésil ?

c. Recopie et complète : « La Chine a gagné ... fois plus de médailles que les États-Unis. »

12 Le club Météo du collège I. Parcours propose ce diagramme, représentant les précipitations en avril 2012.

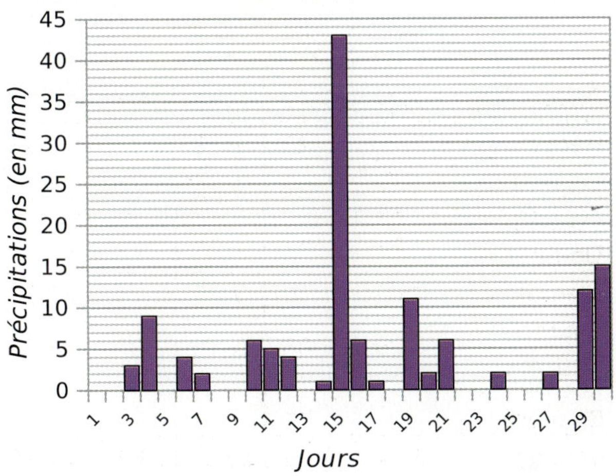

a. Quelle quantité d'eau, en millimètres, est tombée le 4 avril ?

b. En avril 2012, quels sont les jours sans pluie ?

c. Que s'est-il passé le 15 avril ?

d. Combien de jours est-il tombé plus de 8 mm de pluie ?

e. Quelle quantité d'eau, en millimètres, est tombée entre le 20 et le 30 avril ? Compare avec la quantité d'eau tombée le 15 avril.

13 Le graphique représente les températures relevées toutes les heures, pendant une journée, par la station météo de Chauffroy.

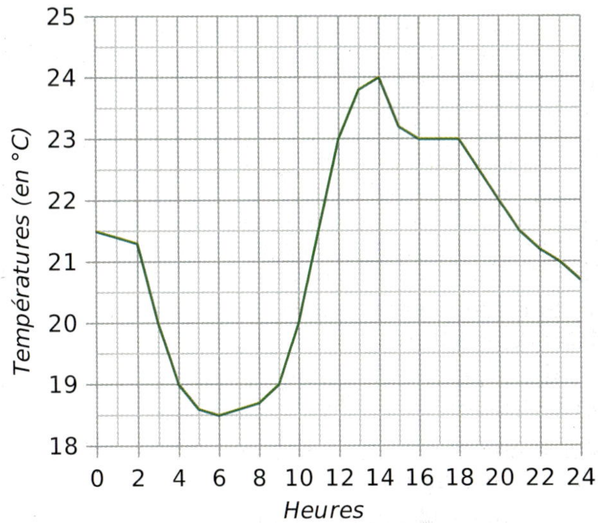

a. Quelle était la température à 10 h ? À 21 h ?

b. À quelles heures a-t-il fait 19°C ?

c. Quelle est la température relevée la plus élevée ? La plus basse ?

d. Quel est l'intervalle de temps dans lequel la température a augmenté ?

e. Supposons que Chauffroy est situé au centre de la France. Détermine en quelle saison ces températures ont pu être relevées.

14 Ce graphique représente les naissances en France, entre 2003 et 2011. *INSEE*

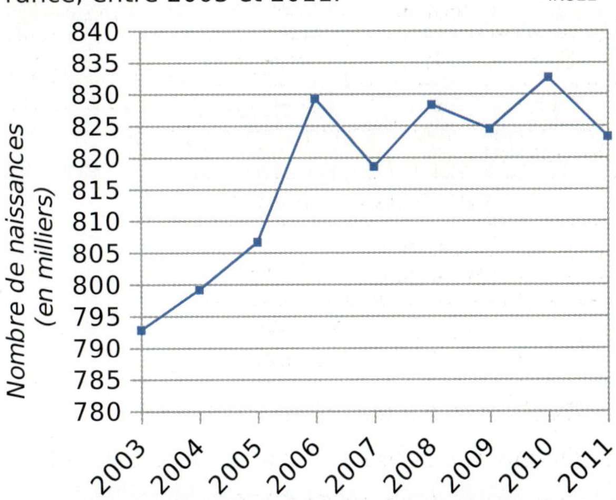

a. Durant cette période, en quelle année y a-t-il eu le plus de naissances en France ?

b. Que peut-on dire du nombre de naissances entre 2003 et 2006 ?

c. En quelles années y a-t-il eu plus de 825 000 naissances en France ?

Organisation de données dans un tableau

15 Un collège compte 240 élèves de 4ᵉ. Les élèves sont, soit demi-pensionnaires (D.P.), soit externes. Chacun de ces élèves étudie une seconde langue au choix : anglais, allemand ou espagnol.

a. Recopie et complète le tableau.

	Anglais	Allemand	Espagnol	Total
D.P.		40	60	130
Externes				
Total	66	72		

b. Combien d'élèves étudient l'anglais en LV2 ?

c. Combien de D.P. ont espagnol en LV2 ?

d. Combien d'externes ont allemand en LV2 ?

e. Combien d'élèves sont externes ?

16 Voici le nombre de médailles d'or obtenues aux J.O. de 2012 par les neuf premiers pays.

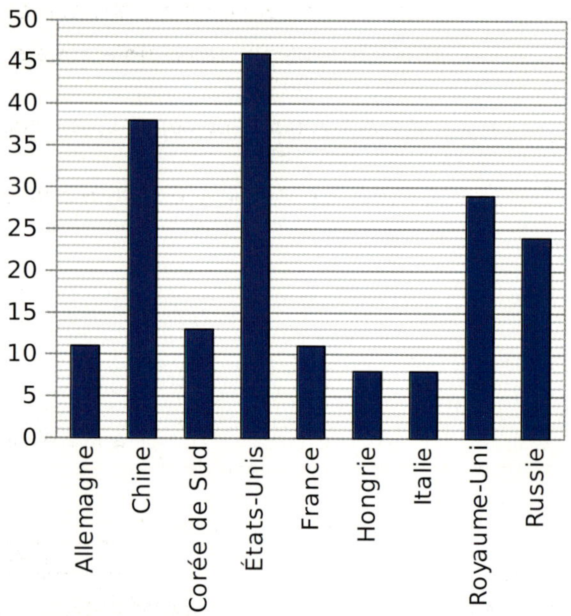

a. Recopie et complète le tableau ci-dessous, à l'aide du graphique.

Pays	Nombre de médailles d'or
Allemagne	11
Chine	...
...	...

b. Quelles sont les quatre nations qui ont eu le plus de médailles d'or ? Combien en ont-elles obtenu à elles quatre ?

17 Nathalie a fait germer des lentilles. Tous les deux jours, elle prélève une jeune pousse et la mesure. Elle a tracé le graphique ci-dessous.

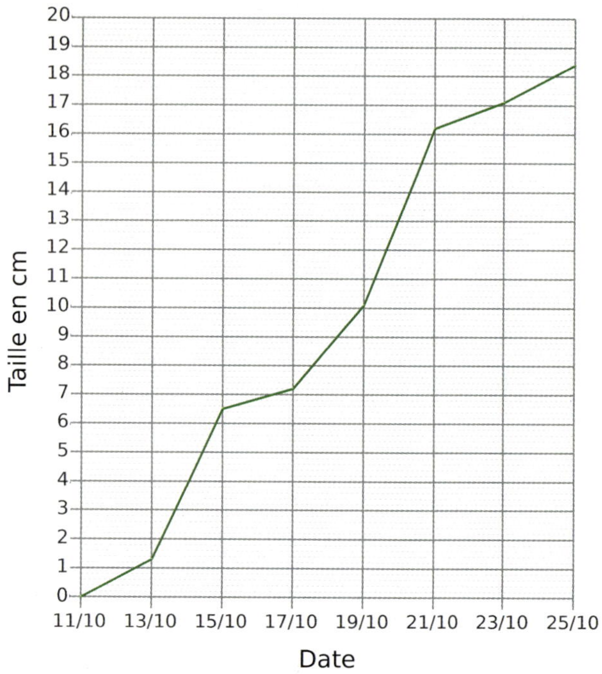

Récapitule ces données dans un tableau.

Date	11/10	13/10	...
Temps en jours	0	2	...
Taille en cm			...

18 Tableur

Le tableau ci-dessous indique des grandeurs physiques et démographiques des pays et territoires constituant la Mélanésie.

	A	B	C
1	Pays et territoires De Mélanésie	Superficie terrestre (en km²)	Densité en 2005 (nombre d'habitants au km²)
2	Îles Fidji	18 272	45
3	Îles Salomon	28 370	17
4	Nouvelle-Calédonie	18 576	13
5	Papouasie-Nouvelle-Guinée	462 840	13
6	Vanuatu	12 190	18

a. Copie ce tableau dans une feuille de calcul.

b. Dans la cellule D2, écris la formule =B2*C2. À quoi correspond le nombre obtenu ? De la même façon, programme les cellules D3 à D6.

c. Programme la cellule D7 pour qu'elle calcule le nombre total d'habitants de la Mélanésie.

d. En 2012, la densité des iles Fidji est de 48, celle des iles Salomon est de 20, celle de Nouvelle-Calédonie et de Papouasie-Nouvelle-Guinée est de 14 et celle du Vanuatu est de 21. Modifie ta feuille de calcul pour déterminer le nombre total d'habitants en Mélanésie en 2012.

19 Voici les résultats obtenus par Paul et Émilie, lors d'une séance de travail en salle informatique.

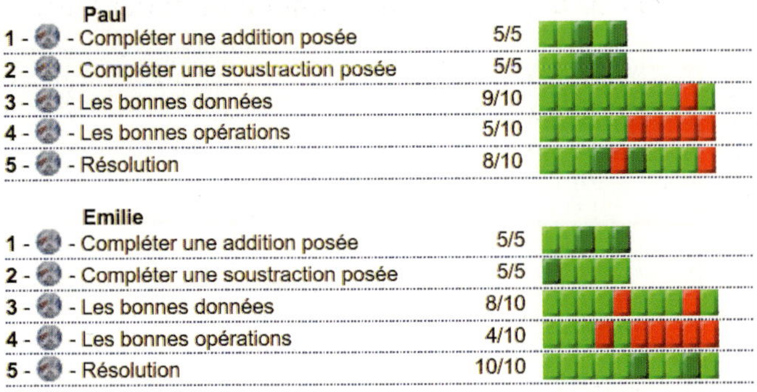

Bonne réponse à la 1e tentative

Mauvaise réponse à la 1e tentative et bonne réponse à la 2e tentative

Mauvaise réponse aux deux tentatives

a. Combien Paul a-t-il totalisé de bonnes réponses dans l'exercice 5 (après la 1e ou la 2e tentative) ?

b. Compare les résultats de ces élèves à l'exercice 3.

c. Recopie et complète le récapitulatif de la séance (colonnes 2, 3 et 4).

	Nombre de (vert clair)	Nombre de (vert foncé)	Nombre de (rouge)	Score /40
Paul				
Émilie				

d. Le professeur compte 1 point par réponse vert clair, 0,5 point par réponse vert foncé, et 0 sinon.
Quels sont les scores de Paul et d'Émilie ? Complète alors le tableau (colonne 5).

20 Tableur

a. Reprends l'exercice précédent en programmant le score de chaque élève.

b. Le professeur décide d'être plus indulgent, en mettant 0,8 point par réponse vert foncé. Modifie ta feuille de calcul puis donne, dans ces conditions, les scores de chaque élève.

21 Un site de service de vidéos à la demande propose exclusivement des comédies, des films d'aventure et des films policiers. On peut y lire :

> **Un total de 345 films !**
>
> Parmi les 125 films français, sont disponibles : 35 comédies, 42 films d'aventure et de nombreux films policiers.
>
> Parmi les films étrangers, sont disponibles : 67 films policiers, 78 comédies et un grand choix de films d'aventure.

a. Calcule le nombre de films étrangers.

b. Dans un tableau, rassemble toutes les données ci-dessus.

c. Complète ensuite ce tableau, en notant les calculs effectués.

d. Combien de films d'aventure propose ce site ?

22 Tableur

Une entreprise a dépensé 14 400 € en 2012, pour l'entretien de ses voitures.

a. Ouvre une feuille de calcul puis recopie ce tableau.

	A	B	C	D	E	F	G
1	Marque de voitures	Marque A	Marque B	Marque C	Marque D	Marque E	
2	Nombre de voitures	2	3	3	4	8	
3	Dépense par voiture en €	300	1000		1350	450	
4	Dépenses totales en €						14400

b. Programme les cellules B4, C4, E4 et F4 pour qu'elles calculent la dépense totale par marque de voitures.

c. Programme la cellule D4 puis la cellule D3.

d. Reproduis ce tableau sur ton cahier ou imprime-le.

e. Quelle est la dépense d'entretien pour une voiture de la marque C ?

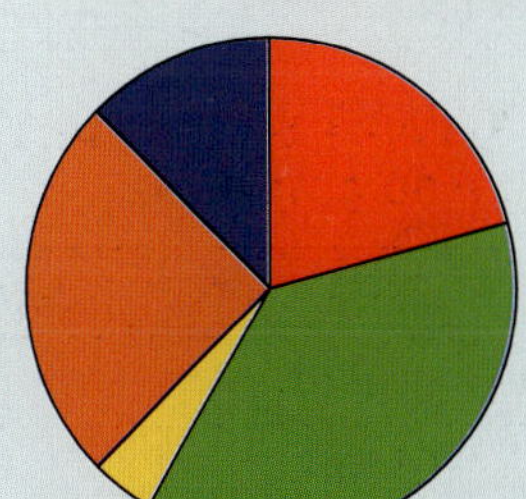

f. Les dépenses totales d'entretien ont été représentées dans le diagramme circulaire ci-contre, mais la légende a été effacée. Rétablis cette légende.

g. En 2013, les dépenses pour chaque marque de voitures augmentent de 55 €. Modifie légèrement ta feuille de calcul pour calculer, en G4, la dépense totale pour l'entretien de tous les véhicules de cette entreprise ,en 2013. Reproduis alors ce tableau sur ton cahier.

23 Voici un tableau regroupant quelques villes, leur altitude, la quantité de pluie tombée en un an, ainsi que le nombre de jours de pluie.

Ville	Altitude (m)	Quantité annuelle de pluie (mm)	Nombre de jours de pluie par an
Paris	56	481	136
Lyon	175	739	146
Marseille	74	547	72
Bordeaux	74	764	205
Toulouse	194	642	124
Cherbourg	20	873	158
Besançon	251	1 092	159
Le Havre	89	911	159
Saint-Étienne	550	741	117
Brest	56	960	189

a. Quelle est la ville la plus haute ?

b. Quelles sont les villes dont le nombre de jours de pluie par an est inférieur à 150 ?

c. Quelle ville a connu le moins de jours de pluie ?

d. Peut-on dire que c'est dans la ville où la quantité de pluie est la plus faible qu'on a aussi le moins de jours de pluie ?

e. Peut-on dire que, plus la ville a une altitude élevée, plus il pleut ?

f. Quel serait le diagramme le plus approprié pour comparer le nombre de jours de pluie de ces villes ?

24 Dans le cadre d'une étude sur les poissons du lac du Bourget, Guy analyse la masse de quelques brochets en fonction de leur longueur.

Longueur en cm	50	60	70	80	90
Masse en kg	1,2	1,9	3	4,4	6,4

Longueur en cm	100	110	120	130	140
Masse en kg	9	11,5	15,2	19	23,6

a. Quelle est la masse d'un brochet de 90 cm ?

b. Quelle est la longueur d'un brochet de masse 15,2 kg ?

c. Représente graphiquement la masse d'un brochet en fonction de sa longueur, en prenant 1 cm pour 10 cm sur l'axe des abscisses, et 1 cm pour 2 kg en ordonnée.

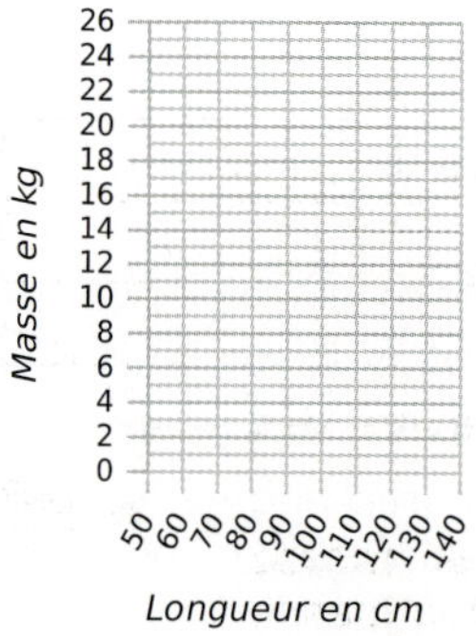

25 Siham a mesuré, tous les 15 jours pendant 4 mois, la croissance d'un phasme ; il a tracé la courbe ci-dessous. Reporte ces données dans un tableau.

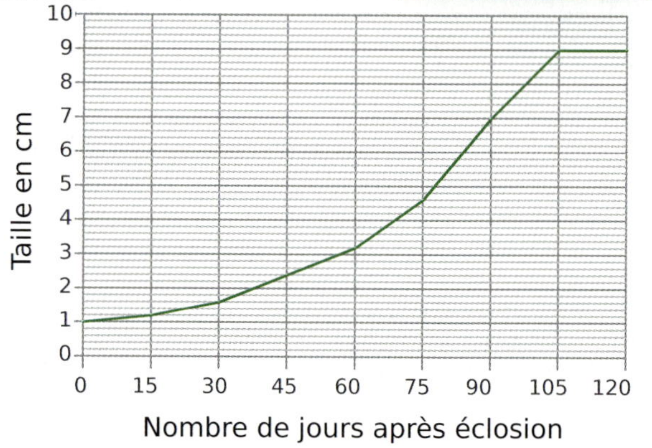

26 Le décibel (dB) est l'unité de mesure qui permet d'exprimer l'intensité d'un son. Le seuil d'audibilité a été fixé à 0 décibel, et celui de la douleur à 100 décibels.

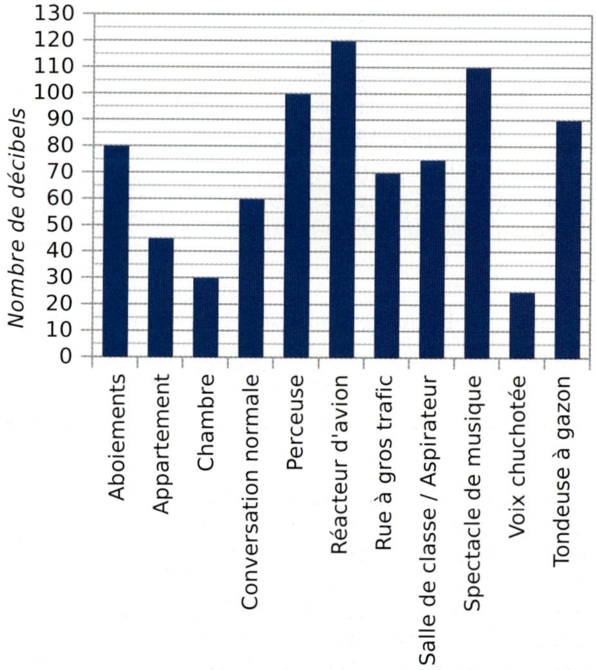

a. Range, par ordre croissant de niveau sonore, les différentes sources de bruit.

b. Quelles sources de bruit risquent de générer une douleur ? La réglementation en vigueur sur les casques audio limite leur niveau sonore à 100 décibels. Donne une raison à cela.

c. À partir de 85 dB, le bruit peut causer des troubles auditifs. Dans un tableau, classe les différentes sources de bruit en deux catégories : « Risque de troubles auditifs » et « Pas de risque de troubles auditifs ».

27 Des élèves de 3e (40 garçons et 50 filles) ont participé à une course. Les résultats sont donnés dans les tableaux suivants.

Résultats des garçons

Temps de parcours	de 10 à 15 min	de 15 à 20 min	de 20 à 25 min	de 25 à 30 min	de 30 à 35 min
Effectif	8	14	9	6	3

Résultats des filles

Temps de parcours	de 10 à 15 min	de 15 à 20 min	de 20 à 25 min	de 25 à 30 min	de 30 à 35 min
Effectif	7	8	12	11	12

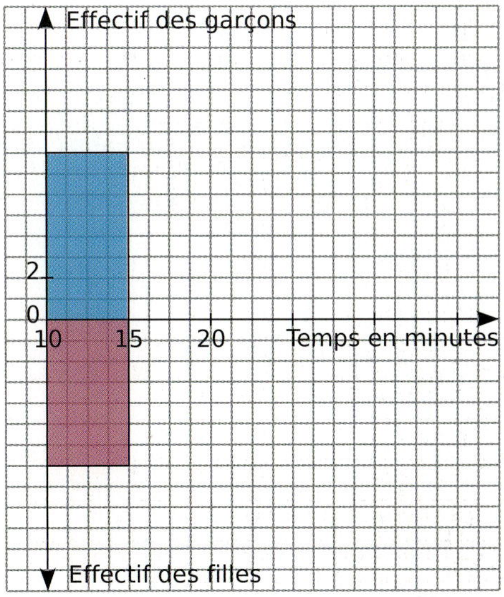

a. Sur une feuille à petits carreaux ou sur papier millimétré, reproduis puis complète le diagramme en barres ci-contre (2 cm pour 5 min en abscisse, et 1 cm pour 2 élèves en ordonnée) qui représente les résultats contenus dans les deux tableaux précédents.

b. Est-il vrai que plus de la moitié des élèves ont effectué le parcours en moins de 20 minutes ? Justifie.

c. Entre le groupe des garçons et celui des filles, lequel te parait le plus homogène ? Justifie.

28 Dans un collège, on a demandé aux 200 élèves de sixième s'ils possédaient un animal de compagnie et, si oui, lequel. Voici les résultats de l'enquête.

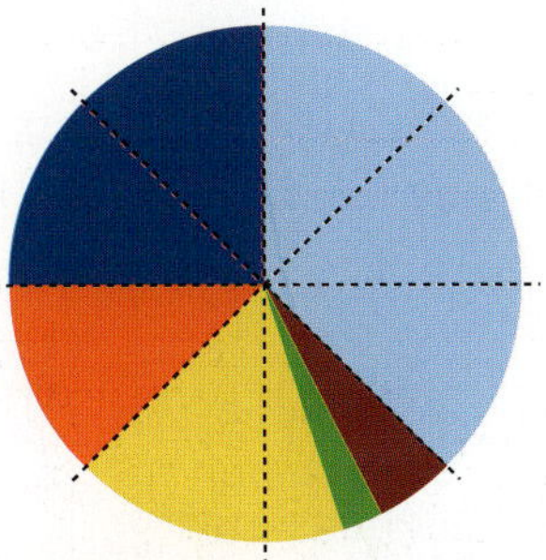

a. Combien d'élèves possèdent un chien ?

b. Répondre par Vrai ou Faux. Justifie chaque réponse.

- Les élèves qui ont un rat sont plus nombreux que ceux qui ont un chat.
- Un quart des élèves ont un oiseau.
- Moins des trois quarts des élèves ont un animal de compagnie.
- Les élèves qui ont un chat sont moitié moins nombreux que ceux qui ont un chien.

c. Recopie le tableau suivant puis complète-le à l'aide du diagramme circulaire ci-dessus.

Animal de compagnie	Chien	Chat	Oiseau	Rat	Autre	Aucun	Total
Nombre d'élèves				5	10		200

29 Lors d'un concours de pêche au large, les prises sont constituées de thons, d'espadons, de thazards et de mahi-mahis. Voici les diagrammes semi-circulaires représentant les prises, en pourcentage, des équipes de Moana et de Teiki.

a. Recopie et complète le tableau ci-dessous.

Espèce	thon	espadon	thazard	mahi-mahi	TOTAL
Prise en % de l'équipe de Moana					
Prise en % de l'équipe de Teiki					

b. Quel est le poisson principalement capturé par chacune des équipes ?

c. Peut-on déterminer le pourcentage représentant la masse totale de thon pêché par les deux équipes par rapport à la masse totale de poissons capturés par les deux équipes ?

Thazard

Mahi-mahi

Questions 1 à 4 : Le tableau ci-contre donne le nombre d'ordinateurs possédés par les familles des élèves de 6e du collège I. Parcours.

Nb d'ordinateurs	0	1	2	3	4 et +
Nombre d'élèves	5	19	25	13	8

		R1	R2	R3	R4
1	À quelle(s) question(s) est-il possible de répondre à l'aide du tableau ?	Combien d'élèves de 6e ont un (et un seul) ordinateur ?	Combien d'élèves ont plus de quatre ordinateurs ?	Combien de ces familles sont équipées d'ordinateurs ?	Combien y a-t-il d'élèves dans le collège ?
2	D'après le tableau, on peut dire que...	24 élèves ont au moins deux ordinateurs	À eux tous, ils ont 145 ordinateurs	21 élèves ont plus de deux ordinateurs	Il y a 70 élèves en 6e
3	Quel(s) diagramme(s) ne correspond(ent) pas à la situation ?	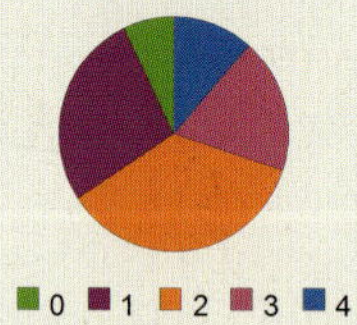	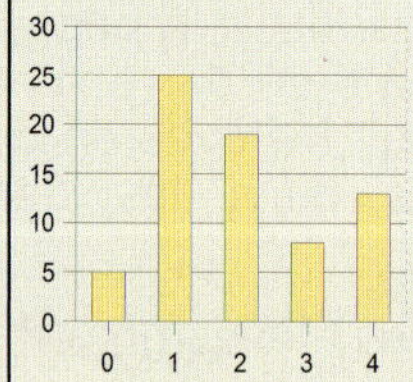	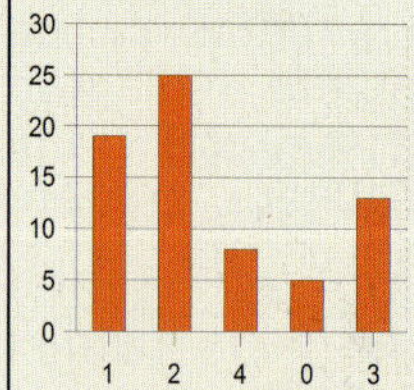	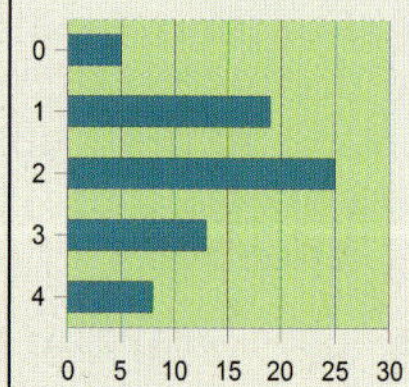
4	Si les ordinateurs étaient répartis équitablement, les élèves auraient environ...	1 ordinateur chacun	2 ordinateurs chacun	3 ordinateurs chacun	4 ordinateurs chacun
5	Origine des véhicules situés sur un parking Catégorie / Origine : Voitures ; Motos Française : 300 ; 25 Étrangère européenne : 150 ; 25 Autres : 50 ; 50	500 véhicules européens sont stationnés sur le parking	50 % des véhicules sont de nationalité étrangère	Les voitures sont 5 fois plus nombreuses que les motos	600 personnes ont garé leur véhicule sur le parking
6	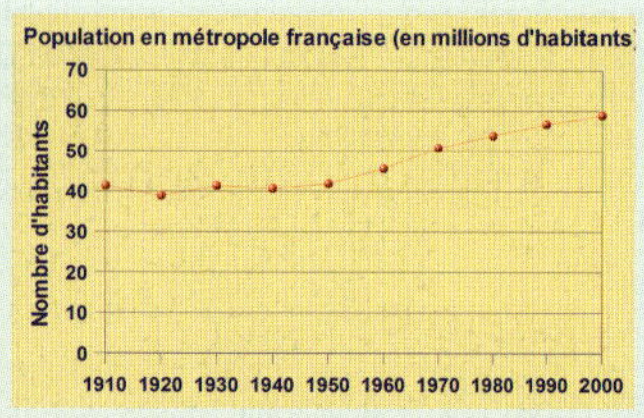	La population augmente depuis 1940	La population a atteint 50 millions d'habitants en 1960	Le nombre d'habitants était quasiment le même en 1910 et 1930	Le nombre d'habitants en France métropolitaine est, durant cette période, resté inférieur à 60 millions

! Récréation mathématique

Bon pour la santé ?

Voici une publicité pour un yaourt à boire :

VITALAIT,
la boisson qui renforce
vos défenses naturelles !

Le graphique de gauche donne la composition nutritionnelle de 100 g de *Vitalait* ; le graphique de droite donne celle de 100 g d'un yaourt sucré ordinaire.

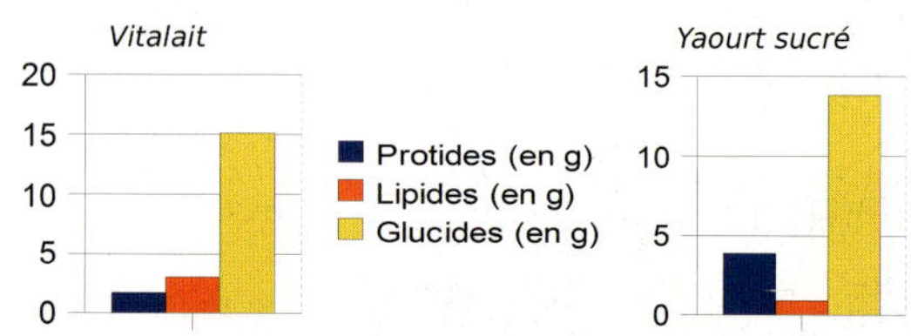

a. Cherche les définitions des glucides, lipides et protides.

b. Peut-on dire que le slogan publicitaire du produit *Vitalait* est pertinent ? Justifie.

__Information__ :
Vitalait contient autant de bactéries qu'un yaourt ordinaire, à savoir plus de 10 milliards !

G0 Éléments de géométrie

- *Vocabulaire*
- *Reproduction de figures simples*

Activités

1 Restauration de figures

Cours : 2

a À partir d'un exemple

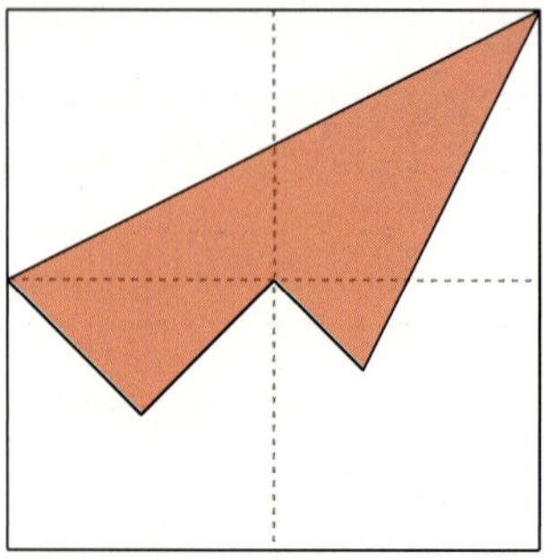

Regarde attentivement la figure ci-contre.

Elle a été obtenue uniquement à partir de segments tracés qui ont été effacés ensuite.

À partir d'un carré de côté 8 cm et avec ta règle, reproduis la figure.

b À partir d'un quadrilatère quelconque

Observe bien la figure ci-dessous puis construis-la.

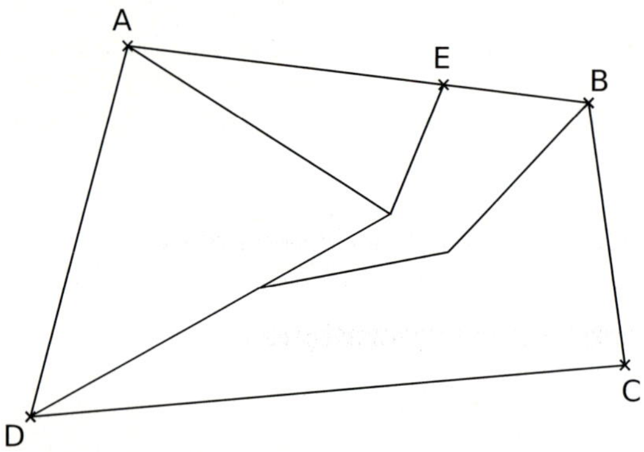

- Trace un quadrilatère ABCD.
  Place un point E sur le segment [AB].

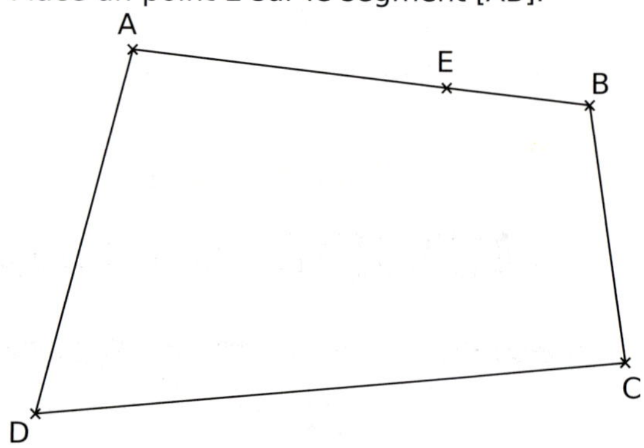

- Termine la construction avec ta règle, en suivant le modèle.

Géométrie Dynamique

c On veut construire cette même figure à l'aide d'un logiciel de géométrie dynamique.

- Place quatre points A, B, C et D.
- Trace les segments [AB], [BC], [CD] et [DA].
- Place un point E sur le segment [AB] afin d'obtenir une figure qui ressemble à la figure ci-dessus.

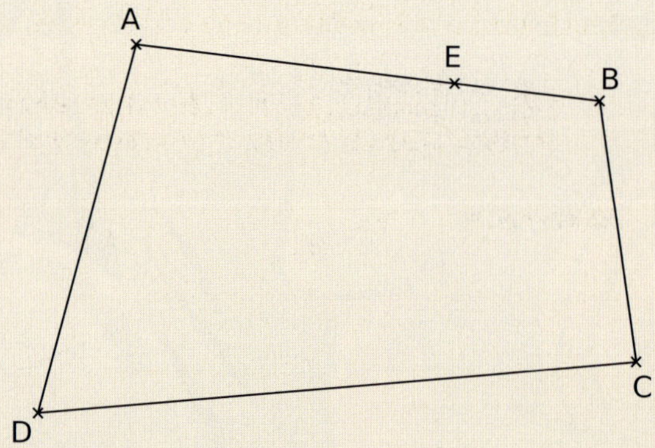

En utilisant les fonctionnalités du logiciel, construis la figure complète.

Attention : si on bouge l'un des sommets du quadrilatère, il faut que toute la figure bouge en même temps et continue à ressembler au modèle !

1 Vocabulaire de base

A Droite, demi-droite et segment

Notation	Signification	Figure
[AB]	Lire : « **segment** [AB] ». C'est le segment d'extrémités A et B.	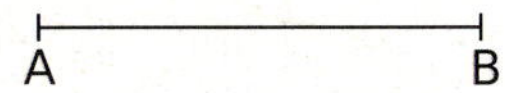
(AB)	Lire : « **droite** (AB) ». C'est la droite qui passe par les points A et B.	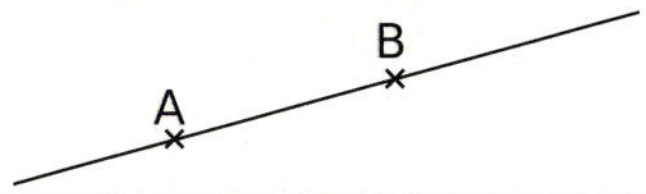
[AB)	Lire : « **demi-droite** [AB) ». C'est la demi-droite d'origine A passant par le point B.	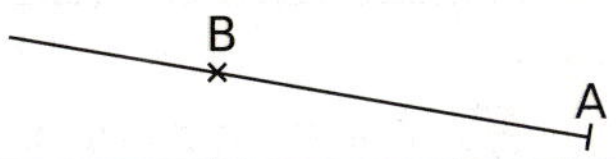
$A \in (d)$ $B \notin (d)$	Le point A **appartient** à la droite (d). Le point B **n'appartient pas** à la droite (d).	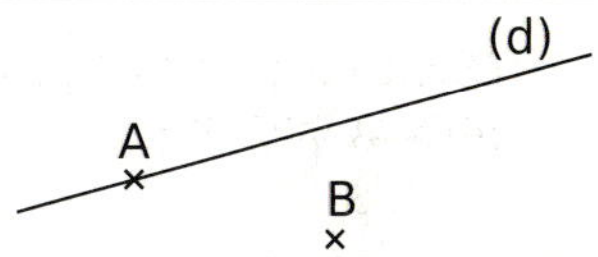

B Points alignés

Définition Trois points sont **alignés** s'ils appartiennent à une même droite.

Exemple :

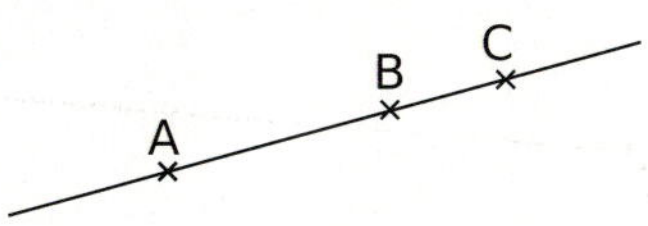

Les points A, B et C sont **alignés**.

2 Droites sécantes

Définition Deux **droites sécantes** sont deux droites qui se coupent en un point. Ce point est appelé **point d'intersection**.

Exemple :

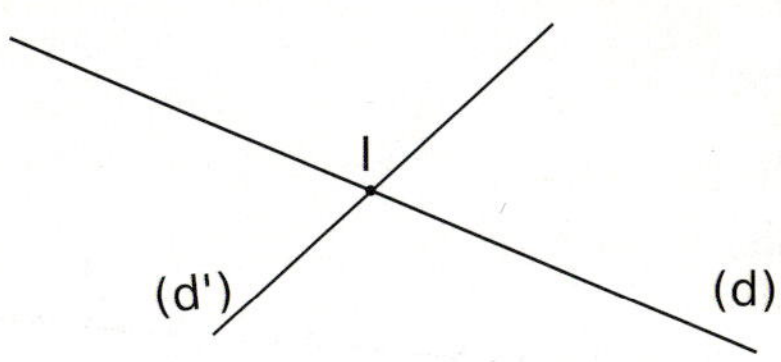

Le point I est le **point d'intersection** des droites (d) et (d').

Exercices « À toi de jouer ! »

1 Place trois points non alignés R, I et Z.
Trace...
- en rouge, la droite (RI) ;
- en bleu, le segment [RZ] ;
- en vert, la demi-droite [IZ)

2 On trace trois droites quelconques.
Combien y a-t-il de points d'intersection ?
Même question avec quatre droites.

Vocabulaire

3 Trace une droite (d).

a. Place deux points S et A sur cette droite.

b. Donne deux autres façons de nommer la droite (d).

c. Place un point C qui n'appartient pas à la droite (d).

d. Le point A appartient-il à la droite (SC) ?

4 Sur ton cahier, place les quatre points comme ci-dessous, en respectant le quadrillage.

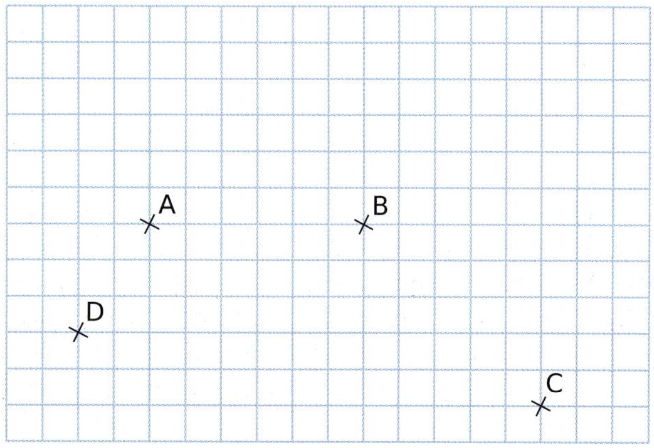

a. Trace en bleu le segment [AB].

b. Trace en vert le segment [DC].

c. Trace en rouge la droite (AC).

d. Trace en noir la demi-droite [DB].

5 ***Figure papillon***

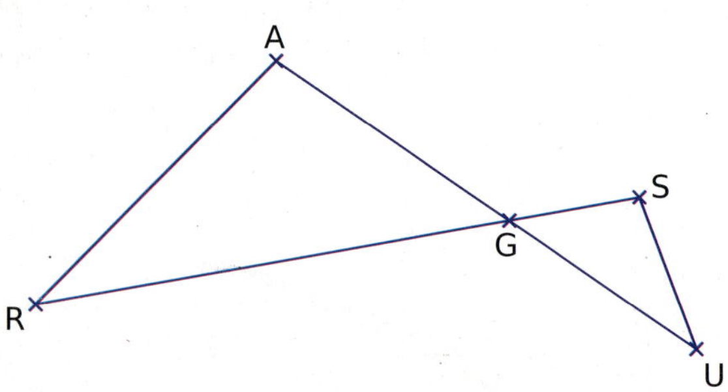

a. Après avoir observé la figure, recopie et complète les pointillés avec $\in$ ou $\notin$.

- G ... [AU] • A ... [GU] • S ... [RG]
- G ... (AU) • U ... (AG) • S ... (RG)

b. Quels sont les points alignés ? Fais deux phrases.

c. Comment peux-tu définir le point G ?

6 ***Faisceau de droites***

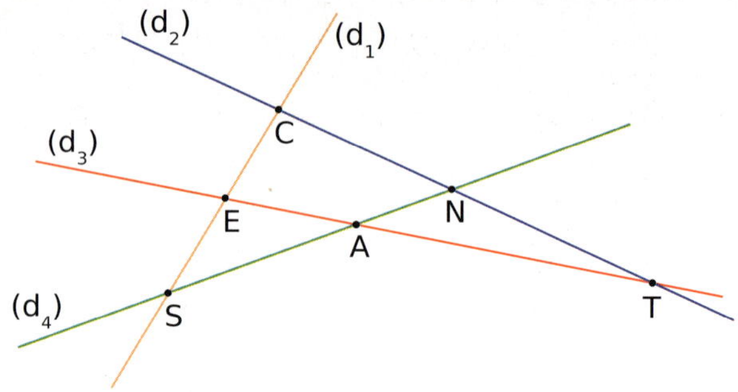

a. Quel est le point d'intersection des droites...

- (d_1) et (d_2) ? • (d_2) et (d_3) ? • (d_3) et (d_4) ?

b. Complète chaque phrase.

- N est le point d'intersection des droites ... .
- E est le point d'intersection des droites ... .
- S est le point d'intersection des droites ... .

7 Sur ton cahier, place les quatre points comme ci-dessous, en respectant le quadrillage.

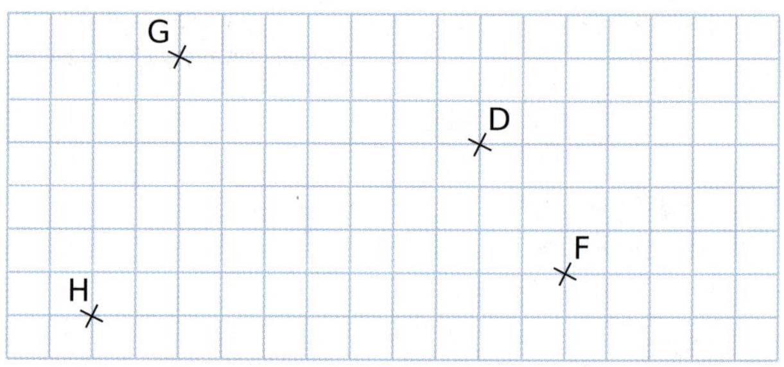

a. E est le point d'intersection des droites (HG) et (DF). Construis-le.

b. A est le point d'intersection des droites (HD) et (GF). Construis-le.

c. U est le point d'intersection des droites (GD) et (HF). Construis-le.

8 On considère le pentagone ci-dessous.

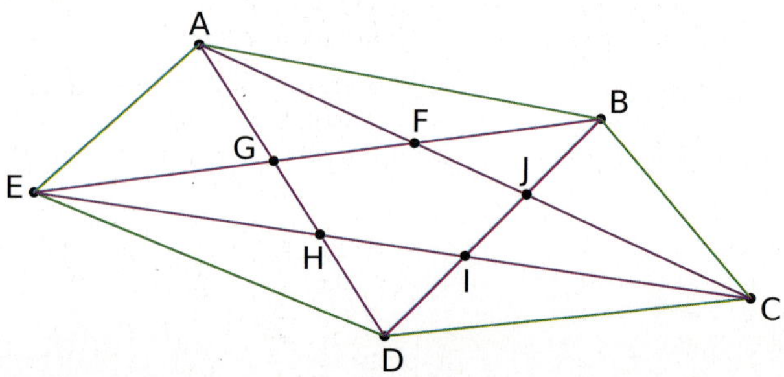

a. Donne quatre autres façons de nommer la droite (EC).

b. Quels points sont alignés avec I et B ?

c. Quel est le point d'intersection des droites (AC) et (BD) ? Et celui des droites (CE) et (AD) ?

9 Géométrie Dynamique

a. Place quatre points A, B, C et D.

b. Construis les droites (AB) et (CD). Déplace les points de telle sorte que le point d'intersection de (AB) et (CD) soit sur l'écran.

c. Construis E le point d'intersection des droites (AB) et (CD).

d. Construis les droites (AD) et (BC).

e. Construis F le point d'intersection des droites (AD) et (AB).

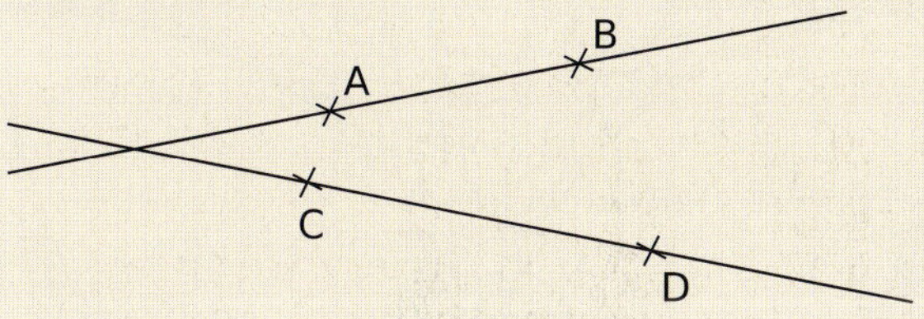

10 Géométrie Dynamique

Construis la figure de l'exercice **8**.
Attention : les points d'intersection doivent le rester, même si on déplace un des sommets du pentagone ABCDE, et les couleurs doivent être respectées.

11 Géométrie Dynamique

a. Place trois points A, B et C.

b. Utilise une fonction du logiciel qui permet de savoir si les points A, B et C sont alignés.

c. Essaie de déplacer un des points pour les aligner. Est-ce facile ?

d. Explique comment procéder pour construire des points, en étant certain qu'ils seront alignés d'après le logiciel.

e. Vérifie en faisant la construction.

12 Géométrie Dynamique

Reproduis la figure ci-dessous, en respectant les alignements, les intersections, les noms des points et les couleurs.

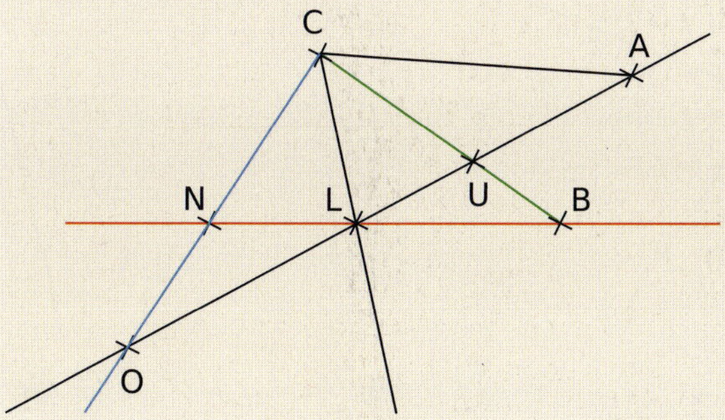

13 Géométrie Dynamique

Place six points A, B, C, D, E et F vérifiant les conditions suivantes :

- E est le point d'intersection de (AB) et (CD) ;
- les points A, D et F sont alignés ;
- les points C, B et F sont alignés.

14 Géométrie Dynamique

a. Place deux points A et B.

b. Construis le cercle de centre A passant par le point B.

c. Construis le segment [CD] de telle sorte que, lorsque l'on déplace les points A ou B, les points C et D restent sur le cercle.

15 Géométrie Dynamique

a. Place quatre points A, B, C et D.

b. Construis la droite (AB) et le cercle de centre C passant par le point D.

c. Combien de points d'intersection peuvent avoir le cercle et cette droite ? Déplace les points pour voir les différentes possibilités.

d. Même travail avec deux cercles.

16 Géométrie Dynamique

Théorème de Pappus

a. Construis une droite (AB). Place un point C sur la droite (AB) tel que A, B et C soient alignés dans cet ordre.

b. Construis une droite (DE). Place un point F sur la droite (DE) tel que D, E et F soient alignés, dans cet ordre.

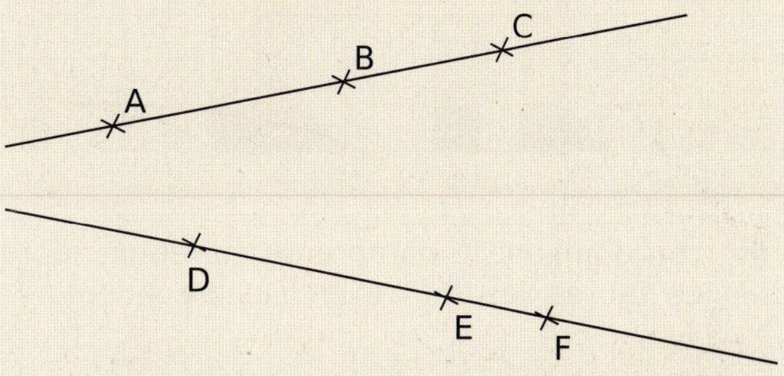

c. Construis les points d'intersection suivants.

- G de (AE) et (DB) ;
- H de (AF) et (DC) ;
- I de (BF) et (EC).

d. Que remarques-tu ? Vérifie ta conjecture avec une fonctionnalité du logiciel.

Reproduction de figures simples

17 Sur quadrillage, reproduis la figure suivante.

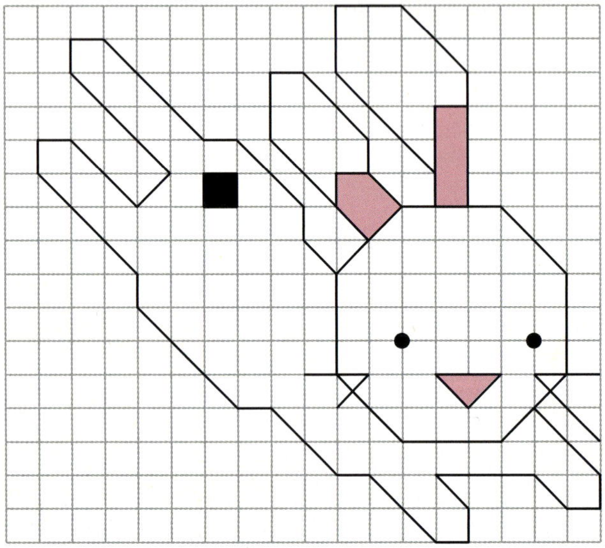

18 Sur quadrillage, reproduis la figure suivante.

19 En doublant le nombre de carreaux, reproduis les figures des deux exercices précédents.

20 Reproduis puis continue la frise.

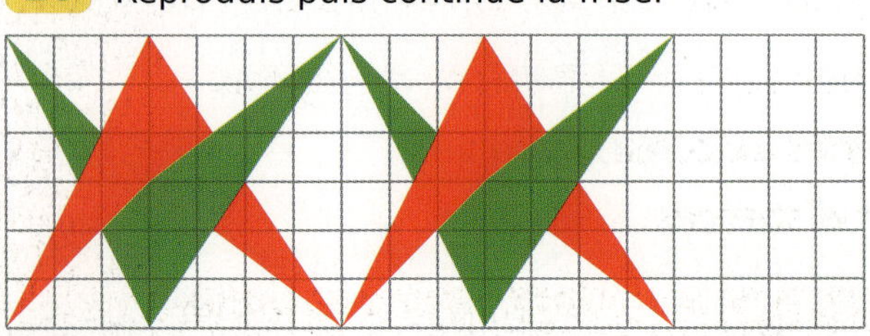

21 À partir d'un carré de 20 carreaux de côté, réalise ce dessin en traçant juste des segments.

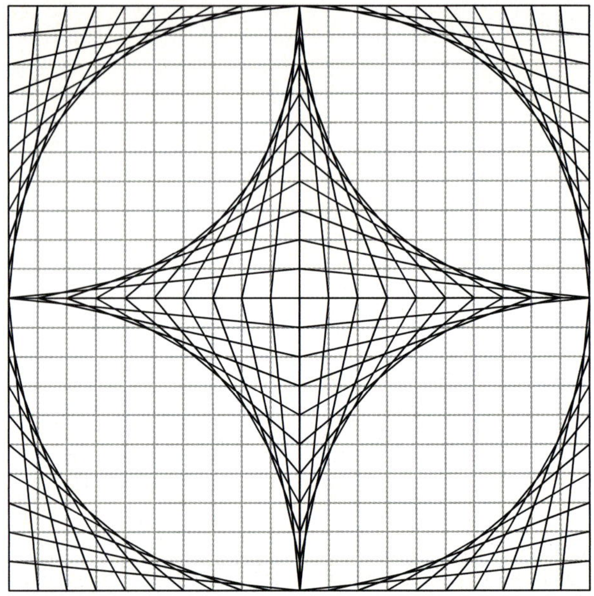

22 Reproduis cette figure, construite uniquement à partir d'arcs de cercle, dont les centres, en noir, forment un carré.

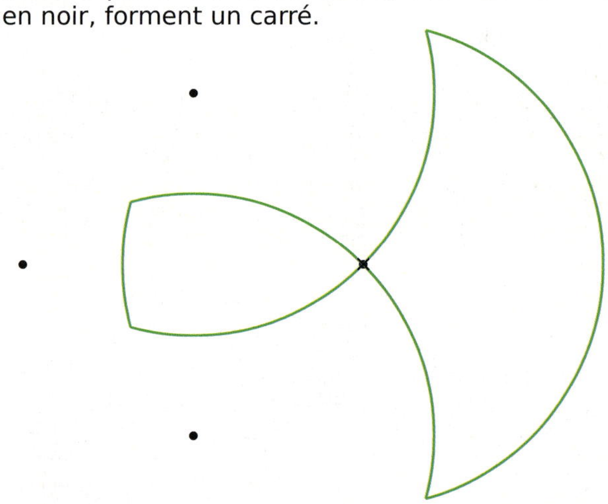

23 Trace un pentagone quelconque, puis reproduis cette canne* à l'intérieur. (Commence par repérer les alignements de points.)

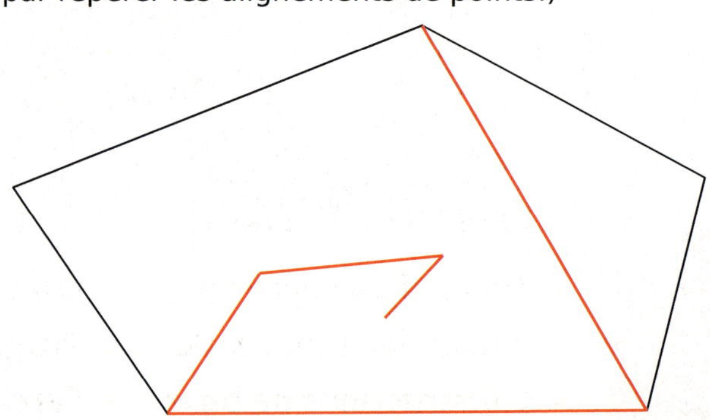

** Il s'agit de la canne des bâtisseurs, outil de mesure utilisé au Moyen Âge.*

G1 Distances et cercles

- Milieu d'un segment
- Vocabulaire du cercle
- Constructions de base
- Constructions et reproductions de figures
- Programmes de construction
- Cercles et distances

1 Vrai ou faux ?

Cours : 2

Pour chaque question ci-dessous, tu répondras par Vrai ou Faux. Si tu réponds « Faux », donne un exemple sous la forme d'un dessin : on appelle cela un « contre-exemple ».

a Si trois points A, B et E sont tels que AB = BE = 3 cm, alors B est le milieu du segment [AE].

b Si les points R, S et T sont alignés, tels que RS = 3 cm et RT = 6 cm, alors S est le milieu du segment [RT].

c Si les points K, L et M sont alignés, dans cet ordre, avec KL = 2,9 cm et KM = 5,8 cm, alors L est le milieu du segment [KM].

d Si C et D sont deux points d'un cercle de centre O, alors O est le milieu de [CD].

2 À quelle distance ?

Cours : 3

Géométrie Dynamique

a Construis les points A et B. Affiche la longueur du segment [AB]. Déplace le point B pour qu'il soit exactement à 4 cm de A.

- De la même façon, construis dix autres points situés exactement à 4 cm de A.
- Où semblent être situés tous ces points ? À l'aide d'une fonction du logiciel, trace une figure connue qui semble passer par tous ces points.
- Place un point M sur cette figure, distinct de ceux construits autour de A, puis trace le segment [AM]. Affiche la longueur du segment [AM]. Déplace ce point sur la figure. Que remarques-tu ?

b Dans une prairie, la chèvre de Roger est attachée à un piquet, par une chaine de longueur 4 m.

- Sur ton cahier, représente la zone de prairie que la chèvre peut brouter (1 cm représentera 1 m).
- Comment peux-tu définir les points de la zone broutée ? Ceux de la zone non broutée ?

3 Autour du cercle

Cours : 3

Géométrie Dynamique

- Construis un cercle de centre B et de rayon 6 cm.
- Place deux points, M et N, sur le cercle. Trace le segment [MN]. Comment s'appelle ce segment pour le cercle ? Affiche sa longueur.
- Déplace les points M et N sur le cercle. Quelle est la plus grande valeur possible pour la mesure MN ? Dans quels cas cela se produit-il ?
- Réponds par Vrai ou Faux en justifiant : « *Si E et F sont deux points d'un cercle, de centre O et de rayon 4 cm, et EF = 8 cm, alors O est le milieu de [EF].* »

1 Longueur d'un segment

Notation	Signification	Figure
AB	C'est la **longueur** du segment [AB].	A B AB = 3 cm

2 Milieu d'un segment

Définition Le **milieu** du segment [AB] est le point du segment [AB] qui est équidistant (à la même distance) des points A et B.

Exemple : Trace un segment [RT] de longueur 6 cm, puis construis son milieu A.

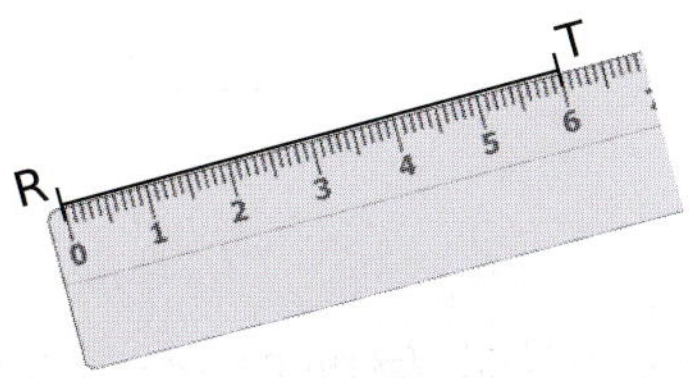

On trace un segment [RT] de longueur 6 cm.

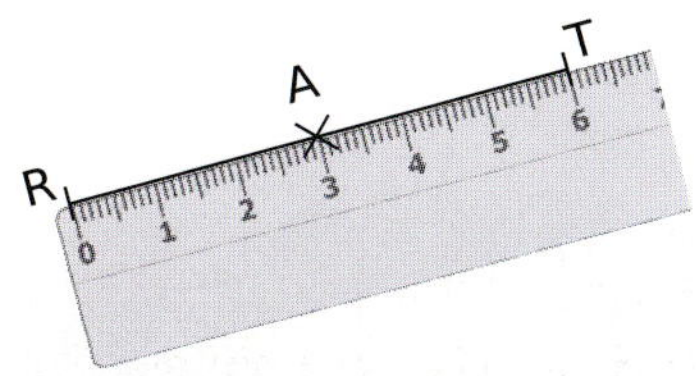

On place le point A à 3 cm du point R sur le segment [RT].

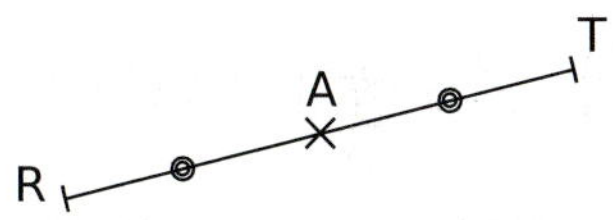

On code les segments de même longueur, [RA] et [AT], avec un même symbole.

3 Vocabulaire du cercle

Définitions Un **cercle** de centre O est l'ensemble des points situés à la même distance du point O. Cette distance est le **rayon** du cercle.

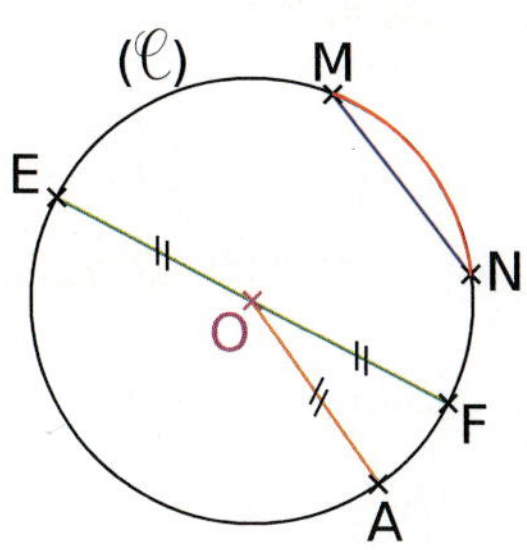

Le **centre** d'un cercle est le point équidistant de tous les points qui constituent ce cercle.	Le point O est le **centre** du cercle (𝒞).
Un **rayon** d'un cercle est un segment ayant pour extrémités le centre et un point de ce cercle.	Le segment [OA] est un **rayon** du cercle (𝒞).
Un **diamètre** d'un cercle est un segment ayant pour extrémités deux points de ce cercle et contenant son centre.	Le segment [EF] est un **diamètre** du cercle (𝒞).
Une **corde** d'un cercle est un segment ayant pour extrémités deux points de ce cercle.	Le segment [MN] est une **corde** du cercle (𝒞).
Un **arc de cercle** est une portion de cercle comprise entre deux points de ce cercle.	La portion de cercle $\overset{\frown}{MN}$, comprise entre M et N, est un **arc du cercle** (𝒞).

Remarque 1 : Par commodité de langage, on appelle « rayon » la longueur du rayon d'un cercle, et on appelle « diamètre » la longueur de son diamètre.

Remarque 2 : Le diamètre d'un cercle est égal au double de son rayon.

Exemple : Trace le cercle de centre T passant par le point U.

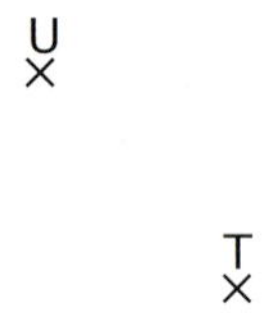

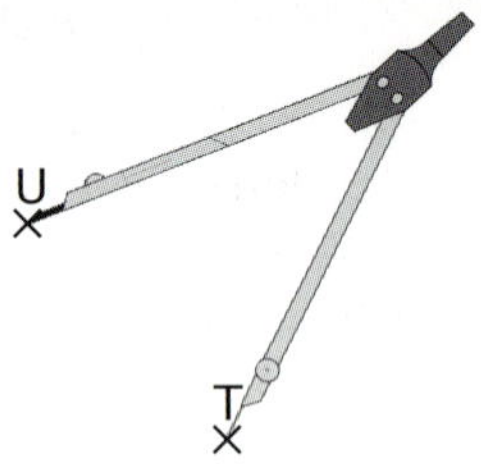

On pointe le compas sur le point T et on écarte le compas jusqu'à ce que la mine soit sur le point U.

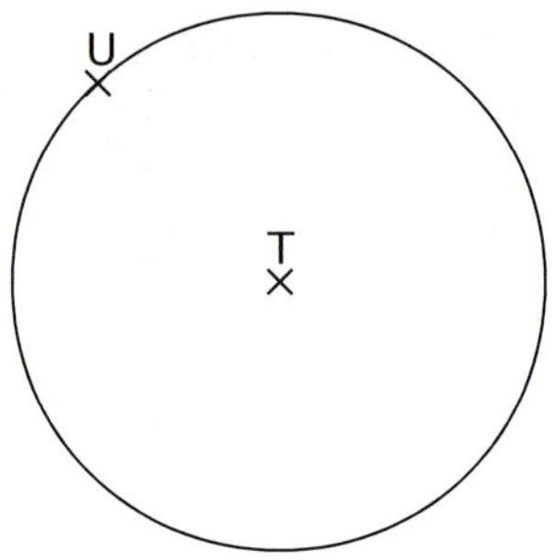

On trace le cercle.

Exercices « À toi de jouer ! »

1 ***Figures à coder***

a. Trace les segments [DO], [RE] et [MI] tels que DO = 8 cm ; RE = 7 cm et MI = 6,4 cm.

b. Construis le milieu de chaque segment et code chaque figure.

2 Trace un segment [FA] de longueur 7,4 cm puis construis son milieu L.

a. Trace le cercle de centre A passant par le point L.

b. Trace le cercle de centre F passant par le point L.

3 Trace chacun des cercles suivants.

a. ($\mathscr{C}_1$) un cercle de rayon 4 cm ;

b. ($\mathscr{C}_2$) un cercle de diamètre 5 cm.

4 À l'aide de la figure ci-contre, recopie et complète chaque phrase par le mot qui convient.

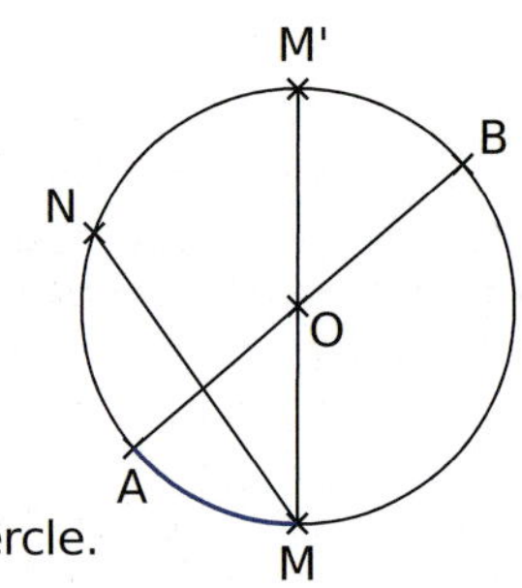

a. Le point O est le ... du cercle.

b. Le point O est le ... de [AB].

c. Le segment [OA] est un ... du cercle.

d. Le segment [AB] est un ... du cercle.

e. La portion du cercle qui se trouve entre les points A et M est un ... .

f. Le segment [MN] est une ... du cercle.

g. Les droites (AB) et (MM') sont ... .

Milieu d'un segment

5 Observe cette figure, composée de deux segments [AB] et [CD] sécants, et indique pour chaque affirmation si elle est vraie ou fausse.

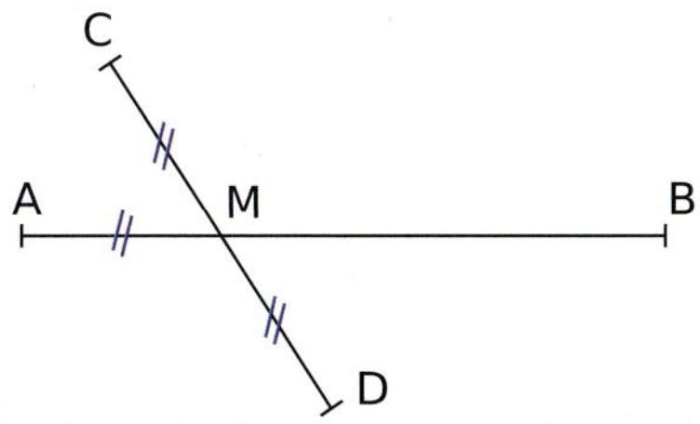

a. Les points C, D et M sont alignés.

b. M est le point d'intersection des segments [AB] et [CD].

c. M est le milieu du segment [AC].

d. M est un point du segment [CD].

e. A appartient au segment [MB].

f. M est le milieu du segment [CD].

6 Écris le plus de phrases possibles avec le mot « milieu ». Combien en trouves-tu ?

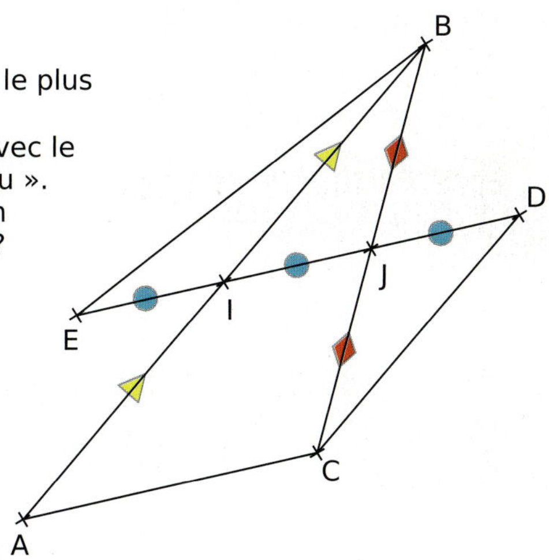

7 Reproduis la figure suivante sur quadrillage. Construis le milieu de chaque segment sans utiliser d'instrument de géométrie. Code la figure.

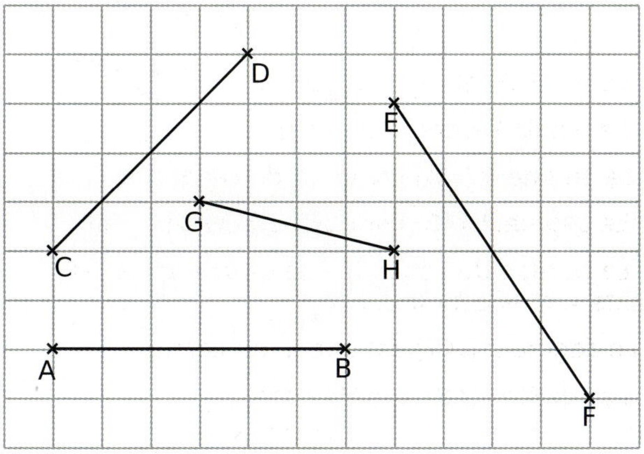

8 Effectue la construction en suivant les instructions, puis code la figure obtenue.

- Trace un segment [RS] de longueur 4,8 cm et place son milieu T.
- Place un point U non aligné avec R et S.
- Place le point V tel que T soit le milieu du segment [UV].

9 **Géométrie Dynamique**

a. Place trois points A, B et C non alignés.

b. Trace les segments [BC] et [AC].

c. Place le milieu I du segment [BC] et le milieu J du segment [AC].

d. Trace les segments [BJ] et [AI].

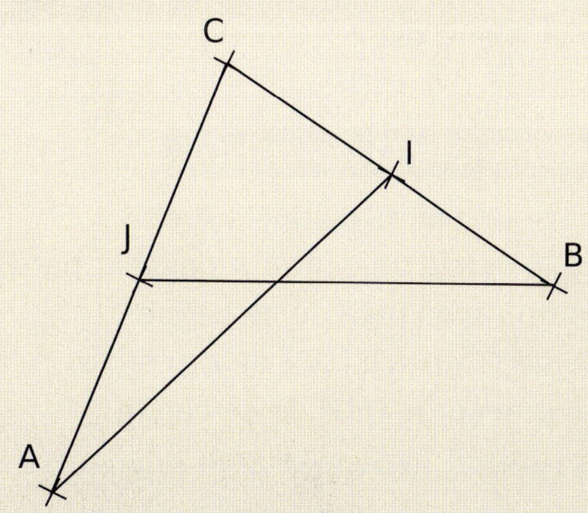

e. Nomme K le point d'intersection des segments [AI] et [BJ].

f. Trace le segment [AB] et place son milieu L.

g. Trace enfin le segment [CL].

h. Que remarques-tu ? Déplace les points A, B et C pour vérifier si ta remarque reste valable.

i. Comment peux-tu confirmer ton hypothèse à l'aide des fonctions du logiciel ?

10 Reproduis cette figure, sachant que le rectangle extérieur a pour longueur 8 cm et pour largeur 4 cm, et que les quadrilatères intérieurs ont pour sommets des milieux.

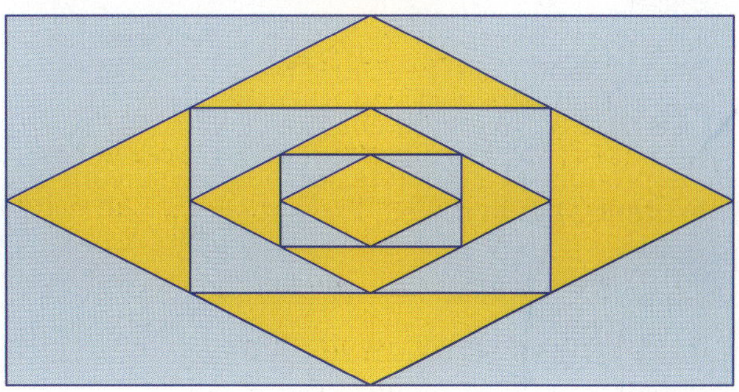

Vocabulaire du cercle

11 *Vocabulaire*

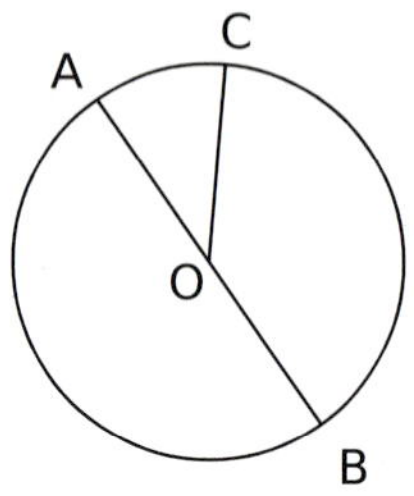

a. Écris deux phrases décrivant la figure ci-contre, en utilisant les mots « rayon » et « diamètre ».

b. Recopie et complète les phrases suivantes.

- Le point O est le milieu du ... .
- Le point O est une extrémité du ... .
- Le point O est le ... du cercle.
- A et B sont les ... du ... [AB].
- La portion de cercle comprise entre les points A et C est l'... .

12 Géométrie Dynamique

a. Place deux points distincts A et B.

b. Trace le cercle de centre A passant par B.

c. Trace un rayon [AC] de ce cercle.

d. Trace un diamètre [DE] de ce cercle.

e. Trace une corde [FG] de ce cercle.

f. Trace l'arc $\overset{\frown}{FG}$ de centre A en rouge.

g. Déplace les points A et B et vérifie que tes constructions précédentes restent correctes.

13 Observe la figure ci-dessous.

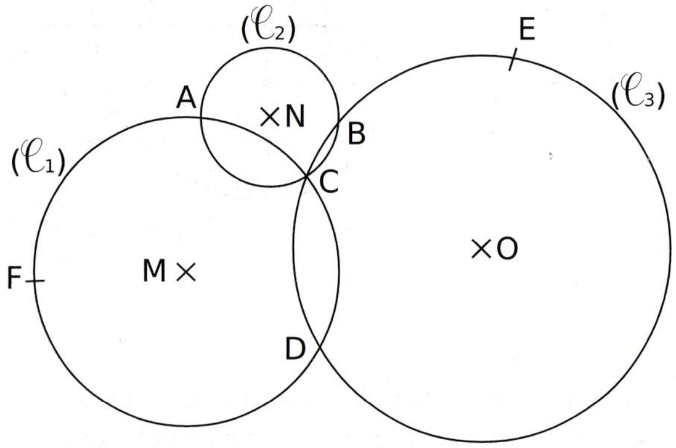

a. Nomme un rayon de chaque cercle.

b. Reproduis et complète le tableau suivant en mesurant avec ta règle.

Cercle	Centre	Rayon	Diamètre
$(\mathscr{C}_1)$			
$(\mathscr{C}_2)$			
$(\mathscr{C}_3)$			

Constructions de base

14 *Avec le rayon*

a. Trace un cercle de centre O et de rayon 4 cm, puis un cercle de rayon 4 cm et passant par O.

b. Où se trouve le centre du deuxième cercle ?

15 *Avec le diamètre*

a. Trace un segment [AB] de longueur 5 cm.

b. Trace le cercle $(\mathscr{C})$ de diamètre [AB].

c. Quel est le rayon du cercle $(\mathscr{C})$?

16 *Points diamétralement opposés*

a. Trace un cercle $(\mathscr{C})$ de centre O et de rayon 4,5 cm.

b. Place un point A sur le cercle $(\mathscr{C})$ et place le point B diamétralement opposé au point A.

c. Marque un point D à l'extérieur du cercle $(\mathscr{C})$ et trace le cercle de diamètre [BD].

17 *À partir d'un carré*

a. Sur ton cahier, construis un carré ABCD de côté 8 cm et de centre O.

b. Place les points I, J, K et L milieux respectifs de [AB], [BC], [CD] et [DA].

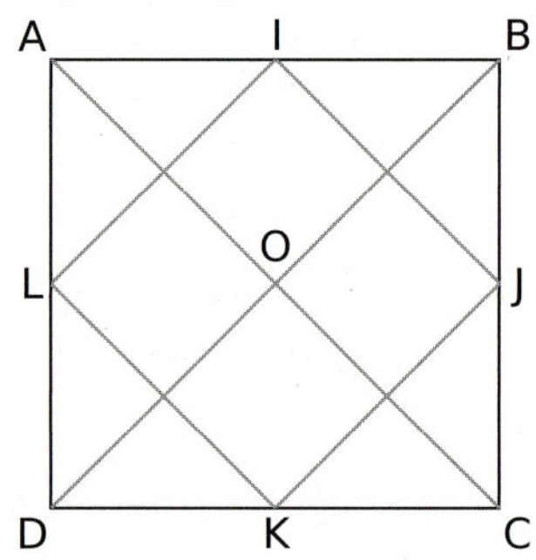

c. Sur ce carré, trace chacun des cercles suivants en les nommant.

- $(\mathscr{C}_1)$ de centre O passant par A.
- $(\mathscr{C}_2)$ de centre O et de rayon 2,5 cm.
- $(\mathscr{C}_3)$ dont [OD] est un diamètre.

18 Refais le carré de l'exercice précédent, puis trace les cercles suivants.

a. $(\mathscr{C}_4)$ de centre L et de rayon LA.

b. $(\mathscr{C}_5)$ de centre B et de rayon 3 cm.

c. $(\mathscr{C}_6)$ dont [JC] est un diamètre.

19 En utilisant le quadrillage de ton cahier, reproduis chaque figure ci-dessous.

a.

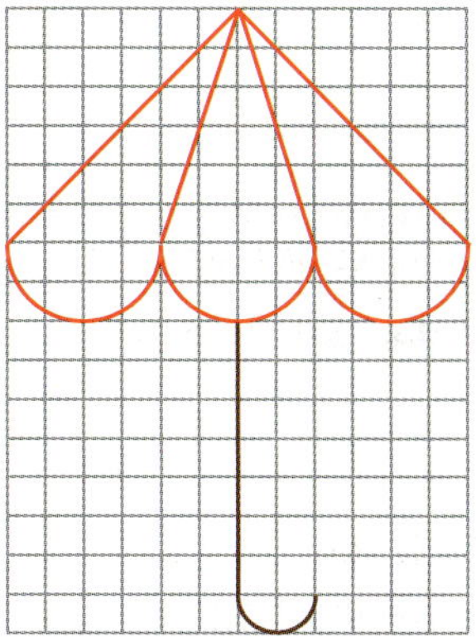

b.

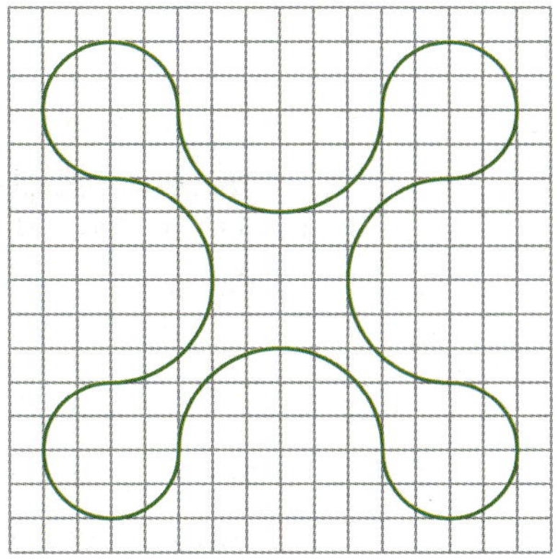

c.

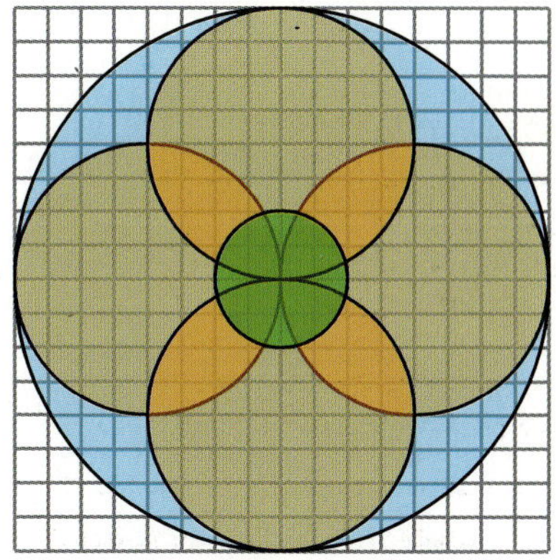

20 Reproduis cette figure sur quadrillage.

21 Géométrie Dynamique

a. Place deux points O et A, puis trace le cercle ($\mathcal{C}$) de centre O passant par le point A.

b. Trace le cercle ($\mathcal{C}_1$) de centre A et de rayon [OA]. Nomme B et D les points d'intersection des cercles ($\mathcal{C}$) et ($\mathcal{C}_1$).

c. Trace les cercles ($\mathcal{C}_2$) et ($\mathcal{C}_3$), de centres respectifs B et D, et passant par le point O.
Le cercle ($\mathcal{C}$) recoupe le cercle ($\mathcal{C}_2$) en E et le cercle ($\mathcal{C}_3$) en F.

d. Trace les cercles ($\mathcal{C}_4$) et ($\mathcal{C}_5$) de centres respectifs E et F et de rayon OA.
Le cercle ($\mathcal{C}$) recoupe le cercle ($\mathcal{C}_5$) en G.

e. Trace le cercle ($\mathcal{C}_6$) de centre G passant par le point O.

f. Comment s'appelle la figure que tu obtiens ?

g. Sur une feuille blanche, effectue cette construction, en prenant OA = 3,5 cm.

22 Au centre d'une feuille quadrillée, reproduis chaque spirale, puis poursuis la construction en suivant le même principe, plusieurs fois, pour occuper la feuille entière.

a.

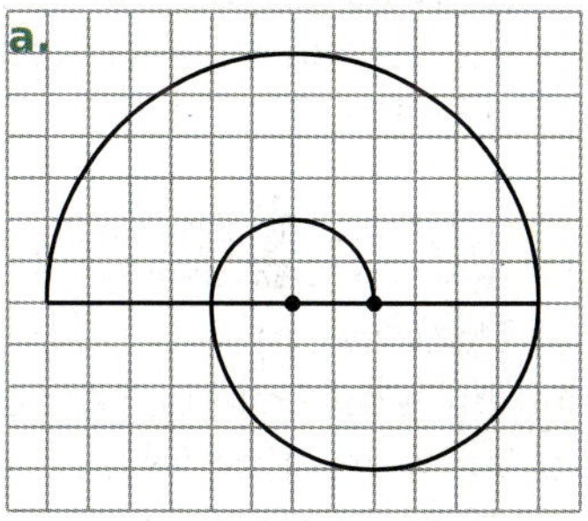

b.

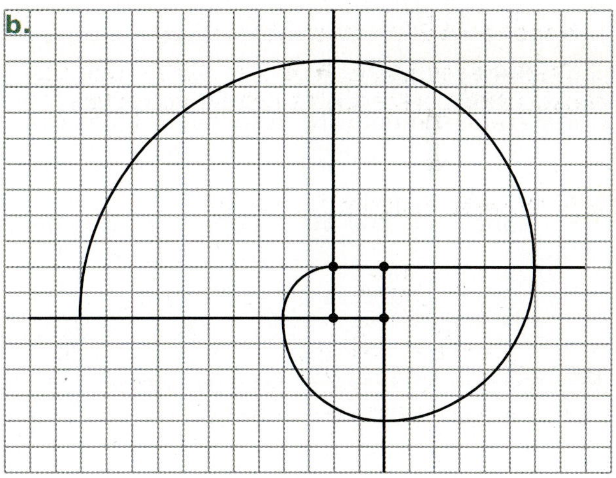

23 ***Triplet de cercles***

a. Trace un segment [AB] de longueur 6 cm.

b. Marque le point O, milieu du segment [AB].

c. Trace le cercle de centre O et de rayon 3 cm.

d. Trace les cercles de diamètres [AO] et [OB].

24 ***À vue de nez***

a. Trace un segment [AB] de longueur 9 cm.

b. Trace les cercles de centres respectifs A et B et de rayon 3 cm. Ils coupent le segment [AB] en C et D.

c. Trace un demi-cercle de diamètre [CD].

Constructions et reproductions de figures

25 Reproduis chaque figure en vraie grandeur.

a.

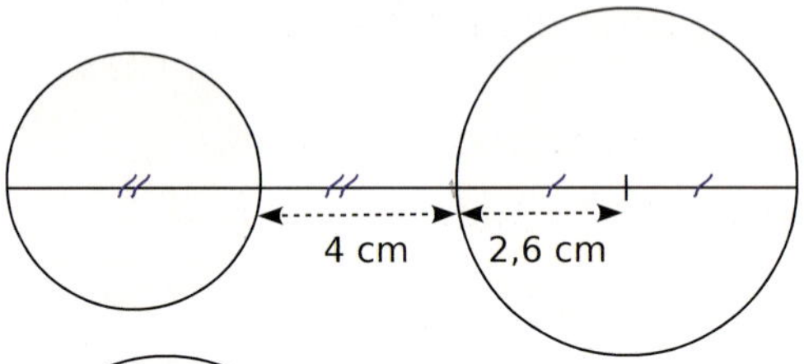

b.

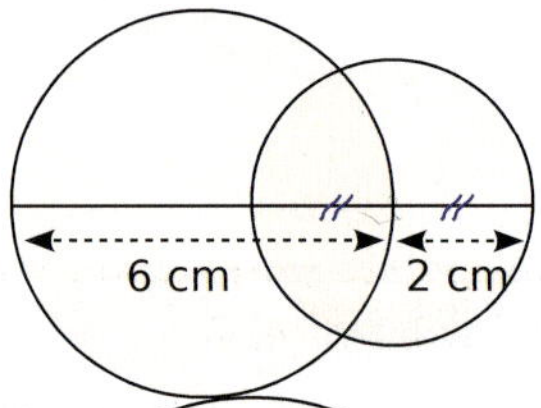

c.

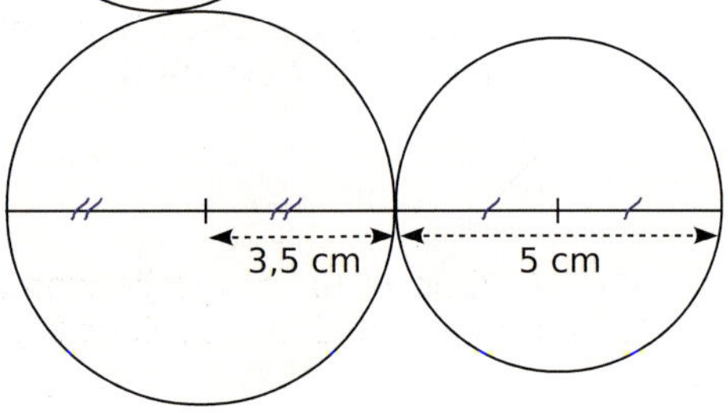

26 ***Petits calculs***

a. Trace un segment [AB] de longueur 6 cm.

b. Trace le cercle de centre A et de rayon 2 cm. Ce cercle coupe la droite (AB) en deux points M et N. On appelle M celui qui appartient au segment [AB].

c. Calcule les longueurs BM et BN.

27 Observe la figure ci-dessous.

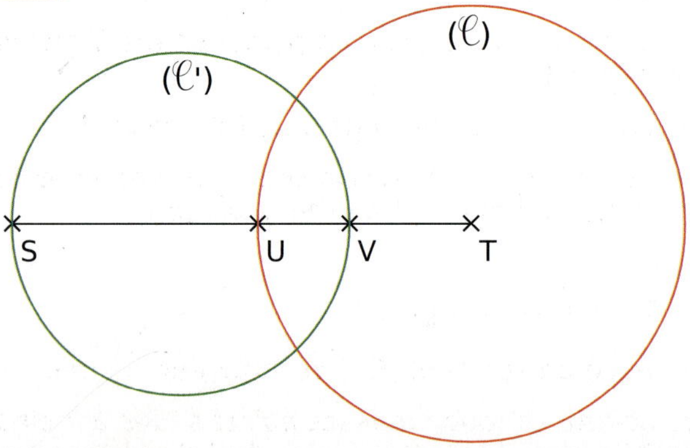

a. Sachant que ST = 6 cm, SU = 3,2 cm et UV = 1,2 cm, calcule le diamètre du cercle ($\mathcal{C}$) et le rayon du cercle ($\mathcal{C}$').

b. Reproduis cette figure en vraie grandeur.

28 Reproduis chaque figure en vraie grandeur.

a.

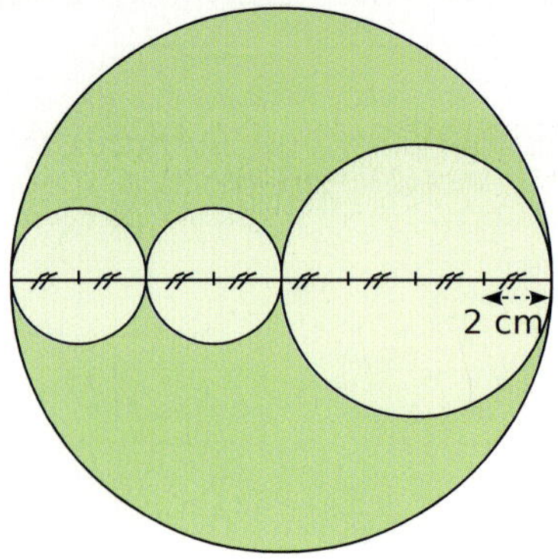

b.

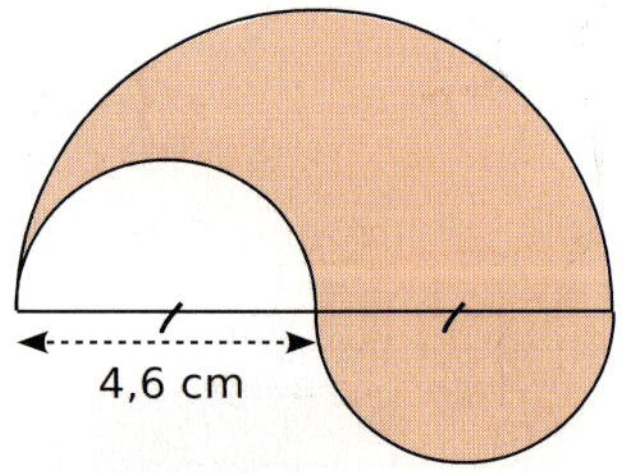

29 **Géométrie Dynamique**

a. Trace un segment [OO']. Place deux points, S et T, sur ce segment.

b. Trace le cercle de centre O passant par S et le cercle de centre O' passant par T.

c. En déplaçant les points S et T, trouve :
- une situation dans laquelle les deux cercles ont deux points d'intersection ;
- une situation dans laquelle les deux cercles n'ont aucun point d'intersection ;
- une situation dans laquelle les deux cercles ont un seul point d'intersection.

d. Dans ce dernier cas, que dire des points S et T ?

30 ***Construction d'un ovale***

a. Trace un segment [AB].

b. Trace le cercle ($\mathcal{C}_1$) de centre A passant par B, puis le cercle ($\mathcal{C}_2$) de centre B passant par A. Nomme C et D les points d'intersection des cercles ($\mathcal{C}_1$) et ($\mathcal{C}_2$).

c. Trace les demi-droites [CA) et [CB). Nomme E le point d'intersection de [CA) et ($\mathcal{C}_1$), et F le point d'intersection de [CB) et ($\mathcal{C}_2$).

d. Trace les demi-droites [DA) et [DB). Nomme G le point d'intersection de [DA) et ($\mathcal{C}_1$), et H le point d'intersection de [DB) et ($\mathcal{C}_2$).

e. Trace l'arc de cercle $\overset{\frown}{EF}$ de centre C, puis l'arc de cercle $\overset{\frown}{GH}$ de centre D.

f. Comment s'appelle la forme obtenue ?

Programmes de construction

31 Écris un programme de construction pour chaque figure ci-dessous, puis construis-les.

a.

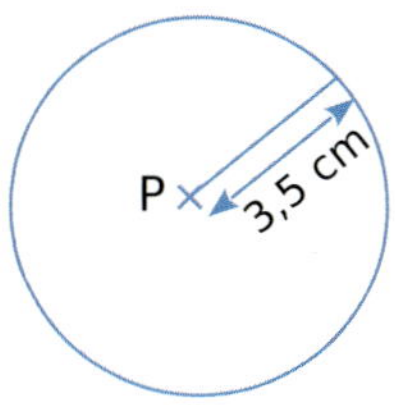

b.

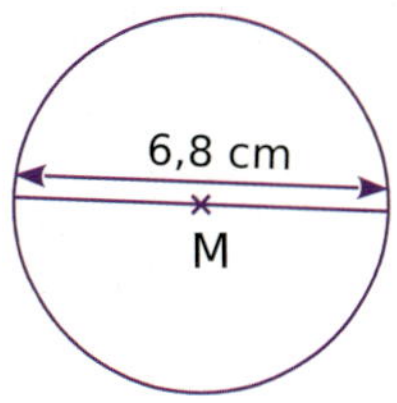

32 Écris un texte pour décrire les différentes étapes de cette construction.

Étape 1

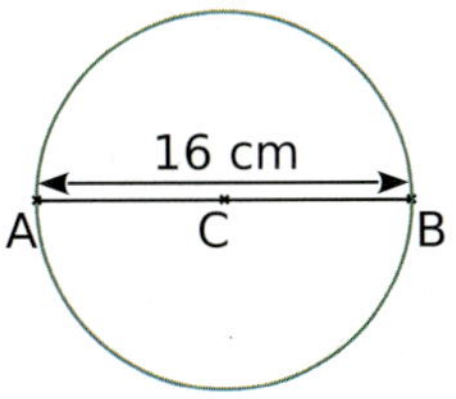

Étape 2

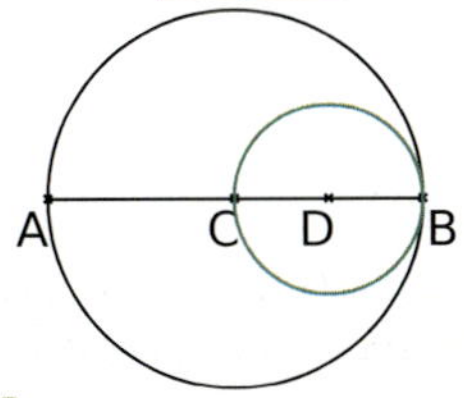

Étape 3

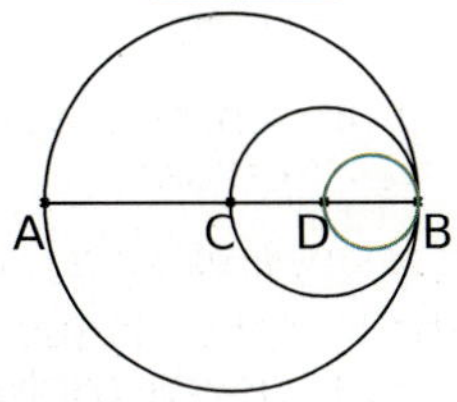

33 Écris un programme de construction de la figure ci-contre.

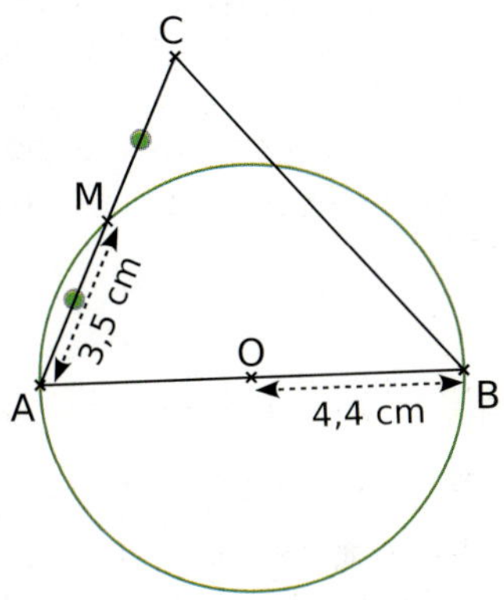

34 Même consigne qu'à l'exercice précédent.

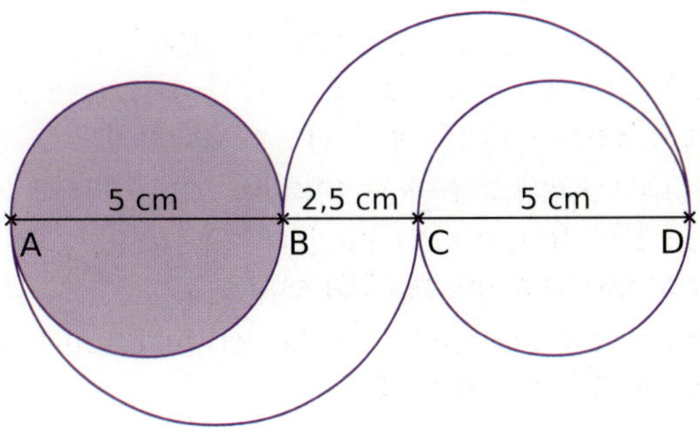

Cercles et distances

35 ($\mathscr{C}$) est un cercle de centre O et de rayon 5,2 cm. Pour chacun des points P, M, N et R définis ci-dessous, dis s'il appartient au cercle ou non.

a. Le point P est à 5,2 cm du point O.

b. Le segment [OM] mesure 5,1 cm.

c. ON = 5,2 cm.

d. OR > 5,3 cm.

36 ***Zone de points***

a. Place un point A. Colorie en vert l'ensemble des points situés à moins de 4 cm de A.

b. Place un point B. Colorie en bleu l'ensemble des points situés à moins de 3,2 cm de B.

37 ***Couronne de points***

a. Place un point C. Colorie en rouge l'ensemble des points situés à moins de 5 cm de C et à plus de 3 cm de C.

b. Caractérise l'ensemble des points situés dans la zone jaune.

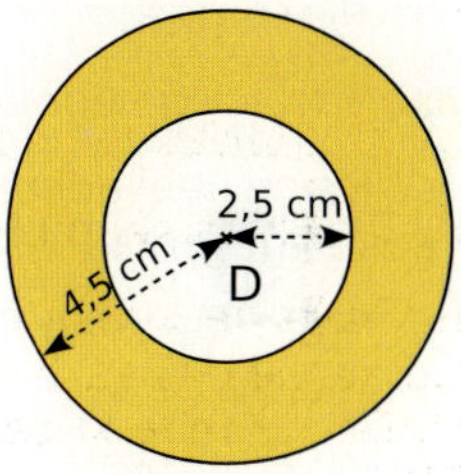

38 ***Intersection***

a. Trace un segment [AB] de longueur 5 cm.

b. Colorie en rouge tous les points situés à moins de 3 cm de A.

c. Colorie en bleu tous les points situés à moins de 4 cm de B.

d. Où se situe le milieu de [AB] ? Pourquoi ?

e. Que peut-on dire des points appartenant à la fois à la zone rouge et à la zone bleue ?

39 ***Œil du cyclone***

a. Trace un segment [CD] de longueur 3,5 cm.

b. Colorie en rouge tous les points situés à moins de 2,5 cm du point C et à plus de 2,5 cm du point D.

c. Colorie en vert tous les points situés à plus de 2,5 cm du point C et à moins de 2,5 cm du point D.

d. Où se situe le milieu de [CD] ? Pourquoi ?

40 ***Dans l'ordre ou dans le désordre ?***

a. Place trois points A, B et C tels que :

- A, B et C sont alignés.
- AB = 3 cm et AC = 5 cm.

b. Combien y a-t-il de possibilités ?

c. Calcule BC dans chacun des cas.

d. Écris une phrase pour caractériser précisément chaque position du point B.

41 ***Première démonstration***

a. Trace une droite et place deux points A et B sur cette droite.

b. Place le point D sur cette droite, tel que B soit le milieu de [AD].

c. Place le point C sur cette droite, tel que A soit le milieu de [CD].

d. Trace le cercle de centre A et de rayon [AB]. Il recoupe la droite (AB) en E.

e. Que peux-tu dire du point E ? Pourquoi ?

42 **Géométrie Dynamique**

a. Place quatre points L, M, N et P non alignés.

b. Trace les segments [LM], [MN], [NP] et [PL].

c. Place les points A et B, milieux respectifs des segments [LM] et [MN].

d. Trace le segment [AB] et place le point C, milieu de ce segment.

e. Trace la droite (MC) et nomme D son point d'intersection avec le segment [LN].

f. Quelle semble être la position du point D ?

g. Déplace les points L, M, N et P pour vérifier si ta remarque est toujours valable.

h. Comment peux-tu confirmer ton hypothèse à l'aide des fonctions du logiciel ?

43 **Géométrie Dynamique**

a. Trace un segment [AB].

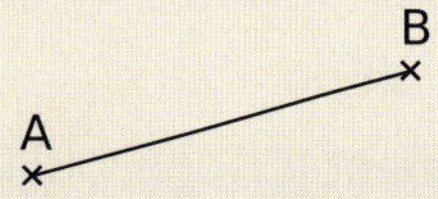

b. Trace le cercle de centre A passant par B.

c. Trace le cercle de centre B passant par A.

d. Les deux cercles se coupent en E et D.

e. Trace le cercle de centre E passant par A.

f. Que peux-tu dire du point E ? Justifie.

44 ***Programmes distincts***

Programme 1

- Trace un segment [AC] de longueur 5 cm, puis trace le cercle de diamètre [AC].
- Place un point B sur ce cercle, à 4 cm du point A, et trace les segments [AB] et [BC].
- Place les points O et D, de manière à ce que les points B, C, O et D soient alignés dans cet ordre et régulièrement espacés.
- Trace le segment [AD], le cercle de diamètre [AD] et le cercle de centre O passant par D.

Programme 2

- Trace un segment [AD] de longueur 13 cm, puis trace le cercle de diamètre [AD].
- Place un point B sur ce cercle, à 5 cm du point A, et trace le segment [BD].
- Place le point O sur le segment [BD], à 4 cm du point D.
- Trace le cercle de centre O passant par D. Il coupe le segment [BD] en C.
- Trace le segment [AC] et le cercle de diamètre [AC].

a. Dessine, en vraie grandeur, une figure pour chaque programme de construction.

b. Que remarques-tu ?

45 Trace un cercle de diamètre [BC]. Place un point A comme sur ce dessin.

Avec une règle non graduée et un compas, complète ta figure pour obtenir le cercle bleu de centre H passant par I.

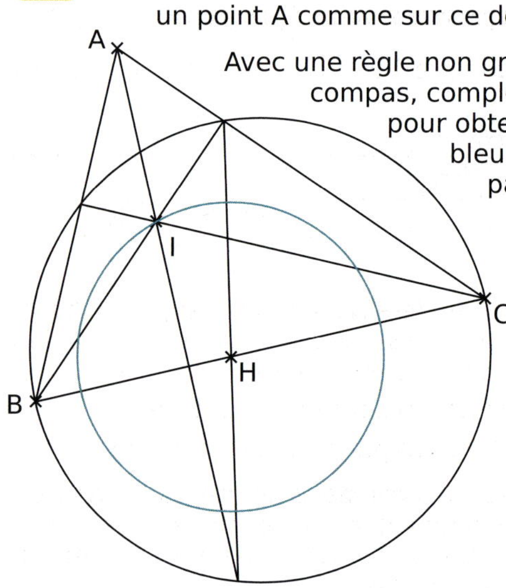

46 On considère la figure de l'exercice précédent.

a. Écris un programme de construction de cette figure.

b. Reproduis une figure similaire avec un logiciel de géométrie dynamique.

47 Ces figures sont uniquement constituées de cercles. Observe-les et reproduis-les.

a.

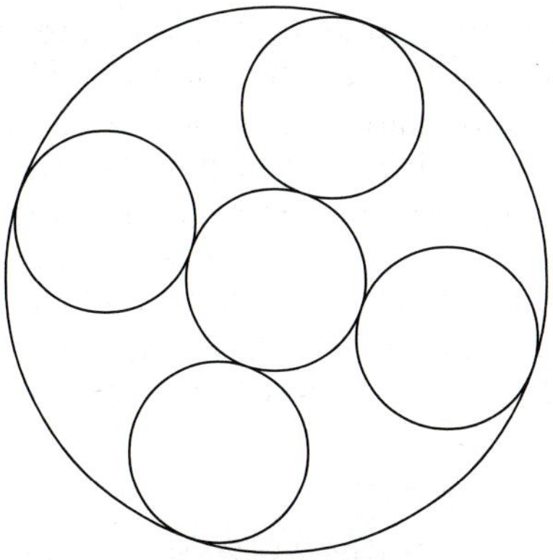

b.

48 *À la ferme*

a. Rex est attaché par une laisse au coin de sa niche.

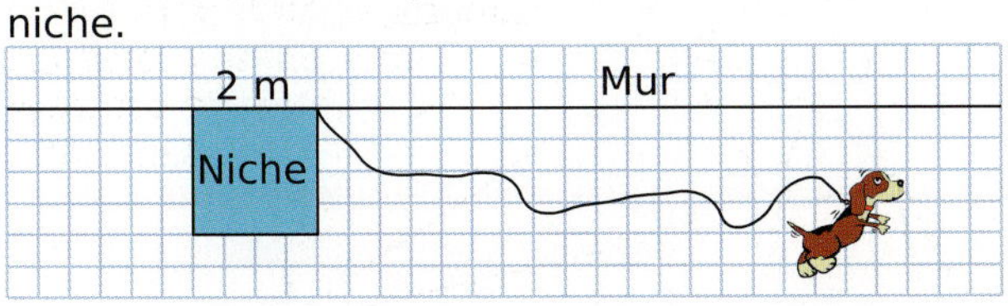

- Reproduis le dessin ci-dessus, en prenant 1 m pour 1 cm, puis colorie la zone où le chien peut se déplacer si sa laisse mesure 2 m.
- Même question pour une laisse de 4 m.
- Même question pour une laisse de 6 m.

b. Les quatre chèvres de la ferme sont dans un enclos de la forme d'un rectangle, de 10 m sur 8 m. Chaque chèvre est attachée à une corde, à chaque coin de l'enclos.

- Reproduis cet enclos en prenant 1 m pour 1 cm. En supposant que chaque corde mesure 5 m, colorie d'une même couleur chaque zone, suivant le nombre de chèvres qui peut la brouter.
- Même question pour une corde de 7 m.

49 *L'œuf magique*

a. Sur une feuille un peu cartonnée à petits carreaux, construis le puzzle de cet œuf, sachant que le grand cercle a pour diamètre AB = 6 cm et que les deux autres cercles ont le même rayon. Découpe les neuf pièces de ce puzzle.

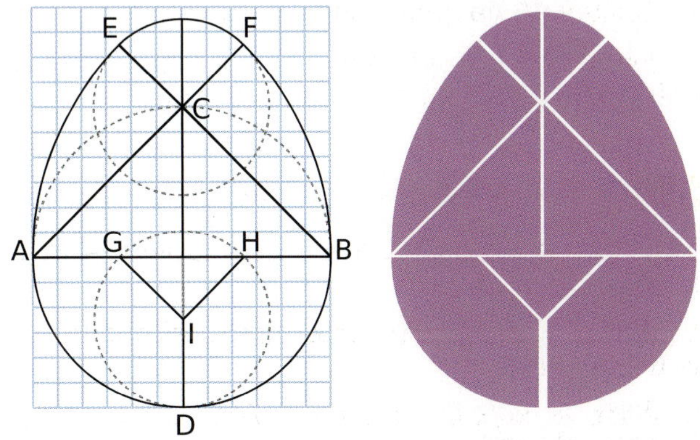

b. En assemblant toutes les pièces de l'œuf et sans les chevaucher, essaie de réaliser les oiseaux dont voici les silhouettes.

50 *Construction d'un limaçon*

a. Trace un cercle de rayon 2 cm.

b. Construis les sommets d'un hexagone régulier, en reportant six fois le rayon à partir d'un point quelconque du cercle.

c. Place un point P à l'intérieur du cercle, distinct de son centre.

d. Construis les cercles ayant pour centre chaque sommet de l'hexagone passant par le point P.

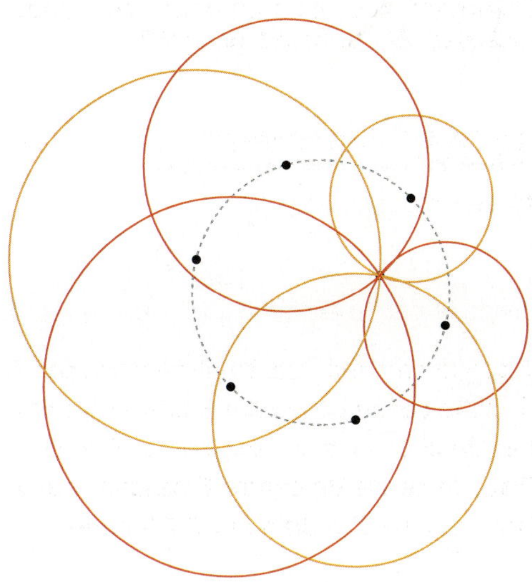

Exercices

Se tester avec le QCM

		R1	R2	R3	R4
1	Sur la figure ci-dessous, 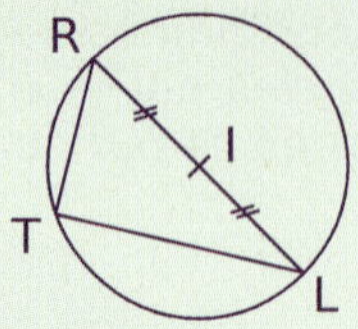 	[RT] est une corde	[RL] est un rayon	[RT] est un rayon	[RL] est un diamètre
2		RI = RT	RI = IL	RI = IT	I est le milieu de [RL]
3	Si CA = CB, alors...	C est le milieu de [AB]	A appartient au cercle de centre C passant par B	C appartient au cercle de centre A passant par B	B appartient au cercle de centre A passant par C
4	Si T est le milieu d'un segment [AD] et que AD = 56 mm, alors...	T, A et D sont alignés et TA = 28 mm	TA = TD	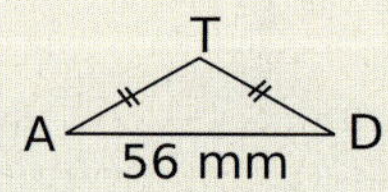 	[AD] est un diamètre du cercle de centre T et de rayon 28 mm
5	Quels points appartiennent au cercle de centre A et de diamètre 58 mm ?	B tel que BA = 58 mm	les points I et J tels que A soit le milieu de [IJ]	D tel que DA = 29 mm	E tel que AE = 34 mm
6	Sur la figure ci-dessous : A, M et B sont alignés et AB = 6,7 cm et AM = 3,4 cm 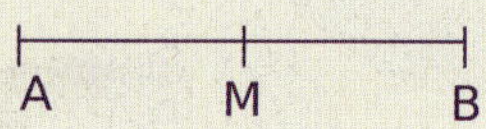 alors...	M est le milieu de [AB]	[AB] est un diamètre du cercle de centre M et passant par A	B appartient au cercle de centre M et de rayon 3,8 cm	[AM] est une corde du cercle de centre A et de rayon 3,8 cm
7	(𝒞) est un cercle de centre R et de rayon 4 cm, et S est un point tel que RS = 5 cm.	S appartient au cercle (𝒞)	S est le centre du cercle (𝒞)	S est à l'intérieur du disque de contour (𝒞)	S est à l'extérieur du disque de contour (𝒞)

! Récréation mathématique

Belle figure

<u>Programme de construction</u>

a. Au centre d'une feuille de papier A4, trace un segment [AB] de longueur 1 cm.

b. Trace le cercle de centre A et de rayon AB.

c. Trace le cercle de centre B et de rayon 2 × AB.

d. Trace le cercle de centre A et de rayon 3 × AB.

e. Trace le cercle de centre B et de rayon 4 × AB.

f. Continue ainsi jusqu'au cercle de centre B et de rayon 10 × AB.

g. Colorie la figure.

h. Refais la figure ci-contre à l'aide d'un logiciel de géométrie dynamique.

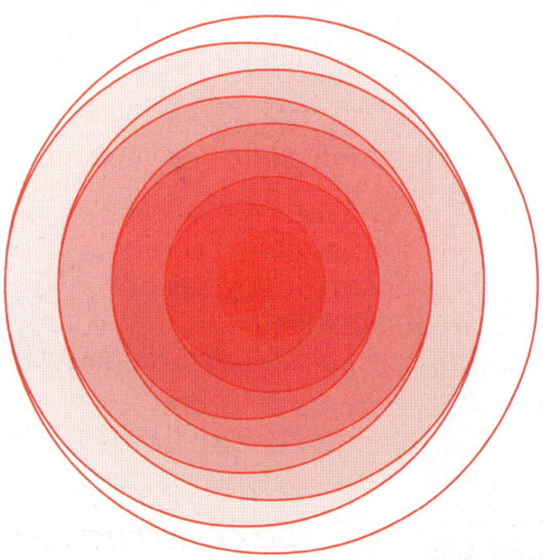

G2 Position relative de droites, repérage

- Position de droites
- Programmes de construction
- Constructions
- Médiatrice d'un segment
- Repérage et déplacements
- Initiation à la programmation avec Scratch

Activités

1 Position relative de deux droites

Cours : 3

On a demandé à dix élèves de la classe de tracer deux droites et on a obtenu ceci :

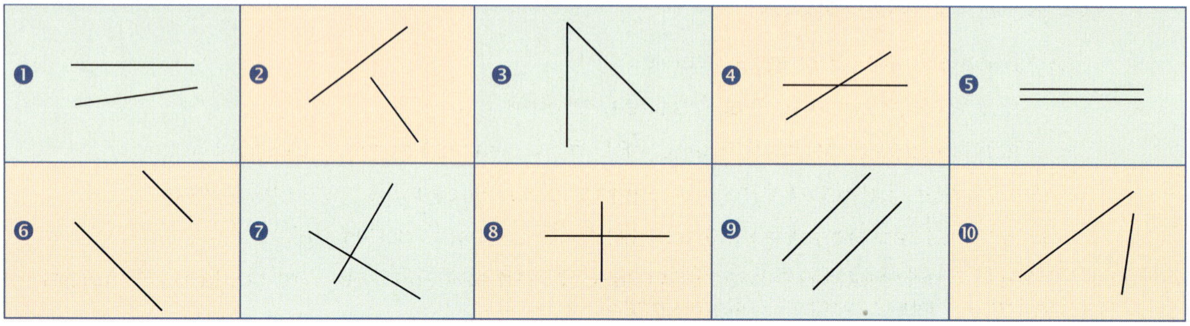

a Classe ces dessins dans un tableau en les groupant par catégorie.

b Sur une feuille blanche, construis un dessin correspondant à chacune des catégories, puis découpe-les. Échange ces dessins avec ton voisin et placez-les dans vos tableaux respectifs.

2 Radio-guidage

Cours : 3

Alice a placé un trésor dans un coffre à trois serrures. Elle a caché chaque clé dans une maison différente.

À l'aide des informations suivantes, détermine dans quelle maison se trouve chaque clé.

- La première clé se trouve dans la maison qui est à la fois sur la parallèle à la 4th Street, passant par la maison C, et sur la parallèle à la 18th Avenue, passant par la maison E.
- La deuxième clé se trouve dans la maison qui est à la fois sur la perpendiculaire à la 5th Street, passant par la maison F, et sur la perpendiculaire à la 19th Avenue, passant par la maison H.
- La troisième clé se trouve dans la maison qui est sur la perpendiculaire à la 20th Avenue, passant par la maison C, et sur la parallèle à la 20th Avenue, passant par la maison K.

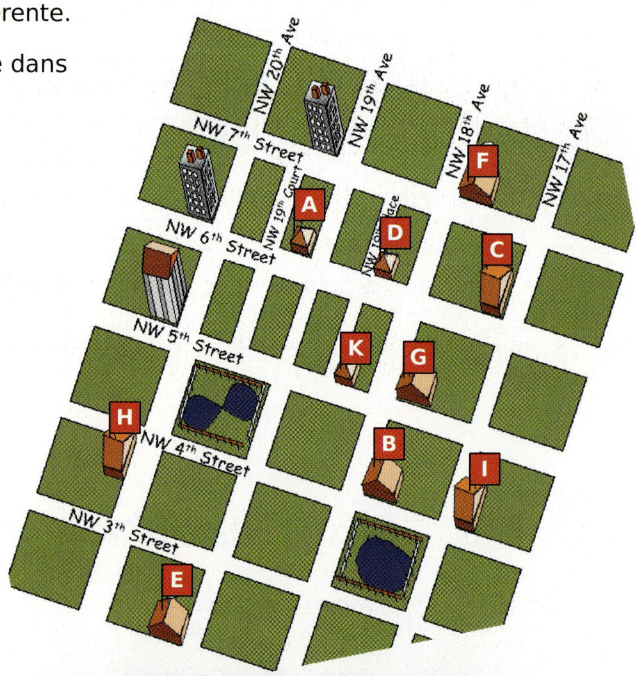

3 Découverte de la médiatrice

Cours : 4

Géométrie Dynamique

a Effectue la construction suivante.

- Place deux points A et B puis trace le segment [AB].
- Trace la médiatrice du segment [AB] en utilisant le bouton correspondant.
- Déplace les points A et B. Que remarques-tu concernant cette médiatrice ?
- Vérifie tes remarques en utilisant les fonctionnalités du logiciel.
- Trace un segment [CD] puis construis sa médiatrice, à l'aide des boutons du logiciel, sans utiliser le bouton « *Médiatrice* ».

b Propose une définition pour la médiatrice d'un segment.

4 Distance d'un point à une droite

Cours : 5

Géométrie Dynamique

a Effectue la construction suivante.

- Place un point A.
- Construis une droite (BC) ne contenant pas le point A.
- Construis la droite perpendiculaire à (BC) passant par A. Elle coupe (BC) en H. Trace le segment [AH].
- Place un point D sur (BC). Trace le segment [AD].
- Affiche les longueurs AD et AH.
- Déplace le point D et compare les distances AD et AH.

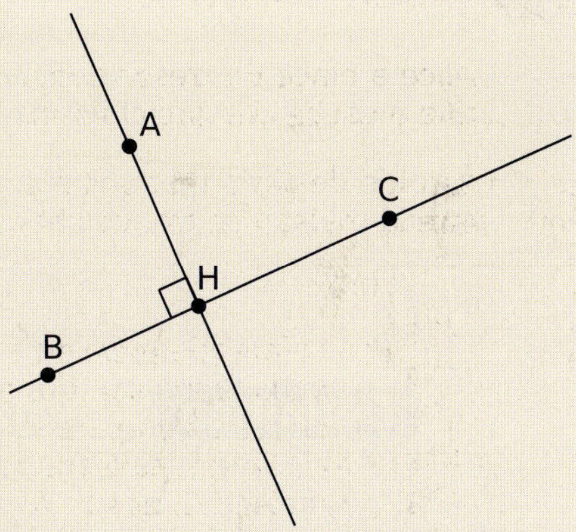

b Parmi tous les points de la droite (BC), quel est le plus proche du point A ? Conclus.

5 Distance entre deux droites parallèles

Cours : 4

Géométrie Dynamique

- Construis deux droites parallèles.
- Demande au logiciel d'afficher la distance entre ces deux droites.

Comment est mesurée cette distance ?

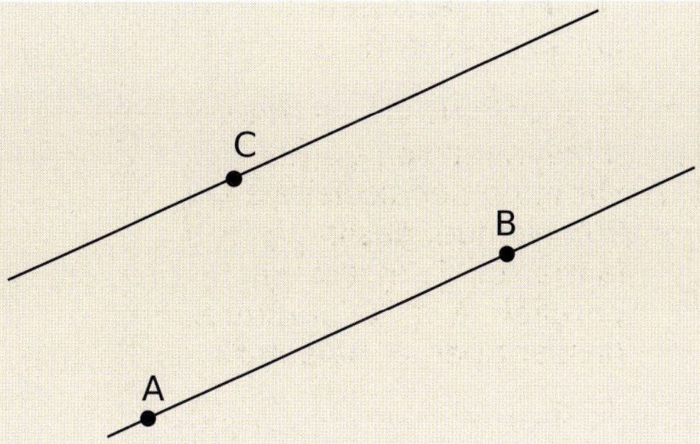

1 Droites perpendiculaires

Définition Deux droites sont **perpendiculaires** si elles sont sécantes en formant un angle droit.

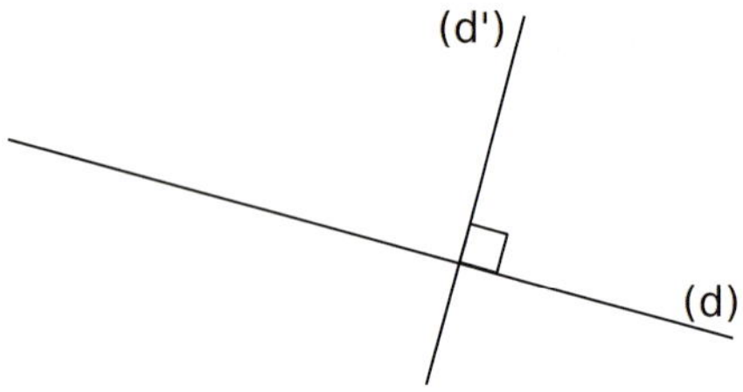

Exemple 1 :
Les droites (d) et (d') sont **perpendiculaires**.
On note (d) $\perp$ (d').

Exemple 2 :
Construis la droite (d') perpendiculaire à la droite (d) passant par le point M.

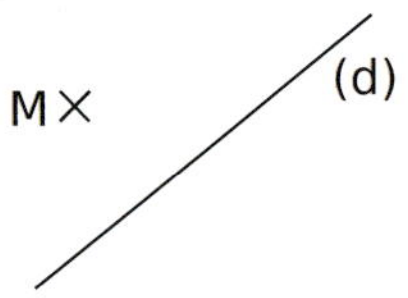

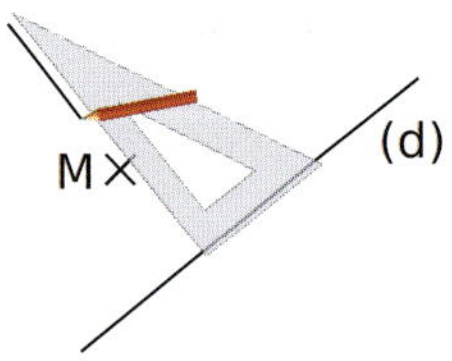

On place l'un des côtés de l'angle droit de l'équerre sur la droite (d), et l'autre côté sur le point M. On trace la droite le long du côté de l'équerre.

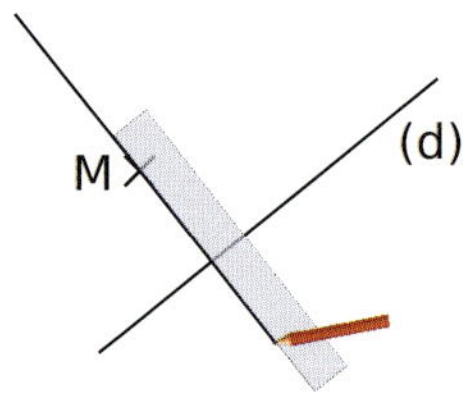

On prolonge la droite à l'aide de la règle.

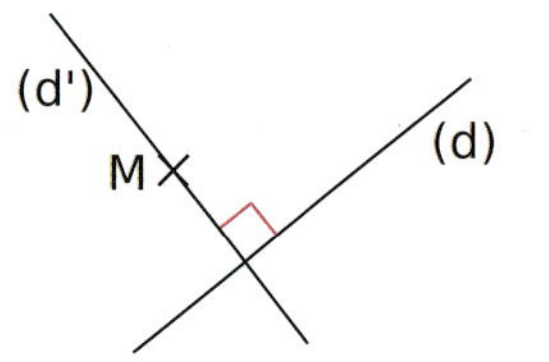

On nomme la droite (d') et on code l'**angle droit**.

2 Droites parallèles

Définition Deux droites sont **parallèles** si elles ne sont pas sécantes.

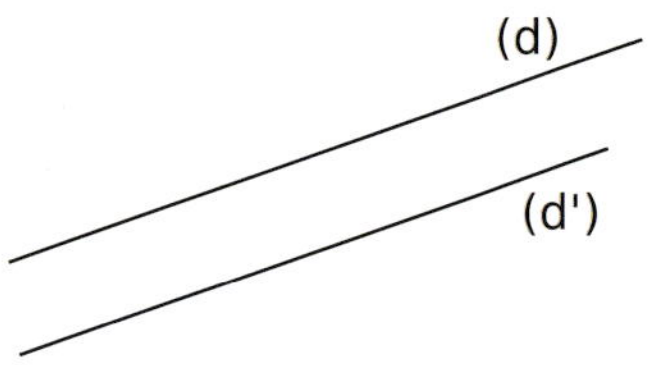

Remarque : Deux droites parallèles sont soient confondues, soit n'ont aucun point commun.

Exemple 1 :
Les droites (d) et (d') sont **parallèles**. On note (d) // (d').

Exemple 2 :
Construis la droite (d'') parallèle à la droite (d) passant par le point N.

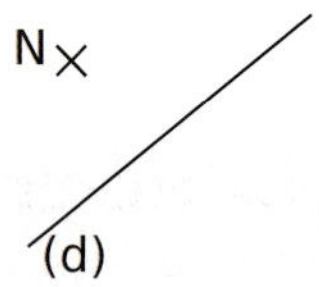

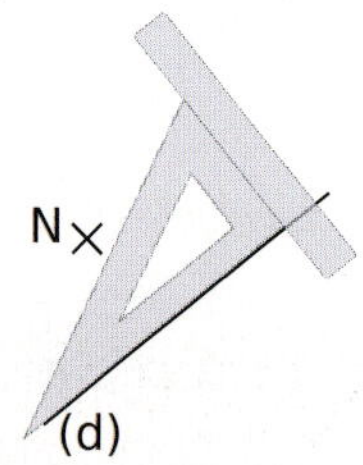

On place un côté de l'angle droit de l'équerre sur la droite (d), et la règle sur l'autre côté de l'angle droit.

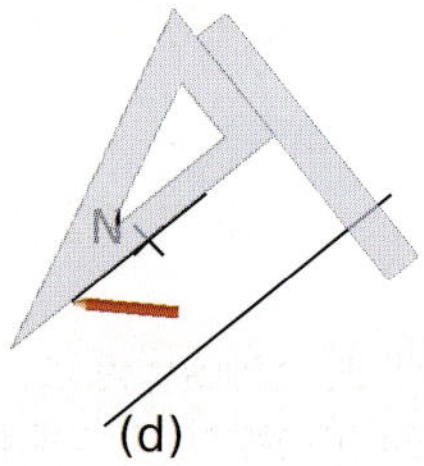

L'équerre coulisse le long de la règle, jusqu'au point N, sans bouger la règle. On trace la droite le long du côté de l'équerre.

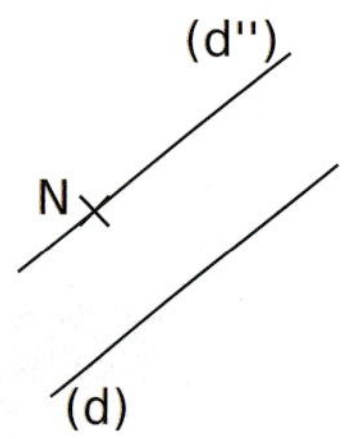

On nomme la droite (d'').

3 Position relative de deux droites

Propriété 1

Deux droites sont :

- soit sécantes ;
- soit parallèles.

Propriété 2

Deux droites sécantes sont :

- soit perpendiculaires ;
- soit non perpendiculaires.

Remarque : On peut résumer ceci dans un organigramme.

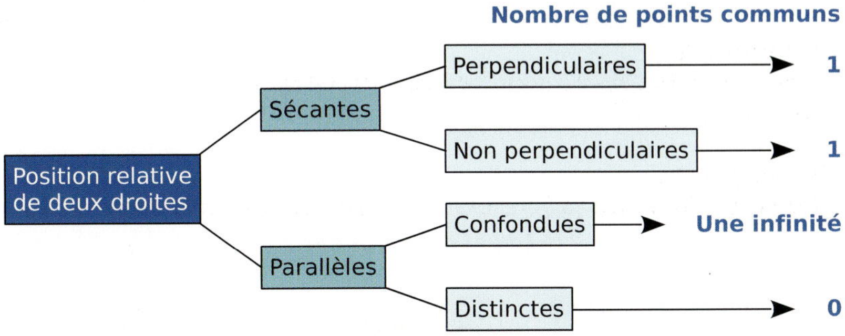

4 Médiatrice d'un segment

Définition La **médiatrice d'un segment** est la droite perpendiculaire à ce segment en son milieu.

Exemple :
Construis la médiatrice du segment [OS].

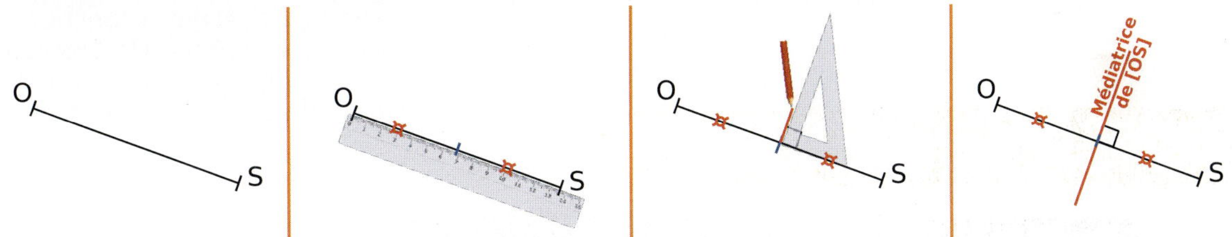

On place le **milieu du segment [OS]** et on code **les longueurs égales**.

On trace la droite perpendiculaire au segment [OS] qui passe par son milieu.

On prolonge cette droite à l'aide de la règle.
On code l'angle droit.

5 Distance et droites

A Distance d'un point à une droite

Définition La distance d'un point à une droite est la plus courte distance entre ce point et un point quelconque de la droite.

Règle Soit une droite (d) et un point A n'appartenant pas à (d).
La **distance du point A à la droite (d)** est la longueur AH, où H désigne le pied de la perpendiculaire à (d) passant par A.

Exemple :
Soit (d) une droite et A un point n'appartenant pas à (d). Mesure la distance du point A à la droite (d).

①

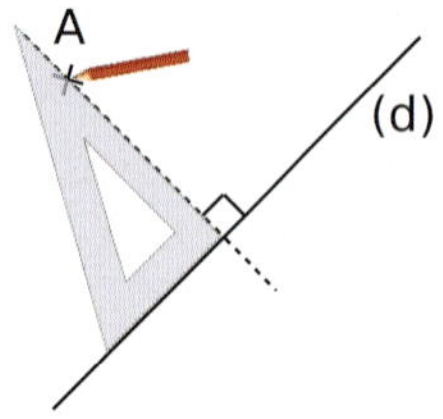

②

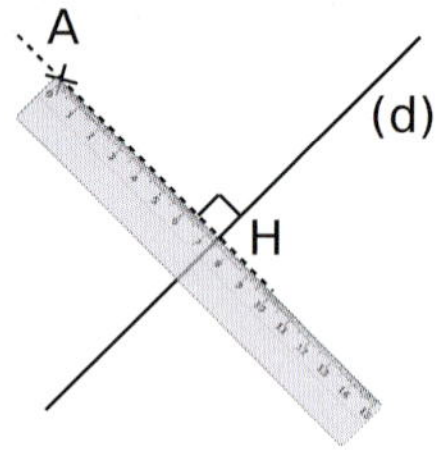

①
On trace la droite perpendiculaire à (d) qui passe par le point A.

②
On mesure la longueur AH, où H est le pied de la perpendiculaire à (d).

B Points équidistants d'une droite

Définition L'ensemble des **points situés à une même distance d'une droite (d)** est constitué de deux droites parallèles à (d), situées de part et d'autre de (d).

Exemple : Soit (d) une droite. Construis l'ensemble des points situés à 3 cm de cette droite.

①

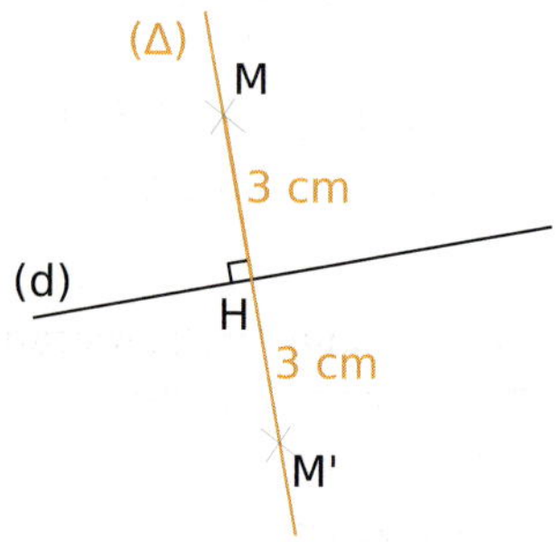

②

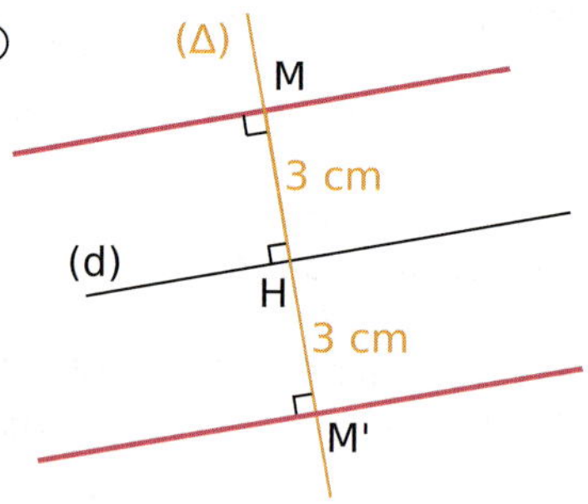

① On trace une perpendiculaire (Δ) à (d). Elle coupe (d) en H. On place un point M sur (Δ), tel que MH = 3 cm, et un point M' sur (Δ), de l'autre côté de (d), tel que M'H = 3 cm.

② On trace les parallèles à (d) qui passent respectivement par M et par M'. L'ensemble recherché est constitué des deux droites roses.

C Distance entre deux droites parallèles

Définition La distance entre deux droites parallèles est la plus courte distance entre deux points de ces deux droites.

Remarque : Cette distance est constante. Elle ne dépend pas des points choisis.

Règle Soient (d) et (d') deux droites parallèles. Soit un point A sur (d). La distance entre (d) et (d') est la longueur AB, où B est le point d'intersection de cette perpendiculaire et de (d').

Exemple : Soient (d) et (d') deux droites parallèles. Quelle est la distance entre ces deux droites ?

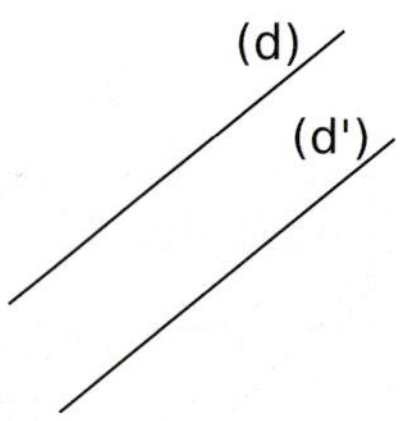

On place un point A sur (d).

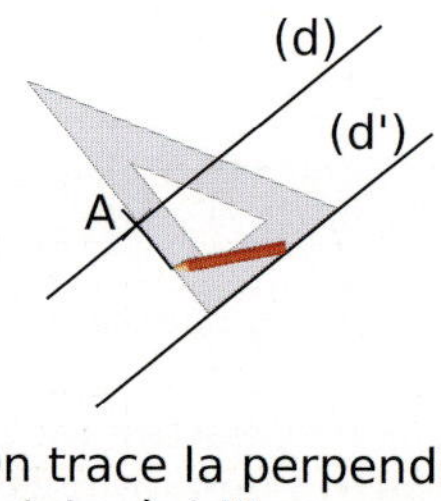

On trace la perpendiculaire à (d') passant par A.

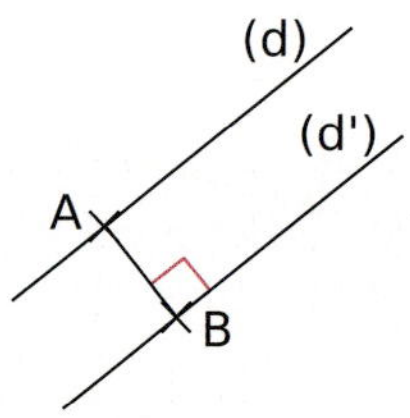

Elle coupe (d') en B.

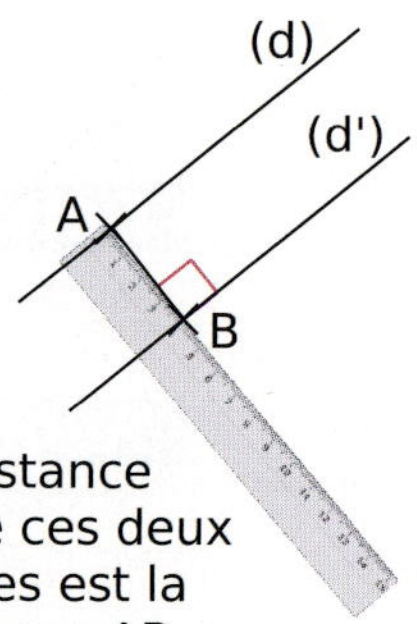

La distance entre ces deux droites est la longueur AB.

Exercices « À toi de jouer ! »

1 Recopie et complète les phrases avec les mots : « parallèles », « perpendiculaires » ou « sécantes et non perpendiculaires ».

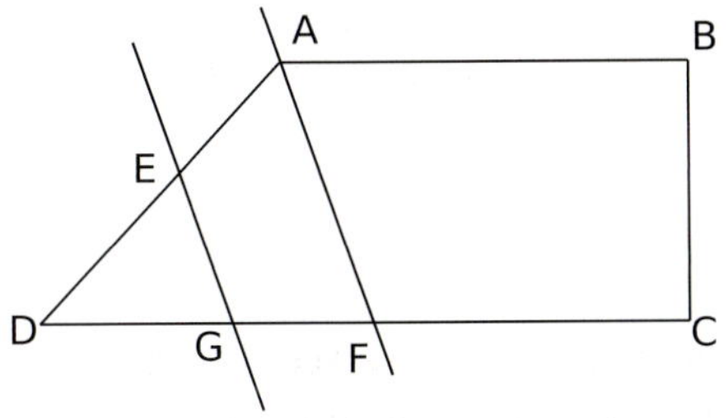

a. Les droites (AB) et (AD) semblent ... .

b. Les droites (AB) et (BC) semblent ... .

c. Les droites (GE) et (FA) semblent ... .

d. Les droites (AB) et (CF) semblent ... .

e. Les droites (BC) et (GE) semblent ... .

2 Écris trois phrases avec les mots « parallèle » et « perpendiculaire », comme dans l'exemple ci-dessous :

« *La droite (d_2) est la droite perpendiculaire à la droite (d_3) passant par le point B.* »

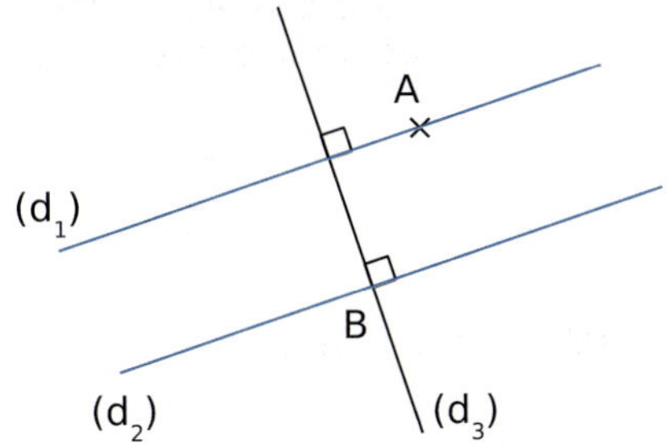

3 Sur une feuille quadrillée, trace la droite (d_1) perpendiculaire à la droite (d) passant par le point P, puis la droite (d_2) parallèle à la droite (d') passant par le point P.

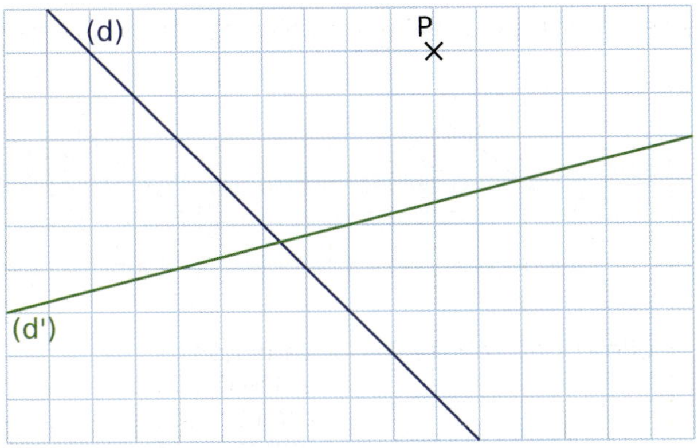

4 Sur du papier blanc (sans quadrillage), reproduis une figure analogue à celle-ci.

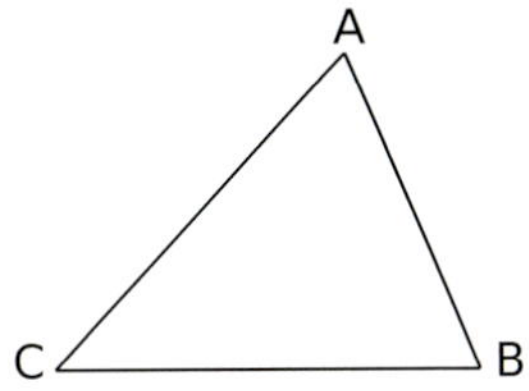

a. Trace la droite (d) parallèle à la droite (AB) passant par le point C.

b. Trace la droite (d') perpendiculaire à la droite (AC) passant par le point B.

5 Après avoir tracé chaque segment ci-dessous, trace leur médiatrice.

a. Le segment [RT] de longueur 4,8 cm.

b. Le segment [UV] de longueur 5,6 cm.

6 Construis un triangle OMN, rectangle en O, tel que OM = 4 cm et ON = 5,5 cm.
Quelle est la distance...

a. du point M à la droite (ON) ?

b. du point N à la droite (OM) ?

7 Soit (Δ) une droite. Construis en rouge l'ensemble des points situés à 3,5 cm de (Δ).

8 Soit (Δ) une droite. Colorie en bleu l'ensemble des points situés à moins de 2 cm de (Δ).

9 Quelle est la distance entre les droites (d_1) et (d_2) ? Puis entre les droites (d_3) et (d_4) ?

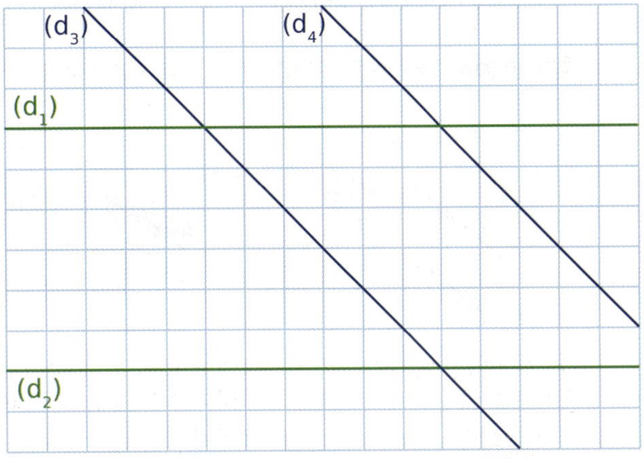

Position de droites

10 *Couples de droites*

a. Reproduis le tableau ci-dessous.

Parallèles	Sécantes non perpendiculaires	Perpendiculaires

b. À vue d'œil, classe deux couples de droites dans chaque colonne du tableau.

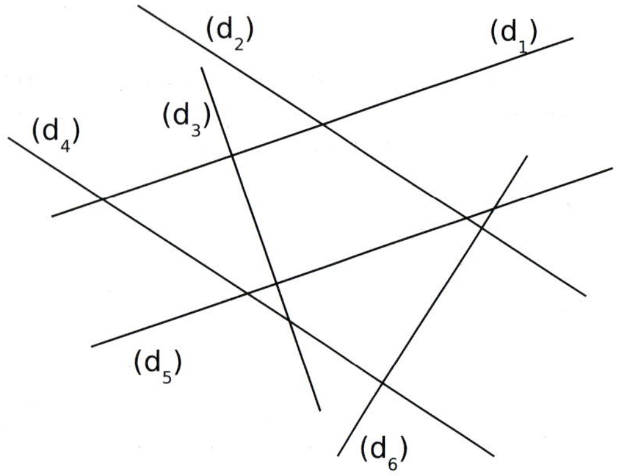

11

En utilisant le quadrillage, nomme les droites parallèles et celles perpendiculaires.

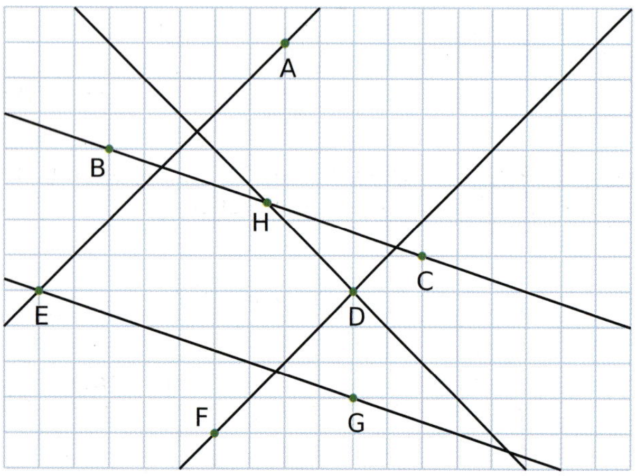

12 *Avec le codage*

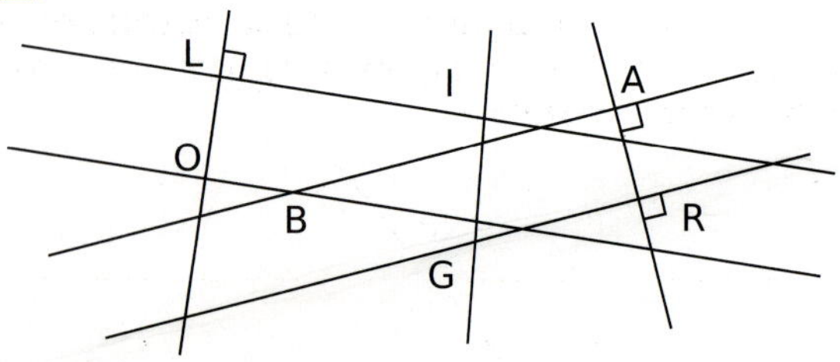

a. Quelles droites sont à coup sûr perpendiculaires ?

b. Quelle semble être la position relative des droites (BA) et (GR) ?

13 Vrai ou Faux

Justifie ta réponse.

P.1. Trois droites sécantes sont concourantes.

P.2. Deux droites non parallèles sont sécantes.

P.3. Deux droites peuvent avoir exactement trois points communs.

P.4. Deux droites non perpendiculaires sont sécantes.

14 *Dans un quadrillage*

a. Reproduis la figure ci-dessous, en respectant le quadrillage.

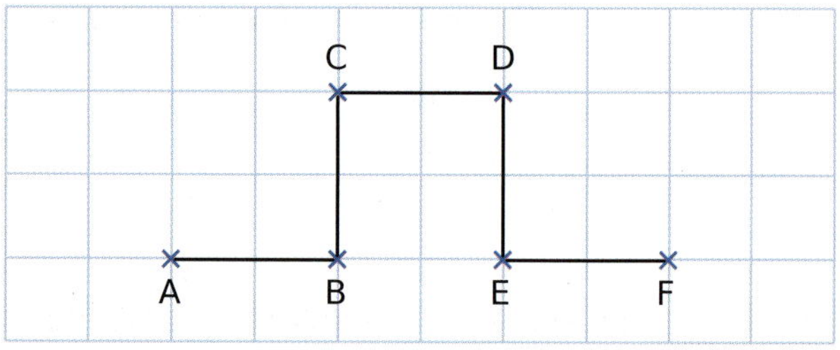

b. Recopie et complète ce tableau avec les symboles // et ⊥.

(AB) ... (BC)	(BC) ... (DE)	(EF) ... (CD)
(AB) ... (DE)	(BD) ... (DF)	(DF) ... (CE)

15

Recopie et complète les phrases suivantes.

a. (d_5) est ... droite ... à la droite (d_1) passant par le point ... ;

b. (d_4) est la droite ... à la droite (d_2) en ... ;

c. (d_3) est ... droite ... à la droite (d_4).

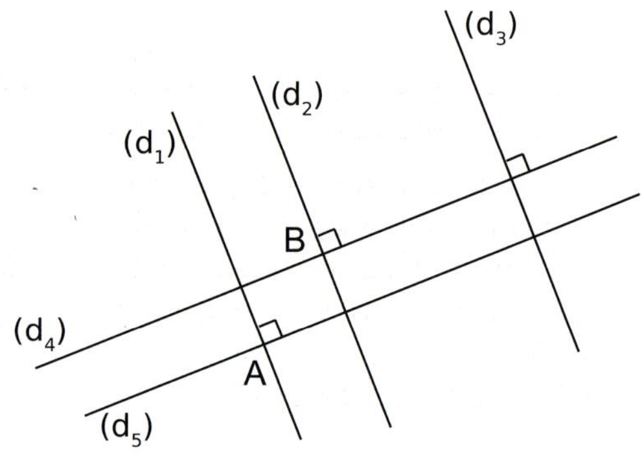

16

En observant la figure de l'exercice **12**, réponds aux questions suivantes.

a. Quelle droite perpendiculaire à la droite (GR) passe par le point A ?

b. Quelle droite perpendiculaire à la droite (AR) passe par le point B ?

c. Quelle droite perpendiculaire à la droite (LO) passe par le point I ?

Programmes de construction

17 Voici les trois étapes d'une construction.

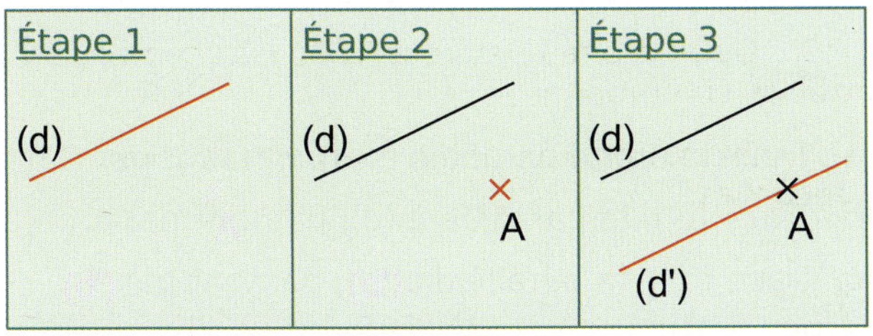

Pour chacune des trois phrases suivantes, indique à quelle étape elle correspond.

Phrase A : Place un point A n'appartenant pas à la droite (d).

Phrase B : Trace une droite (d).

Phrase C : Trace la droite (d'), parallèle à la droite (d), passant par le point A.

18 Voici les quatre étapes d'une construction.

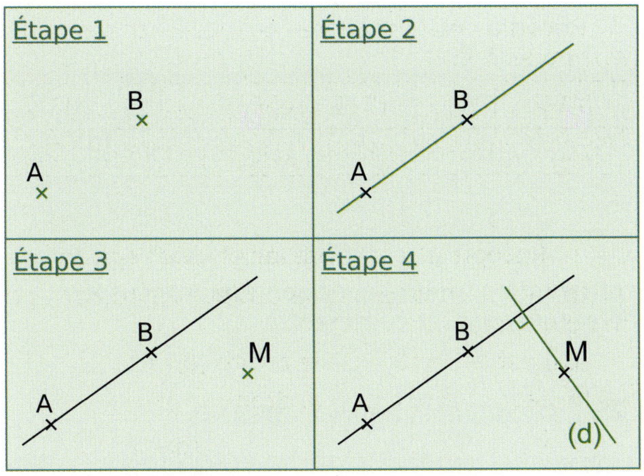

Pour chacune des quatre phrases suivantes, indique à quelle étape elle correspond.

Phrase A : Trace la droite (d), perpendiculaire à la droite (AB), passant par le point M.

Phrase B : Place deux points distincts A et B.

Phrase C : Place un point M n'appartenant pas à la droite (AB).

Phrase D : Trace la droite (AB).

19 On a écrit le programme de construction permettant de construire cette figure.

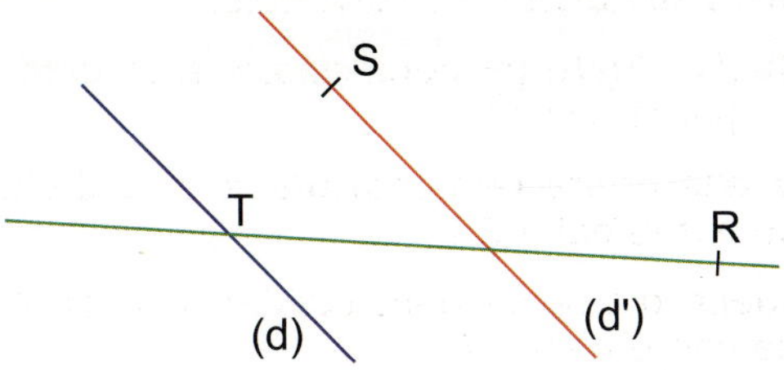

Malheureusement, les cinq étapes du texte sont dans le désordre. Récris, dans l'ordre, le programme de construction.

Étape 1 : Trace la droite (d'), parallèle à la droite (d), passant par le point S.

Étape 2 : Trace une droite (d), sécante en T à la droite (TR).

Étape 3 : Trace la droite (TR).

Étape 4 : Place deux points distincts T et R.

Étape 5 : Place un point S n'appartenant pas à la droite (d).

20 Pour chaque étape de la bande dessinée ci-dessous, écris la consigne qui a été donnée. (On ne tient pas compte des mesures.)

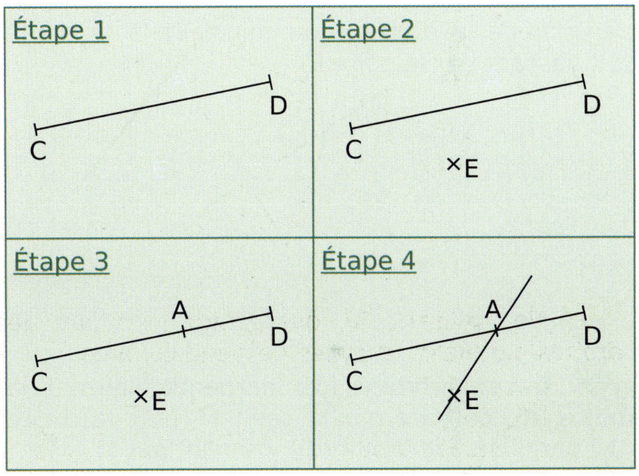

21 Écris un programme de construction qui permet d'obtenir la figure suivante.

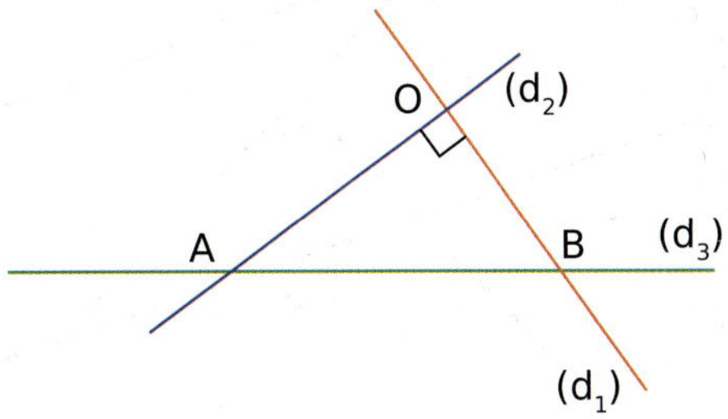

22 Écris un programme de construction qui permet d'obtenir la figure suivante (les droites vertes sont parallèles).

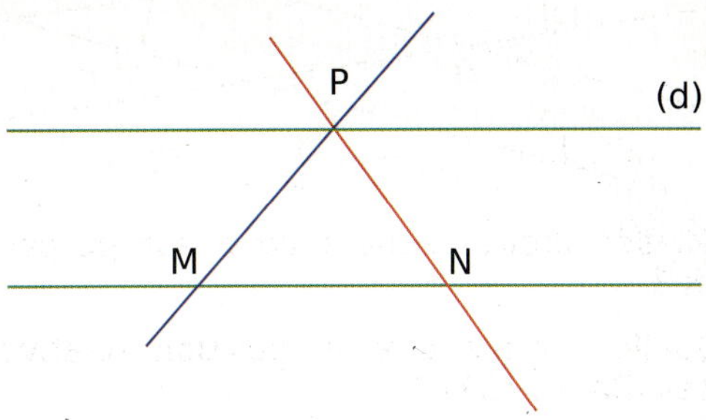

Constructions

Pour les exercices **23** à **25**, reproduis la figure sur une feuille quadrillée, puis effectue les tracés demandés à la règle.

23 Trace la droite parallèle à la droite (d), passant par le point A.

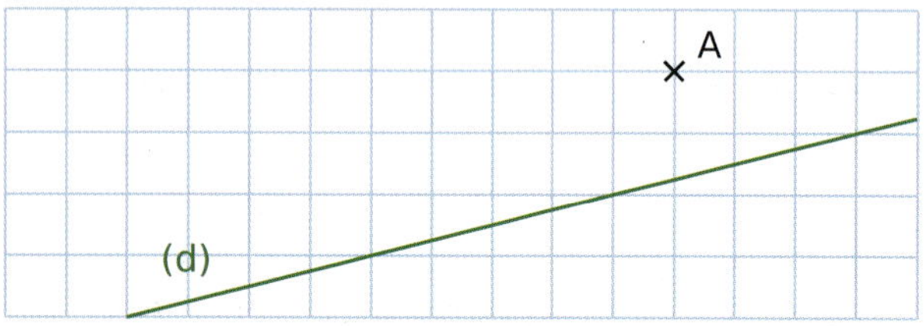

24 Trace la droite perpendiculaire à la droite (d), passant par le point B.

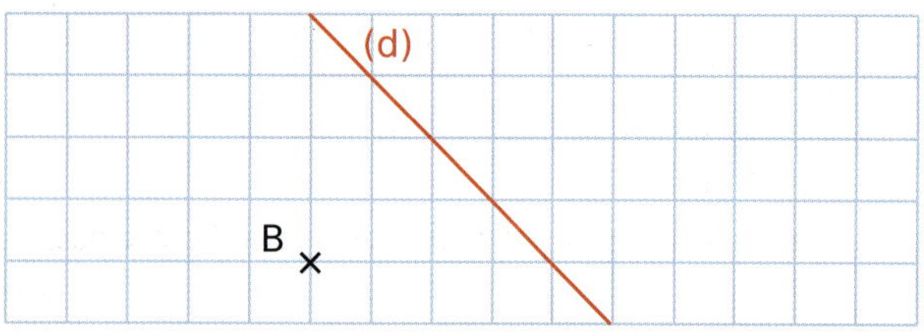

25 Trace la droite (d_1) perpendiculaire à la droite (d), passant par le point M, puis la droite (d_2) parallèle à la droite (d'), passant par M.

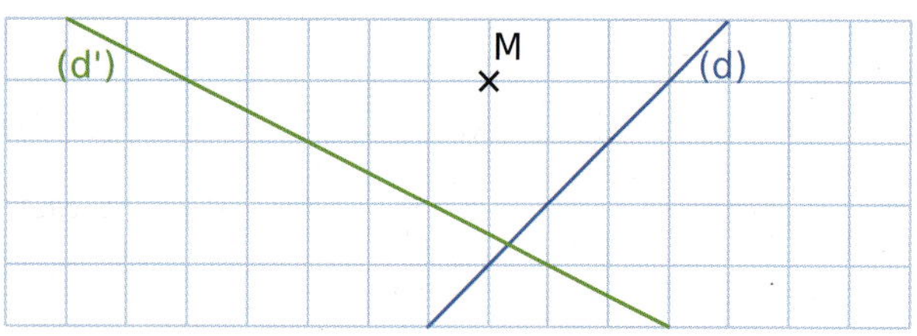

26 Reproduis sur une feuille blanche deux figures analogues à celles ci-dessous.

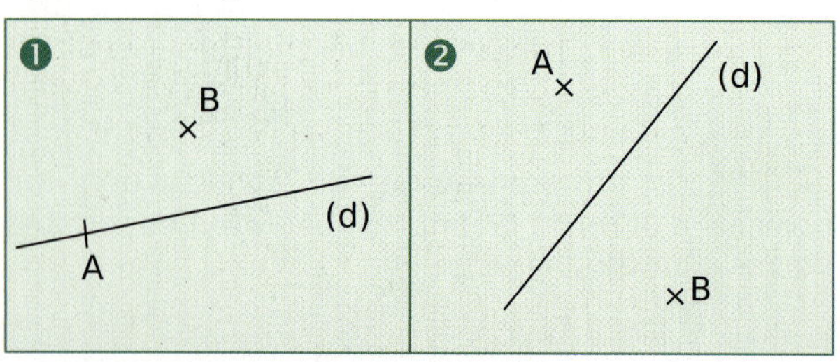

a. Pour chacune des figures, trace...

- la droite (d'), perpendiculaire à (d), passant par B ;
- la droite (d''), perpendiculaire à (d), passant par A.

b. Que peux-tu dire des droites (d') et (d'') ?

27 Sur du papier blanc (sans quadrillage), reproduis une figure analogue à celle ci-dessous.

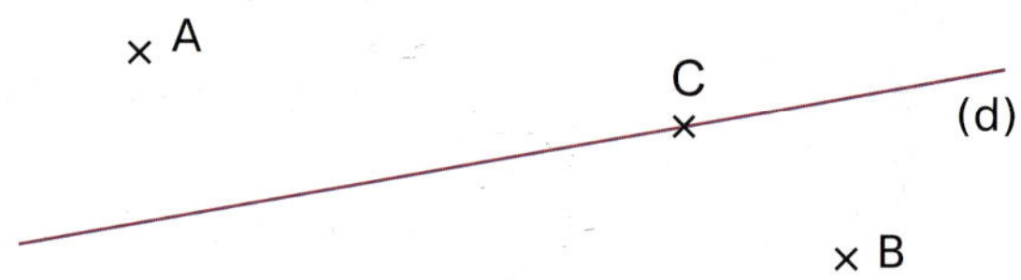

a. Trace la droite parallèle à (d), passant par C.

b. Trace (d'), la parallèle à (d), passant par A.

c. Trace (d''), la parallèle à (d), passant par B.

d. Que peux-tu dire des droites (d') et (d'') ?

28 Lucie a cassé son équerre.

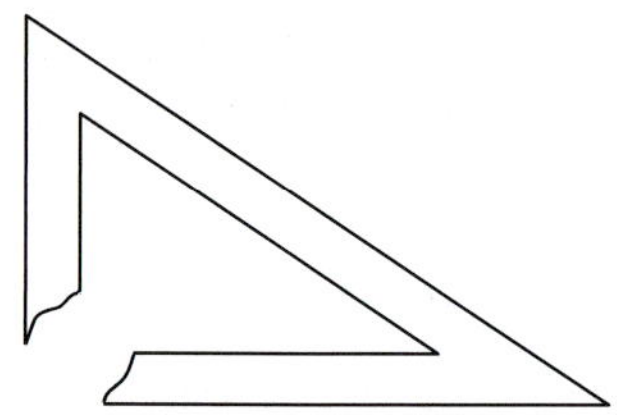

Elle doit tracer la droite perpendiculaire à la droite (d), passant par le point A.

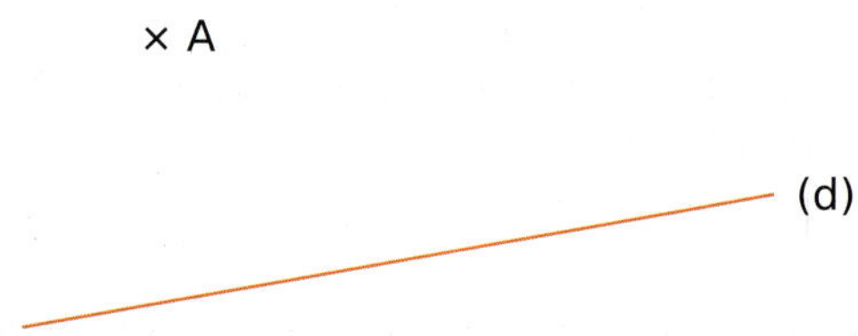

Son amie Sara lui dit qu'elle peut faire cette construction, même avec son équerre cassée. Peux-tu expliquer comment ?

29 Décalque la figure ci-dessous.

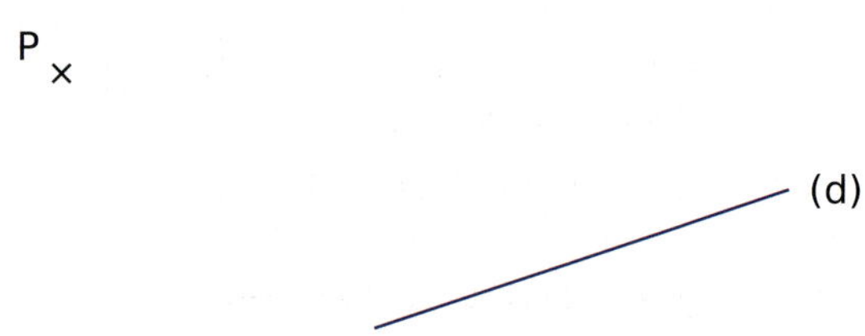

a. Construis la perpendiculaire à la droite (d), passant par le point P. Que vaut-il mieux faire avant d'utiliser l'équerre ?

b. Est-il possible d'effectuer cette construction en utilisant l'équerre en premier ?

30 Géométrie Dynamique

a. Place trois points distincts non alignés A, B et C, puis trace la droite (AB).

b. Trace la droite parallèle à la droite (AB), passant par le point C.

31 ***Parallèle et perpendiculaire***

a. Place trois points, R, S et T, distincts et non alignés.

b. Trace la droite (d), parallèle à la droite (ST), passant par le point R.

c. Trace la droite (d'), perpendiculaire à la droite (RT), passant par le point S.

32 ***Position relative***

a. Trace une droite (d) et place un point A n'appartenant pas à cette droite.

b. Trace (d'), parallèle à (d), passant A.

c. Trace une droite (d''), perpendiculaire à (d).

d. Que peux-tu dire des droites (d') et (d'') ?

33 ***CHAT alors !***

a. Place deux points distincts, C et H, puis trace la droite (CH).

b. Trace les droites (d) et (d'), perpendiculaires à la droite (CH), respectivement en C et en H.

c. Place un point A, appartenant à la droite (d'), distinct du point H.

d. Trace la droite (d''), parallèle à la droite (CH), passant par le point A.

e. Nomme T le point d'intersection des droites (d) et (d'').

f. Que peux-tu dire du quadrilatère CHAT ?

34 **Géométrie Dynamique**

a. Construis un triangle ABC.

b. Trace en bleu la droite perpendiculaire à la droite (AB), passant par le point C.

c. Trace en rouge la droite perpendiculaire à la droite (BC), passant par le point A.

d. Nomme H le point d'intersection des droites bleu et rouge.

e. Trace la droite (BH).

f. Déplace les points A, B et C.
Comment semble être la droite (BH) ?
Vérifie ton hypothèse à l'aide d'une fonction du logiciel.

35 **Géométrie Dynamique**

a. Place trois points L, I et N, distincts et non alignés.

b. Trace en vert la parallèle à (LI) passant par N.

c. Trace en orange la parallèle à (LN) passant par I.

d. Place O à l'intersection des droites verte et orange.

e. Quelle est la nature du quadrilatère LION ?

36 ***Avec des symboles***

a. Place deux points A et B tels que AB = 8 cm.

b. Place le point L sur [AB] tel que AL = 3 cm.

c. Trace la droite (d) telle que :
L ∈ (d) et (AB) ⊥ (d).

d. Place un point C tel que :
C ∈ (d) et LC = 2 cm.

e. Trace la droite (d') telle que :
(d') // (AB) et C ∈ (d').

f. Sur la demi-droite [BC), place le point I tel que BI = 7 cm.

g. Trace la droite (d'') telle que :
I ∈ (d'') et (d'') // (AC).

37 Construis cette figure en vraie grandeur.

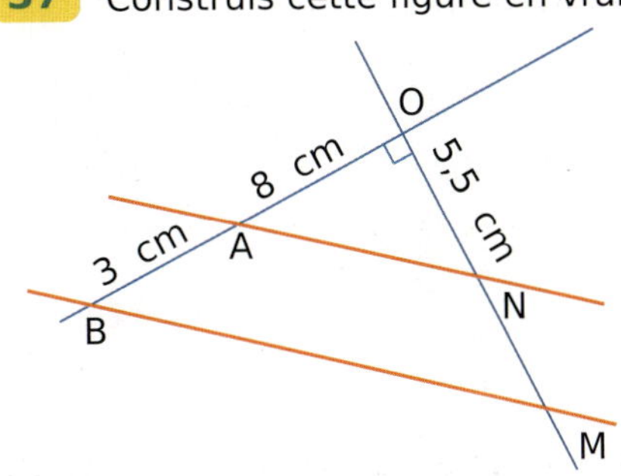

(BM) // (AN)

38 À partir d'un carré de 10 cm de côté et sur une feuille blanche, construis cette figure, constituée de petits carrés, en vraie grandeur.

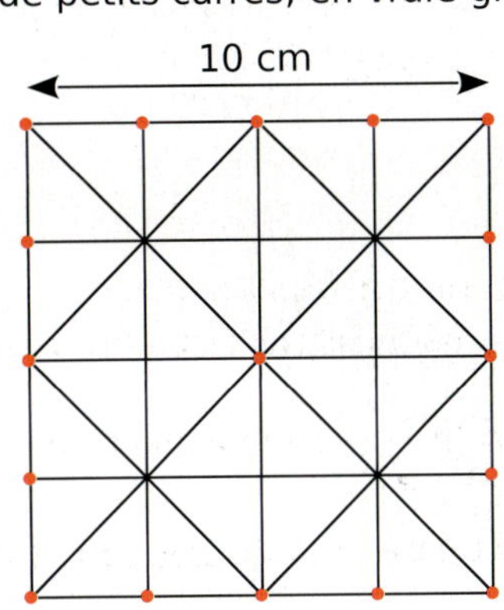

Médiatrice d'un segment

39 Pour quelle(s) figure(s) peux-tu être certain que la droite (d) est la médiatrice du segment [AB] ? Pourquoi ?

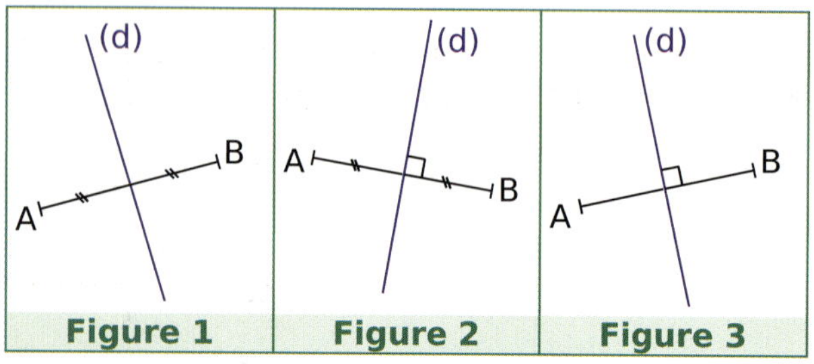

40 Géométrie Dynamique

a. Place deux points distincts A et B, puis trace le segment [AB]. Utilise le bouton *Médiatrice* pour tracer la médiatrice du segment [AB].

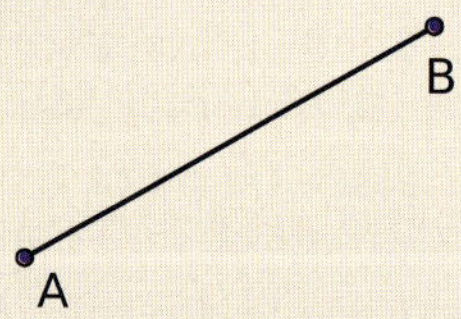

b. Place deux points distincts C et D, puis trace le segment [CD]. Sans utiliser le bouton *Médiatrice*, trace la médiatrice du segment [CD]. Explique comment tu procèdes.

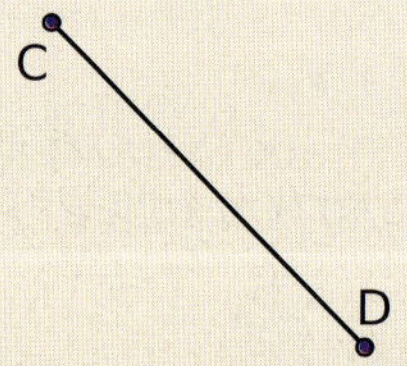

41 Reproduis cette figure dans un quadrillage, puis trace la médiatrice de chaque segment.

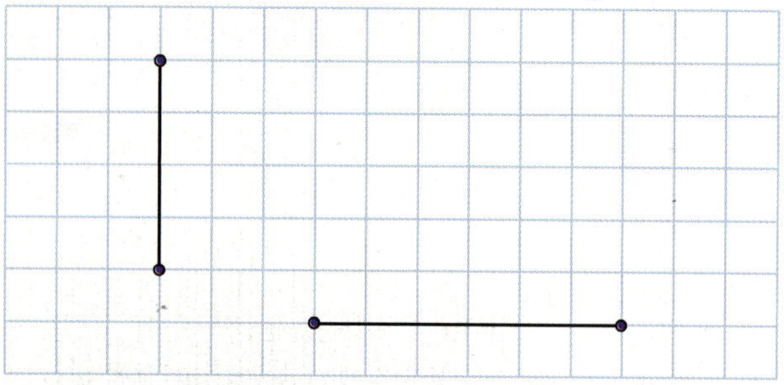

42 Même consigne qu'à l'exercice précédent.

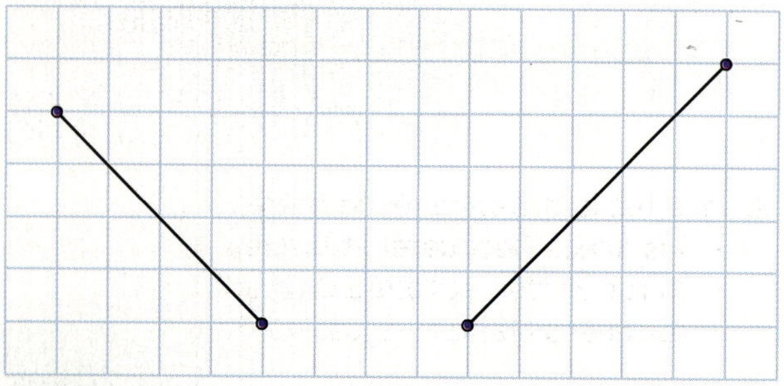

43 Dans chaque cas, trace le segment de longueur donnée, puis trace sa médiatrice.

a. AB = 4 cm
b. CD = 7 cm
c. EF = 6,4 cm
d. GH = 5,6 cm

44 ***Points alignés***

a. Trace un segment [AB] de longueur 7 cm.

b. Place le point C de la demi-droite [BA), situé à 12 cm du point B.

c. Trace la médiatrice (m_1) du segment [AC], et la médiatrice (m_2) du segment [AB].

d. Que remarques-tu ?

45 Géométrie Dynamique

a. Construis un triangle ABC.

b. Construis les médiatrices des segments [AB] et [CB]. On appelle O leur point d'intersection.

c. Trace la droite (d), perpendiculaire à (CA), passant par le point O. Que peux-tu en dire ?

d. Trace le cercle de centre O passant par A. Que constates-tu ?

46 Quelle figure ci-dessous correspond au programme de construction suivant ?
Justifie ta réponse.

- Construis un triangle ABC, rectangle en A.
- Trace (d_1), la parallèle à (BC), passant par A.
- Trace (d_2), la médiatrice du segment [AB].
- Place D, le point d'intersection des droites (d_1) et (d_2).

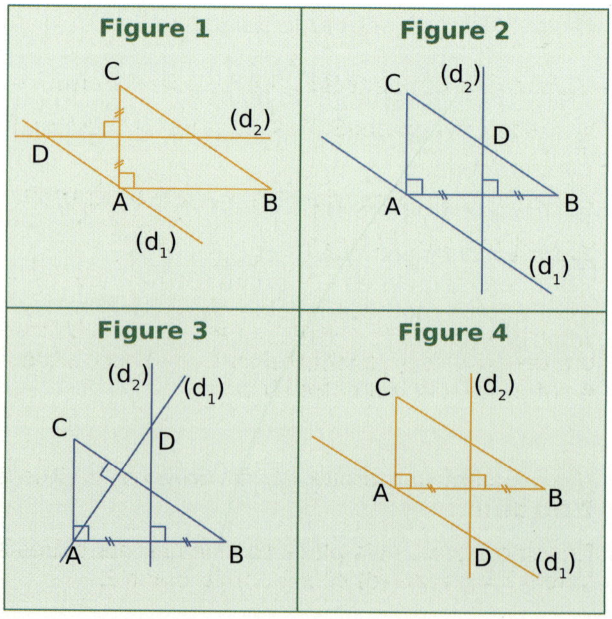

47 Observe, recopie et complète.

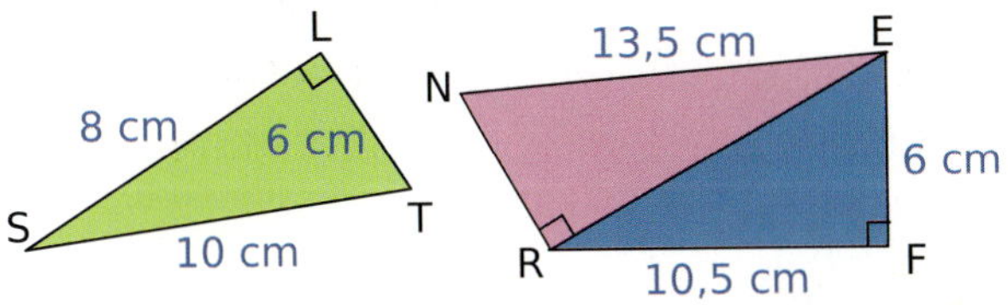

a. La distance du point S à la droite (LT) est … .

b. La distance du point T à la droite … est 6 cm.

c. Le point … est situé à 10,5 cm de la droite … .

d. Le point … est situé à … de la droite (RF).

e. La distance du point E à la droite (NR) est comprise entre … et … .

48 ***Aïe, aïe, aïe…***

a. Sur ton cahier, trace deux droites (m) et (d) ainsi qu'un point P, comme sur le dessin.

b. Jean, debout sur la digue, veut aller se baigner mais il doit d'abord passer par le parasol (au point P) pour prévenir ses parents. Représente, sur ton schéma, le trajet que Jean doit emprunter afin de marcher le moins longtemps sur le sable rendu brulant par les rayons du Soleil.

49 ***Aires de triangles***

a. Trace un segment [MN] de longueur 7 cm.

b. Place trois points S, T et U, situés à 5 cm de la droite (MN).

c. Calcule l'aire des triangles SMN, TMN et UMN.

d. Que remarques-tu ?

50 Un point M étant donné, construis trois droites (d_1), (d_2) et (d_3), telles que M soit situé à 4 cm de chacune d'entre elles.

51 Soient une droite (d), et un point E situé à 2 cm de (d).

Fais une figure, puis place tous les points situés à la fois à 4 cm de (d) et à 3 cm du point E.

52 Soient une droite (d), et un point T appartenant à la droite (d).

Fais une figure, puis colorie en bleu la région du plan contenant les points situés à la fois à plus de 2 cm de (d) et à moins de 3 cm de T.

53 Quelle est la distance entre les droites (d_1) et (d_2) ? Puis entre les droites (d_3) et (d_4) ?

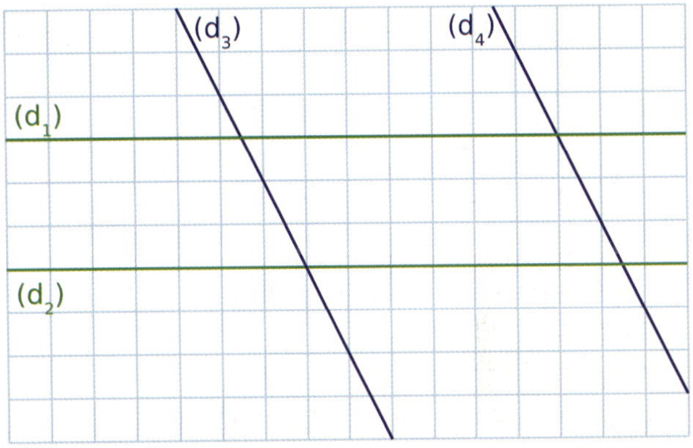

54 Voici le plan du Jardin des Plantes à Paris.

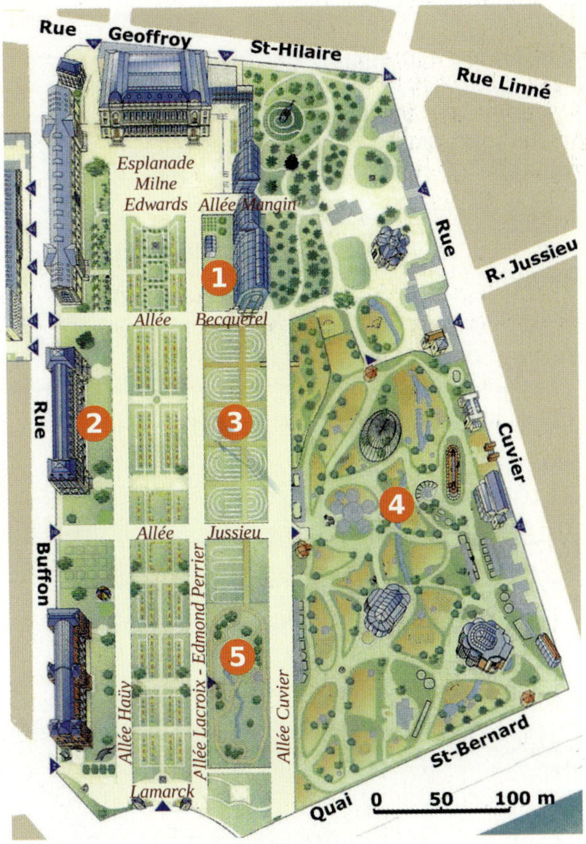

Quelle est la distance réelle entre…

- les allées Becquerel et Jussieu ?
- la rue Buffon et l'allée Cuvier ?
- les allées Mangin et Jussieu ?

55 Voici le plan du château de Chantilly.

a. Détermine où se trouve Samir quand, sur le plan, il est en...

- F4 ;
- B7 ;
- C9 ;
- G6.

b. Sur la carte, quel repère indique...

- la galerie de Psyché ?
- le salon de musique ?
- la rotonde ?
- la grande singerie ?

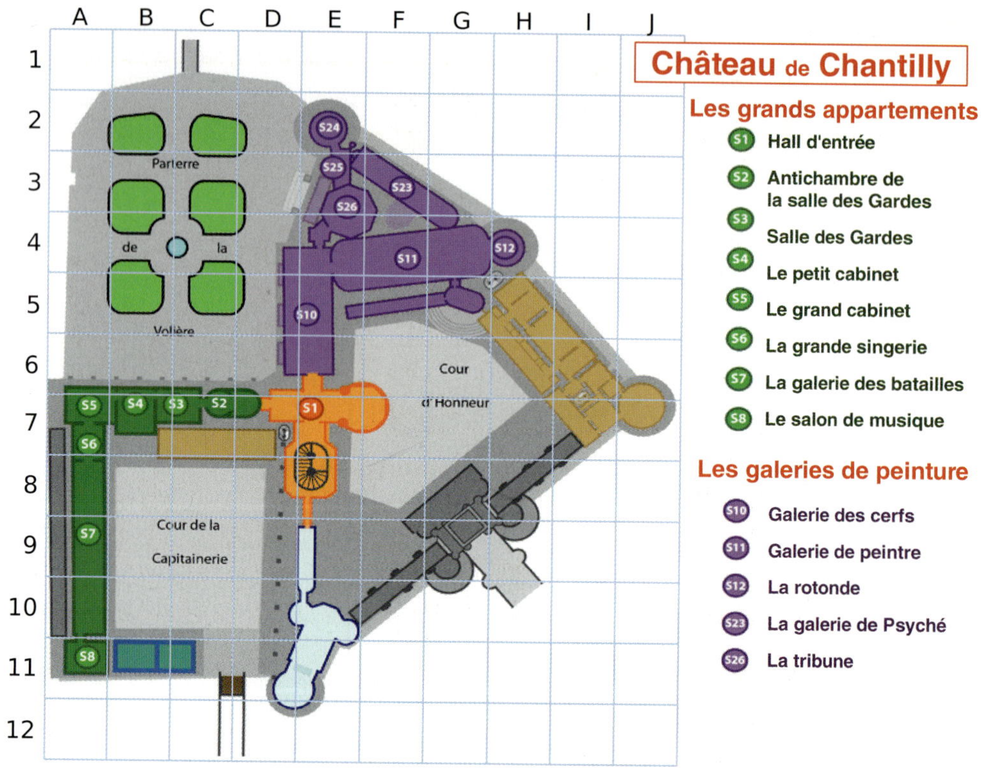

56 Voici un plan des réseaux de métro et de train, à Montréal (Québec).

a. De combien de lignes de métro est-il composé ?

b. SAINT-MICHEL / SNOWDON est le nom de la ligne bleue. Donne le nom des autres lignes.

c. Sur quelle(s) ligne(s) se trouve chacune des stations suivantes ?

- De la Concorde
- Verdun
- Jean Talon
- Berri Uqam

d. Doit-on changer de ligne pour aller...

- de Fabre à Acadie ?
- de Jean Drapeau à Champ de Mars ?
- de Namur à Cartier ?
- de Peel à Laurier ?

e. Décris le chemin le plus court pour aller...

- de Viau à Rosemont ;
- de Université de Montréal à Peel.

f. À quelles stations peut-on rejoindre une ligne des trains de banlieue ?

57 ***Visite au zoo***

a. Quand Salma entre dans le zoo, elle va à droite et continue tout droit jusqu'aux pingouins. Devant quels animaux passe-t-elle ?

b. Puis, elle se dirige à gauche vers les crocodiles. Où doit-elle aller ensuite pour voir les loups ?

c. Elle fait le tour de l'espace où se trouvent les loups pour rejoindre les éléphants. Quels animaux peut-elle admirer dans cet espace ?

d. René commence la visite. Écris un parcours, le plus court possible, qui lui permet de passer devant tous les animaux.

58 On considère la figure suivante.

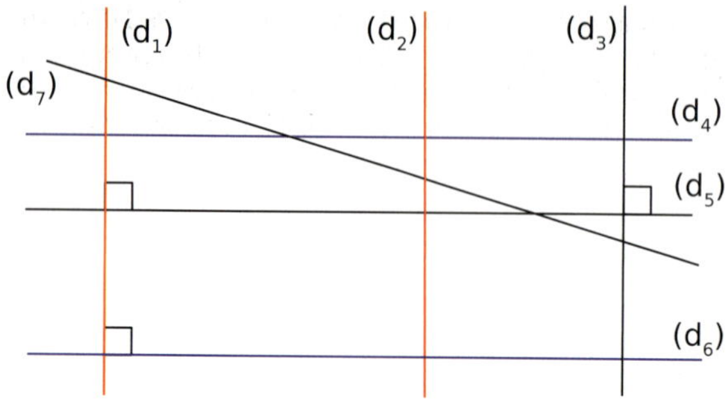

De plus, on donne : (d_1) // (d_2) et (d_4) // (d_6).

a. Détermine tous les couples de droites perpendiculaires.

b. Détermine tous les autres couples de droites parallèles.

c. Quelles droites sont sécantes et non perpendiculaires ?

59 Sur cette figure, les droites en gras sont parallèles.

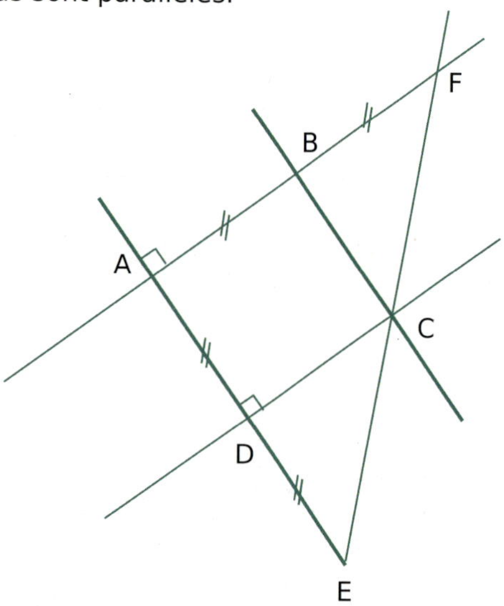

a. Écris un programme de construction permettant d'obtenir cette figure.

b. Construis cette figure en vraie grandeur, dans le cas où AB = 4 cm.

60 En utilisant la figure de l'exercice précédent, réponds aux questions suivantes.

a. Que peux-tu dire des droites (AD) et (AF) ?

b. Que peux-tu dire des droites (AD) et (BC) ?

c. Que représente la droite (CD) pour le segment [AE] ? Justifie.

d. Que représente la droite (BC) pour le segment [AF] ? Justifie.

61 Reproduis ce triangle en vraie grandeur, puis complète la figure au fur et à mesure des questions posées.

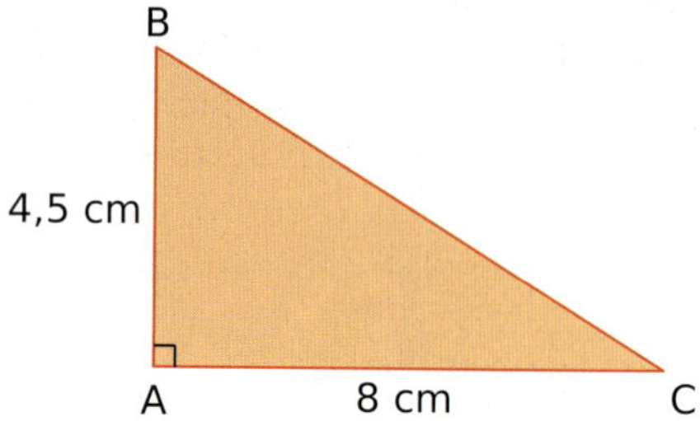

a. Place le point E sur le segment [AC] tel que : EC = 5 cm. Calcule AE.

b. Place le milieu H du segment [EC].

c. Trace la médiatrice de [EC] et nomme J son point d'intersection avec le côté [BC]. Quelle est la longueur des segments [EH] et [HC] ? Justifie.

d. Place le point d'intersection M des droites (JH) et (BE).

62 Géométrie Dynamique

- Trace un segment [RT].
- Trace la médiatrice de [RT], puis place un point S sur cette médiatrice.
- Place un point A sur le segment [RT].
- Trace le segment [SA].
- Trace la perpendiculaire en A à [SA].
- Recommence les trois dernières étapes, une quinzaine de fois au minimum, en prenant des points régulièrement espacés sur [RT].

On voit alors apparaitre la forme d'une courbe appelée « parabole ». Déplace le point S sur la médiatrice. Que constates-tu ?

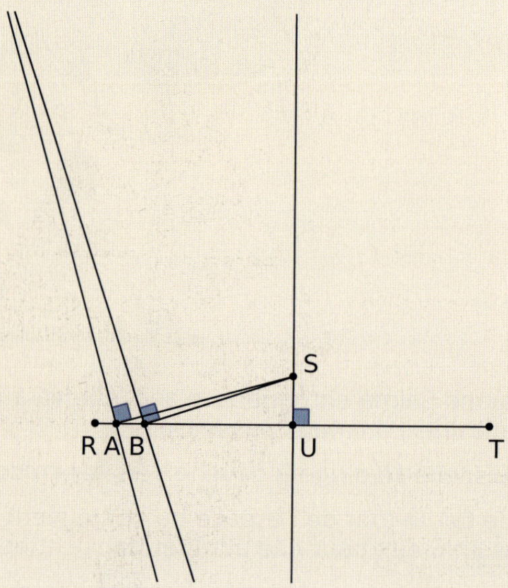

63 ***Une belle figure sur feuille blanche***

- Trace deux droites perpendiculaires, (xy) et (uv), sécantes en O.
- Sur la droite (xy), place les points A et C situés à 6 cm du point O et, sur la droite (uv), place les points B et D situés à 10 cm du point O. Trace le losange ABCD.
- Trace la perpendiculaire à (AB) passant par O, elle coupe [AB] en H. Puis trace la perpendiculaire à (BC) passant par O, elle coupe [BC] en K. Trace le segment [HK] qui coupe [OB] en I.
- Refais les mêmes constructions en traçant les perpendiculaires passant par I.
- Refais les mêmes constructions dans le triangle ACD.
- Colorie comme le modèle ci-dessous.

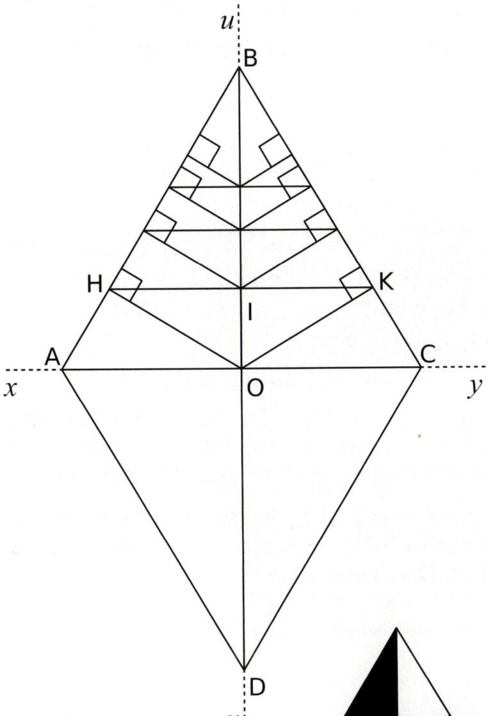

d'après
« LA GÉOMÉTRIE
... pour le plaisir »

Avec l'autorisation exceptionnelle de Jocelyne et Lysiane Denière

64 **Géométrie Dynamique**

a. Construis un triangle ABC, place un point P_1 sur le segment [AC], puis termine la construction comme ci-dessous, sachant que les droites de la même couleur sont parallèles.

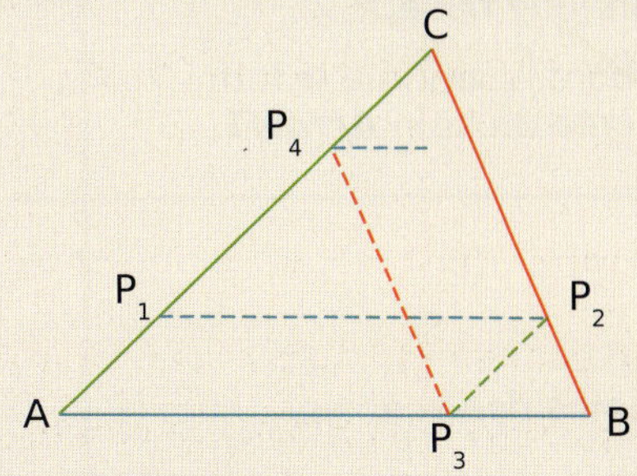

b. De la même façon, construis les points P_5, P_6 et P_7. Que remarques-tu ?

c. Déplace le point P_1. Ta remarque reste-t-elle valable ?

65 Reproduis la figure puis, en suivant les étapes 1 et 2, construis l'ombre de la figure.

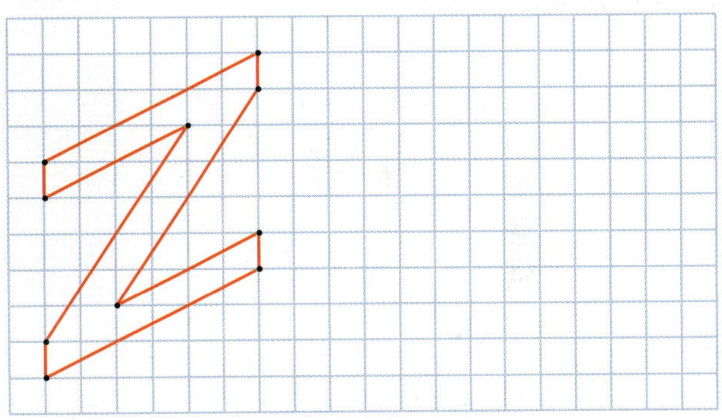

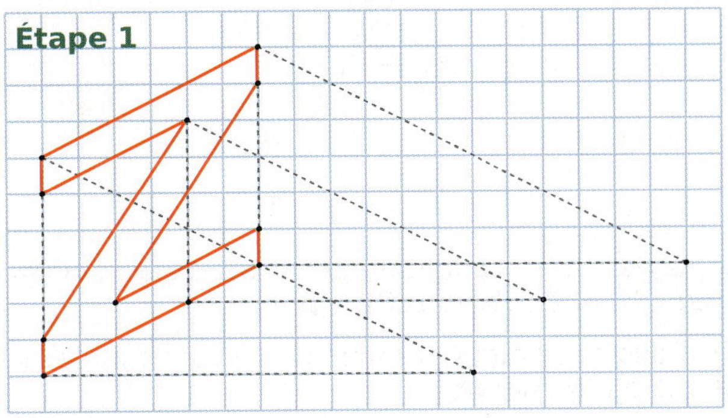

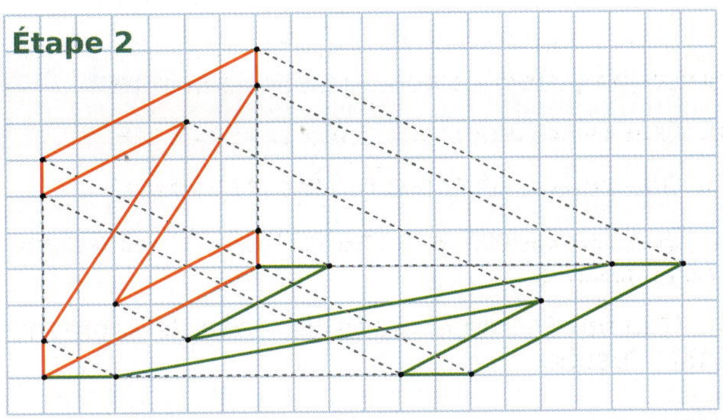

Scratch

Cette double page présente une **initiation à la programmation** avec le logiciel Scratch.
On te demande de construire successivement : une frise, un triangle équilatéral, puis une figure un peu plus complexe.

Dans Scratch, on souhaite construire une **frise**.

Tout d'abord, supprime le lutin *Chat* et crée un lutin ***Arrow1***.

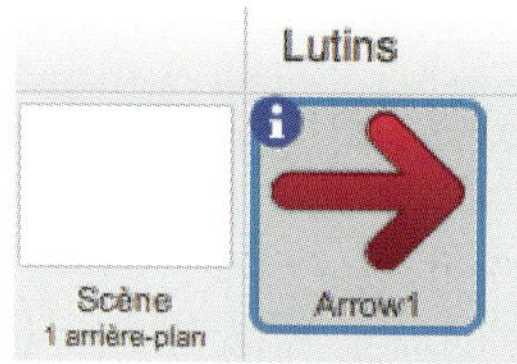

Crée un bloc *déplacement*.

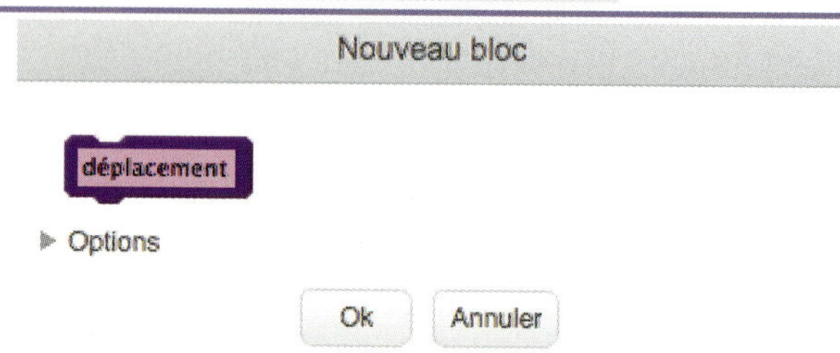

Crée le programme ci-contre. →

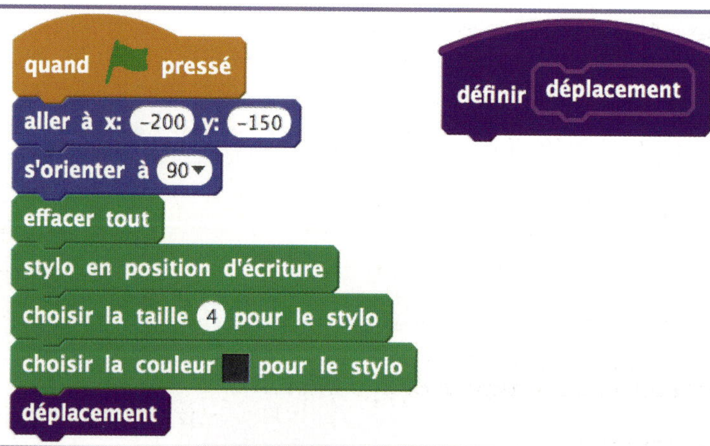

Insère les instructions ci-contre, à la suite du bloc *déplacement*. →

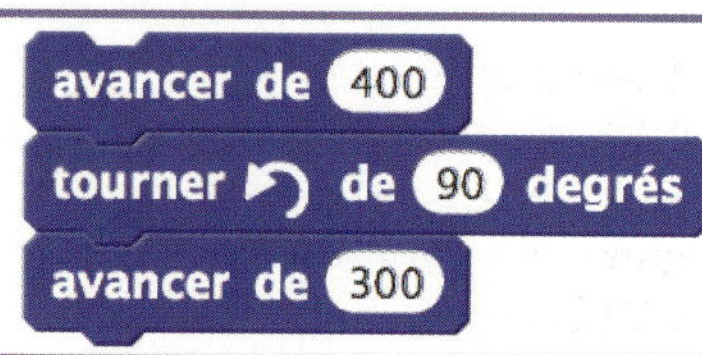

Complète les instructions du bloc *déplacement* afin d'obtenir un rectangle comme ci-contre.

Le rectangle mesure :
150 en longueur,
et **100** en largeur.

Supprime les instructions du bloc *déplacement*.
Insère les instructions afin d'obtenir cette figure. →

Utilise l'instruction

et le programme précédent, afin d'obtenir cette frise. →

On souhaite maintenant obtenir un **triangle équilatéral**.

Supprime les instructions du bloc *déplacement*.

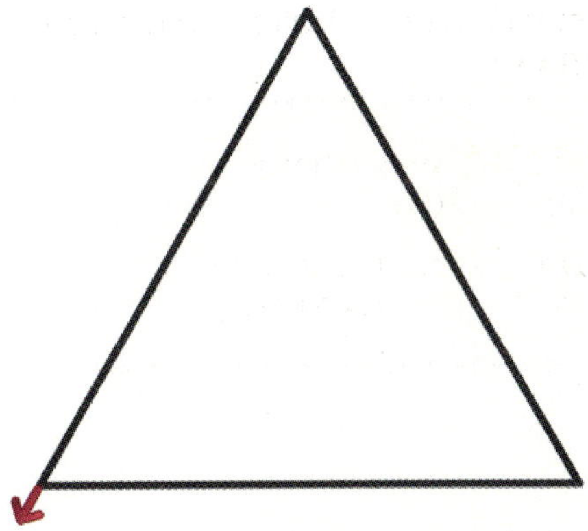

Insère de nouvelles instructions afin d'obtenir ce triangle équilatéral. →

- Quelle est la valeur des angles marqués sur cette figure ?

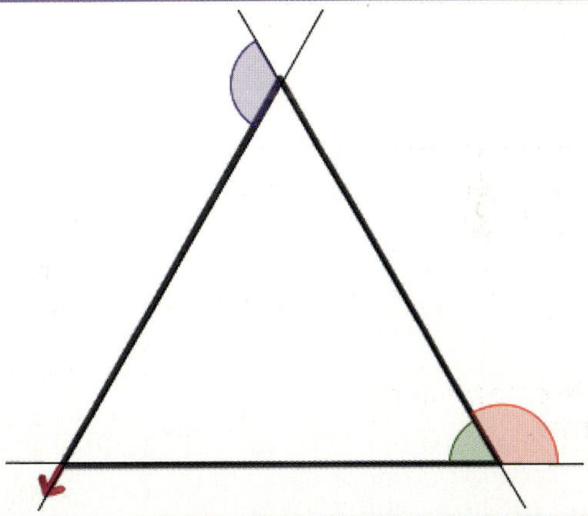

Procède de la même manière pour obtenir cette **figure plus complexe**. →

Indications :

La figure est constituée d'un carré, surmonté d'un triangle équilatéral.

La longueur du côté du carré est de 150 et la diagonale du carré mesure approximativement 212.

- Combien d'instructions comporte le bloc *déplacement* ?
- Essaie d'obtenir la même figure, avec 15 instructions au maximum.

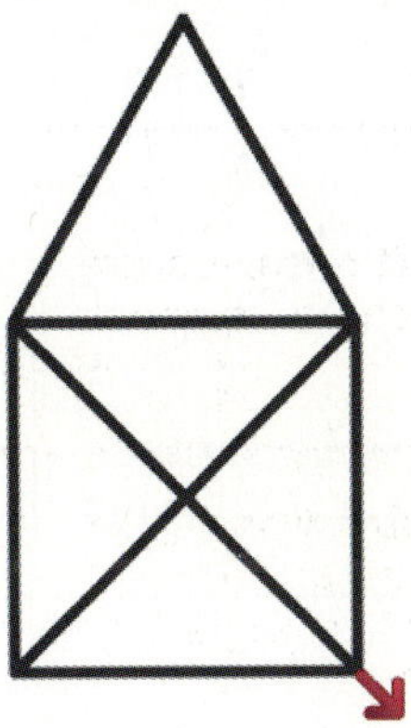

		R1	R2	R3	R4
1	Dans quel(s) cas, l'équerre est-elle bien placée pour tracer la perpendiculaire à la droite (d) passant par le point A ?	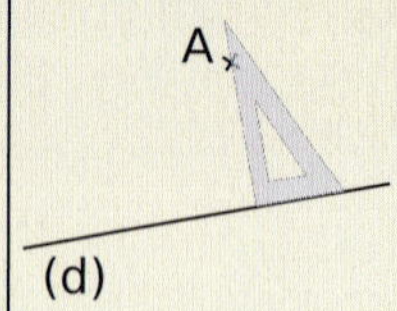	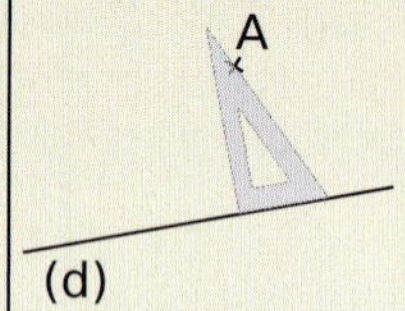	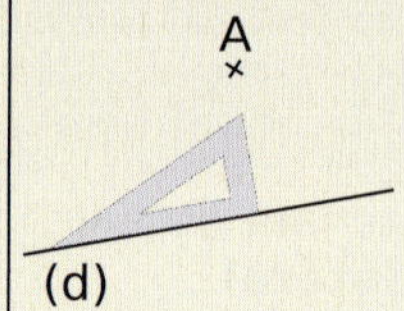	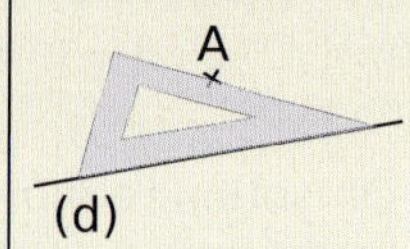
2	Dans quel(s) cas, les instruments sont-ils bien placés pour construire la parallèle à la droite (d) passant par le point A ?	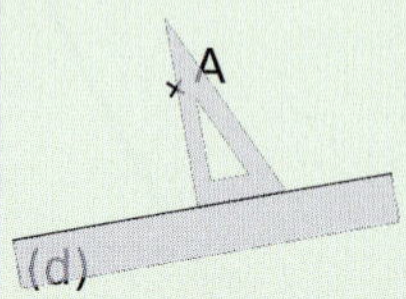	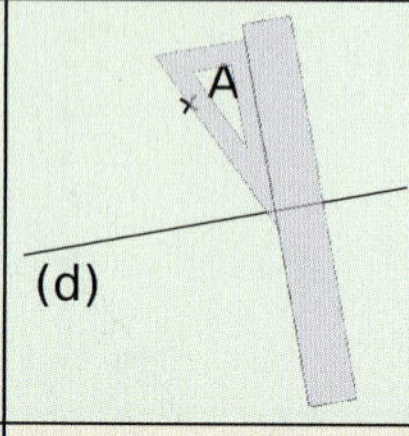	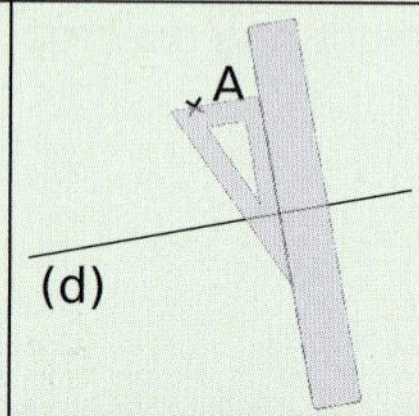	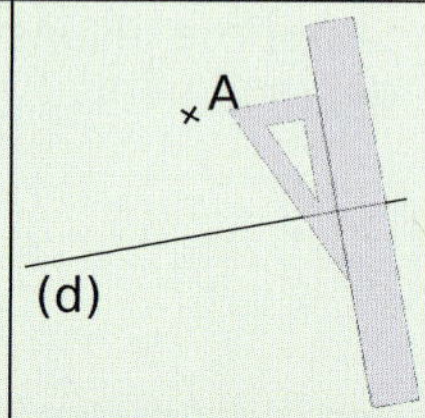
3	Sur la figure ci-dessous... 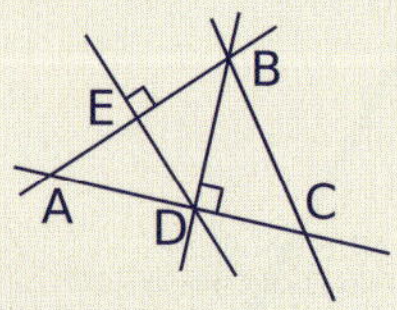	les droites (ED) et (BC) sont parallèles	les droites (ED) et (BC) sont sécantes	la droite perpendiculaire à (AB) passant par D coupe (AB) en E	le point A appartient à la perpendiculaire à (BC) passant par E
4	Quelle(s) figure(s) correspond(ent) à l'énoncé ci-dessous ? *« Trace un triangle ABC. Trace la parallèle à (AB) passant par C. Trace la perpendiculaire à (BC) passant par A. »*	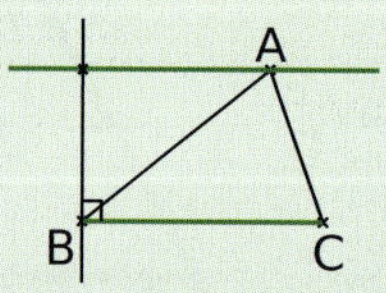	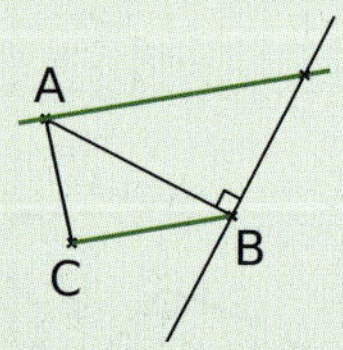	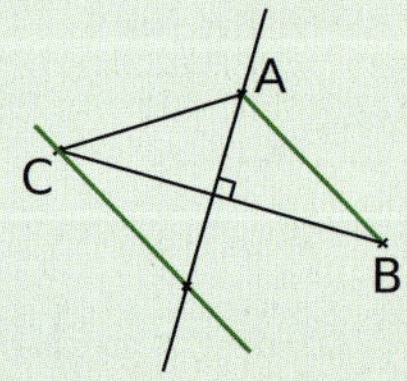	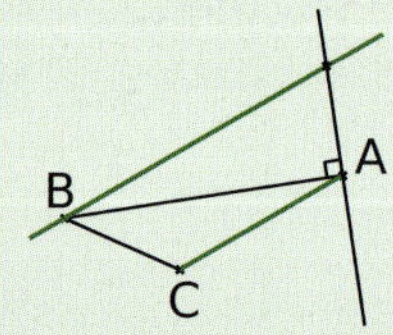
5	Dans quel(s) cas peut-on affirmer que la droite (d) est la médiatrice du segment [RT] ?	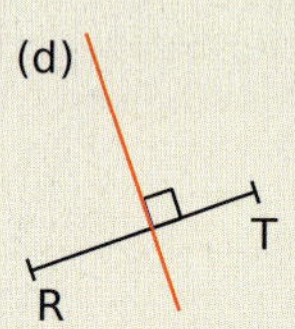	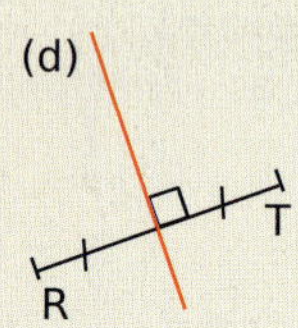	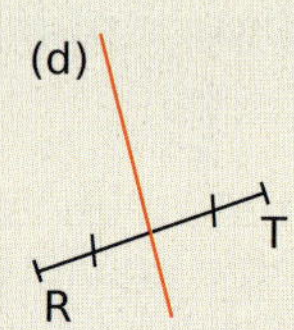	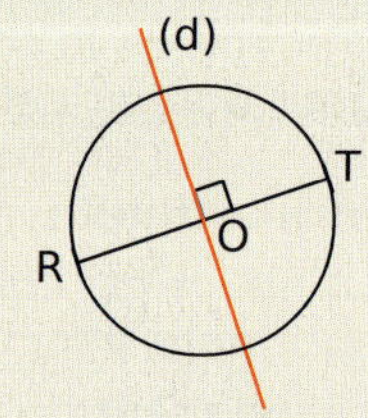 O est le centre du cercle
6	Les points à égale distance d'une droite (Δ) se trouvent sur...	une droite unique	deux droites parallèles à (Δ)	deux droites perpendiculaires à (Δ)	un cercle

! Récréation mathématique

Escargot de Pythagore

Sur une feuille de format A4, reproduis la figure ci-contre, sachant que le segment [AB] mesure 5 cm.

Tu chercheras la meilleure position du segment [AB] afin d'obtenir le plus grand nombre possible de triangles.

Combien en as-tu tracés ?

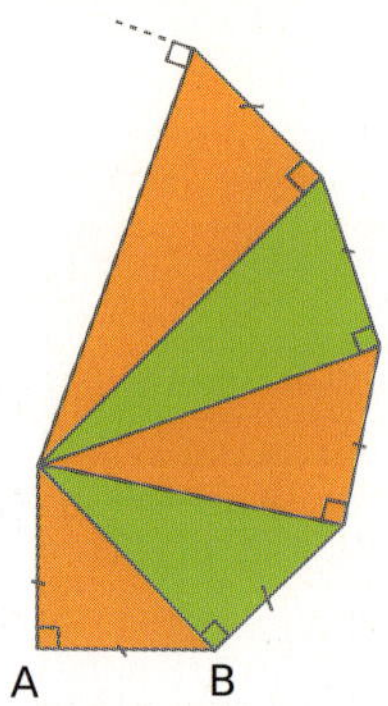

G3 Triangles et quadrilatères

- Triangles
- Triangles particuliers
- Quadrilatères
- Quadrilatères particuliers

Activités

1 La carte au trésor

Cours : 1

Le pirate Long John Silver a laissé une carte indiquant l'emplacement de son trésor.

a Sur du papier calque, reproduis la carte ci-contre. Recherche la position du trésor.

b Les indications de Long John Silver suffisent-elles à localiser précisément le trésor ?

c Au dos de la carte, on découvre que Long John Silver a précisé :

« *Le trésor se situe à moins de 40 pas du cactus.* »

Peux-tu alors trouver la position exacte du trésor ?

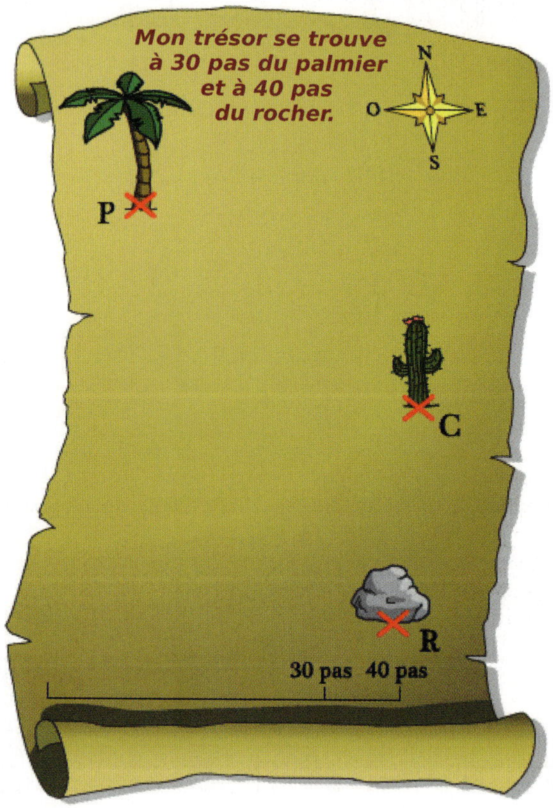

2 Construire et observer

Cours : 2

Sur la figure ci-dessous, les cercles ont pour centres O et B, et pour rayon 4 cm. Reproduis cette figure sur une feuille à petits carreaux.

a Trace en rouge les segments [OC], [OD] et [CD].
Comment s'appelle la figure obtenue ?
Pour cette figure, comment s'appellent les points O, C et D ?

b Trace en bleu le triangle EFG et en vert le triangle OAB.

c Que peux-tu dire des côtés du triangle OCD ?
Comment s'appelle un tel triangle ?

d Que peux-tu dire des côtés du triangle EFG ?
Comment s'appelle un tel triangle ?

e Que peux-tu dire des côtés du triangle OAB ?
Comment s'appelle un tel triangle ?

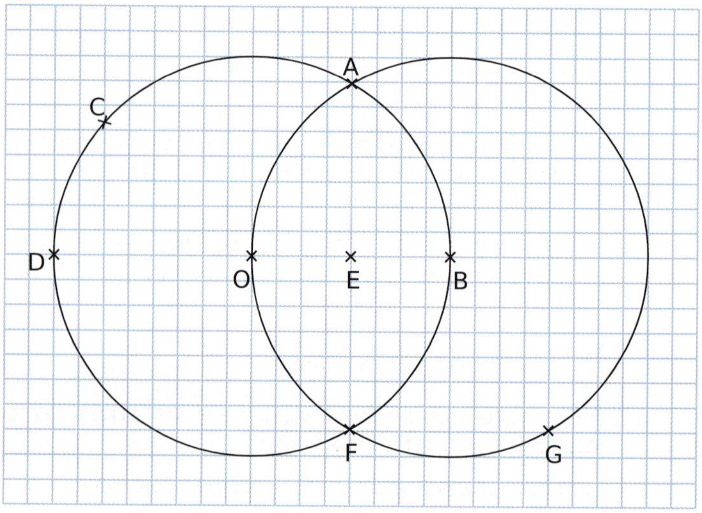

3 Des triangles rectangles et des rectangles

Cours : 4

Géométrie Dynamique

a Un triangle rectangle

On veut tracer un triangle ABC **rectangle** en A. Pour cela :

- Trace un segment [AB].
- Trace la perpendiculaire (d) à la droite (AB) passant par le point A.
- Place un point C sur la droite (d), distinct du point A.
- Termine ta construction en reliant les points et en rendant les droites invisibles.

b Des quadrilatères particuliers

Construis un ou plusieurs exemples de quadrilatères correspondant aux consignes suivantes.

- un quadrilatère ayant exactement un angle droit ;
- un quadrilatère ayant exactement deux angles droits ;
- un quadrilatère ayant exactement trois angles droits.

Que remarques-tu ?

4 Puzzle de Sam Lloyd

Cours : 4

a Construction du puzzle

- Construis deux demi-droites perpendiculaires, [Ax) et [Ay), puis trace le cercle de centre A et de rayon 7,5 cm. Il coupe la demi-droite [Ax) en B et la demi-droite [Ay) en C.
- Sur le segment [AC], place les points E et F tels que : AE = EF = 3 cm.
- Trace la perpendiculaire à (AE) passant par le point E, et place les points G et H sur cette droite tels que : EG = GH = 3 cm.
- Trace la droite (BH), puis la perpendiculaire à la droite (BH) passant par le point C. Elle coupe la droite (BH) en J.
- Trace le segment [AH].
- Trace la droite (d_1) perpendiculaire à la droite (AE) et passant par le point F, puis la perpendiculaire à la droite (EH), passant par le point G, qui coupe le segment [AH] en I et la droite (d_1) en K.
- Gomme les traits de construction afin de ne conserver que ceux du modèle ci-dessus. Découpe les cinq pièces du puzzle.

b Utilisation du puzzle

Utilise toutes les pièces du puzzle pour former successivement un carré, un rectangle, un triangle rectangle et un parallélogramme.

Construis une solution sur ton cahier pour chacune des formes demandées.

Cours

1 Triangles

A Généralités

Définition
Un **triangle** est un polygone à trois côtés.

Vocabulaire
Un triangle a trois **sommets** et trois **côtés**.

Exemple :
Dans un triangle ABC, quel est le sommet opposé au côté [AB] ? Et le côté opposé au sommet A ?

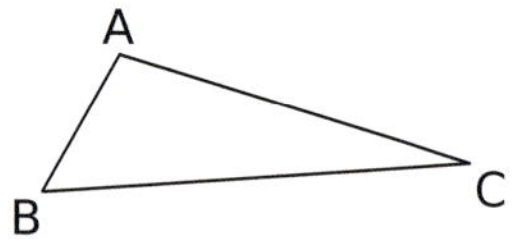

- Le **sommet opposé** au côté [AB] est le point C.
- Le **côté opposé** au sommet A est le côté [BC].

B Construction d'un triangle

Exemple : Construis un triangle KLM tel que KL = 6 cm ; LM = 5 cm et KM = 4,5 cm.

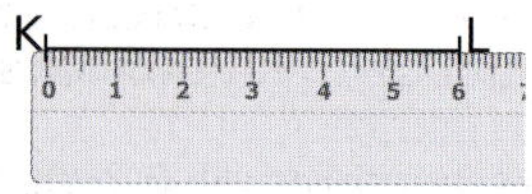

On trace un segment [KL] de longueur 6 cm.

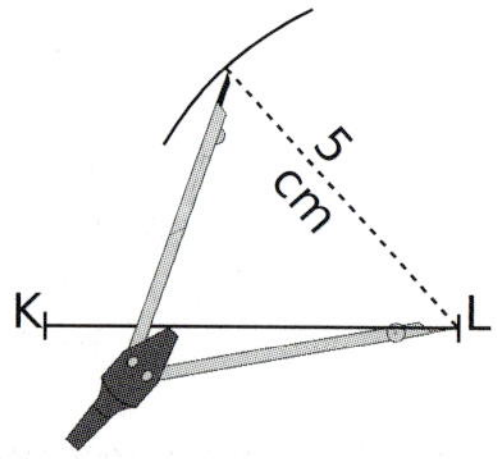

Le point M est à 5 cm du point L : il appartient donc au cercle de centre L et de rayon 5 cm.

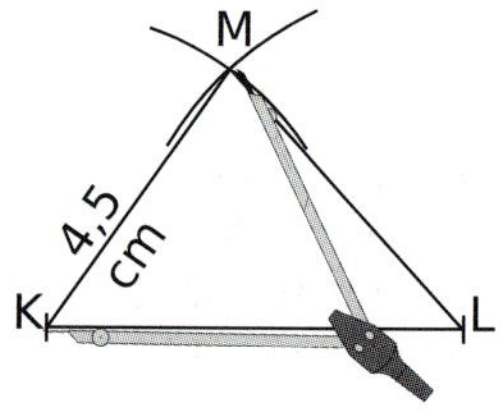

Le point M est à 4,5 cm du point K : il appartient donc au cercle de centre K et de rayon 4,5 cm. Le point M est le point d'intersection des deux arcs.

2 Triangles particuliers

A Triangle isocèle

Définition
Un **triangle isocèle** est un triangle qui a deux côtés de même longueur.

Vocabulaire
- Le sommet commun aux côtés de même longueur est appelé le **sommet principal**.
- Le côté opposé au sommet principal est appelé la **base**.

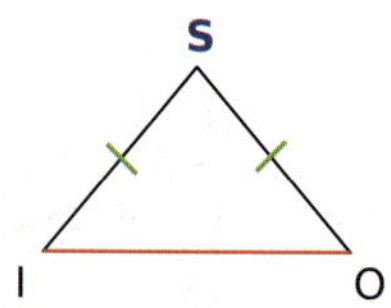

Exemple : Le triangle ISO est isocèle en S. Quel est son sommet principal et quelle est sa base ?

- Le triangle ISO est **isocèle en S**, donc les longueurs IS et SO sont égales.
  - S est le **sommet principal** du triangle ISO ;
  - [IO] est la **base** du triangle ISO.

B Triangle équilatéral

Définition Un **triangle équilatéral** est un triangle qui a ses trois côtés de même longueur.

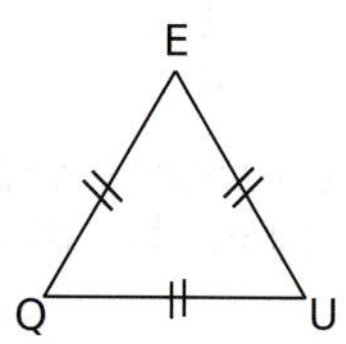

C Triangle rectangle

Définition

Un **triangle rectangle** est un triangle qui a un angle droit.

Vocabulaire

Le côté opposé à l'angle droit est appelé **hypoténuse**.

Exemple : Construis un triangle KHI, rectangle en K, tel que KI = 5 cm et HI = 7 cm.

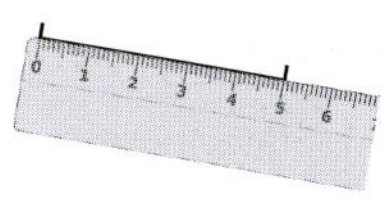

On trace un segment [KI] de longueur 5 cm.

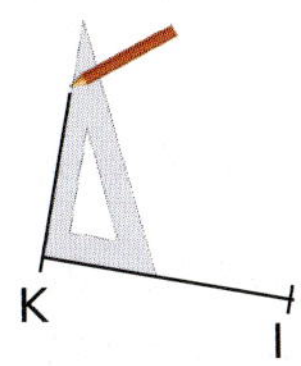

On trace la droite perpendiculaire en K à (KI).

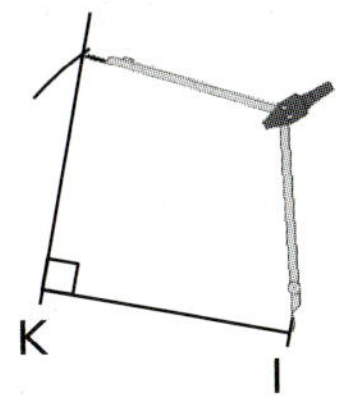

On trace un arc de cercle de centre I et de rayon 7 cm.

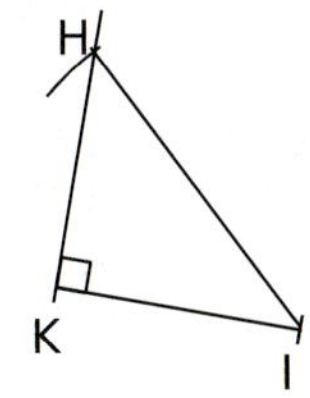

Il coupe la perpendiculaire à (KI) en H. On trace le segment [HI].

3 Quadrilatères

Définition

Un **quadrilatère** est un polygone à quatre côtés.

Vocabulaire

Un quadrilatère a quatre **sommets**, quatre **côtés** et deux **diagonales**.

Exemple : Dans un quadrilatère EFGH, quel est le sommet opposé au sommet E ? Quelles sont ses diagonales ? Nomme un côté consécutif au côté [FG].

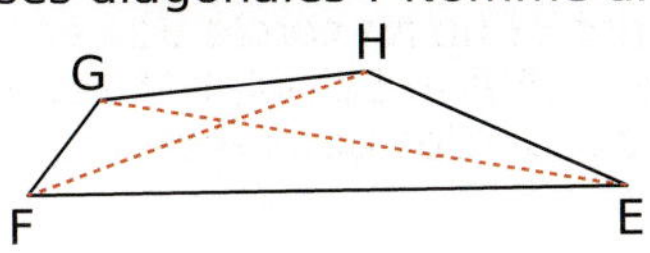

- Le **sommet opposé** au sommet E est le sommet G.
- **Ses diagonales** sont les segments [EG] et [HF].
- Un **côté consécutif** au côté [FG] est le côté [EF] ou le côté [GH].

4 Quadrilatères particuliers

A Losange

Définition Un **losange** est un quadrilatère qui a ses quatre côtés de même longueur.

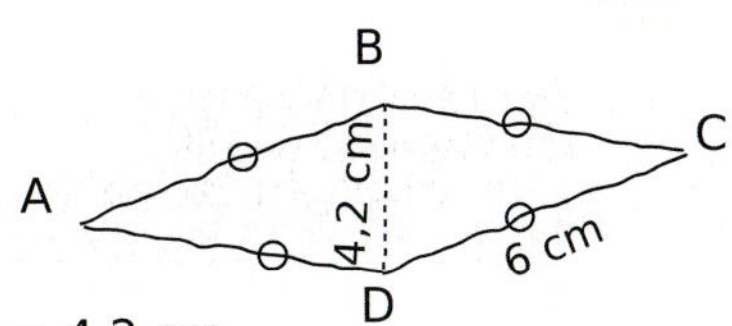

Exemple : Construis un losange ABCD tel que AB = 6 cm et BD = 4,2 cm.

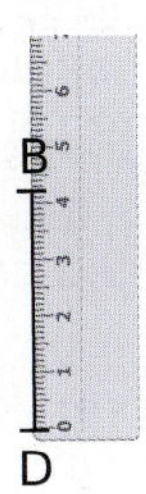

On trace un segment [BD] de longueur 4,2 cm.

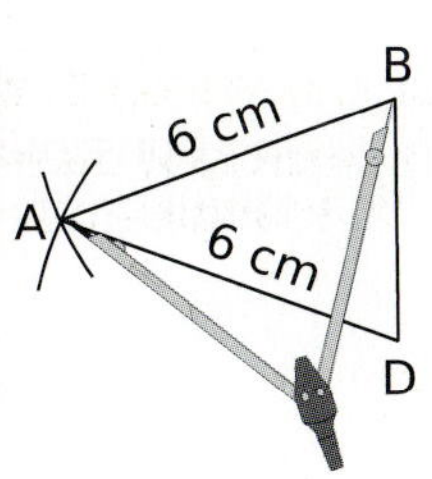

On construit un triangle ABD, isocèle en A, tel que AB = AD = 6 cm.

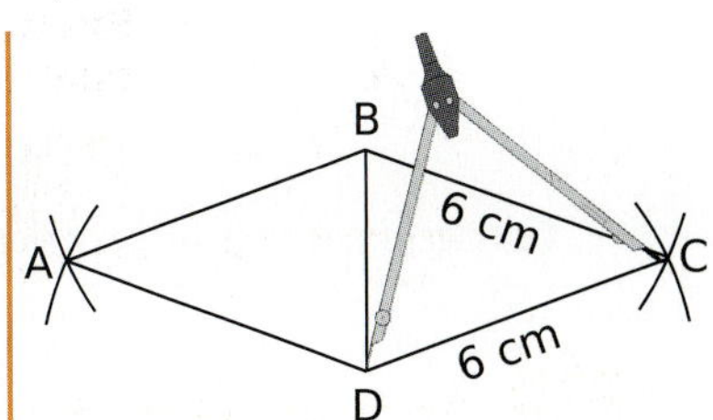

On construit le triangle CBD, isocèle en C, tel que CB = CD = 6 cm.

B Rectangle

Définition Un **rectangle** est un quadrilatère qui a ses quatre angles droits.

Exemple : Construis un rectangle CHOU tel que CH = 12 cm et HO = 10 cm.

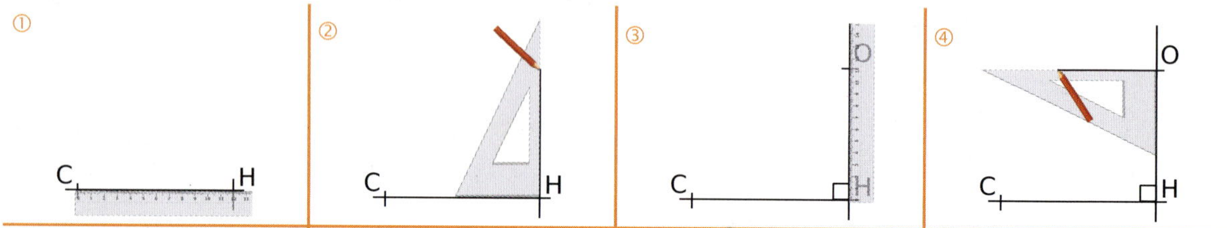

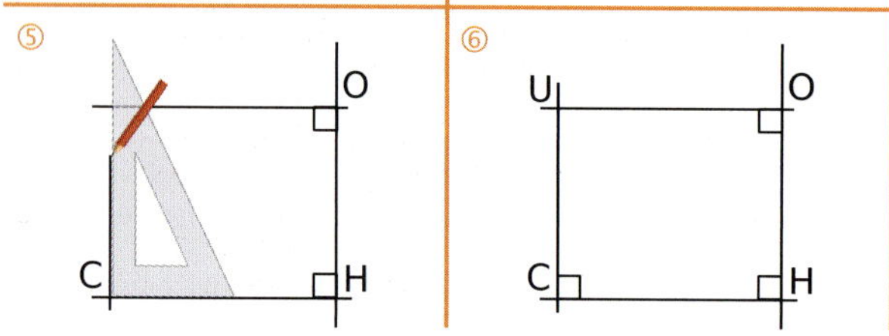

① On trace un segment [CH] de longueur 12 cm.
② On trace la perpendiculaire à ce segment en H.
③ On place un point O sur cette perpendiculaire tel que OH = 10 cm.
④ On trace la perpendiculaire à (OH) en O.
⑤ On trace la perpendiculaire à (CH) en C.
⑥ Ces deux droites se coupent en U.

C Carré

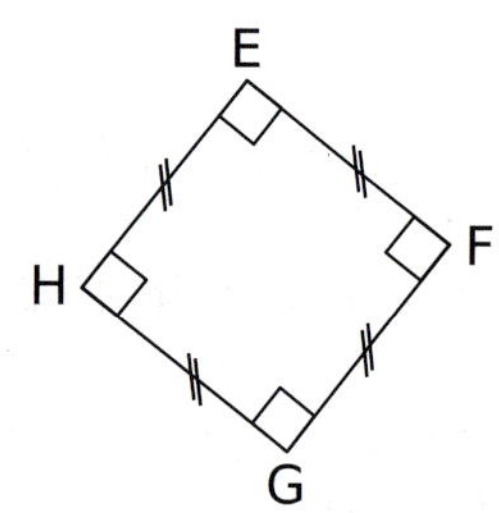

Définition
Un **carré** est un quadrilatère qui a ses quatre côtés de même longueur et ses quatre angles droits.

Remarque : Un carré est à la fois un losange et un rectangle.

D Parallélogramme

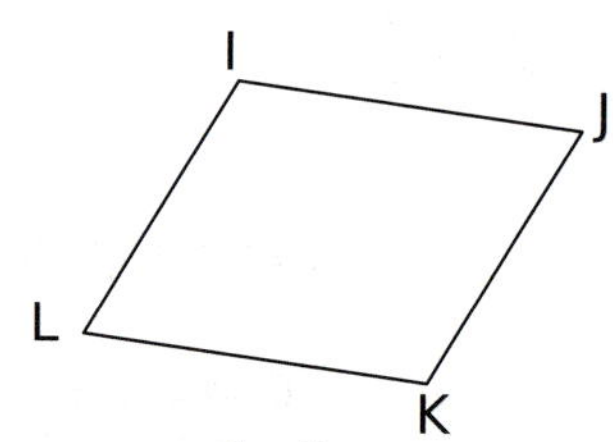

Définition Un **parallélogramme** est un quadrilatère qui a ses côtés opposés parallèles 2 à 2.

Remarque : Un carré, un losange et un rectangle sont des parallélogrammes particuliers.

Exercices « À toi de jouer ! »

1 Construis un triangle VOL tel que :
VO = 4 cm ; OL = 6,3 cm et LV = 3,8 cm.

2 Construis un triangle équilatéral EAU, de 45 mm de côté.

3 Construis un triangle BOL, isocèle en B, tel que BO = 2,1 cm et OL = 3,4 cm.
Place le point S pour que BOSL soit un losange.

4 **a.** Construis un triangle MDR, rectangle en D, tel que MD = 4,2 cm et DR = 7,1 cm.

b. Construis un triangle ILE, rectangle en E, tel que EL = 6,4 cm et LI = 9,3 cm.

5 Construis un losange VERT tel que :
VE = 4,5 cm et ET = 6,9 cm.

6 Construis un rectangle ITOU tel que :
IT = 5,7 cm et TO = 43 mm.

Triangles

7 Recopie et complète les phrases en utilisant les mots : « côté », « sommet », « triangle » et « opposé ».

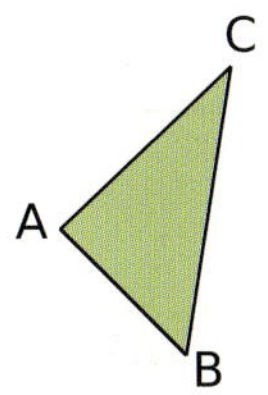

a. ABC est un ... .

b. [AB] est un ... .

c. C est un ... .

d. [BC] est le ... ... au ... A.

e. B est le ... ... au ... [AC].

8 Recopie et complète les phrases suivantes.

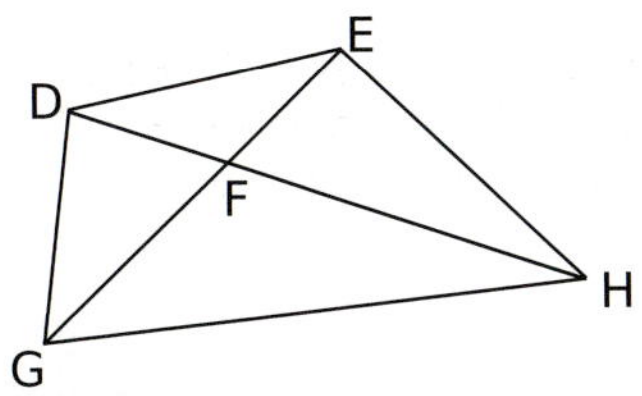

a. Dans le triangle GFH, ... est le côté opposé au sommet F.

b. Dans le triangle DHE, ... est le sommet opposé au côté [EH].

c. Dans le triangle FEH, [FE] est le côté opposé au sommet ... .

d. Dans le triangle ... , E est le sommet opposé au côté [GD].

9 Recopie et complète le tableau.

	Consigne	Figure à main levée
a.	Construis un triangle ABC tel que : AB = 6 cm, BC = 5 cm et AC = 3 cm.	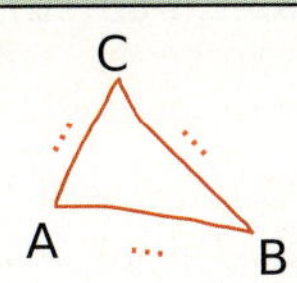
b.	Construis un triangle ABC tel que : AB = 2 cm, BC = 3 cm et AC = 4,5 cm.	...
c.	Construis un triangle ABC tel que : AB = ... cm, BC = ... cm et AC = ... cm.	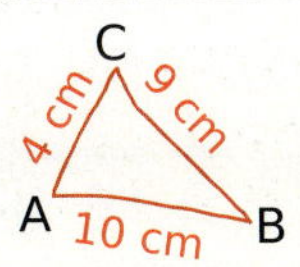
d.	...	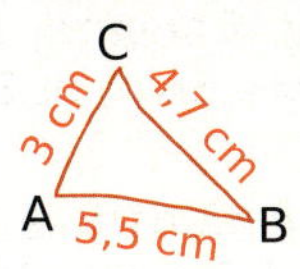

10 Les triangles ci-dessous sont tracés à main levée. Construis-les en vraie grandeur. Tu laisseras les traits de construction apparents.

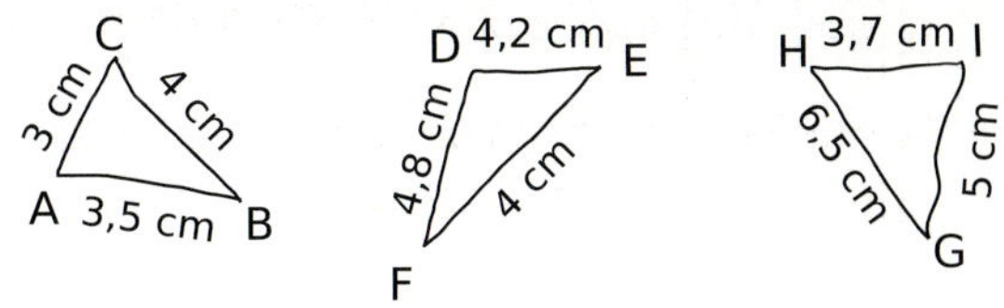

11 Pour chaque question ci-dessous, dessine une figure à main levée, puis une autre en vraie grandeur.

a. Construis un triangle ABC tel que : AB = 5,5 cm ; AC = 4 cm et BC = 2 cm.

b. Construis un triangle DEF tel que : DE = 3 cm ; DF = 7 cm et EF = 5 cm.

c. Construis un triangle GHI tel que : HI = 5,8 cm ; IG = 3,3 cm et GH = 4,6 cm.

12 Même consigne qu'à l'exercice précédent.

a. Construis un triangle JKL tel que : JL = 4 cm ; KL = 4,4 cm et KJ = 2,3 cm.

b. Construis un triangle MNO tel que : MN = 3,7 cm ; MO = 7 cm et ON = 5,3 cm.

c. Est-il possible de construire un triangle PQR tel que PQ = 9 cm ; PR = 5 cm et QR = 3 cm ? Explique ta réponse.

13 Reproduis les figures suivantes en vraie grandeur.

a.

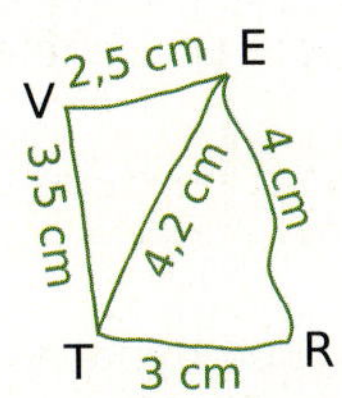

b.

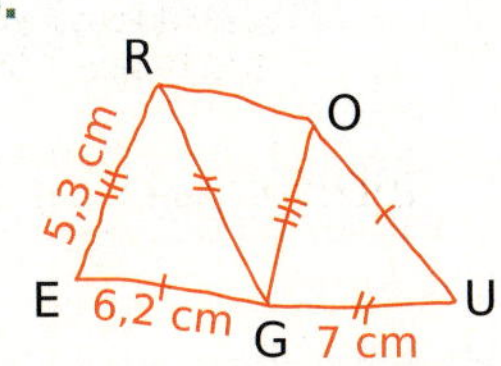

14 ***Triangle impossible ?***

a. Trace un segment [AB] tel que AB = 10 cm.

b. Trace le cercle de centre A et de rayon 7 cm, et le cercle de centre B et de rayon 12 cm.

c. Combien y a-t-il d'emplacements différents pour un point C, tel que le triangle ABC ait pour dimensions : AB = 10 cm ; AC = 7 cm et BC = 12 cm ? Justifie.

d. Reprends les questions précédentes avec AB = 20 cm. Que remarques-tu ?

e. Quelle longueur peut-on donner au segment [AB] pour qu'une telle construction reste possible ?

Triangles particuliers

15 ***Triangles particuliers***

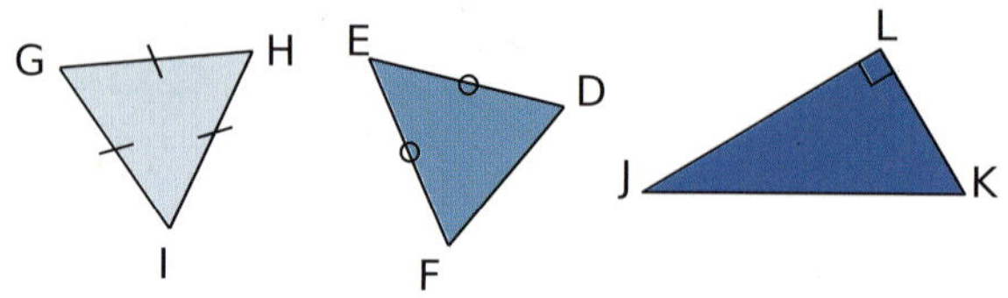

a. Quelle est la nature du triangle GHI ? Du triangle DEF ? Du triangle JKL ? Justifie tes réponses.

b. Dans le triangle DEF, comment s'appelle le point E ? Comment s'appelle le côté [FD] ?

c. Dans le triangle JLK, comment s'appelle le côté [JK] ?

16 ***Avec le codage***

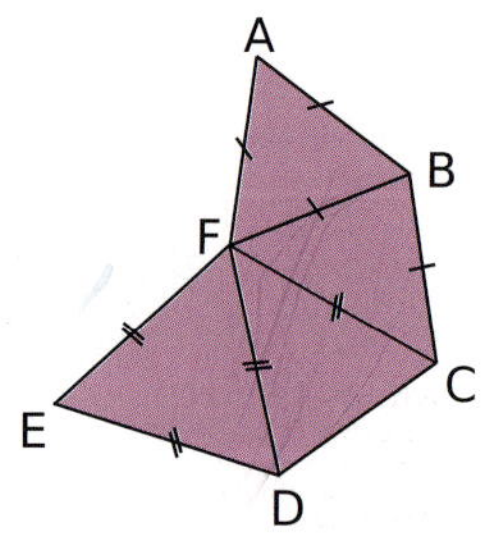

a. Nomme les triangles isocèles tracés sur la figure ci-contre. Précise, pour chacun d'eux, son sommet principal et sa base.

b. Nomme les triangles équilatéraux tracés sur la figure.

c. Nomme les triangles isocèles que l'on peut tracer en joignant des sommets de la figure.

17 ***Avec le codage (bis)***

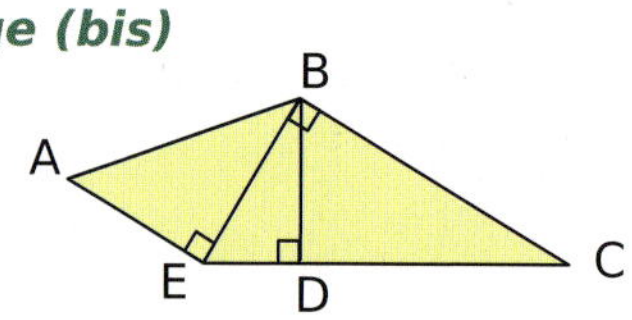

a. Nomme les triangles rectangles tracés sur la figure.

b. Précise, pour chacun d'eux, son hypoténuse.

18 ***À main levée uniquement***

a. Trace à main levée un triangle ABC, isocèle en A, tel que AB = 3 cm et BC = 4 cm.

b. Trace à main levée un triangle équilatéral DEF tel que DE = 5 cm.

c. Trace à main levée un triangle isocèle GHI, de sommet principal I, tel que GH = 7 mm et GI = 15 cm.

d. Trace à main levée un triangle JKL, rectangle en J, tel que JL = 5 dm et JK = 9 dm.

e. Trace à main levée un triangle MNO, rectangle en O, tel que ON = 45 mm et son hypoténuse mesure 6,5 cm.

19 Les triangles ci-dessous sont tracés à main levée.

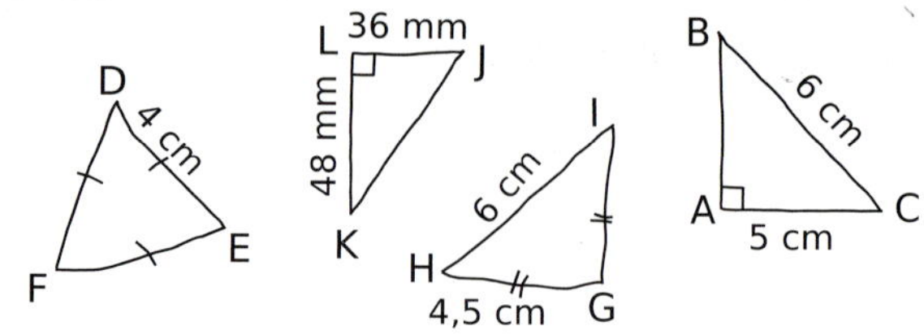

a. Écris une consigne de construction pour chaque triangle.

b. Construis chaque triangle en vraie grandeur. (Laisse les traits de construction apparents.)

20 Dans chaque cas ci-dessous, trace un dessin à main levée, puis construis une figure en vraie grandeur.

a. Construis un triangle FIN, rectangle en F, tel que FI = 5 cm et NF = 6 cm.

b. Construis un triangle STU, isocèle en S, tel que ST = 5,8 cm et TU = 3,2 cm.

c. Construis un triangle équilatéral MNO de côté 5 cm.

21 Même consigne qu'à l'exercice précédent.

a. Construis un triangle isocèle XYZ, de sommet principal Z, tel que XZ = 3,5 cm et XY = 6 cm.

b. Construis un triangle TRS, rectangle en S, tel que TS = 7,2 cm et SR = 8,5 cm.

c. Construis un triangle GLU, rectangle en L, tel que LG = 8 cm et GU = 10 cm.

22 **Géométrie Dynamique**

a. Construis un triangle isocèle. Déplace les sommets pour vérifier que le triangle reste isocèle. Si ce n'est pas le cas, revois ta construction.

b. Déplace les sommets de ce triangle. Peut-il également être rectangle ?

23 Construis un triangle REC, à la fois rectangle et isocèle en E, tel que RE = 4,5 cm.

24 **Géométrie Dynamique**

a. Place deux points A et B distincts. Construis le cercle de diamètre [AB]. Sur ce cercle, place un point C distinct de A et B. Construis le triangle ABC.

b. Déplace le point C. Quelle semble être la nature du triangle ABC ?

25 Reproduis chaque figure ci-dessous en vraie grandeur.

a. S, T et W sont alignés.

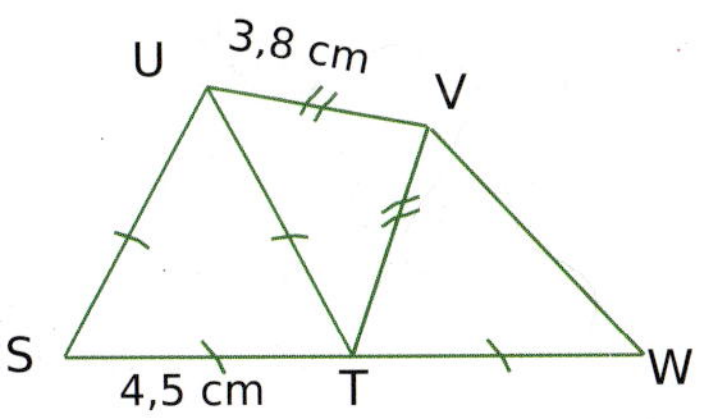

b. ADE est rectangle en E, BDE est équilatéral et CDE est isocèle en D.

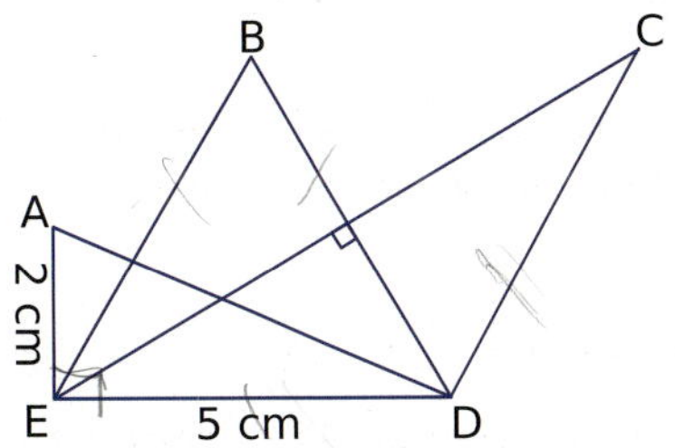

26 ***Construction d'un hexagone***

Observe attentivement le codage de la figure ci-contre.
Déduis-en une méthode pour construire un hexagone régulier de 4 cm de côté, puis effectue la construction sur ton cahier.

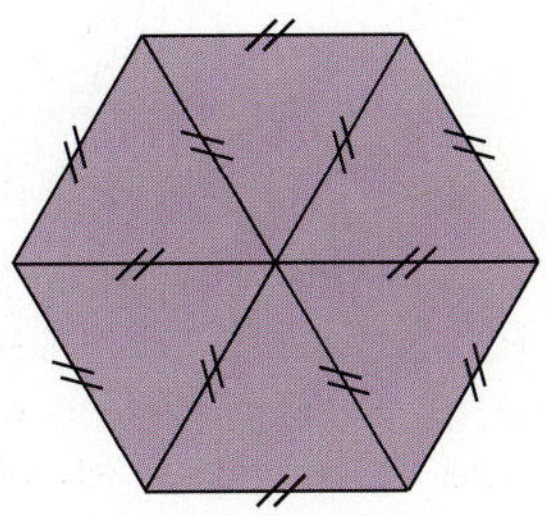

27 Remets dans l'ordre les consignes du programme de construction ci-dessous.

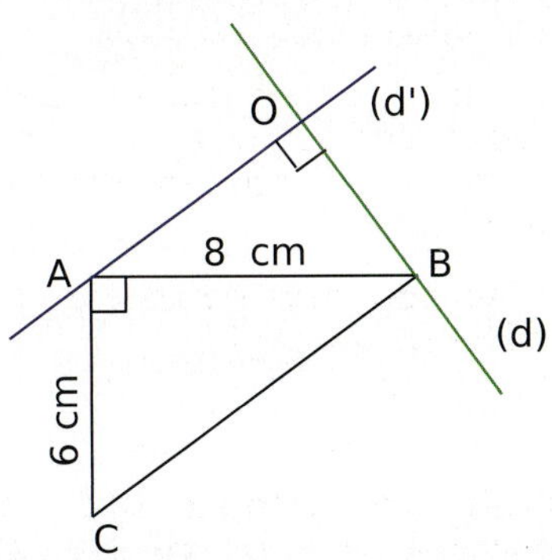

- Trace la droite (d') parallèle à la droite (BC) et passant par le point A.
- Nomme O le point d'intersection des droites (d) et (d').
- Trace un triangle ABC, rectangle en A, tel que AB = 8 cm et AC = 6 cm.
- Trace la droite (d) perpendiculaire à la droite (d') et passant par B.

28 Écris un texte pour décrire les différentes étapes de la construction suivante.

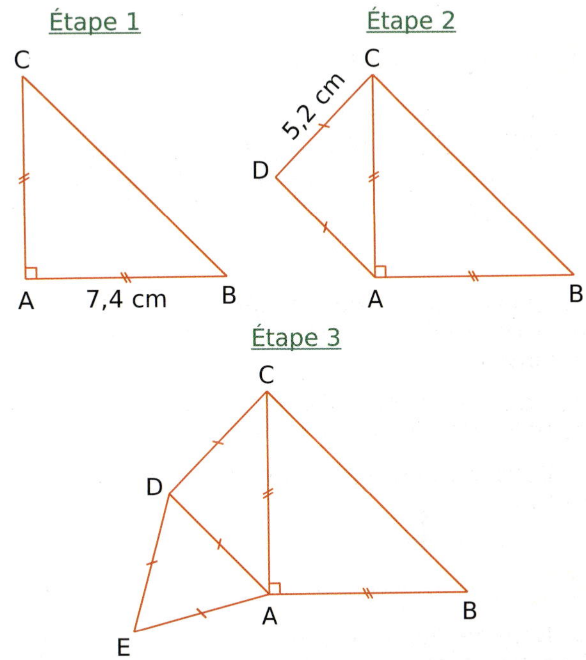

29 ***Escargot de Pythagore***

a. Écris un programme de construction de cette figure.

b. Construis-la en vraie grandeur.

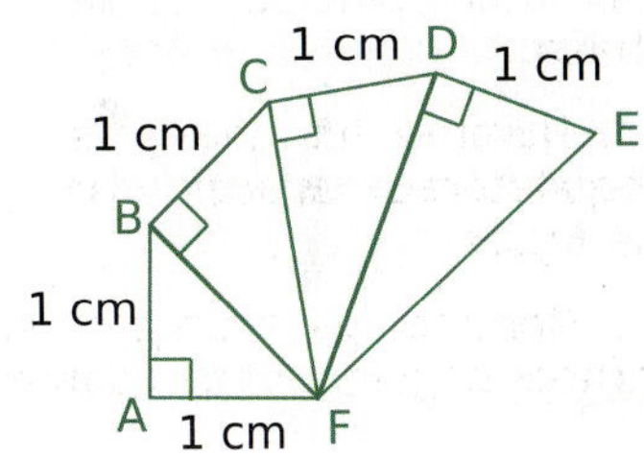

30 Même consigne qu'à l'exercice précédent.

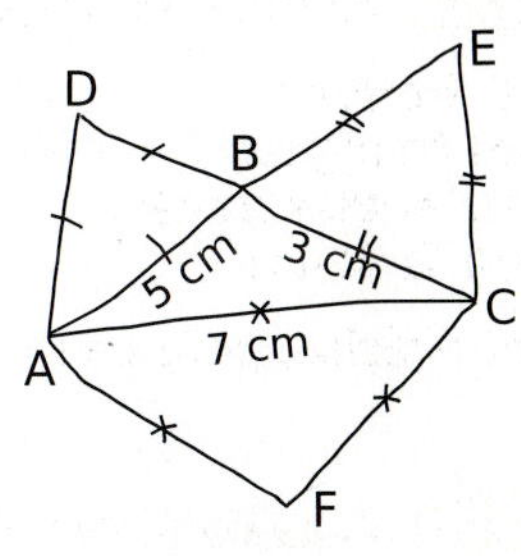

31 Construis une figure analogue à celle ci-contre, à partir d'un triangle isocèle ABC, de sommet principal A, tel que BC = 10 cm et AC = 14 cm.

Quadrilatères

32 Recopie et complète les phrases en utilisant les mots : « côtés », « sommets », « diagonales », « opposés » et « consécutifs ».

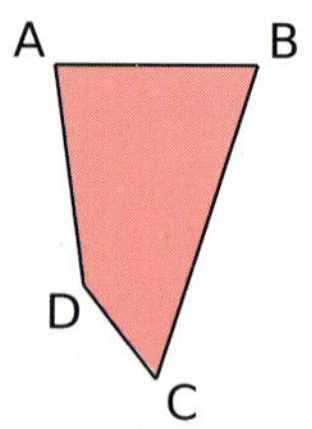

Dans le quadrilatère ABCD,

a. [AB] et [CD] sont des … ;

b. C et D sont des … ;

c. [AD] et [BC] sont des … … ;

d. [AC] et [BD] sont les … ;

e. A et C sont des … … ;

f. [AB] et [BC] sont des … … .

33 Recopie et complète chaque phrase.

a. Dans le quadrilatère AGHF, … est le côté opposé au côté [FH].

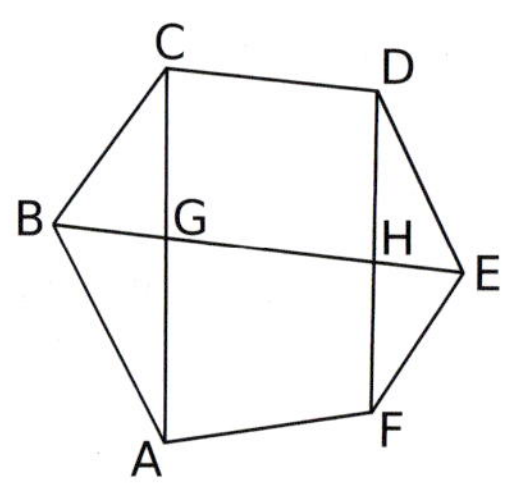

b. Dans le quadrilatère … , [BE] et [EF] sont des côtés consécutifs.

c. Dans le quadrilatère DCGE, [CD] et [GE] sont des côtés …

d. Dans le quadrilatère FDCA, les côtés consécutifs au côté [CD] sont … et … .

34 Géométrie Dynamique

Le théorème de Varignon

a. Trace un quadrilatère quelconque ABCD. Place I, J, K et L, milieux respectifs des côtés [AB], [BC], [CD] et [DA].

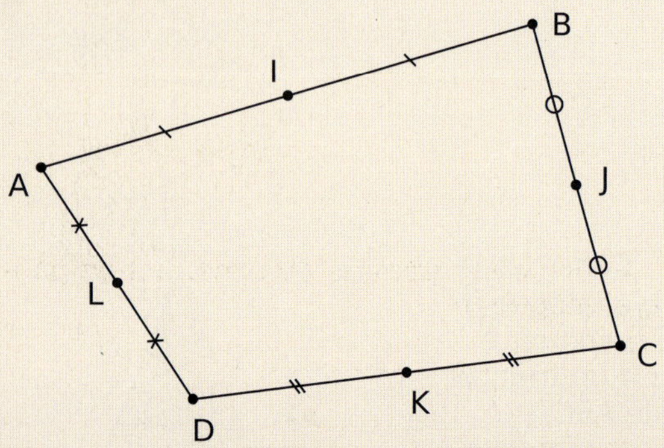

b. Trace les droites (IL) et (JK) en vert. Déplace les sommets. Que remarques-tu ?

c. Trace les droites (IJ) et (LK) en rouge. Déplace les sommets. Que remarques-tu ?

d. Quelle est la nature du quadrilatère IJKL ? Vérifie avec les fonctions du logiciel.

Quadrilatères particuliers

35 Donne le nom et la nature de chaque quadrilatère dessiné ci-dessous.

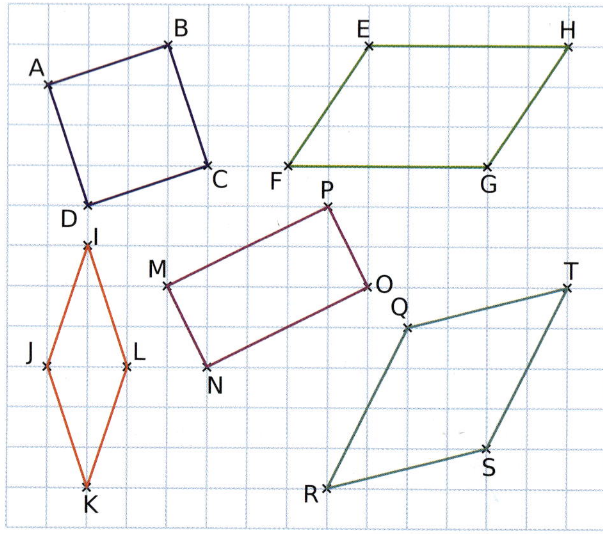

36 Dans un quadrillage, reproduis cette figure.

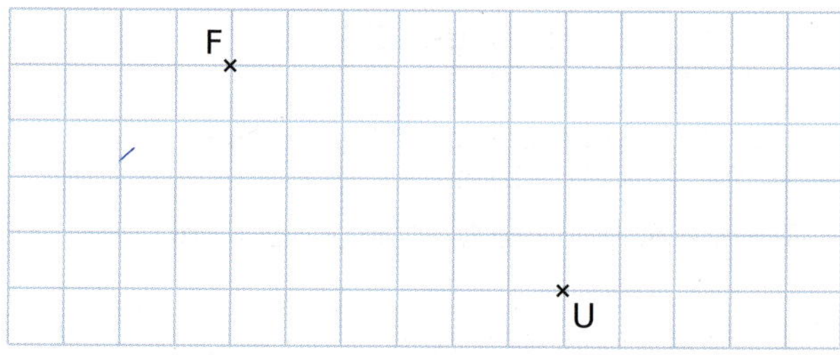

En utilisant le quadrillage et sans instrument, construis un rectangle FOUR et un rectangle FUME.

37 Observe la figure ci-dessous. Sachant que le cercle a pour centre A, nomme un carré, un rectangle et un losange.

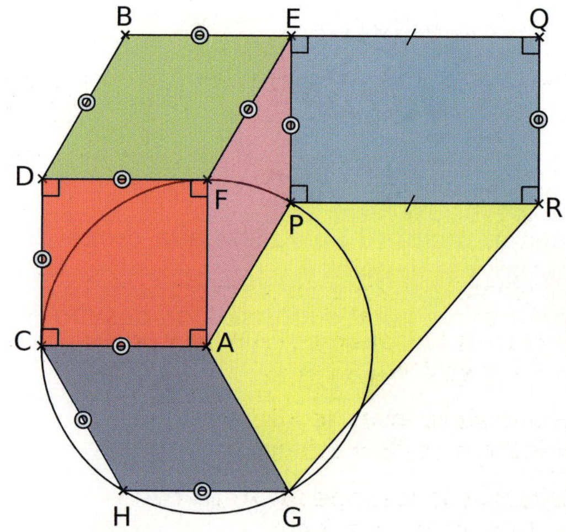

38 Les quadrilatères ci-dessous sont tracés à main levée.

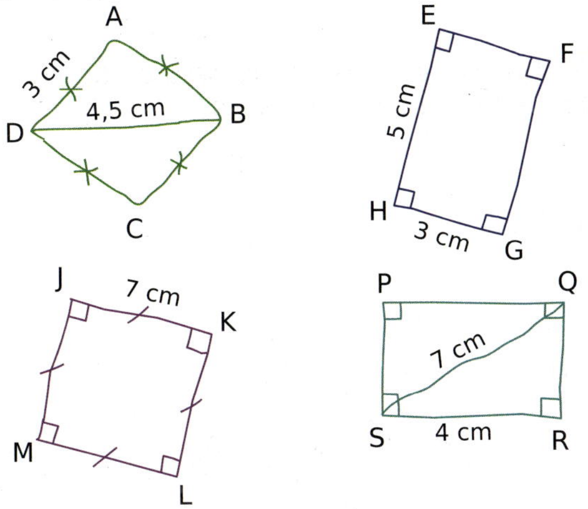

a. Donne la nature de chaque quadrilatère. Justifie.

b. Construis chacun de ces quadrilatères en vraie grandeur.

39 Dans chaque cas ci-dessous, trace une figure à main levée, puis réalise la figure en vraie grandeur.

a. Construis un rectangle LOUP tel que : LO = 8 cm et LP = 6 cm.

b. Construis un rectangle GRIS tel que : GR = 9 cm et GI = 12 cm.

c. Construis un carré BLEU de côté 4 cm.

40 Même consigne qu'à l'exercice précédent.

a. Construis un rectangle NUIT tel que : UI = 9,5 cm et IT = 11,2 cm.

b. Construis un rectangle LUNE tel que : LU = 7,6 cm et LN = 16 cm.

c. Construis un carré JOUR de côté 6,2 cm.

41 ***Triangle et losange***

a. Construis un triangle isocèle ABC, de sommet principal C, tel que AB = 3,5 cm et AC = 4,2 cm.

b. Complète la figure en construisant un point D, de sorte que ACBD soit un losange.

42 Même consigne qu'à l'exercice **39**.

a. Construis le losange CRAN tel que : CA = 5 cm et CR = 6 cm.

b. Construis le losange PEUR tel que : PU = 7,2 cm et PE = 5,5 cm.

c. Construis le losange RAGE tel que : RG = 8 cm et RA = 4,3 cm.

43 ***Cascade de losanges***

a. Trace un segment [AB] de longueur 10 cm. Sur ce segment, place les points C, D, E et F tels que AC = CD = DE = EF = FD = 2 cm.

b. Construis les losanges AHBG, CKFJ et DMEL dont les côtés mesurent 6 cm.

c. Que remarques-tu ?

44 **Géométrie Dynamique**

a. Place trois points A, B et C, puis construis le parallélogramme ABCD. Explique comment tu procèdes.

b. Place deux points A et B, puis construis un carré ABCD. Explique comment tu procèdes.

45 Écris une consigne de construction pour chaque quadrilatère de l'exercice **38**.

46 Écris un texte pour décrire les différentes étapes de la construction suivante.

Étape 1

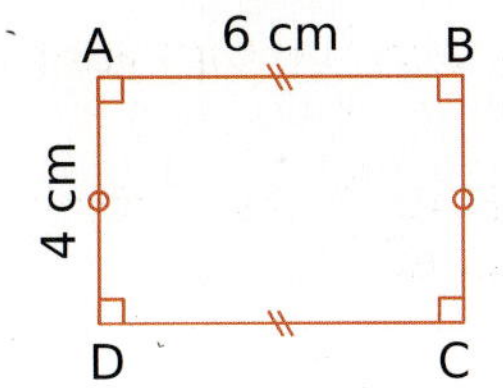

Étape 2

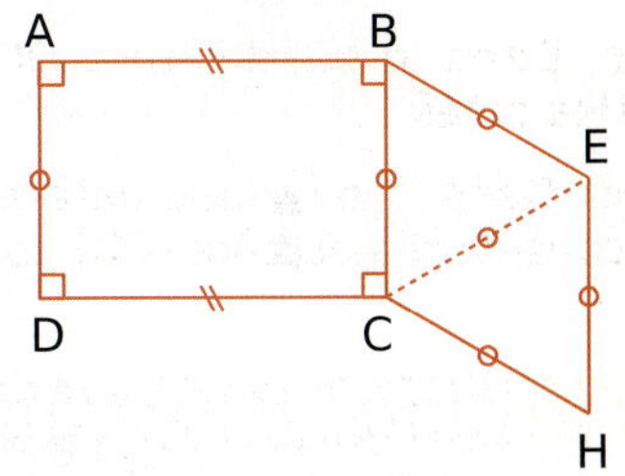

Étape 3

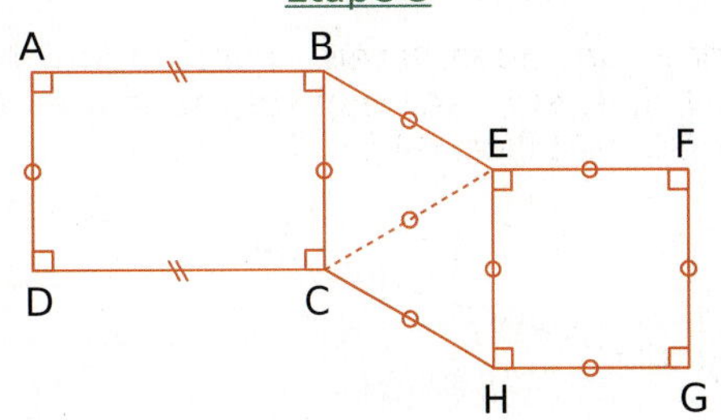

47 Écris un programme de construction pour la figure ci-dessous.

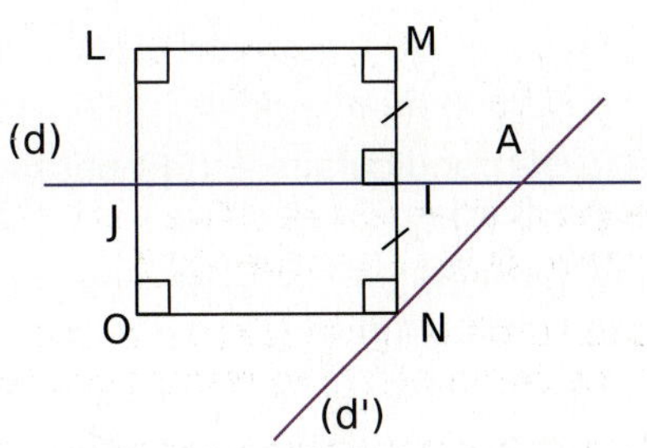

(d') // (OM)
LM = MN = 5 cm

48 Réponds à chaque question ci-dessous en expliquant ta réponse.

a. Un triangle équilatéral peut-il être rectangle ?

b. Un losange peut-il être un rectangle ?

c. Un quadrilatère a ses côtés opposés parallèles. Est-ce forcément un rectangle ?

d. Un quadrilatère a ses côtés perpendiculaires deux à deux. Est-ce forcément un rectangle ?

49 Reproduis la figure ci-dessous en triplant ses dimensions.

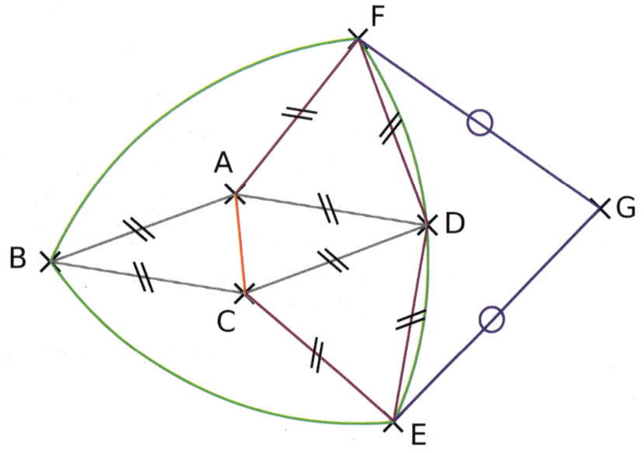

50 Marcel a fait un croquis légendé, à main levée, de la figure intitulée « les lunules d'Hippocrate ».
Reproduis-la en vraie grandeur sur ton cahier.

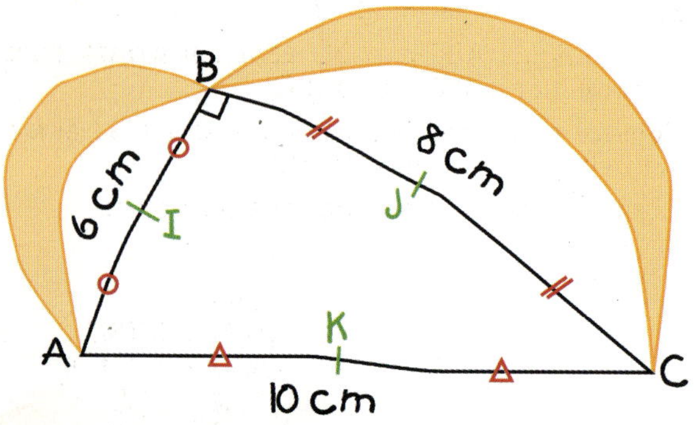

51 Trace un rectangle ABCD de telle sorte que AB = 4 cm et AC = 9 cm.

a. La médiatrice du segment [AC] coupe le segment [AD] en E, et [BC] en F.

b. La droite perpendiculaire à (EF) passant par le point E coupe [DC] en G.

c. La droite perpendiculaire à (EF) passant par le point F coupe [AB] en H.

d. Où semblent se couper les droites (EF), (AC) et (GH) ?

52 Voici une figure fractale d'un triangle équilatéral.
Reproduis-la sur ton cahier, sachant que le plus grand triangle mesure 12 cm de côté et que chaque triangle intérieur a ses sommets positionnés au quart de la longueur des côtés du triangle précédent.

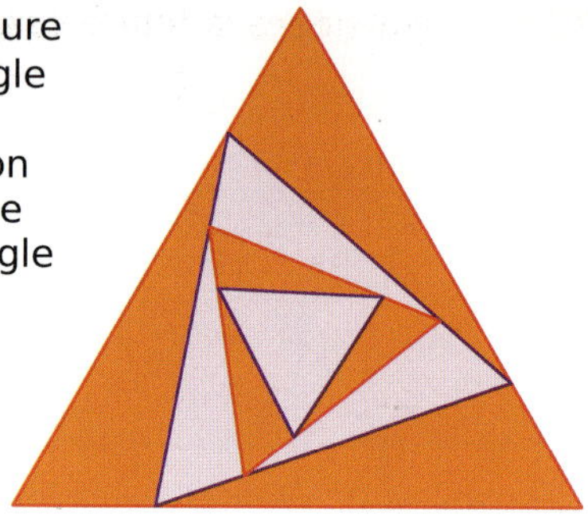

53 ***Construction d'un pentagone régulier***

a. Trace un segment [MA] de longueur 10 cm.

b. Trace le cercle ($\mathscr{C}$) de diamètre [MA] et de centre le point O.

c. Trace la médiatrice de [MA]. Elle coupe le cercle ($\mathscr{C}$) en N.

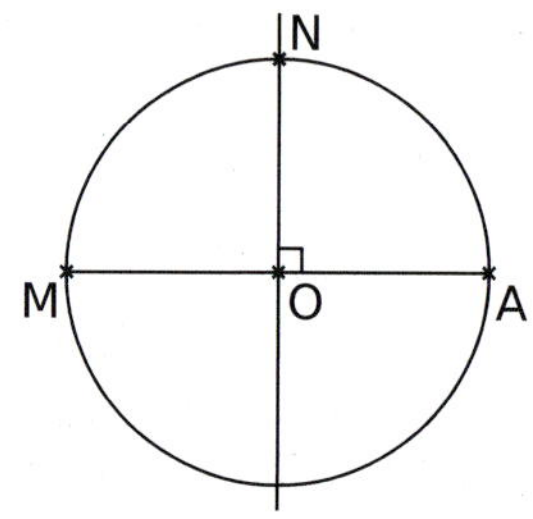

d. Construis le milieu P du segment [MO].

e. Trace le cercle de centre P passant par N. Il coupe le segment [MA] en R.

f. Trace la médiatrice de [OR]. Elle coupe le cercle ($\mathscr{C}$) en deux points B et E.

g. Le segment [AB] est un côté du pentagone. Reporte sa longueur à partir du point B sur le cercle ($\mathscr{C}$) pour obtenir le point C, puis le point D.

h. Construis le pentagone ABCDE.

i. Effectue cette construction avec un logiciel de géométrie dynamique.

54 ***À partir d'un hexagone régulier : la rose***

a. Trace un cercle de centre O et de rayon 8 cm.

b. Place un point A sur le cercle, puis trace l'hexagone régulier ABCDEF.

c. Place le milieu de chacun des côtés de l'hexagone et joins les points : tu obtiens un nouvel hexagone.

Recommence cinq fois, en suivant le même principe, puis colorie.

55 On considère la figure suivante.

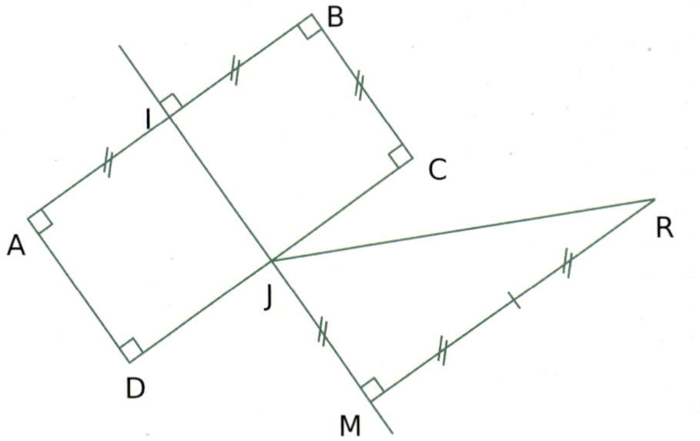

a. Rédige un programme de construction de cette figure.

b. Reproduis la figure, sachant que AB = 5 cm.

56 Sur la figure ci-dessous...

- les triangles verts sont équilatéraux ;
- le quadrilatère EBHL est un losange ;
- les points D, A, C et H sont alignés, ainsi que les points D, G et E, et enfin les points C, B et E.
- attention : les points P, E et L ne sont pas alignés.

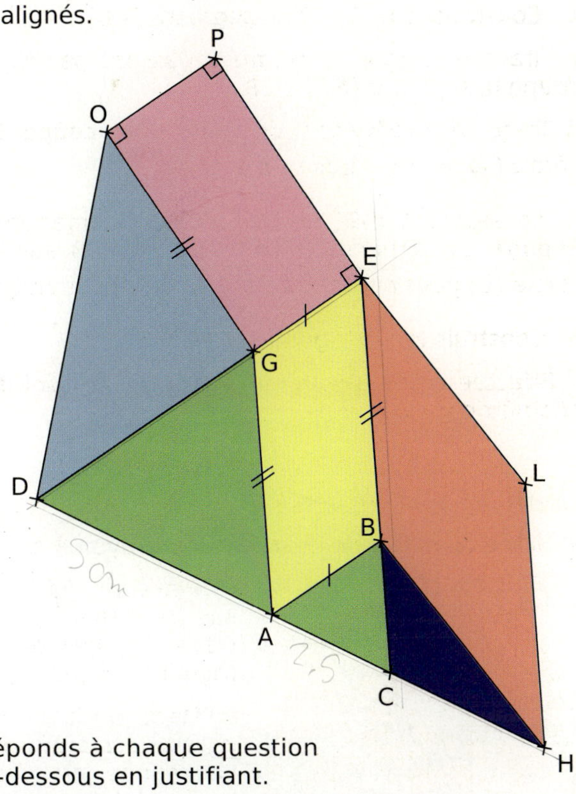

Réponds à chaque question ci-dessous en justifiant.

a. Quelle est la nature du quadrilatère OPEG ?

b. Quelle est la nature du triangle ODG ?

c. Quelle est la nature du triangle DEC ?

d. Reproduis cette figure, sachant que : AD = 2 × AC = 5 cm.

57 **Géométrie Dynamique**

Le théorème de Van Aubel

a. Trace un quadrilatère quelconque ABCD.

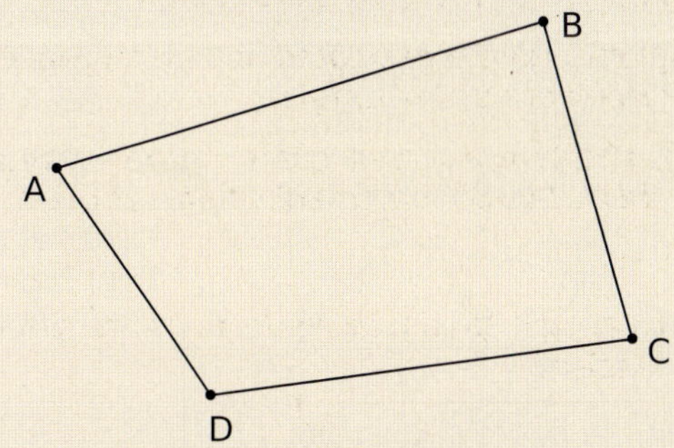

b. À l'extérieur de ce quadrilatère, et sur chaque côté de celui-ci, trace un carré.
Le centre du carré de côté [AB] est le point P, celui du carré de côté [BC] est le point Q, celui du carré de côté [CD] est le point R, et celui du carré de côté [DA] est le point S.
Place chacun de ces points.

c. Que peux-tu dire des segments [PR] et [QS] ?

58 ***Une belle figure sur feuille blanche***

- Trace un segment [BC] de longueur 13 cm.
- Construis un triangle ABC tel que : AB = 12 cm et AC = 14 cm.
- Construis un triangle DBC tel que : BD = 14 cm et DC = 12 cm.
- Les triangles ABC et ADC sont construits dans le demi-plan supérieur à (BC).
- Construis les mêmes triangles dans le demi-plan situé en dessous de (BC).
- Trace ensuite les hauteurs des triangles.

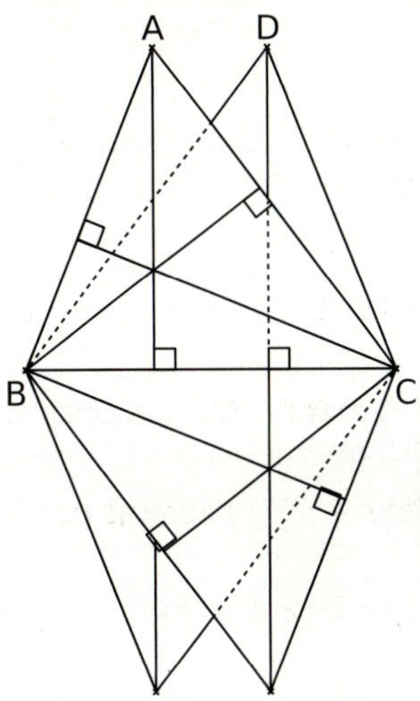

d'après
« LA GÉOMÉTRIE
... pour le plaisir »

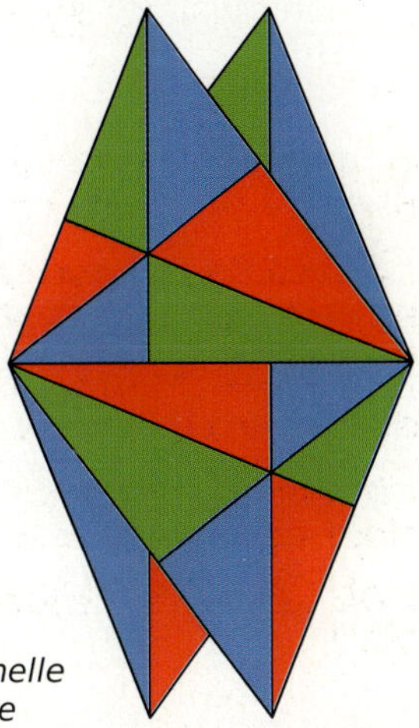

Avec l'autorisation exceptionnelle de Jocelyne et Lysiane Denière

		R1	R2	R3	R4
1	Si ANG est un triangle isocèle en G, alors...	AN = AG	AG = GN	N appartient au cercle de centre A et de rayon [AG]	N appartient au cercle de centre G et de rayon [AG]
2	Si RST est un triangle rectangle en T, alors...	RS = ST	$(ST) \perp (RS)$	$(ST) \perp (TR)$	RS > ST et RS > RT
3	Sur la figure ci-dessous... 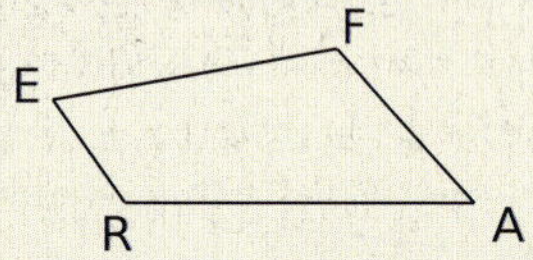	[AF] et [RE] sont des côtés consécutifs	le quadrilatère peut se nommer EFAR	[EA] et [FR] sont des diagonales	E et A sont des sommets opposés
4	Sur la figure ci-dessous... 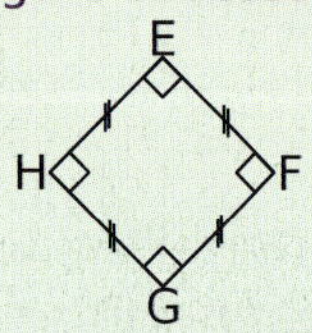	EHFG est un carré	EHF est un triangle isocèle rectangle en H	EFGH est un carré	HFG est un triangle équilatéral
5	Si ROSE est un losange, alors...	le triangle ROS est isocèle en O	[OS] est une diagonale	[OS] est un côté	[RS] est une diagonale
6	Si MNPQ est un rectangle, alors...	$(MN) \perp (NP)$	$(MN) \perp (MP)$	(QP) // (NM)	$(MP) \perp (NQ)$
7	Sur la figure ci-dessous... 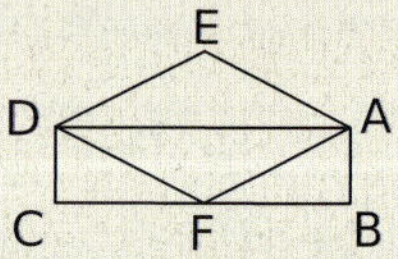 Si ABCD est un rectangle et AFDE est un losange, alors on a aussi...	AFD triangle isocèle en F	ABD triangle rectangle en D	ADFB trapèze	EAF triangle équilatéral

! Récréation mathématique

Artistes en géométrie

a. Recherche des informations sur le peintre Pietr Mondrian, et notamment sur ses œuvres peintes à Paris.

b. Quelles figures géométriques sont souvent visibles dans ses toiles ?

c. À la manière de Mondrian, sur une feuille blanche, trace un cadre avec, à l'intérieur, des droites parallèles verticales et horizontales. Puis colorie en t'inspirant des œuvres de cet artiste.

d. L'artiste Vassily Kandinsky, lui aussi, a travaillé à partir de figures géométriques. Cite le nom de certaines de ses œuvres.

e. Recherche d'autres artistes ayant travaillé avec des figures géométriques.

G4 Symétrie axiale

- *Définition de la symétrie axiale*
- *Dans un quadrillage*
- *Constructions*
- *Propriétés de la symétrie axiale*

1 Miroir, mon beau miroir...

→ Cours : 1

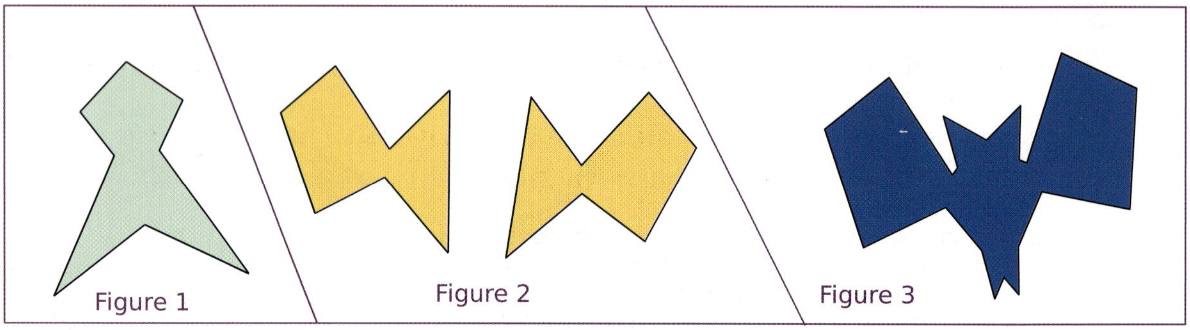

a Observe les trois figures ci-dessus.

- Quel est leur point commun ? Comment peux-tu le mettre en évidence ?
- Dans des publicités ou des magazines, trouve des images ou des logos qui ont la même propriété.

b À l'aide de papier calque, complète la figure ci-contre avec un minimum de tracés pour que la droite (d) soit son **axe de symétrie**.

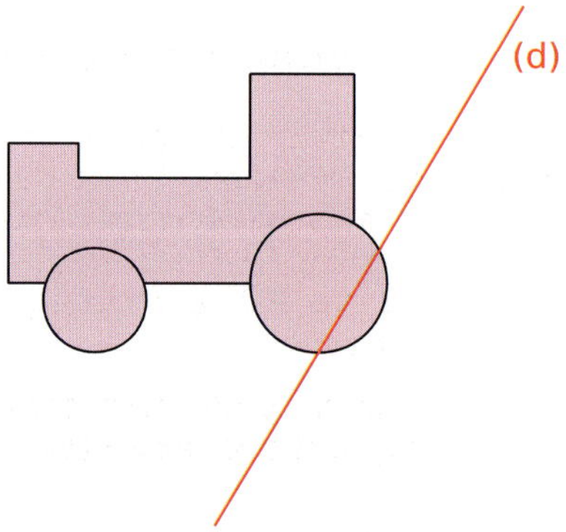

2 Une droite bien connue

→ Cours : 2

a Sur la figure ci-contre, quel est le symétrique du point A par rapport à l'axe (d) ?
Trouve les paires de points symétriques par rapport à la droite (d). Décalque-les, ainsi que la droite (d).

b Quel est le symétrique du point J par rapport à l'axe (d) ?
Un autre point a-t-il la même particularité ?

c Sur ton calque, relie les points qui sont symétriques. Que peux-tu dire de la droite (d) pour ces segments ?

d Trace le cercle de centre J passant par A, et celui de centre K passant par A.
Que remarques-tu ?
Trace un autre cercle passant par A et G. Où doit se situer son centre ?

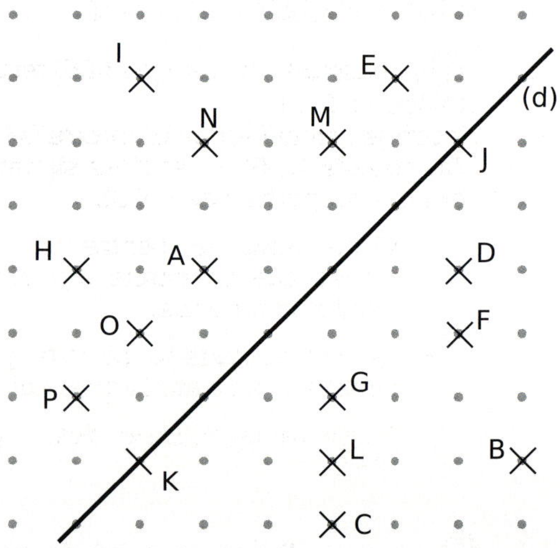

e Sur ton calque, place un point T qui n'est pas sur la droite (d).
Propose deux façons de construire son symétrique T' par rapport à (d) sans plier le calque.

3 Un peu de mesure

→ Cours : 3

a Symétrique d'un segment

- Trace une droite (d) et un segment [AB]. Construis le symétrique du segment [AB] par rapport à la droite (d).
- Compare les mesures des deux segments. Tes camarades obtiennent-ils la même remarque ?
- Romain avait construit le symétrique A'B'C' du triangle ABC par rapport à l'axe (d). Malheureusement, sa feuille s'est déchirée et il ne reste que la figure ci-contre. Romain doit déterminer le périmètre du triangle ABC. Explique comment il peut faire en utilisant uniquement la règle graduée, et sans tracé supplémentaire.

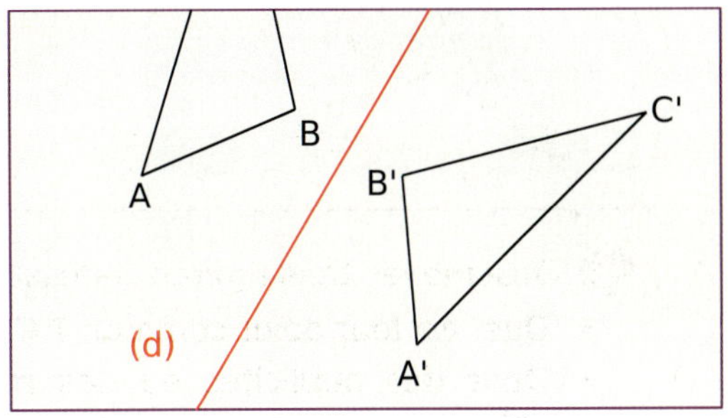

b Symétrique d'un cercle

- Reproduis la figure ci-contre, place un point M sur le cercle ($\mathscr{C}$), puis construis les points O' et M', symétriques respectifs de O et de M par rapport à (d).
  Quelle est la longueur de [O'M'] ? Justifie ta réponse.
- Construis le symétrique du cercle ($\mathscr{C}$) par rapport à la droite (d).

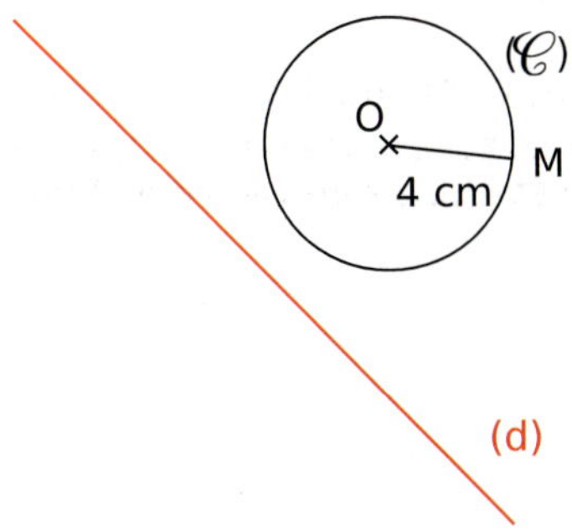

4 Symétrique d'une figure

→ Cours : 3

Géométrie Dynamique

a Construis un triangle ABC rectangle en A. On appelle I le milieu de [AC].
Trace le cercle ($\mathscr{C}$) de diamètre [AC]. Trace une droite (BU).
On appelle A', B', C' et I' les symétriques respectifs de A, B, C et I par rapport à l'axe (BU).

- Quels sont le centre et le rayon du cercle ($\mathscr{C}$'), symétrique du cercle ($\mathscr{C}$) par rapport à la droite (BU) ? Justifie ta réponse.
- Que remarques-tu pour le point B' ? Que se passe-t-il lorsque l'axe passe par le point I ? Comment l'expliquer ?
- Compare la mesure des angles des triangles ABC et A'B'C'.

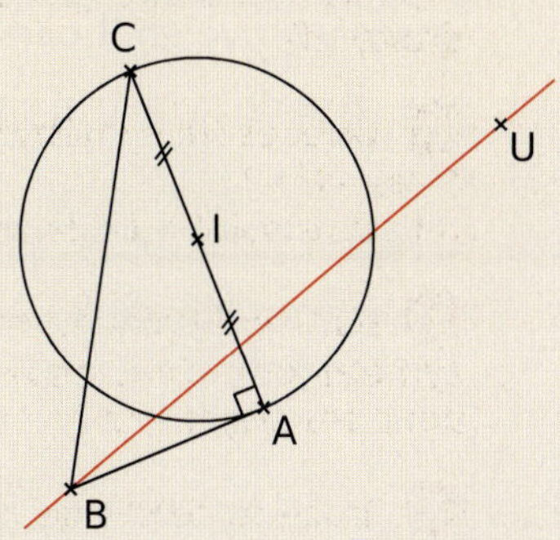

b Le point D est un point du cercle ($\mathscr{C}$), tel que l'angle $\widehat{CAD}$ mesure 35 °. On appelle D' le symétrique du point D par rapport à l'axe (BU).

Sans construire D', Anis dit qu'il est possible de trouver la mesure de l'angle $\widehat{C'A'D'}$. Comment fait-il ?

c Énonce les grandeurs qui sont conservées lors d'une symétrie axiale.

1 Figures symétriques

Définitions Deux figures sont **symétriques** par rapport à une droite si elles se superposent par pliage le long de cette droite.
Cette droite est appelée l'**axe de symétrie**.

Exemple :

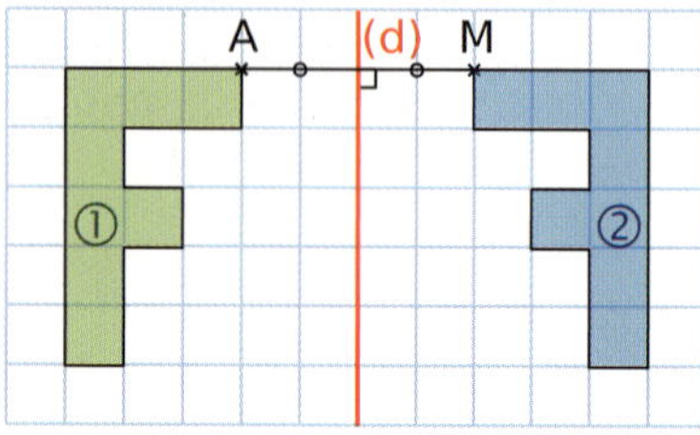

Les figures ① et ② se superposent par pliage le long de la droite (d). Donc elles sont symétriques par rapport à la droite (d).
On dit également que la figure ② est le symétrique de la figure ① dans la symétrie axiale d'axe (d).

Deux points sont symétriques par rapport à une droite s'ils se superposent par pliage le long de cette droite.
Ici, les points A et M sont symétriques par rapport à la droite (d).

2 Symétrique d'un point

Définition Le **symétrique d'un point** A par rapport à une droite (d) est le point M, tel que la droite (d) soit la médiatrice du segment [AM] (c'est-à-dire tel que (d) soit la perpendiculaire au segment [AM] en son milieu).

Remarque : Si un point appartient à une droite, alors son symétrique par rapport à cette droite est le point lui-même.

Exemple :
Construis le point S, symétrique du point P par rapport à la droite (d).

▶ **Dans un quadrillage**

- Axe de symétrie horizontal ou vertical

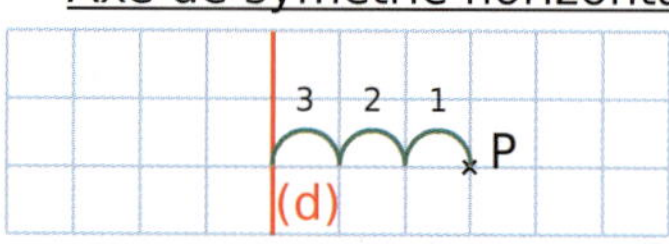

On part du point P vers (d).
On y arrive en **3 carreaux**.

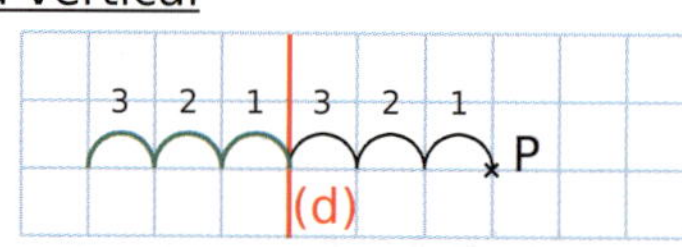

Puis, on reproduit le trajet de **3 carreaux vers la gauche**.

S est le symétrique du point P par rapport à (d).

- Axe de symétrie en diagonale

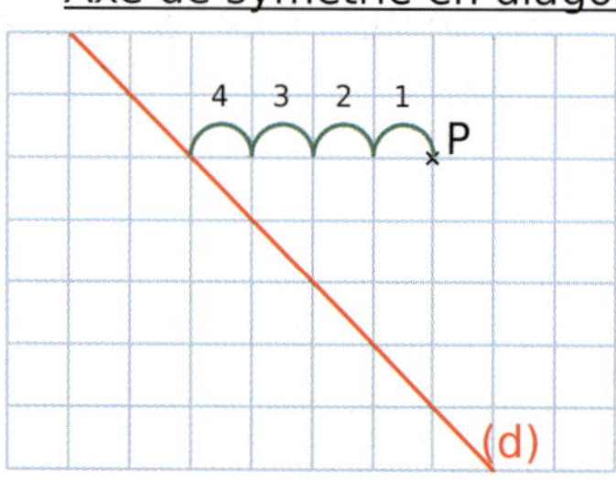

On part du point P vers (d).
On y arrive en **4 carreaux**.

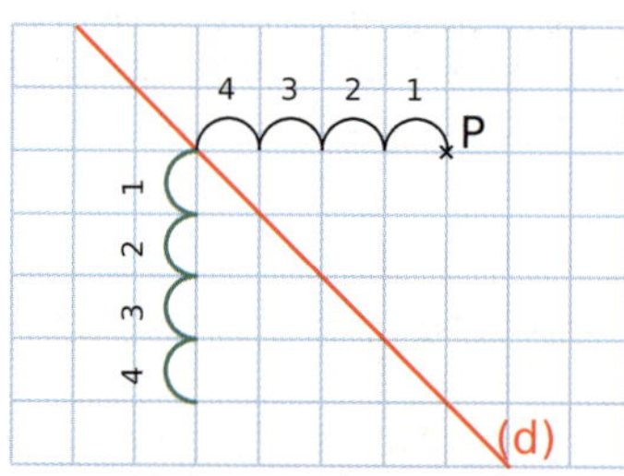

Puis, on descend de **4 carreaux**.

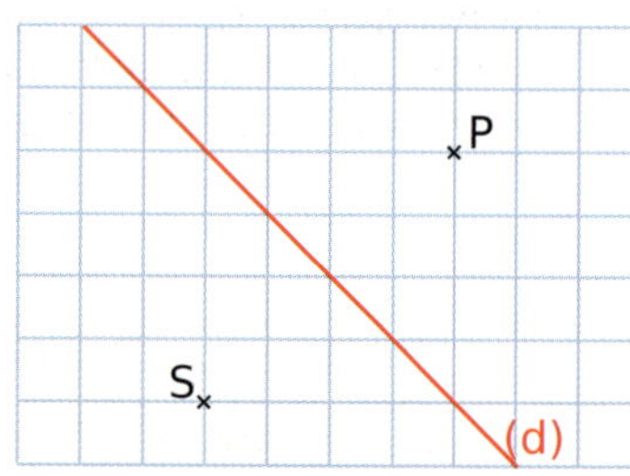

S est le symétrique du point P par rapport à (d).

Remarque :
On peut également compter les carreaux en diagonale.

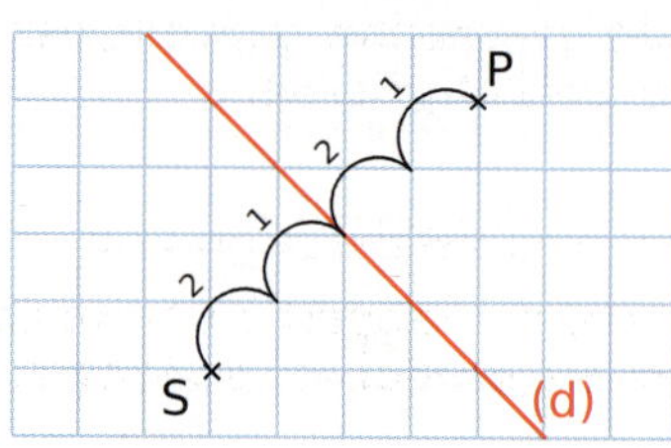

Avec l'équerre et la règle graduée

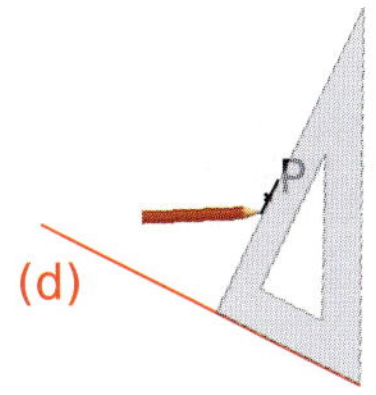

On construit la **perpendiculaire à (d) passant par le point P**.

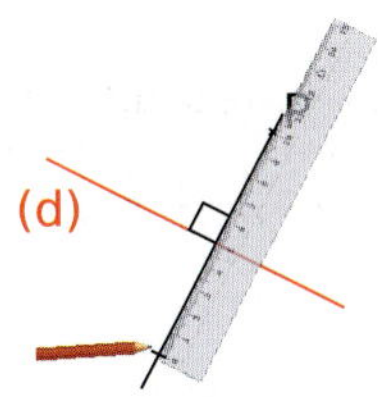

On reporte la distance de P à (d) **de l'autre côté de (d)** sur cette perpendiculaire.

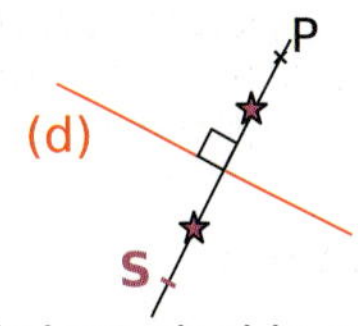

On obtient ainsi le point **S** tel que (d) soit la médiatrice de [PS].

Avec le compas (1)

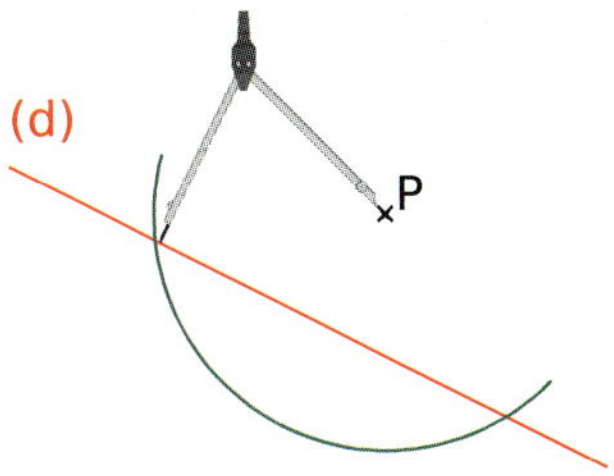

On trace un **arc de cercle de centre P** qui coupe l'axe en deux points.

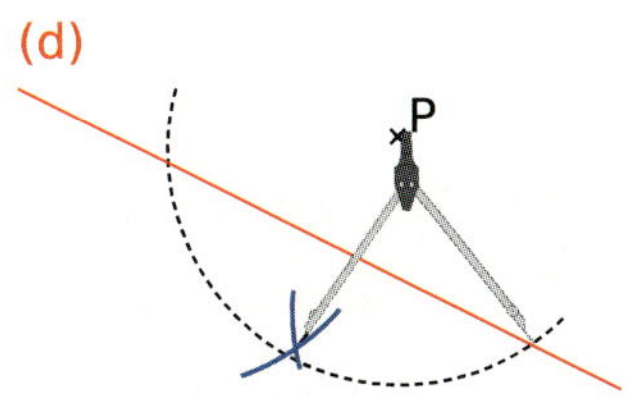

De l'autre côté de la droite (d), on trace **deux arcs de cercle** de même rayon et de centres les deux points précédents.

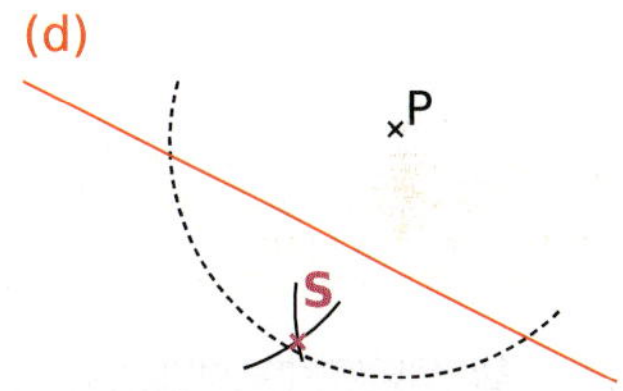

Ces deux arcs se coupent en un point qui est le point **S**.

Avec le compas (2)

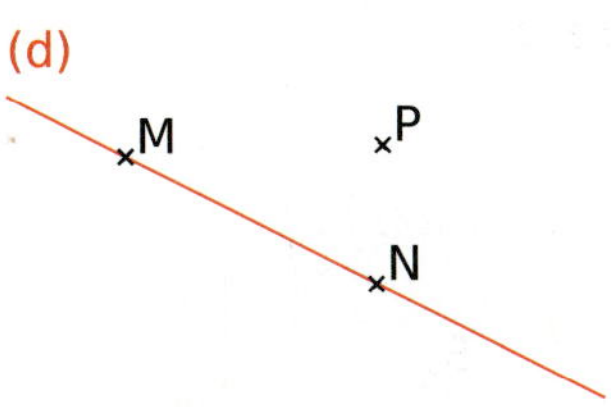

On prend deux points distincts quelconques M et N sur la droite (d).

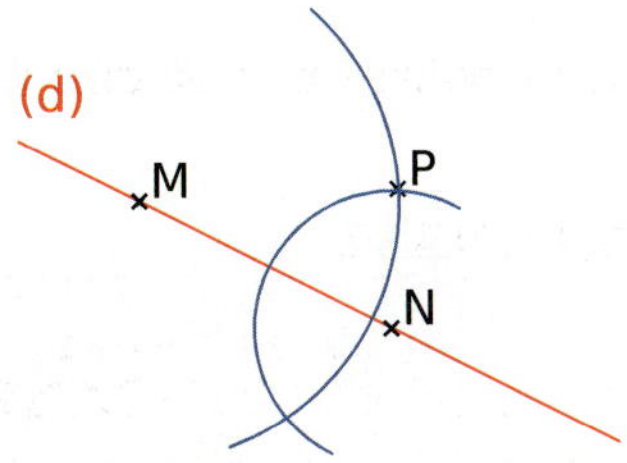

On trace **deux arcs de cercle** de centres les deux points précédents et passant par P.

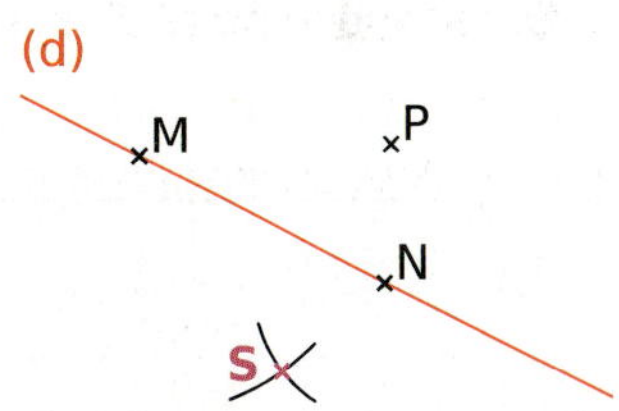

Ces deux arcs se coupent en un point qui est le point **S**.

Remarque : Cette méthode est plus intéressante que la précédente si on a beaucoup de symétriques de points à construire : il n'y a que deux points sur l'axe de symétrie, et non plus un faisceau d'arcs de cercle qui peut induire en erreur.

3 Propriétés de la symétrie axiale

Propriété 1 **Symétrique d'une droite**

Le symétrique d'une droite par rapport à un axe est **une droite**.
La symétrie axiale **conserve l'alignement**.

Propriété 2 **Symétrique d'un segment**

Le symétrique d'un segment par rapport à un axe est **un segment de même longueur**. La symétrie axiale **conserve les longueurs**.

Cours

Remarque : Le symétrique du milieu d'un segment est le milieu du segment symétrique.

Propriété 3 **Symétrique d'un cercle**

Le symétrique d'un cercle par rapport à un axe est **un cercle de même rayon**.
Les centres des cercles sont symétriques par rapport à cet axe.

Exemples :

Symétrique d'une droite

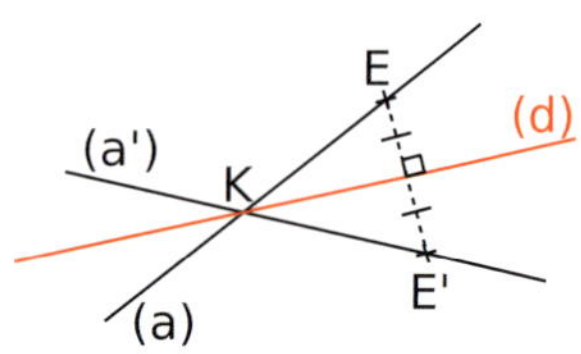

Symétrique d'un segment

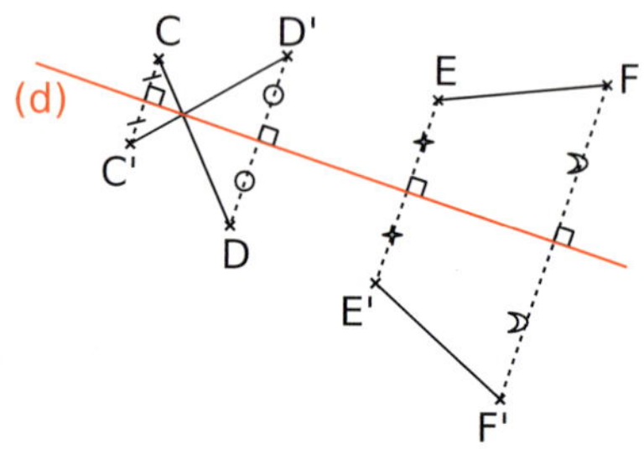

Symétrique d'un cercle

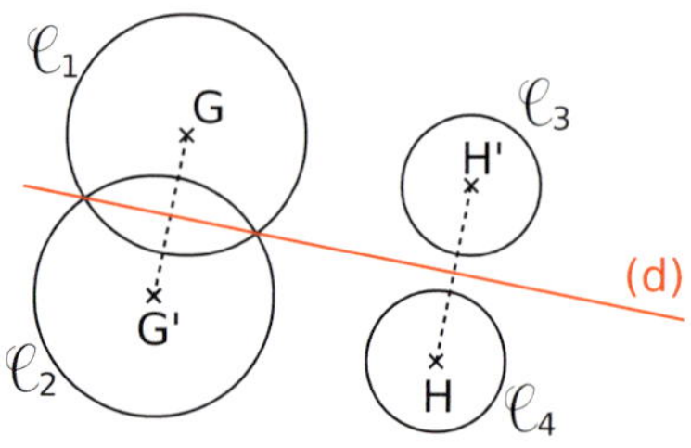

Propriété 4 La symétrie axiale **conserve les mesures des angles, les périmètres et les aires**.

Propriété 5 Pour construire le symétrique d'une figure complexe, on la décompose en **figures usuelles** et on construit le symétrique de chacune d'elles.

Exercices « À toi de jouer ! »

1 Reproduis puis construis le symétrique de chaque figure par rapport à la droite (d).

a.

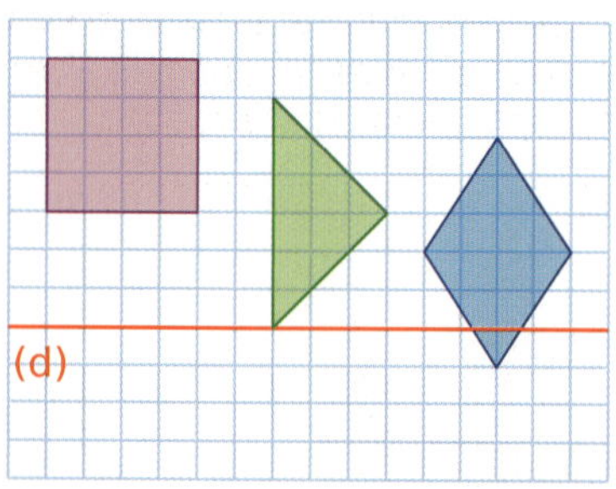

b.

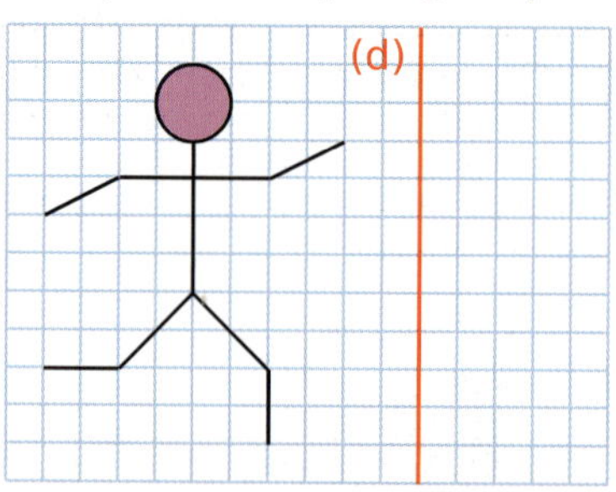

c.

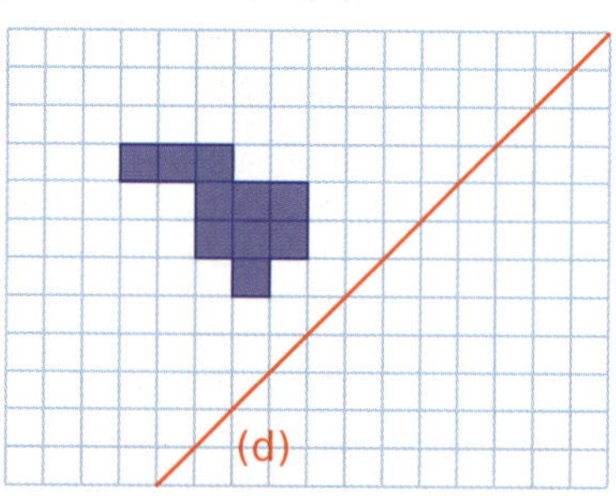

2 Trace deux droites sécantes (d') et (d''), puis place un point A qui n'appartient ni à (d'), ni à (d''). Construis les symétriques A' et A'' de A par rapport à (d') et à (d'').

3 Construis un triangle ABC. Construis le point D, symétrique de B par rapport à (AC).

4 Trace une droite (d) et un point F qui n'est pas sur (d). Trace le cercle de centre F et de rayon 5 cm. Trace son symétrique par rapport à (d). Quel est son périmètre ?

Définition de la symétrie axiale

5 Dans chaque cas ci-dessous, indique si les figures rouge et orange sont symétriques par rapport à une droite.

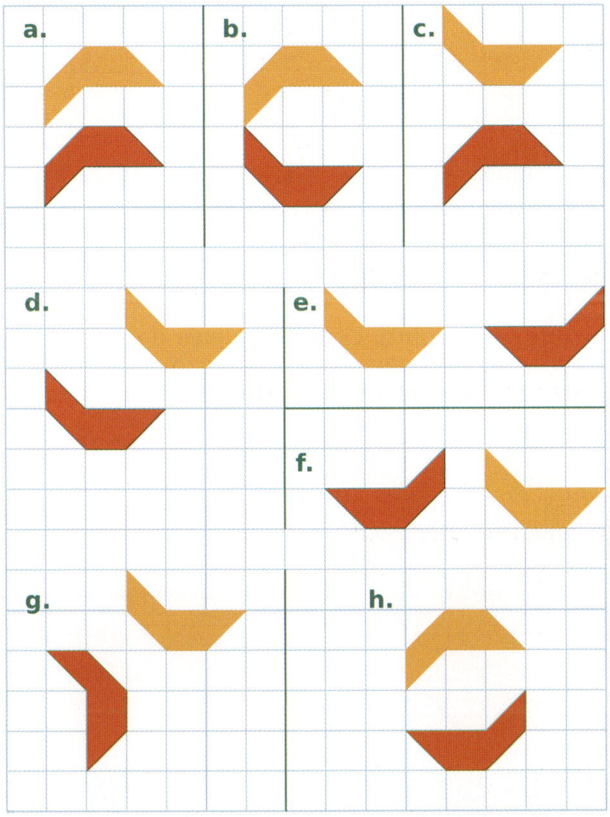

6 Dans chaque cas ci-dessous, indique si les figures mauve et bleue sont symétriques par rapport à une droite.

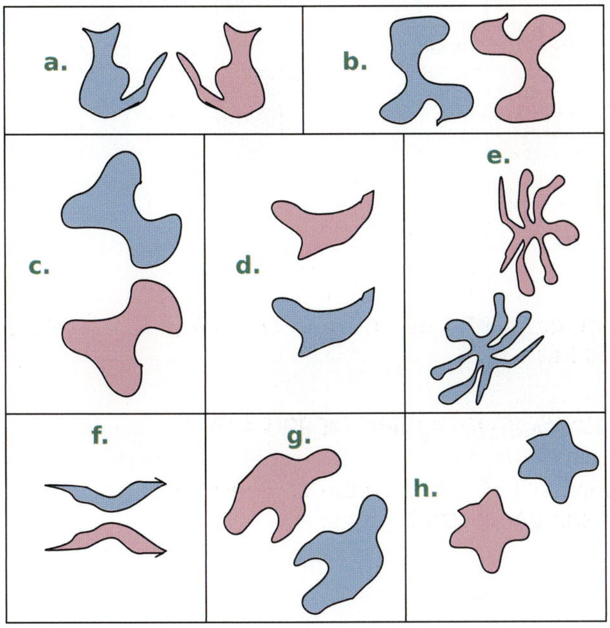

7 Pourquoi les figures bleue et verte ne sont-elles pas symétriques par rapport à la droite (d) ?

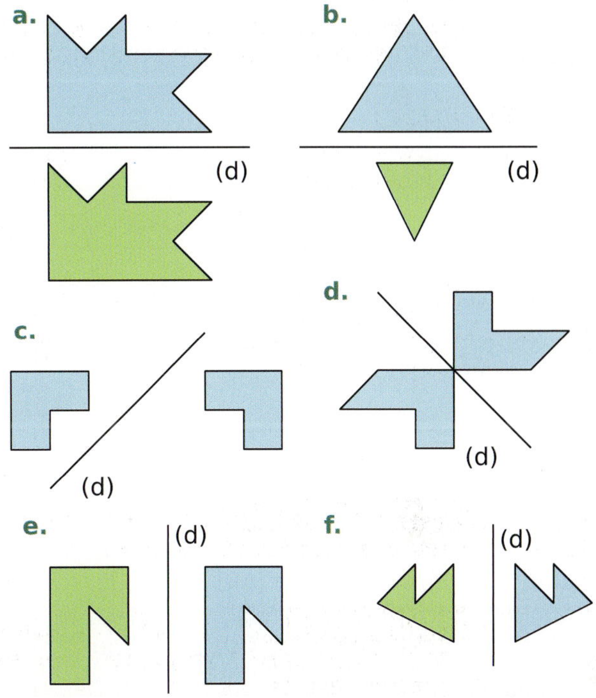

8 Sur du papier calque, trace une droite en rouge. Cette droite partage ton calque en deux.
Sur la première moitié du calque, dessine un motif en t'inspirant du dessin ci-contre, puis plie ton calque et complète le dessin pour que ta figure soit symétrique par rapport à l'axe rouge.

9 Trouve les erreurs qui se sont glissées sur ces deux figures pour qu'elles soient parfaitement symétriques par rapport à la droite rouge.

Dans un quadrillage

10 Reproduis la figure ci-dessous.

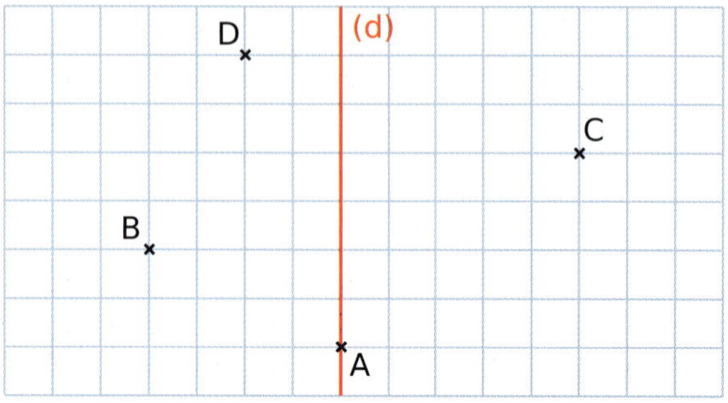

a. Place les points B', C' et D', symétriques respectifs des points B, C et D par rapport à (d).

b. Quel est le symétrique du point A ?

c. Trace les segments [AB], [BC] et [CD].
Par la symétrie d'axe (d)...
- quel est le symétrique de [AB] ? Trace-le.
- quel est le symétrique de [BC] ? Trace-le.
- quel est le symétrique de [CD] ? Trace-le.

d. Quel est le symétrique du triangle DCB par rapport à la droite (d) ?

11 Reproduis puis trace le symétrique de chaque triangle par rapport à la droite (d).

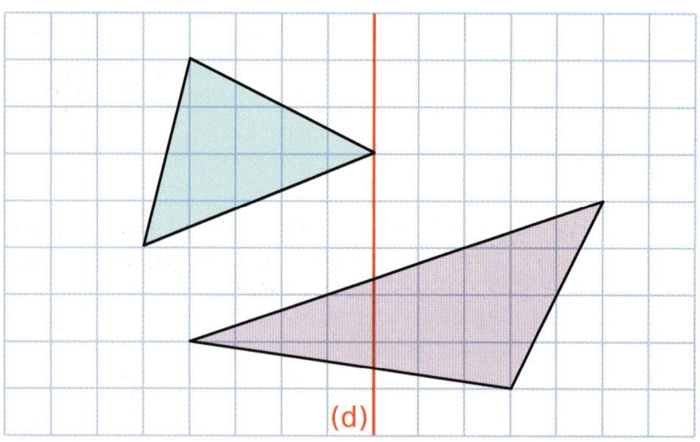

12 Reproduis puis trace le symétrique de la figure ci-dessous par rapport à la droite (d).

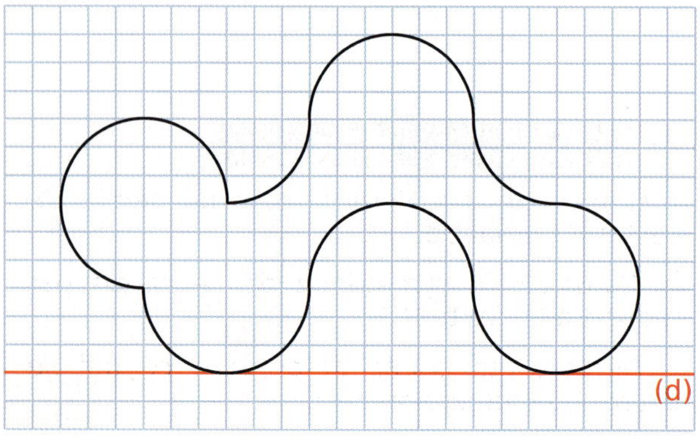

13 Reproduis cette figure puis trace son symétrique par rapport à l'axe rouge. Continue en répétant au moins une autre fois le motif.

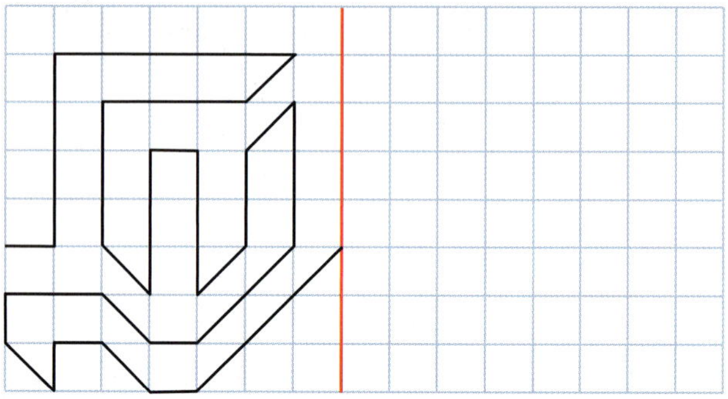

14 ***Points symétriques***

a. Sur cette figure, cite les couples de points qui sont symétriques par rapport à l'axe rouge.

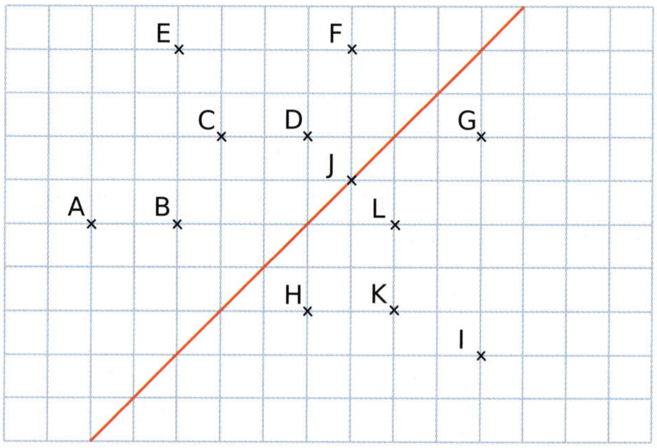

b. Écris trois phrases du type : « L'axe rouge est la médiatrice du segment ... . ».

c. Reproduis cette figure et complète-la pour que chaque point ait un symétrique.

15 Reproduis la figure ci-dessous.

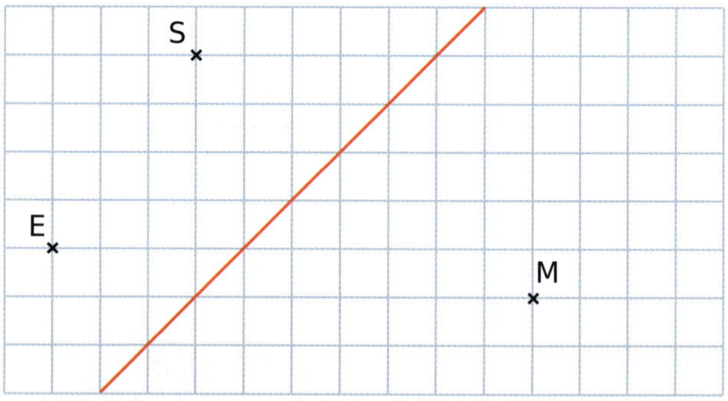

a. Place les points T, R et O, symétriques respectifs des points S, E et M par rapport à l'axe rouge.

b. Trace le triangle SEM.

c. Quel est son symétrique par rapport à l'axe rouge ? Trace-le.

16 Reproduis et construis le symétrique des cercles ci-dessous par rapport à la droite (d).

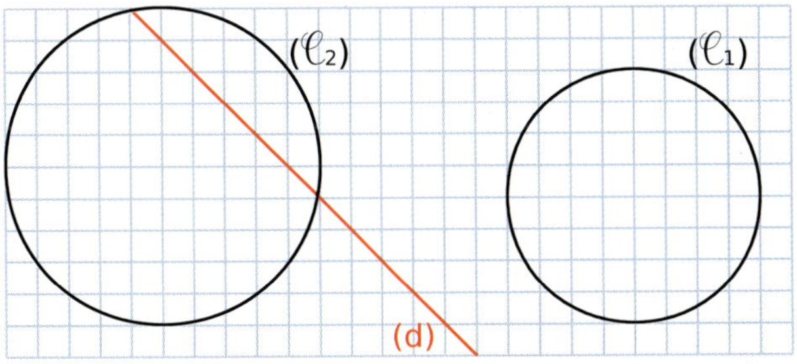

17 Reproduis la figure suivante, puis trace son symétrique par rapport à la droite (d).

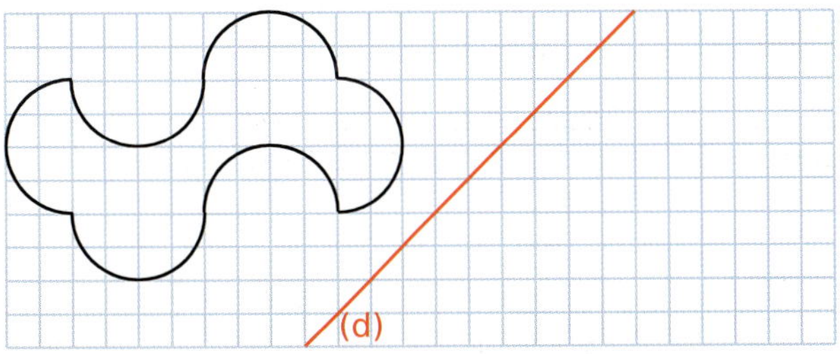

18 Reproduis et colorie le minimum de cases pour que l'axe rouge soit un axe de symétrie.

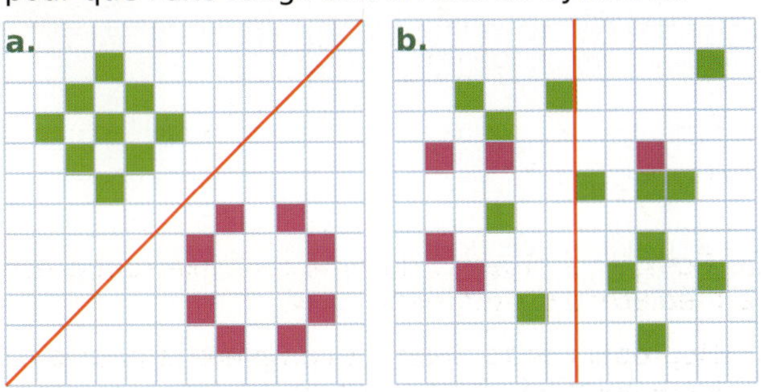

19 Reproduis puis trace le symétrique de chaque figure par rapport à la droite (d).

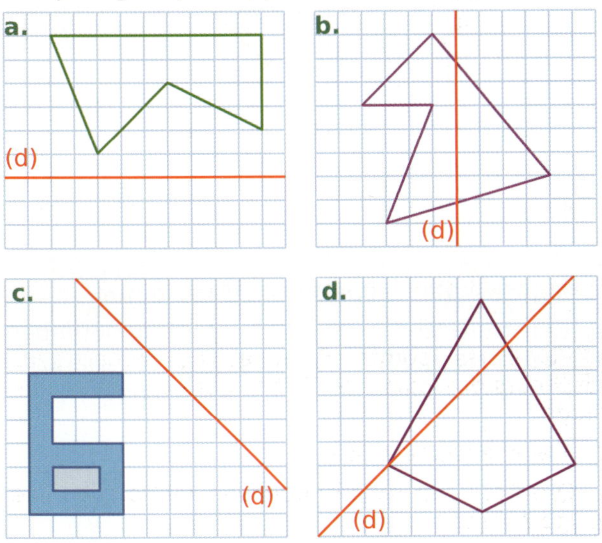

Constructions

20 Géométrie Dynamique

a. Trace une droite (AB) et place un point C.

b. Explique comment construire le symétrique du point C par rapport à la droite (AB), sans utiliser l'outil *Symétrie*.

21 Reproduis une figure semblable à la figure ci-dessous, puis construis le symétrique de chaque point A, B et C par rapport à la droite (d).

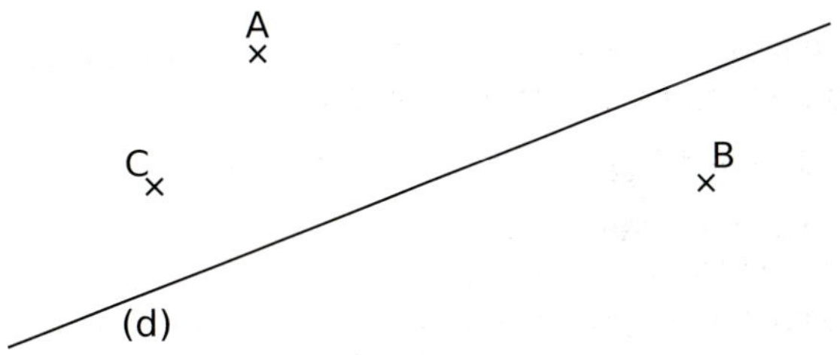

22 Reproduis une figure semblable à la figure ci-dessous, puis construis le symétrique de chaque segment [AB] et [CD] par rapport à (d).

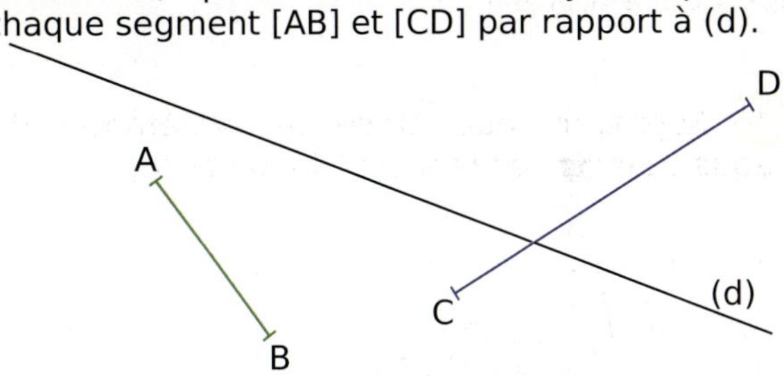

23 Reproduis une figure semblable à la figure ci-dessous, puis construis le symétrique de chaque cercle par rapport à la droite (d).

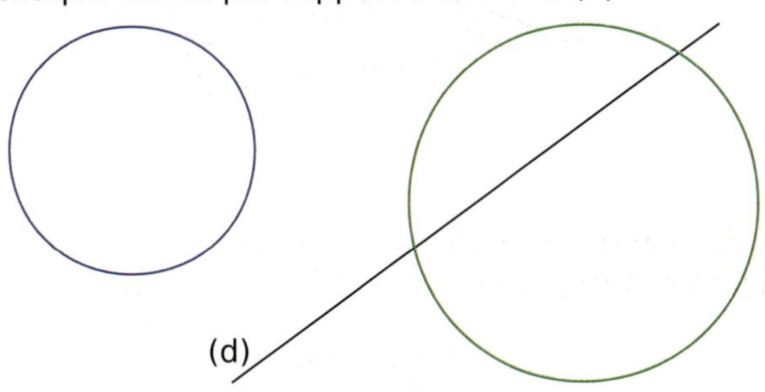

24 Géométrie Dynamique

a. Trace une droite (AB), puis un cercle de centre C passant par D.

b. Construis le symétrique de ce cercle par rapport à la droite (AB).

c. Déplace les points et observe ce qui se passe. Que remarques-tu ?

25 **Géométrie Dynamique**

a. Trace deux droites sécantes (AB) et (CD).

b. Construis le symétrique de la droite (AB) par rapport à la droite (CD).

c. Où se coupent la droite (AB) et son symétrique ?

d. Indique alors une technique pour construire le symétrique d'une droite (sécante à l'axe) en construisant le symétrique d'un seul point.

26 ***Symétrique d'un triangle***

a. Reproduis une figure similaire à celle ci-contre.

b. Construis le symétrique du triangle GHI par rapport à (d).

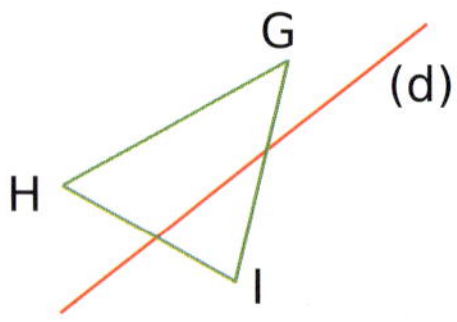

27 Dans chaque cas ci-dessous, décalque les deux figures, puis construis l'axe de symétrie (sans plier le calque).

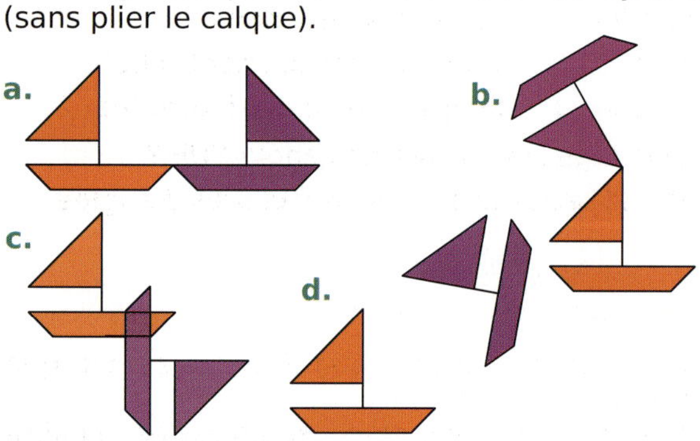

28 Observe bien cette cible, puis recopie et complète le tableau ci-dessous.

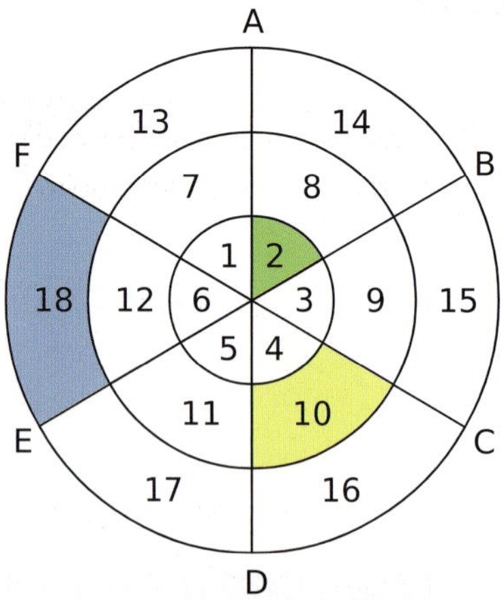

Symétrique de ... par rapport à la droite ...	(AD)	(EB)	(FC)
2			
10			
18			

Propriétés de la symétrie axiale

29 ***Symétrique d'un cercle***

a. Trace un cercle ($\mathscr{C}$) de centre G et de rayon 5 cm. Place deux points A et B sur ce cercle, non diamétralement opposés.

b. Trace le symétrique du cercle ($\mathscr{C}$) par rapport à la droite (AB).

c. Par quels points passent les deux cercles ? Justifie.

d. Que se passe-t-il si les points A et B sont diamétralement opposés ?

30 **Géométrie Dynamique**

a. Place deux points A et B, puis trace la droite (AB).

b. Trace le cercle de centre A passant par B, puis place un point C sur ce cercle.

c. Construis le point C' symétrique du point C par rapport à la droite (AB).

d. Déplace le point C. Que remarques tu ? Peux-tu l'expliquer ?

31 ***À propos des distances***

a. Reproduis une figure similaire à celle ci-contre.

b. Trace le symétrique [E'F'] du segment [EF] par rapport à la droite (d). Que peux-tu dire de la longueur du segment [E'F'] ? Justifie.

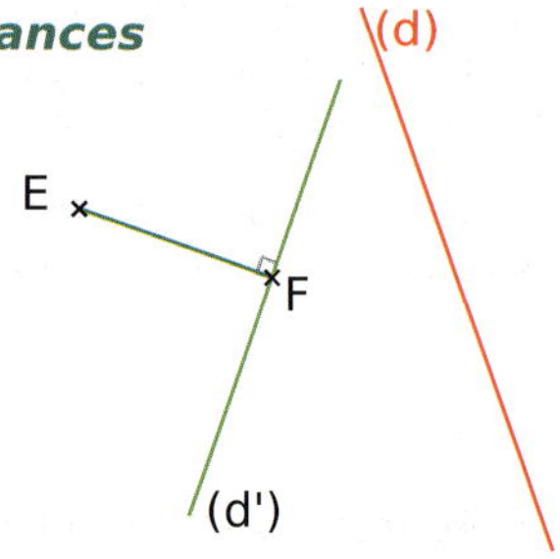

c. Que peux-tu dire du symétrique de (d') par rapport à (d) ? Trace alors ce symétrique.

d. Que peux-tu dire du symétrique du cercle de diamètre [EF] par rapport à (d) ? Justifie.

32 ***À propos de l'alignement***

a. Trace une droite (d). Place trois points A, B et C alignés et qui n'appartiennent pas à (d).

b. Construis les points A', B' et C' symétriques respectifs de A, B et C par rapport à (d).

c. Que dire des points A', B' et C' ? Justifie.

33 ***À propos des milieux***

a. Effectue ce programme de construction.

- Tracer un segment [KL] de longueur 7 cm.
- Placer le point M sur [KL] tel que LM = 2 cm.
- Placer le milieu I du segment [ML].
- Placer le milieu J du segment [MK].
- Tracer la droite (d), passant par M et perpendiculaire à (KL).
- Tracer le symétrique I' de I par rapport à (d) et le symétrique J' de J par rapport à (d).

b. Calcule, en justifiant, la longueur du segment [I'J'].

34 **Géométrie Dynamique**

a. Construis un triangle ABC.

b. Construis le point A', symétrique du point A par rapport à la droite (BC).

c. Active la trace pour le point A', puis déplace le point C.

d. Que remarques-tu ? Peux-tu l'expliquer ?

35 ***Symétrique du milieu***

a. Construis un segment [CD] de longueur 7 cm. Place le milieu E de ce segment.

b. Trace une droite (d) qui ne coupe pas [CD], puis construis les symétriques respectifs des points C et D par rapport à la droite (d).

c. Où se trouve le point E', symétrique du point E par rapport à (AB) ? Justifie puis place-le.

36 ***Symétrique d'une figure***

a. Reproduis une figure similaire à celle-ci.

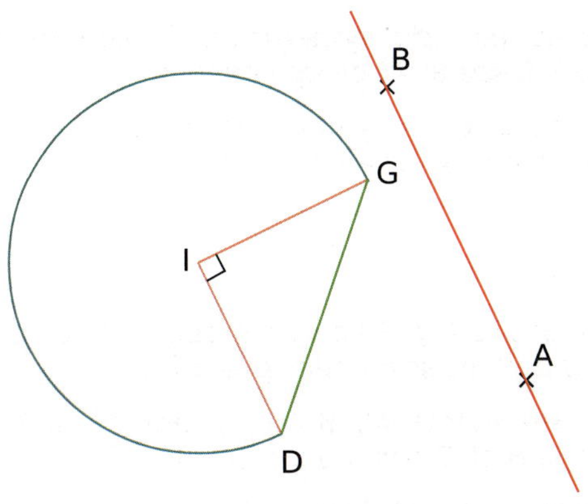

b. Construis le symétrique de cette figure par rapport à la droite (AB).

c. Quelle est la nature du symétrique du triangle DIG ? Justifie à l'aide des propriétés.

37 ***À propos du périmètre***

a. Trace un triangle ABC tel que AB = 5 cm, AC = 6 cm et BC = 9 cm. Trace une droite (d) parallèle à (BC).

b. Trace au compas le symétrique du triangle ABC par rapport à la droite (d). On le note A'B'C'.

c. Quel est le périmètre du triangle A'B'C' ? Justifie.

38 Les deux figures ci-dessous sont symétriques par rapport à une droite.

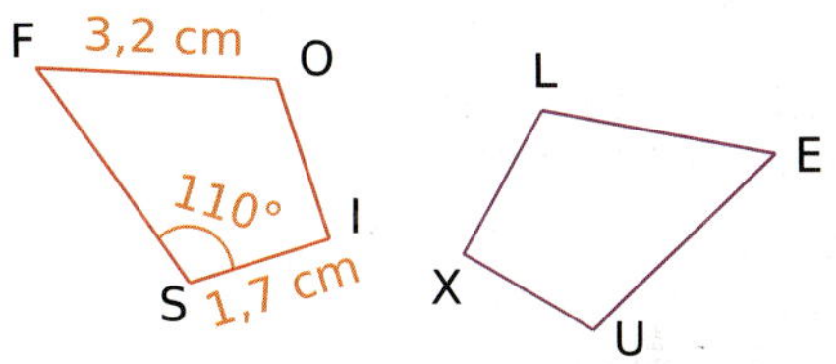

a. Reproduis et complète le tableau suivant.

Point	F	O	I	S
Symétrique				

Tu justifieras ensuite chaque réponse.

b. Quelle est la longueur du segment [LE] ?

c. Quelle autre longueur peux-tu déterminer ?

d. Quelle est la mesure de l'angle $\widehat{XUE}$?

e. Écris 2 autres égalités de mesures d'angles.

39 ***À propos de l'aire***

Soit un rectangle d'aire 12 cm² et son symétrique par rapport à une droite.
Quelles sont les longueurs possibles, en nombre entier de centimètres, des côtés du rectangle symétrique ?

40 **Géométrie Dynamique**

a. Construis un quadrilatère ABCD, puis fais afficher son aire.

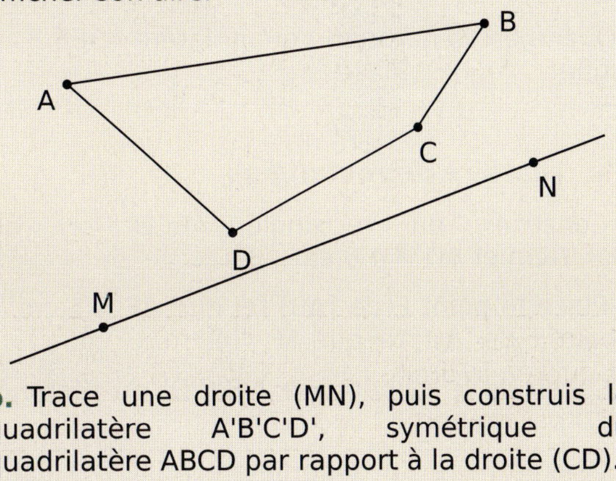

b. Trace une droite (MN), puis construis le quadrilatère A'B'C'D', symétrique du quadrilatère ABCD par rapport à la droite (CD).

c. Que dire de l'aire du quadrilatère A'B'C'D' ? Vérifie en faisant afficher son aire.

41 Reproduis et colorie le minimum de cases pour que la figure obtenue soit symétrique à la fois par rapport à l'axe rouge et par rapport à l'axe vert.

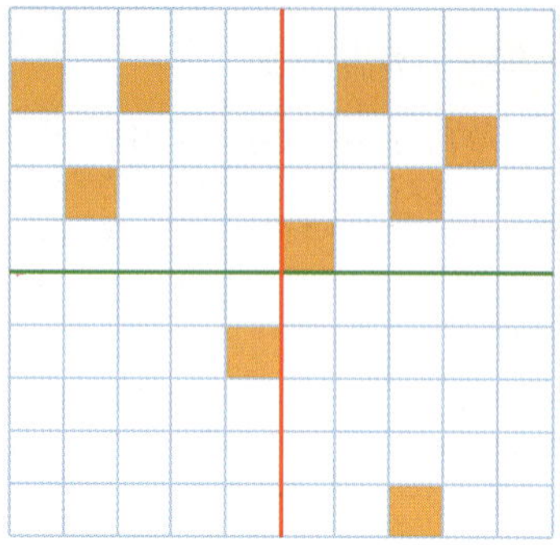

42 En t'aidant des carreaux de ton cahier, reproduis la figure $\mathcal{F}_1$ ci-dessous, puis construis le symétrique $\mathcal{F}_2$ de cette figure par rapport à la droite verte, puis le symétrique $\mathcal{F}_3$ de la figure $\mathcal{F}_2$ par rapport à la droite bleue.

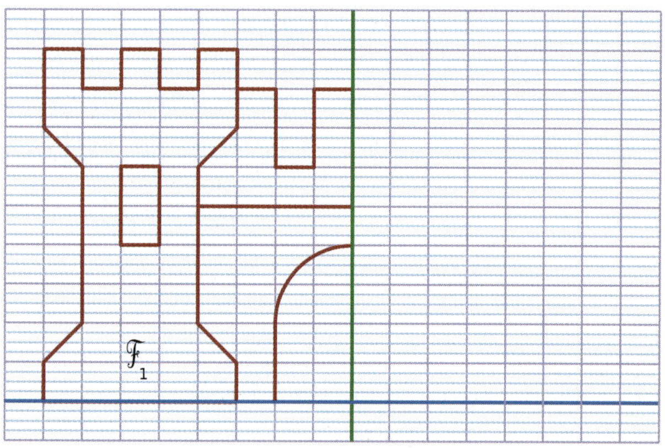

43 ***Construction d'un quadrilatère***

a. Trace deux droites perpendiculaires (d) et (d'). Appelle O leur point d'intersection.

b. Place un point A sur (d) tel que OA = 2 cm.

c. Place un point B sur (d') tel que AB = 4 cm.

d. Trace le symétrique E de A par rapport à (d').

e. Trace le symétrique F de B par rapport à (d).

f. Quelle est la nature du quadrilatère ABEF ? Justifie.

44 ***Histoire de rectangles***

a. Construis un rectangle ABCD tel que AB = 7 cm et AD = 4,6 cm.

b. Place le point E de [AB] tel que AE = 5 cm, et le point F de [AD] tel que AF = 4 cm.

c. Construis le symétrique A'B'C'D' du rectangle ABCD par rapport à l'axe (EF).

d. Calcule l'aire du quadrilatère A'B'C'D'. Justifie ta réponse.

45 On considère cette figure. On appelle A' le symétrique de A par rapport à la droite (BC).

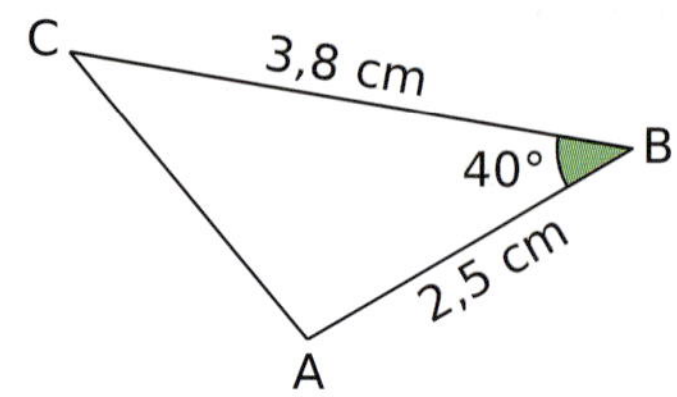

a. Quelle est la longueur du segment [BA'] ? Justifie.

b. Quelle est la mesure de l'angle $\widehat{CBA'}$? Justifie.

c. Construis en vraie grandeur le triangle ABC.

d. En utilisant ton rapporteur et ton compas, trace le point A', puis construis le symétrique du triangle ABC par rapport à la droite (BC).

46 ***Sur feuille blanche***

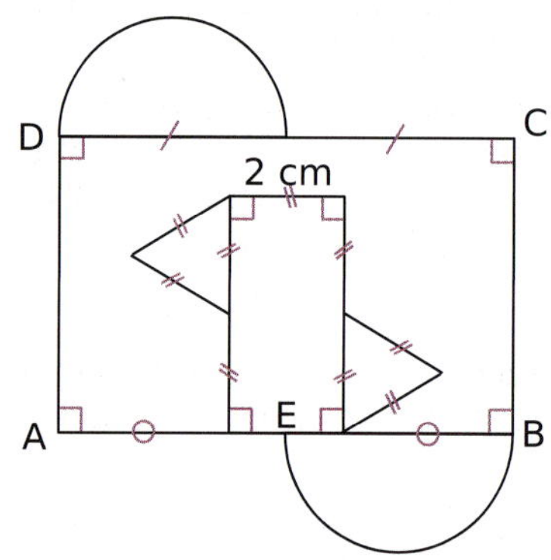

a. Reproduis le dessin ci-contre en prenant AB = 8 cm et AD = 5 cm. Le point E est le milieu de [AB].

b. Construis le symétrique de cette figure par rapport à la droite (BC).

c. Calcule le périmètre extérieur de la figure obtenue. Justifie. Tu donneras une valeur approchée par excès, au millimètre près.

47 On considère la figure constituée du triangle ABC et du demi-cercle de diamètre [AB].

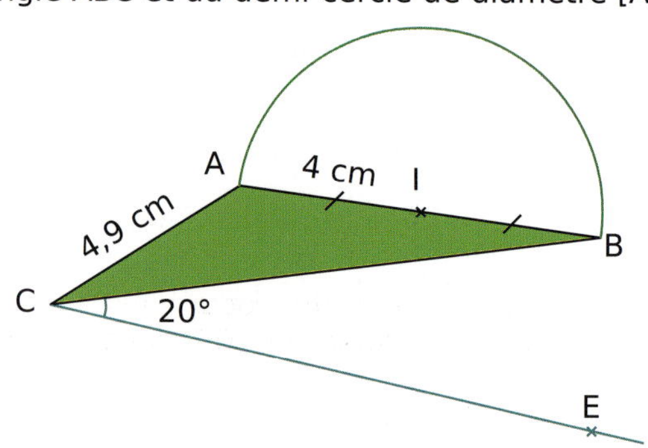

a. Écris un programme de construction du symétrique de cette figure par rapport à l'axe défini comme suit :

- les points B et E sont symétriques par rapport à cet axe ;
- cet axe passe par le point C.

b. Reproduis cette figure et son symétrique sans tracer l'axe de symétrie.

c. Trace et indique la position (en codant la figure) de l'axe de symétrie.

48 Sur la figure ci-dessous, les points C' et D' sont les symétriques respectifs des points C et D par rapport à un axe invisible.

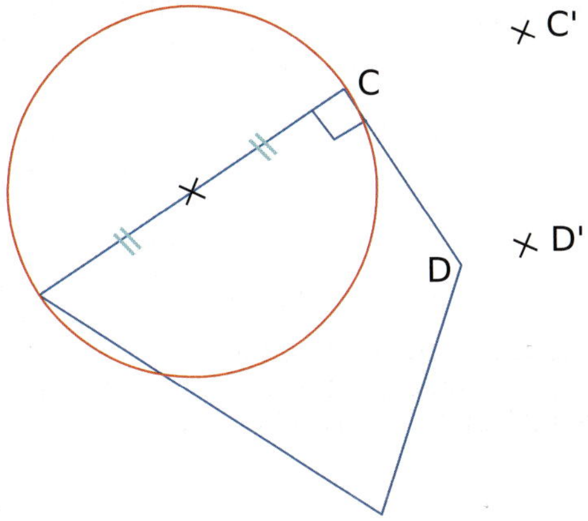

a. En reportant la longueur au compas, reproduis le segment [C'D'] sur ton cahier.

b. En prenant les mesures nécessaires sur la figure, construis les symétriques du cercle rouge et du quadrilatère bleu par rapport à l'axe invisible, sans tracer la figure de départ.

49 Un élève a tracé un triangle ABC sur sa feuille mais a malencontreusement coupé une partie de ce triangle.

a. Reproduis le morceau restant de la figure, comme ci-dessous.

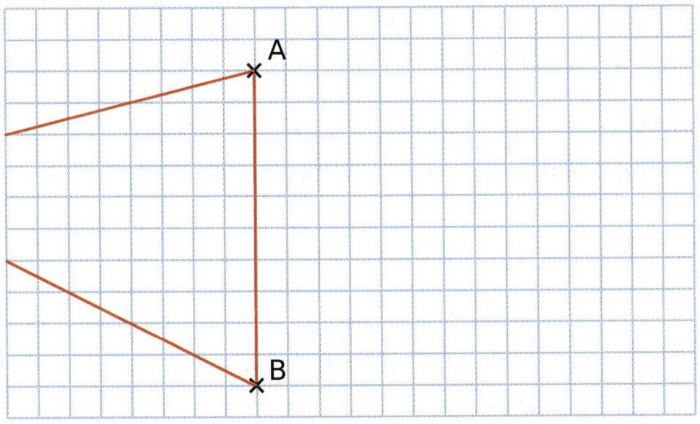

b. Trouve une méthode pour connaitre la longueur AC et la longueur BC sans sortir du quadrillage.

50 Reproduis puis poursuis cette frise, en utilisant à chaque fois une symétrie par rapport à un axe vertical.

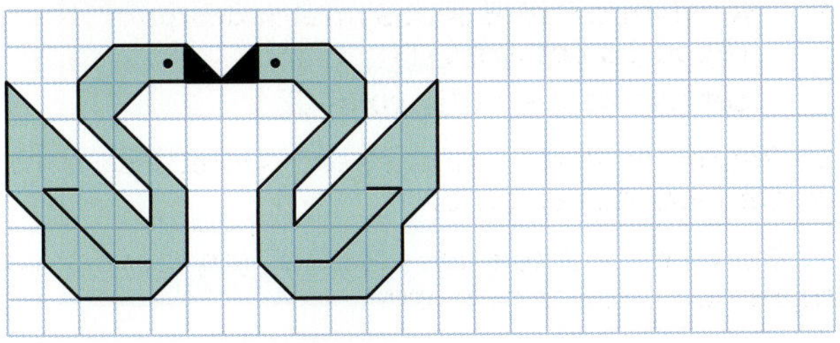

51 ***Mandala***

a. Trace un cercle de rayon 6 cm. Trace deux diamètres perpendiculaires ; ils coupent le cercle en quatre points. Trace les axes de symétrie de cette figure ; ils coupent le cercle en quatre autres points.

b. Quel polygone obtiens-tu en reliant tous ces points ? Combien a-t-il d'axes de symétrie ? Trace-les tous.

c. Poursuis la construction en traçant un cercle de rayon 3 cm, de même centre que celui de 6 cm. Reproduis le motif, comme indiqué sur la figure 1, puis termine la construction et le coloriage en faisant des symétries successives par rapport aux axes (voir figure 2).

Figure 1

Figure 2

52 **Géométrie Dynamique**

a. Trace un triangle ABC.

b. Trace la droite (d_1), parallèle à la droite (BC) et passant par A.

c. Trace le triangle ADE, symétrique de ABC par rapport à (d_1).

d. Trace la droite (d_2), perpendiculaire à la droite (d_1) et passant par A.

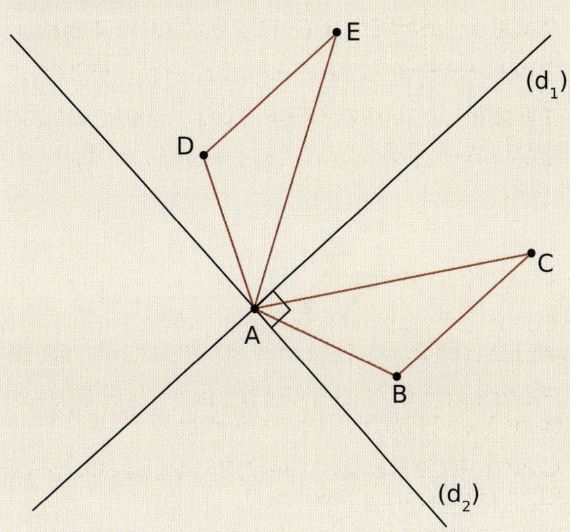

e. Trace le triangle AFG, symétrique de ADE par rapport à la droite (d_2), et le triangle AHI, symétrique de ABC par rapport à (d_2).

Exercices

Se tester avec le QCM

		R1	R2	R3	R4
1	Le symétrique d'une droite par rapport à une droite est...	une droite parallèle	une droite perpendiculaire à cette droite	une droite	une droite de même longueur
2	Le symétrique d'un cercle par rapport à une droite passant par son centre...	est un cercle	est le cercle lui-même	n'existe pas	est un cercle de même rayon
3	Sur quelle(s) figure(s) les points A et B sont-ils symétriques par rapport à (d) ?	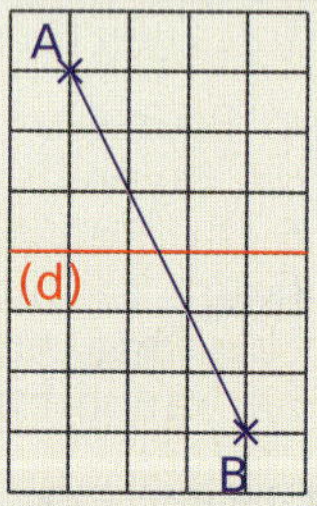	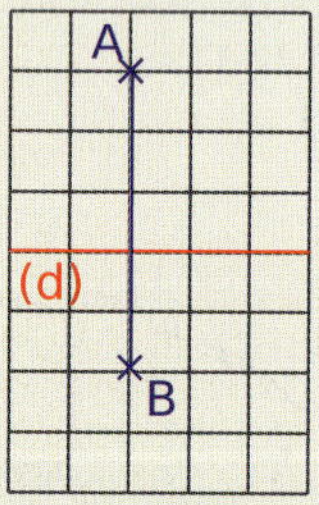	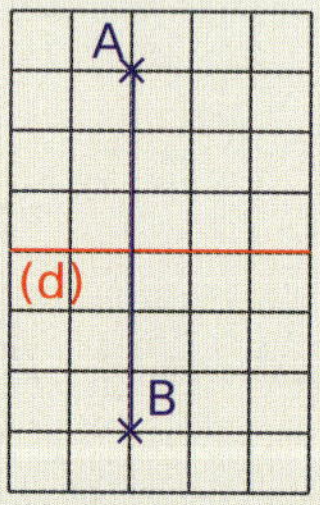	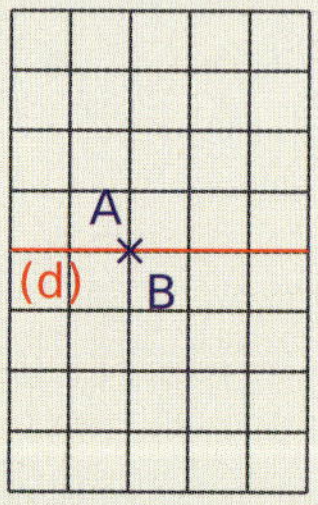
4	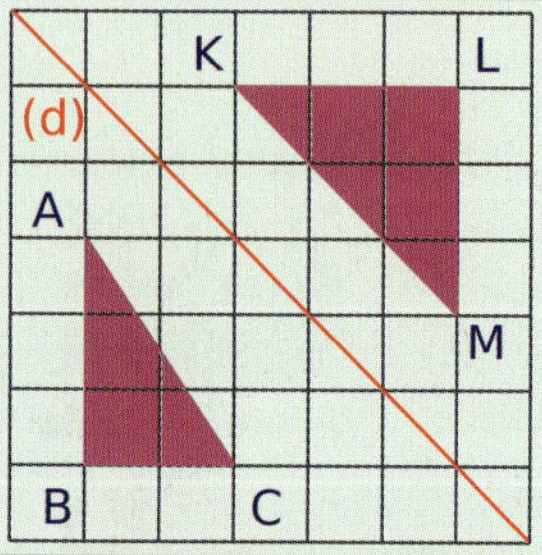	A et K sont symétriques par rapport à (d)	C est le symétrique de M par rapport à (d)	ABC et KLM sont symétriques par rapport à (d)	KL = AB
5	Le carré ABCD, de côté 5 cm, a pour symétrique A'B'C'D'. Donc...	A'B'C'D' est un carré	A'B'C'D' a une aire de 25 cm^2	A'B'C'D' a un périmètre de 10 cm	AC = A'C'
6	Dans quel(s) cas les triangles sont-ils symétriques par rapport à un axe ?	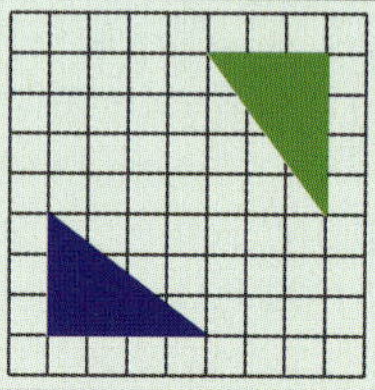	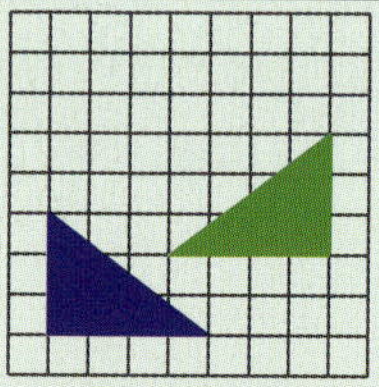		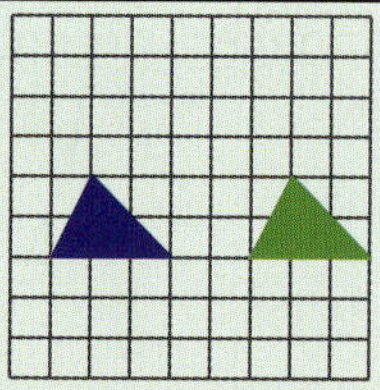
7	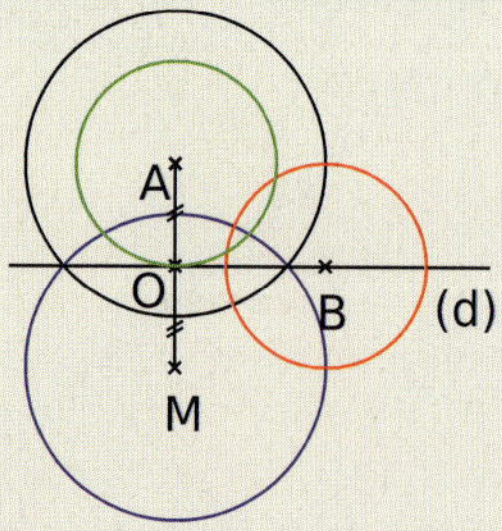	Les cercles noir et rouge sont symétriques par rapport à (d)	Le cercle rouge est son propre symétrique par rapport à (d)	Les cercles vert et rouge sont symétriques par rapport à (d)	Les cercles bleu et noir sont symétriques par rapport à (d)

! Récréation mathématique

ON TE DONNE CETTE CARTE !

Optiroute : le jeu vidéo qui optimise les trajectoires !

<ins>Ta mission</ins> : Tracer sur une carte (comme celle ci-contre) le plus court trajet pour l'itinéraire suivant : *« Partir de la ville V, remplir une gourde à la rivière, puis rejoindre l'entrée du donjon D ».*

<ins>Indication</ins> : La distance la plus courte entre deux points reste la ligne droite.

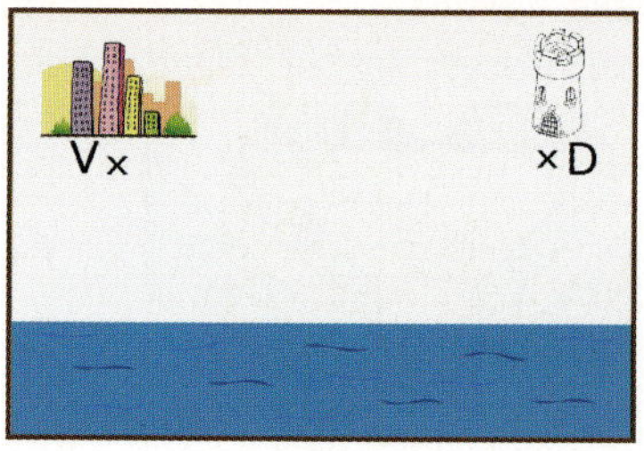

G5 Axes de symétrie

- Axes de symétrie
- Médiatrices
- Bissectrices
- Triangles
- Quadrilatères

1 À la recherche de l'axe perdu

Cours : 1

a Trouver l'axe

- Dans la figure ci-contre, que remarques-tu de particulier ?
- Donne plusieurs méthodes pour construire l'**axe de symétrie**, ...sans autre instrument de géométrie qu'une règle graduée.

b Plus difficile...

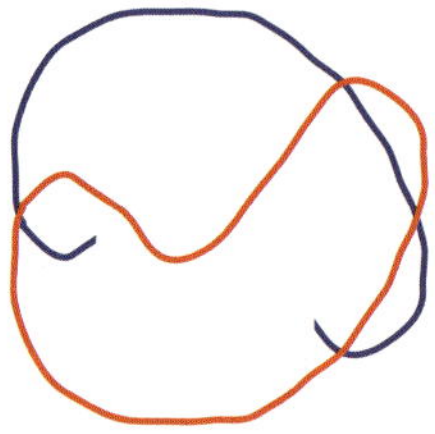

- Les figures rouge et bleue ci-contre sont symétriques l'une de l'autre. Une partie de la figure bleue a été effacée.
  Peut-on construire l'axe de symétrie avec une règle non graduée ? Pourquoi ?
- On peut facilement construire de nouveaux points de la figure bleue. Comment et pourquoi ?

c À la recherche des axes disparus

- Reproduis sur du papier quadrillé les douze pentaminos suivants.

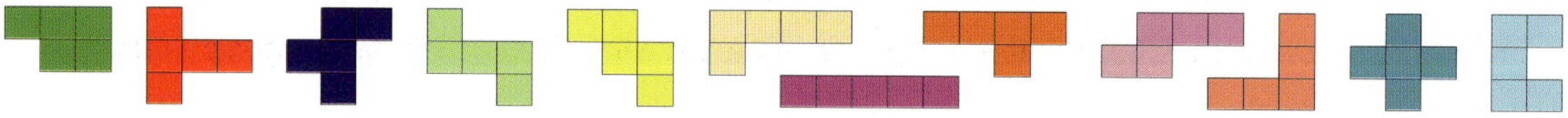

- Indique le nombre d'axes de symétrie de chaque pentamino, puis trace-le(s) s'il y en a.

2 Tout savoir sur la médiatrice !

Cours : 2

a Axes de symétrie d'un segment

- Sur une feuille blanche, trace un segment [AB].
- Plie cette feuille pour faire apparaitre les axes de symétrie de ce segment. Le symétrique de A par rapport à l'un des axes est B. Comment s'appelle cet axe ? Repasse-le en couleur.
- Quelles sont ses caractéristiques ?

b Propriété d'un point appartenant à la médiatrice d'un segment

- Place un point M sur cette médiatrice. Que dire des longueurs AM et BM ? Justifie, à l'aide d'une propriété de la symétrie axiale.
- Que dire alors d'un point qui appartient à la médiatrice d'un segment ?

c Ensemble de points

- Construis un segment [CD] de longueur 5 cm.
- Place A, **équidistant** de C et de D. Place trois autres points équidistants de C et de D.
- Où semblent se trouver tous les points équidistants de C et D ?
- Que dire d'un point équidistant des extrémités d'un segment ?
- Déduis-en une façon de construire la médiatrice d'un segment sans l'équerre.

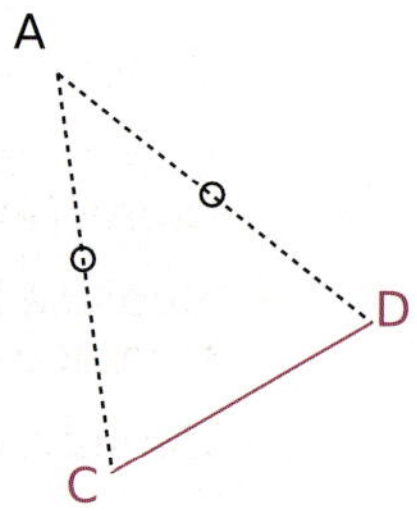

3 Bissectrice, qui es-tu ?

→ Cours : 3

a Définition

- Sur une feuille blanche, trace un angle $\widehat{ABC}$.
- Plie cette feuille de façon à faire apparaitre l'axe de symétrie de l'angle. Repasse-le en couleur. Place un point D sur cet axe.
- Cet axe fait apparaitre deux nouveaux angles. Nomme-les.
- Que peut-on dire de la mesure de ces deux angles ? Justifie.
  Comment s'appelle la demi-droite [BD) ?

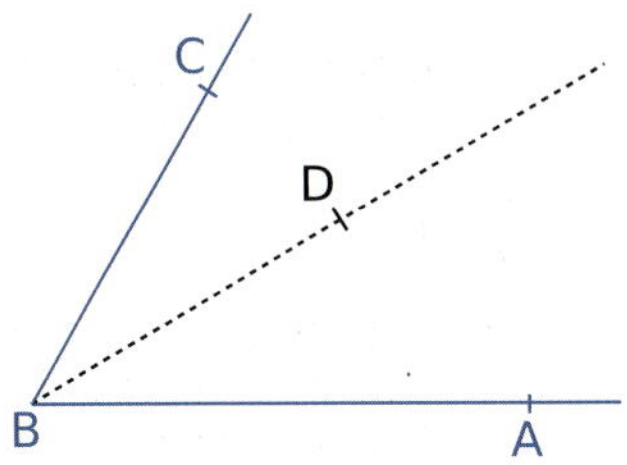

b Construction au compas

- Construis le point A', symétrique du point A par rapport à la bissectrice de l'angle $\widehat{ABC}$.
  Que dire des longueurs BA et BA' ? Justifie.
- Que représente la bissectrice de l'angle $\widehat{ABC}$ pour le segment [AA'] ? Justifie.
- Déduis-en une façon de construire la bissectrice d'un angle sans rapporteur.

4 Triangles et axe(s) de symétrie

→ Cours : 4

Géométrie Dynamique

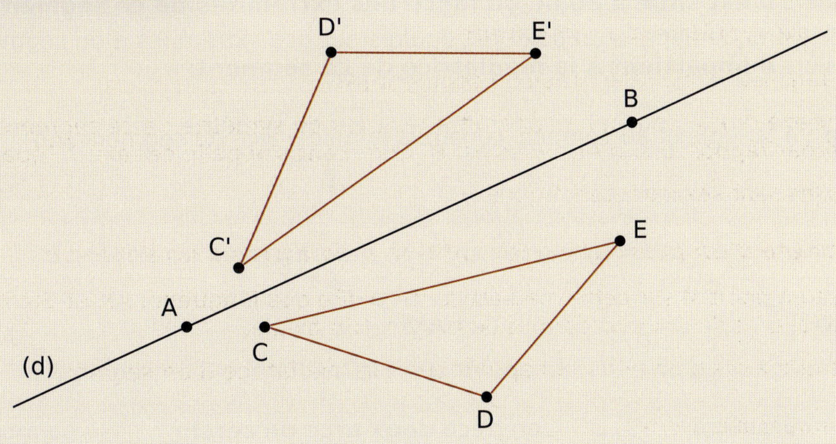

- Construis une droite (AB), puis trois points C, D et E d'un même côté de (AB).
  Construis le triangle CDE.
- Construis les points C', D' et E', symétriques respectifs des points C, D et E par rapport à la droite (AB). Construis le triangle C'D'E'.
- Déplace les points pour que les deux triangles se superposent complètement.
  Que peux-tu dire alors de la droite (AB) pour ce triangle ?
- Conjecture alors la nature d'un triangle qui a un axe de symétrie.

1 Axe de symétrie d'une figure

Définition Une droite (d) est un **axe de symétrie** d'une figure si les deux parties de la figure se superposent par pliage le long de cette droite.

Exemple :
La figure H admet deux axes de symétrie (tracés en rouge) tandis que la figure F n'en a aucun.

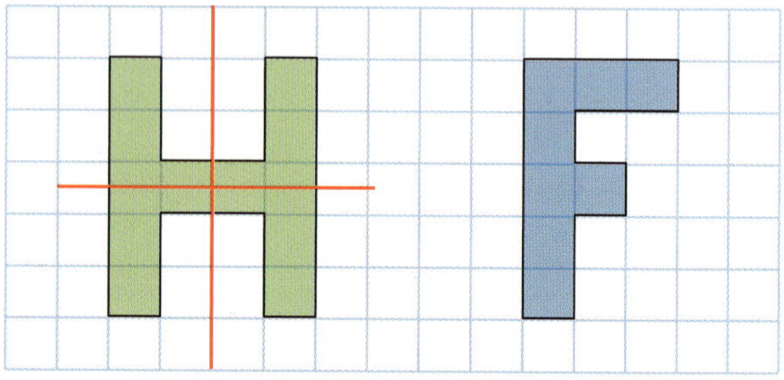

2 Axe de symétrie d'un segment

Définition La médiatrice d'un segment est la **droite perpendiculaire à ce segment en son milieu**.

Propriété 1 Un **segment** a deux axes de symétrie : la droite qui contient ce segment et la **médiatrice de ce segment**.

Propriétés 2

- Si un point appartient à la médiatrice d'un segment, alors **il est situé à égale distance des extrémités de ce segment**.
- Réciproquement, si un point est équidistant des extrémités d'un segment, alors **il appartient à la médiatrice de ce segment**.

Exemple : À la règle et au compas, construis la médiatrice du segment [AB].

Pour construire la médiatrice du segment [AB]...

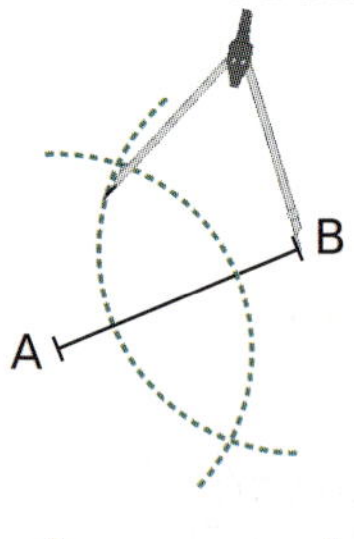

on trace **deux arcs de cercle de centres A et B**, de même rayon (plus grand que la moitié de AB).

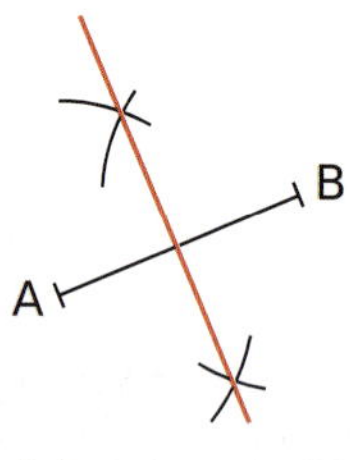

La médiatrice de [AB] est **la droite qui passe par ces deux points**.

3 Axe de symétrie d'un angle

Définition La **bissectrice d'un angle** est la demi-droite qui partage cet angle en **deux angles de même mesure.**

Propriété Un **angle** a un axe de symétrie qui est la **bissectrice de cet angle**.

Exemple : À la règle et au compas, construis la bissectrice de l'angle $\widehat{xOy}$.

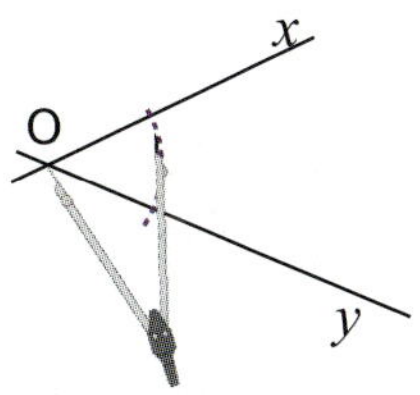

Pour tracer la bissectrice de l'angle $\widehat{xOy}$, on trace **un arc de cercle** de centre O qui coupe chaque côté de l'angle en un point.

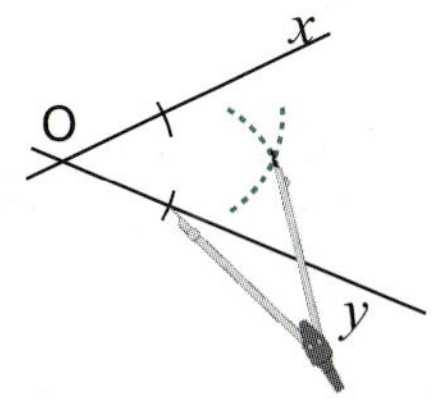

On trace **deux arcs de cercle** de même rayon ayant ces deux points pour centres. Ces arcs se coupent en un point.

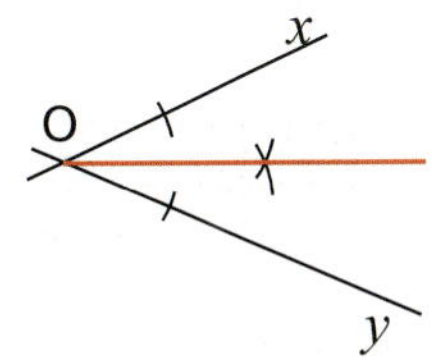

La **bissectrice** de l'angle $\widehat{xOy}$ est la demi-droite d'origine O passant par ce point.

4 Axes de symétrie et figures usuelles

A Triangle isocèle

Propriété 1 Un **triangle isocèle** a **un axe de symétrie** qui est à la fois la médiatrice de sa base et la bissectrice de son angle principal.

Exemple :

B Triangle équilatéral

Propriété 2 Un **triangle équilatéral** a **trois axes de symétrie** qui sont à la fois les médiatrices de ses côtés et les bissectrices de ses angles.

Exemple :

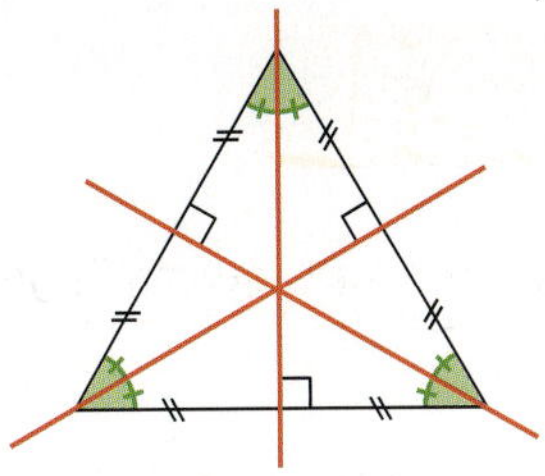

C Losange

Propriété 3 Un **losange** a **deux axes de symétrie** qui sont ses diagonales.

Exemple :

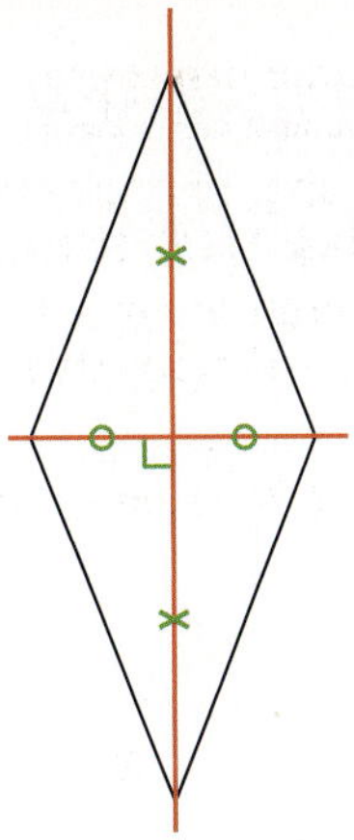

D Rectangle

Propriété 4 Un **rectangle** a **deux axes de symétrie** qui sont les médiatrices de ses côtés.

Exemple :

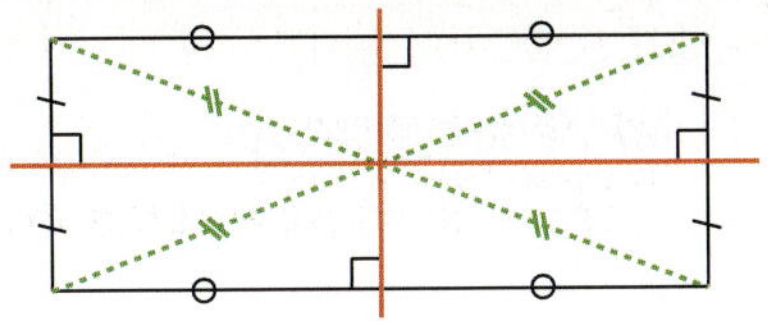

E Carré

Propriété 5 Un **carré** a **quatre axes de symétrie** qui sont les médiatrices de ses côtés et ses diagonales (un carré est à la fois un losange et un rectangle).

Exemple :

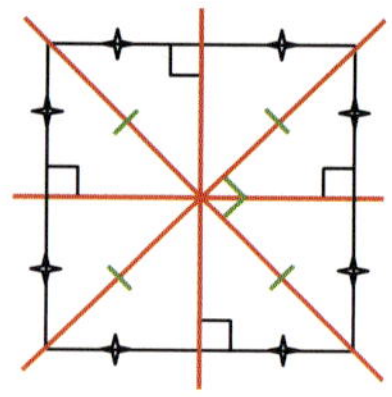

F Conséquences sur les angles et les diagonales

Propriétés 6

- Dans un triangle isocèle, **les angles à la base ont la même mesure**.
- Dans un triangle équilatéral, **tous les angles ont la même mesure** (60°).

Propriétés 7

- Dans un losange, **les diagonales se coupent en leur milieu et sont perpendiculaires**.
- Dans un rectangle, **les diagonales se coupent en leur milieu et ont la même longueur**.
- Dans un carré, **les diagonales se coupent en leur milieu, sont perpendiculaires et ont la même longueur**.

Exercices « À toi de jouer ! »

1 Les figures ci-dessous ont-elles un (ou des) axe(s) de symétrie ?

a. 

b. 

c. 

2 Trace un triangle LAS tel que AS = 3 cm, LA = 8 cm et LS = 6 cm.

a. À la règle et au compas, trace en rouge la médiatrice du côté [AS].

b. À la règle et au compas, trace en vert la bissectrice de l'angle $\widehat{LAS}$.

3 Construis chacun des losanges suivants.

a. ABDE de centre C tel que :
AC = 4 cm et BC = 7 cm.

b. ABCD de centre O tel que :
AC = 7 cm et $\widehat{OAB}$ = 66°.

4 Construis chaque figure ci-dessous en vraie grandeur.

a. 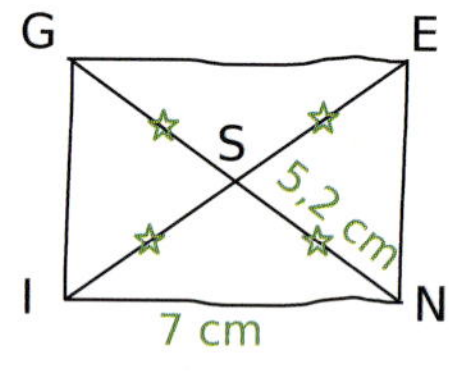

b. 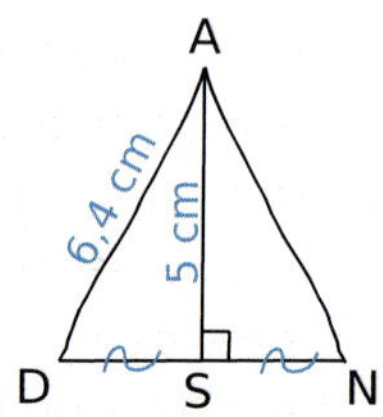

c. 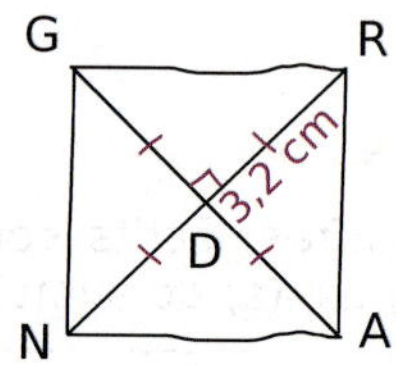

Axes de symétrie

5 ***Hygiène et sécurité***

Pour chaque panneau ci-dessous, indique s'il admet ou non un (ou des) axe(s) de symétrie. Quand c'est le cas, précise leur nombre et leur position.

(Source : www.inrs.fr)

6 Même consigne qu'à l'exercice précédent.

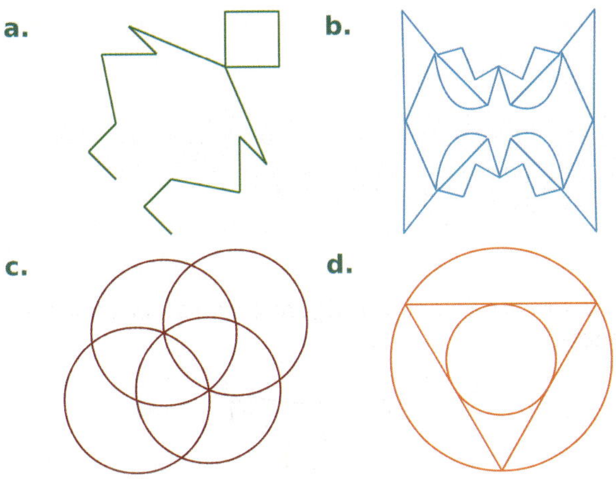

7 ***Le code de la route***

Cherche des panneaux du code de la route...

a. qui n'ont pas d'axe de symétrie ;

b. qui ont un seul axe de symétrie ;

c. qui ont deux axes de symétrie ;

d. qui ont plusieurs axes de symétrie ;

e. qui ont une infinité d'axes de symétrie.

8 ***Les chiffres***

Reproduis les chiffres, écrits comme ci-dessous, puis trace leur(s) axe(s) de symétrie s'ils en ont.

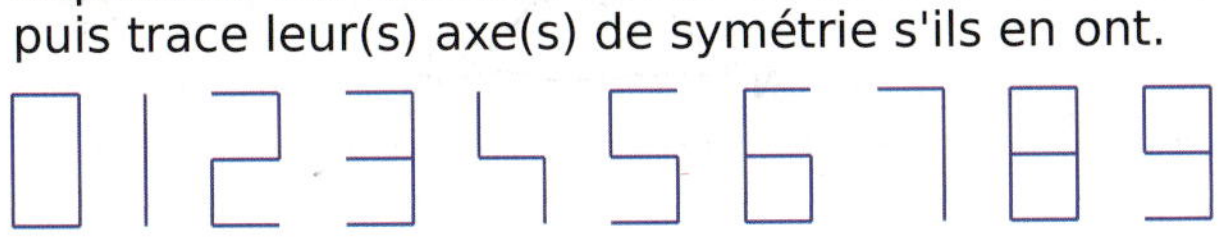

9 ***Avec un quadrillage***

Reproduis les figures sur papier quadrillé, puis trace leur(s) axe(s) de symétrie si elles en ont.

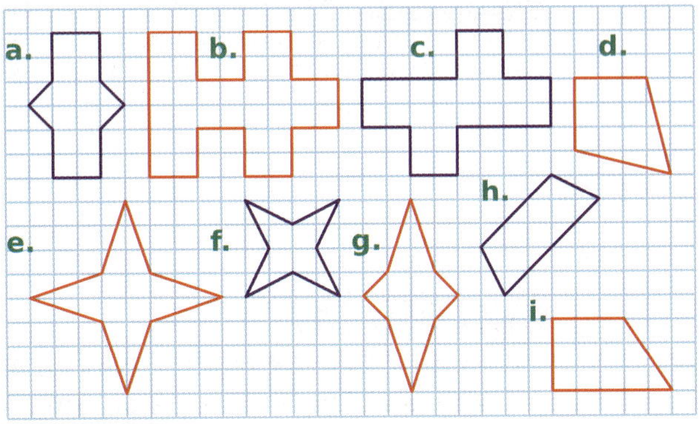

10 ***Le jeu des erreurs***

La figure ci-dessous devrait avoir un axe de symétrie, mais 15 erreurs se sont glissées. Retrouve-les.

11 Reproduis puis termine les figures ci-dessous pour que les axes rouges soient leurs axes de symétrie.

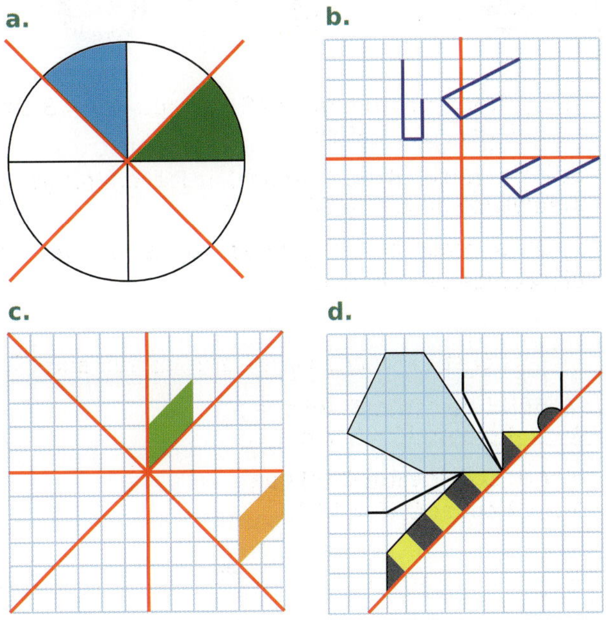

Médiatrices

12 Sur chaque figure, indique si le point P appartient à la médiatrice de [AB]. Justifie.

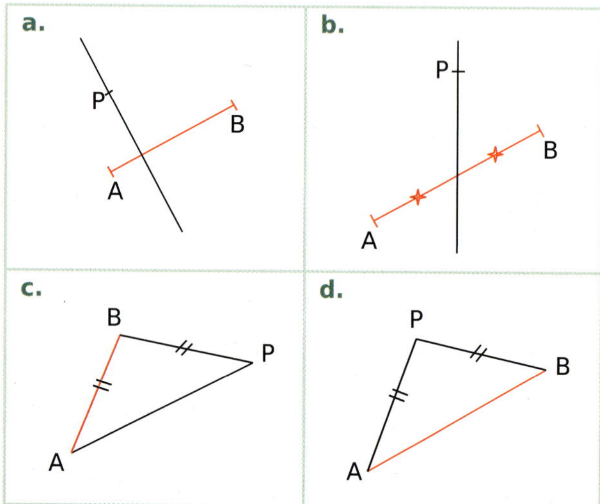

13 Reproduis la figure ci-dessous.

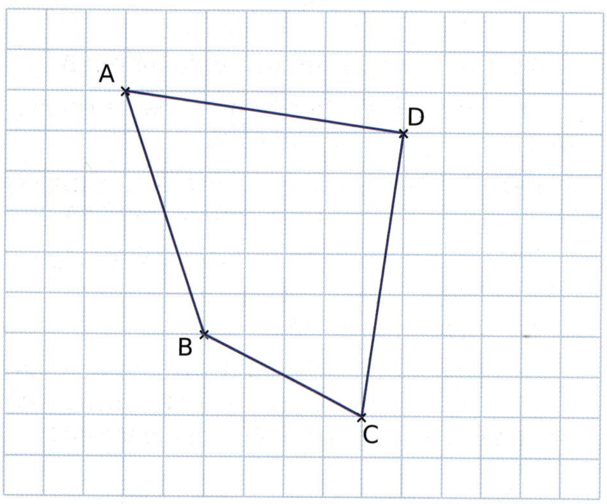

a. En utilisant le quadrillage, construis la médiatrice du segment [AB], puis celle du segment [BC].

b. Que peut-on dire du point D ?

14 Géométrie Dynamique

a. Place deux points A et B. Trace le segment [AB].

b. Trace le cercle de centre A passant par B, puis le cercle de centre B passant par A.

c. Place les points d'intersection C et D de ces deux cercles, puis trace la droite (CD).

d. Que représente la droite (CD) pour le segment [AB] ?

15 Dans chaque cas ci-dessous, trace un segment dont la longueur est donnée, puis construis sa médiatrice au compas.

a. EF = 6,1 cm **c.** IJ = 8,3 cm **e.** MN = 4 cm

b. GH = 7 cm **d.** KL = 5,2 cm **f.** PR = 8,7 cm

16 ***Triangle***

a. Trace un triangle MIR tel que : MI = 8 cm ; IR = 6,5 cm et MR = 5 cm.

b. Construis les médiatrices de [MI], [IR] et [MR].

c. Que remarques-tu ?

17 Voici une figure faite par Noam.

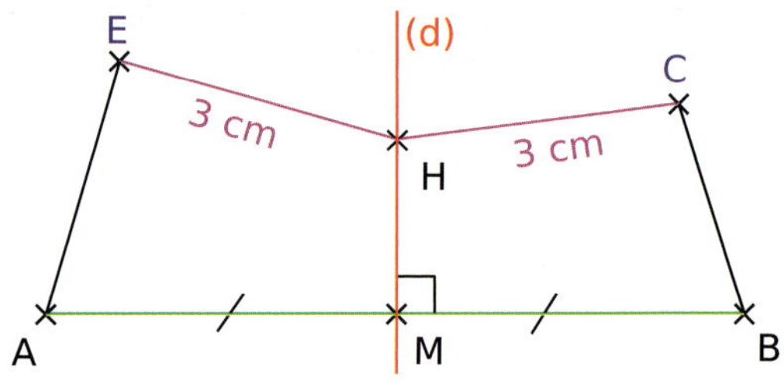

Noam explique :

La droite (d) est la médiatrice de [AB] et passe par H. En plus, HE = HC donc (d) est aussi la médiatrice de [EC].

Que penses-tu du raisonnement de Noam ?

18 Trace un segment [AB] de longueur 6 cm.

a. Construis la médiatrice (d) du segment [AB].

b. Place un point M sur (d) à 7 cm de A.

c. Sans mesurer, détermine à quelle distance de B se trouve le point M. Justifie en utilisant une propriété de la médiatrice d'un segment.

19 On considère la figure ci-dessous.

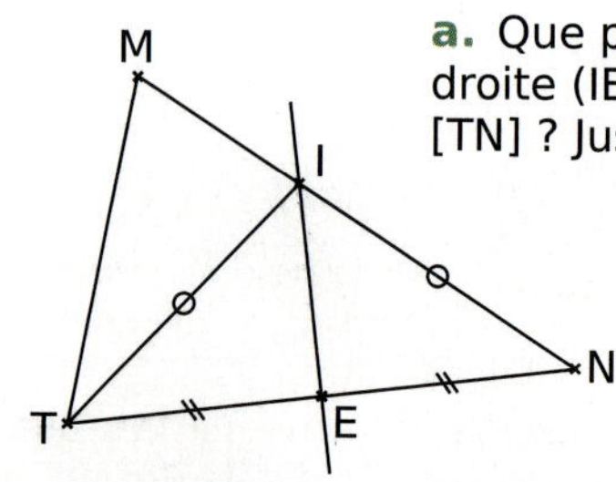

a. Que peux-tu dire de la droite (IE) pour le segment [TN] ? Justifie.

b. Que peux-tu en déduire pour la position des droites (TN) et (IE) ? Justifie.

c. Reproduis cette figure à partir d'un triangle MNT tel que MN = 9 cm ; NT = 8 cm et MT = 5,5 cm.

Bissectrices

20 Pour quelle(s) figure(s) la demi-droite rouge semble être la bissectrice de l'angle ?

a. 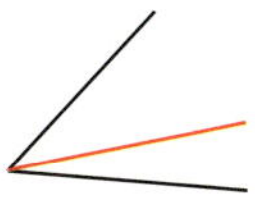
b. 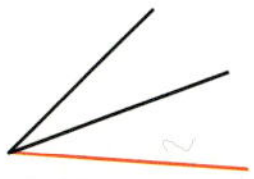
c. 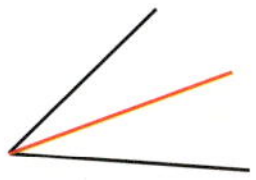

d. 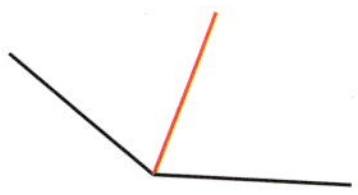
e. 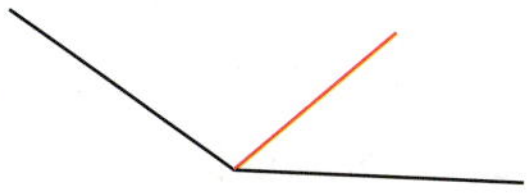

21 Dans chaque cas ci-dessous, indique quelle demi-droite est la bissectrice de l'angle. Vérifie ensuite avec un rapporteur.

a.

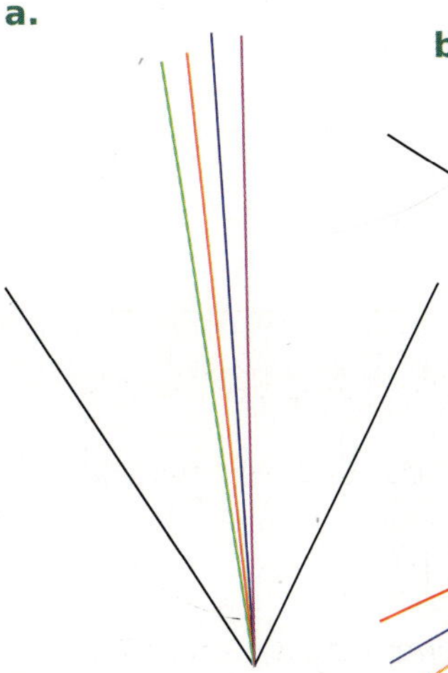

b.

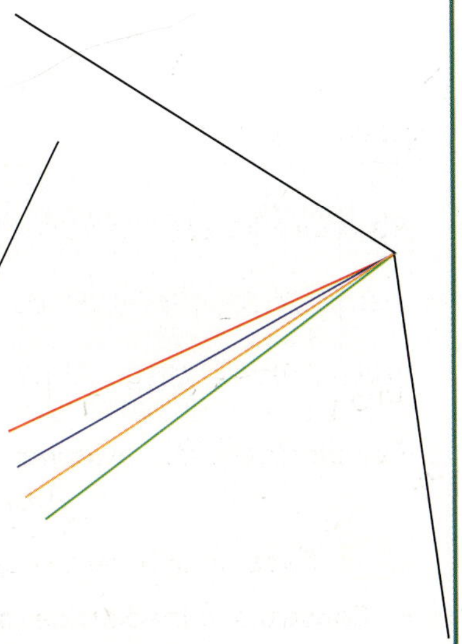

22 Reproduis la figure ci-dessous.

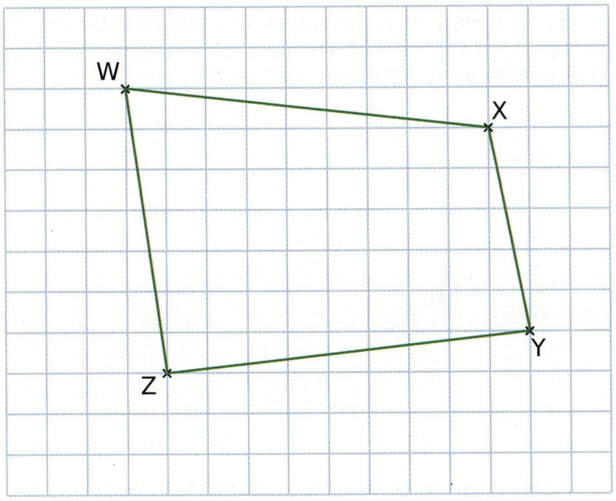

Construis la bissectrice des angles $\widehat{WXY}$ et $\widehat{WZY}$, au compas et à la règle.

23 Dans chaque cas ci-dessous, trace un angle dont la mesure est donnée, puis construis sa bissectrice au compas et à la règle.

a. $\widehat{ABC} = 32°$ **c.** $\widehat{ZXY} = 67°$ **e.** $\widehat{PRT} = 127°$

b. $\widehat{UST} = 180°$ **d.** $\widehat{WZD} = 90°$ **f.** $\widehat{LKI} = 154°$

24 ***Triangle***

a. Trace un triangle UST tel que UT = 3 cm ; US = 5 cm et ST = 7 cm.

b. Construis la bissectrice des angles $\widehat{UST}$, $\widehat{UTS}$ et $\widehat{TUS}$.

c. Que constates-tu ?

25 **Géométrie Dynamique**

a. Place trois points A, B et C non alignés, puis trace les demi-droites [AB) et [AC).

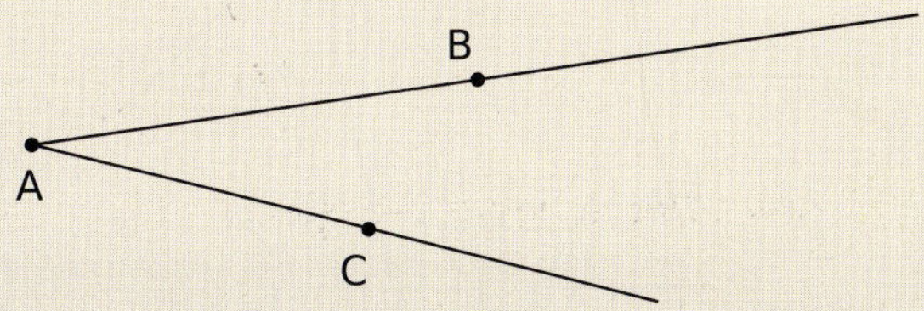

b. Trace le cercle de centre A passant par B.

c. Place le point d'intersection D de ce cercle, avec le côté [AC) de l'angle $\widehat{BAC}$.

d. Trace en vert le cercle de centre B passant par A, puis le cercle de centre D passant par A.

e. Place l'autre point d'intersection E des deux cercles verts.

f. Trace la demi-droite [AE).

g. La demi-droite [AE) est la bissectrice de l'angle $\widehat{BAC}$. Vérifie-le en faisant afficher la mesure des angles $\widehat{BAE}$ et $\widehat{EAC}$ par le logiciel.

26 ***Octogone à la règle et au compas***

a. Trace un cercle de centre O, puis un diamètre [AB] de ce cercle.

b. Trace au compas la médiatrice du segment [AB]. Elle coupe le cercle en C et D.

c. Trace au compas la bissectrice de l'angle $\widehat{AOC}$, et prolonge-la pour qu'elle coupe le cercle en deux points.

d. Trace au compas la bissectrice de l'angle $\widehat{BOC}$, et prolonge-la pour qu'elle coupe le cercle en deux points.

e. Relie successivement les points obtenus sur ce cercle. Tu obtiendras un octogone régulier.

Triangles

27 Reproduis ces triangles isocèles sur papier quadrillé, puis trace leur axe de symétrie.

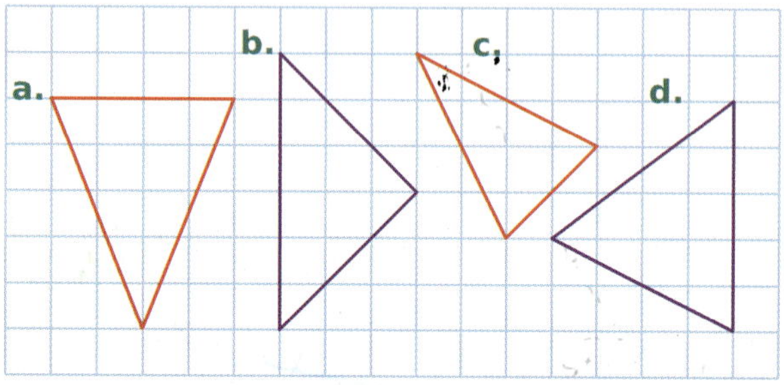

28 Sur du papier quadrillé, reproduis les figures ci-dessous.

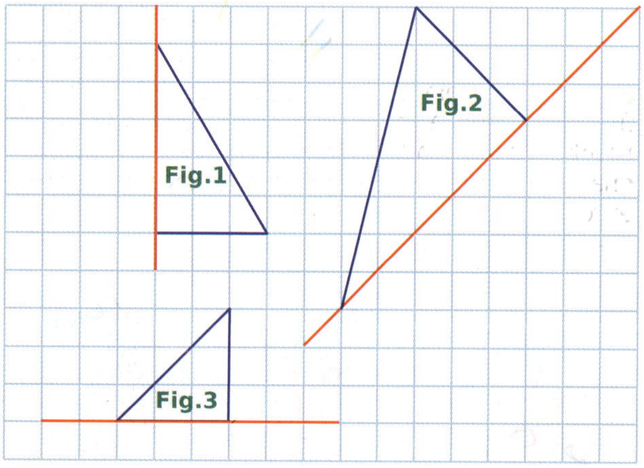

a. Complète chacune d'elles par la symétrie d'axe rouge.

b. Quelle est la nature de chaque figure ainsi complétée ?

29 Géométrie Dynamique

a. Construis un triangle équilatéral ABC.

b. Trace ses axes de symétrie sans utiliser les fonctions « *médiatrice* » et « *bissectrice* » du logiciel.

c. Indique les différentes méthodes possibles.

30 Donne, en justifiant, la nature de chacun des triangles ci-dessous.

a. **b.** **c.** **d.**

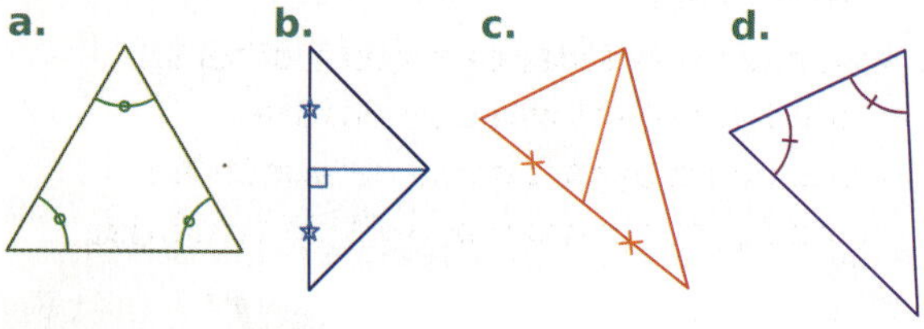

31 ***Propriété***

a. Construis un cercle de centre O et de rayon 3,5 cm. Place un point A sur ce cercle. Place un point B sur ce cercle tel que $\widehat{OAB} = 20°$.

b. Quelle est la nature du triangle OAB ? Justifie.

c. Quelle est la mesure de l'angle $\widehat{OBA}$? Justifie.

32 Géométrie Dynamique

a. Construis un triangle ABC.

b. Affiche les longueurs des côtés.

c. Construis les médiatrices des trois côtés du triangle.

d. Construis les bissectrices des trois angles du triangle.

e. Déplace les points pour essayer d'obtenir un triangle isocèle. Que constates-tu ? Justifie.

f. Déplace à nouveau les points pour essayer d'obtenir un triangle équilatéral. Que constates-tu ? Justifie.

33 Un hexamant est une figure constituée de six triangles équilatéraux égaux ayant un côté commun. En voici un exemple :

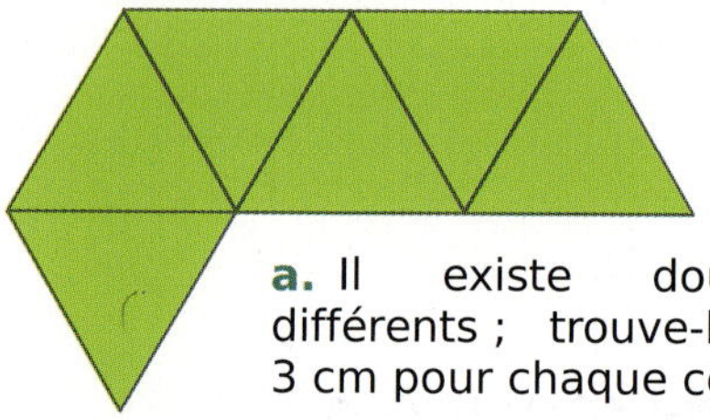

a. Il existe douze hexamants différents ; trouve-les. Tu prendras 3 cm pour chaque côté des triangles.

b. Certains ont un (ou des) axe(s) de symétrie. Trace-le(s).

34 ***Étoile à six branches***

a. Construis un triangle équilatéral ABC.

b. Trace ses trois axes de symétrie. Ils se coupent en un point O.

c. Construis les symétriques E, F et G du point O par rapport à chacun des côtés du triangle ABC.

d. Colorie l'étoile obtenue.

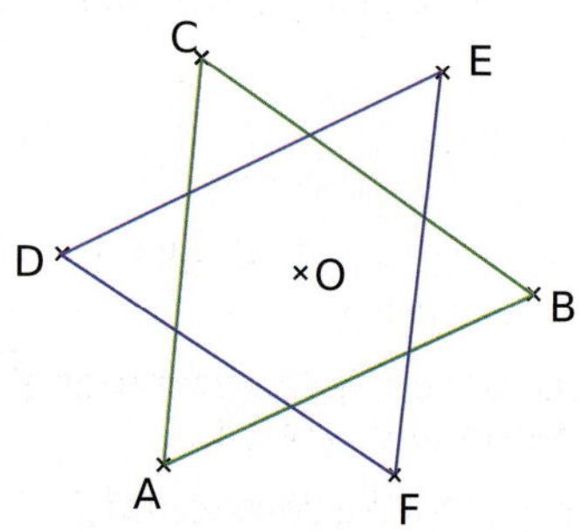

Quadrilatères

35 Reproduis puis trace les axes de symétrie.

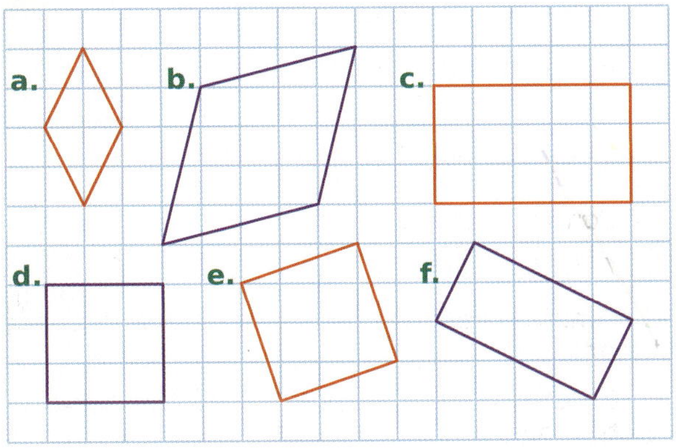

36 ***Constructions***

a. Construis un losange RSTU tel que RT = 8 cm et SU = 3,2 cm.

b. Construis un carré IJKL tel que IK = 6,4 cm.

37 Trace en vraie grandeur le rectangle MODE et le losange CHUT.

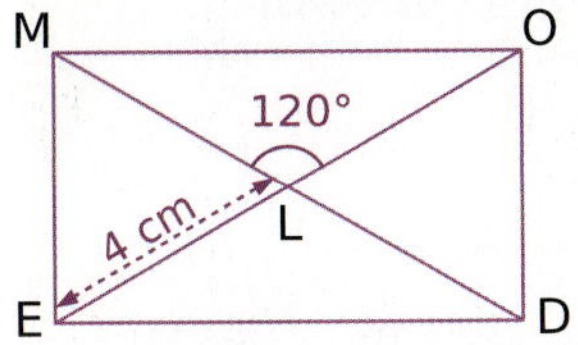

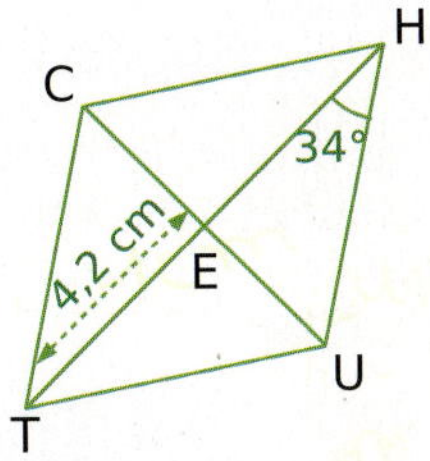

38 **Géométrie Dynamique**

a. Construis un segment [AB].

b. Place son milieu O.

c. Construis la médiatrice du segment [AB].

d. Construis le cercle de centre O qui passe par le point A.

e. Ce cercle recoupe la médiatrice de [AB] en deux points C et D.

f. Trace le quadrilatère ACBD.

g. Quelle est la nature de ce quadrilatère ?

39 ***Une droite et un point***

a. Trace une droite (d) et place un point R qui n'appartient pas à (d).

b. Construis un carré de sommet R ayant pour axe de symétrie la droite (d).

c. Combien y a-t-il de solution(s) ?

40 ***Une enveloppe plus grande***

a. Construis une figure trois fois plus grande que celle ci-contre, en utilisant uniquement ta règle non graduée et ton compas.

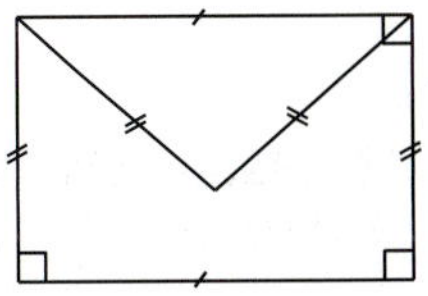

b. Complète la figure pour qu'elle admette exactement deux axes de symétrie (en traçant le minimum de segments).

41 Un tangram est un puzzle chinois à sept pièces qui permet d'obtenir toutes sortes de formes différentes.

a. En assemblant les pièces, on obtient des figures comme celles ci-dessous. Indique le nombre et la position des axes de symétrie de chaque figure (on ne tient compte que du contour extérieur de la figure).

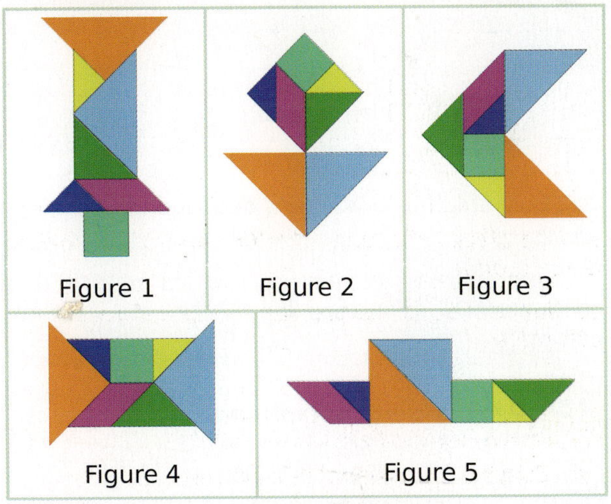

Figure 1 — Figure 2 — Figure 3 — Figure 4 — Figure 5

b. Construis un tangram à partir d'un carré de 8 cm de côté. Colorie-le puis découpe chaque pièce. Reproduis chaque figure du **a**.

c. Assemble les pièces de façon à obtenir...
- un quadrilatère sans axe de symétrie ;
- un quadrilatère ayant un axe de symétrie ;
- un quadrilatère ayant deux axes de symétrie.

d. Assemble les pièces de façon à obtenir...
- une figure sans axe de symétrie ;
- une figure ayant un axe de symétrie ;
- une figure ayant deux axes de symétrie.

42 *À partir d'un triangle équilatéral*

a. Trace un triangle équilatéral de 8 cm de côté.

b. Construis ses trois axes de symétrie.

c. Reproduis les arcs de cercle verts de la figure ci-contre. (Ils ont pour centre le milieu du côté.)

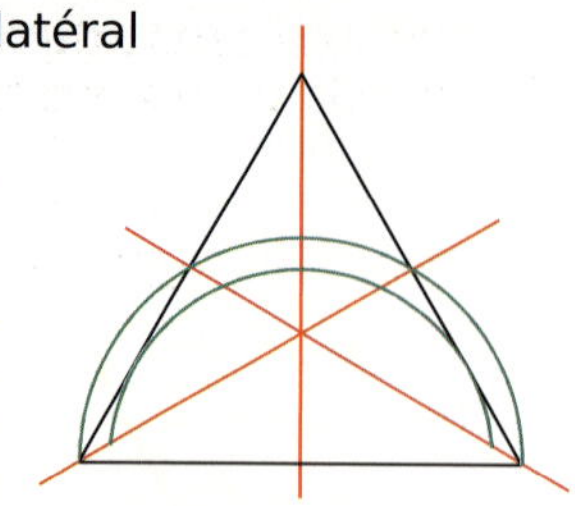

d. Complète cette figure pour que les axes rouges soient les axes de symétrie de la figure.

43 Géométrie Dynamique

a. Construis un triangle ABC. Trace la bissectrice de l'angle $\widehat{ACB}$. Trace la droite parallèle à (BC) passant par A. Elle coupe la bissectrice en D.

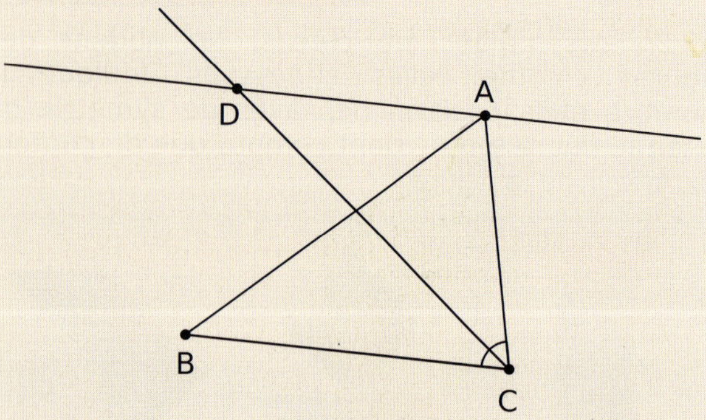

b. Fais afficher la mesure des angles $\widehat{ADC}$ et $\widehat{ACD}$.

c. Que peux-tu conjecturer sur la nature du triangle ADC ? Pourquoi ?

44 *Petites démonstrations*

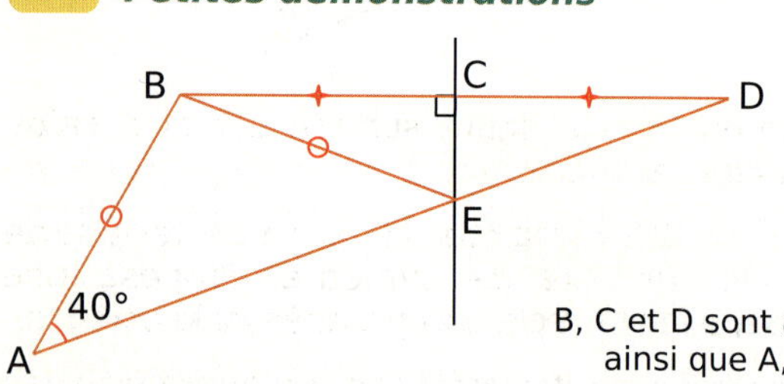

B, C et D sont alignés ainsi que A, E et D.

a. Que représente la droite (CE) pour le segment [BD] ? Justifie.

b. Que dire du triangle BDE ? Pourquoi ?

c. Que dire de la droite (CE) pour l'angle $\widehat{BED}$?

d. Quelle est la mesure de l'angle $\widehat{BEA}$?

e. Déduis-en la mesure de l'angle $\widehat{DEC}$.

45 *Triangles et cercle*

a. Construis un triangle LAC, isocèle en C, tel que LA = 3 cm et LC = 5 cm.

b. Trace le cercle de centre C passant par A. Que constates-tu ? Justifie-le.

c. Existe-t-il un triangle équilatéral ABC tel que B appartienne à ce cercle ? Tu justifieras ta réponse et, si c'est possible, tu feras la (les) construction(s).

46 *Cerf-volant*

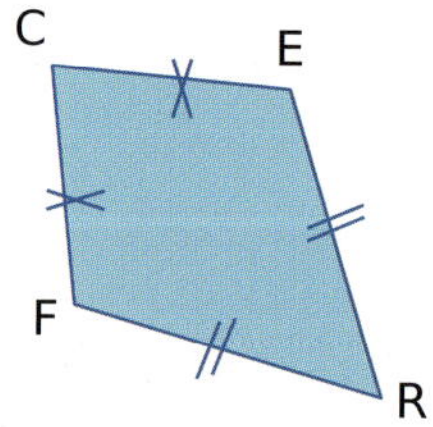

a. On considère le dessin ci-contre. Reproduis une figure similaire sur ton cahier.

b. Trace les diagonales du quadrilatère CERF. Elles sont sécantes en V.

c. Que dire de la droite (CR) pour le segment [EF] ? Justifie.

d. Déduis-en que le point V est le milieu du segment [EF].

e. Qu'en déduis-tu pour les diagonales de ce quadrilatère ? Justifie.

47 *De l'analyse à la construction*

On considère le rectangle DAIM. Pour les questions **a** à **e**, justifie la réponse.

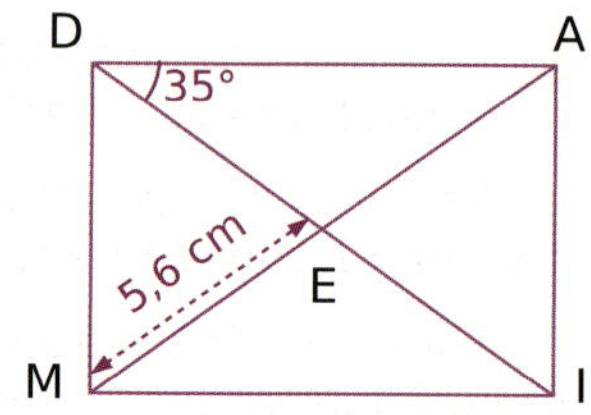

a. Quelle est la mesure de l'angle $\widehat{EDM}$?

b. Quelle est la nature du triangle DEM ?

c. Déduis-en la mesure de l'angle $\widehat{EMD}$.

d. Quelle est la longueur du segment [EA] ?

e. Quelle est la longueur du segment [DI] ?

f. Écris un programme de construction de cette figure, puis trace-la en vraie grandeur.

48 *Quadrilatères inscrits dans un cercle*

a. Trace un cercle de centre C et de rayon 5 cm. Trace deux diamètres perpendiculaires qui coupent le cercle en quatre points, formant le quadrilatère RIEN. Conjecture sa nature.

b. Construis les médiatrices de [NC] et de [CI]. Elles coupent le cercle en quatre points formant le quadrilatère TOUS. Conjecture sa nature.

c. Les médiatrices coupent [NI] en deux points M et A. Quelle conjecture peux-tu faire sur la nature du quadrilatère ARME ?

49 *Figure à construire*

a. Trace deux droites perpendiculaires (xy) et (uv), sécantes en O.

b. Construis les bissectrices des angles $\widehat{xOv}$, $\widehat{uOx}$, $\widehat{yOu}$ et $\widehat{vOy}$. Soit [Oz], celle de $\widehat{xOv}$.

c. Trace le losange OABC tel que le point B appartienne à [Oz], OB = 10 cm et AC = 5 cm.

d. Construis le carré de diagonale [AC].

e. Complète le dessin pour que les droites (xy) et (uv) soient des axes de symétrie de la figure.

f. Colorie à ta convenance.

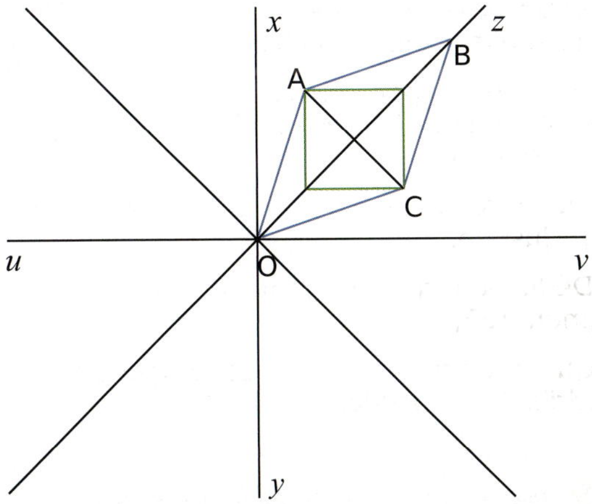

50

Les frises sont des bandes décoratives sur lesquelles un dessin est répété régulièrement.

a. Recherche des images de frises. Essaie de trouver un moyen de les classer par catégorie.

b. Parmi les frises suivantes, quelles sont celles qui admettent un ou des axes de symétrie ?

Frise 1 

Frise 2 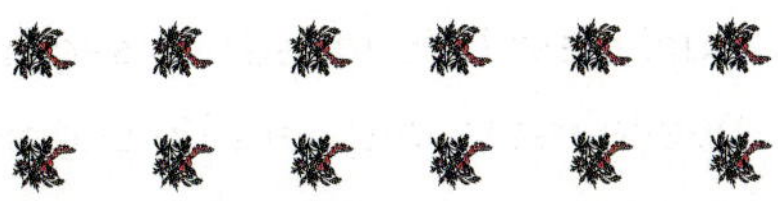

Frise 3 

Frise 4 

Frise 5 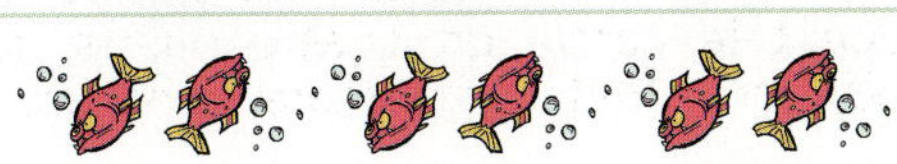

c. Recherche les sept familles de frises qui existent. Parmi elles, trois nécessitent uniquement des symétries axiales. Choisis un motif simple différent (géométrique ou pas), et trace une frise appartenant à chacune de ces trois familles.

51 Géométrie Dynamique

a. Trace un cercle de centre A passant par E. Place trois autres points F, G et H sur ce cercle.

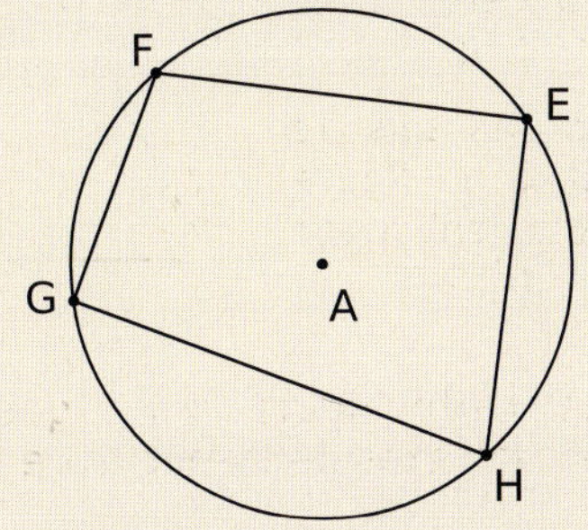

b. Trace les médiatrices des segments [EF], [FG], [GH] et [HE].

c. Déplace les points E, F, G et H. Que constates-tu ? Essaye d'expliquer pourquoi.

52 *L'art et la manière !*

a. Reproduis cette figure sur ton cahier à l'aide d'un papier calque.

b. On souhaite compléter la figure de telle sorte qu'elle ait un axe de symétrie. Propose une méthode, avec la règle non graduée et le compas.

c. Propose une autre méthode, uniquement avec une règle non graduée.

53 Géométrie Dynamique

a. Construis une figure identique à celle de l'exercice **48**.

b. Utilise les fonctionnalités du logiciel pour conjecturer la nature des quadrilatères.

		R1	R2	R3	R4
1	Quelles sont les affirmations exactes ?	Un cercle a une infinité d'axes de symétrie	Un carré a exactement deux axes de symétrie	Un triangle qui a un axe de symétrie est isocèle	Un triangle peut avoir plus de trois axes de symétrie
2	Parmi ces panneaux, quels sont ceux qui ont au moins un axe de symétrie ?				
3	Parmi ces figures, quelle(s) est (sont) celle(s) pour qui toutes les droites rouges sont des axes de symétrie ?			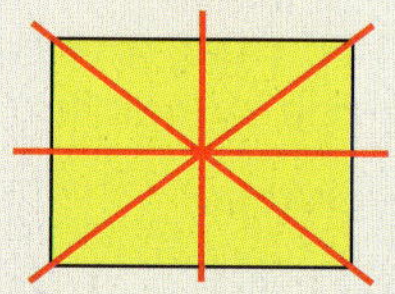	
4	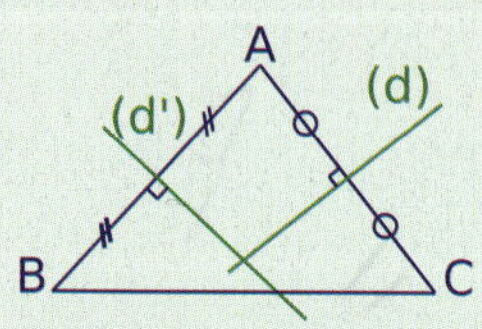	(d) est la médiatrice de [BC]	(d) est la médiatrice de [AC]	(d') est la médiatrice de [AB]	(d') est la médiatrice de [AC]
5	Si Z appartient à la médiatrice de [ST], alors...	ST = ZT	ZS = ZT	ZS = TS	TZ = SZ
6	Quelles sont les affirmations exactes ?	La bissectrice d'un angle coupe cet angle en deux angles de même mesure	La médiatrice d'un segment est le seul axe de symétrie de ce segment	La bissectrice d'un angle est l'axe de symétrie de cet angle	La médiatrice d'un segment est l'ensemble des points équidistants d'une de ses extrémités
7	Dans quel(s) cas est-on sûr que la droite rouge est la bissectrice de l'angle ?	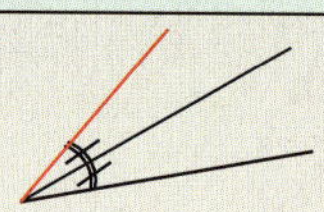	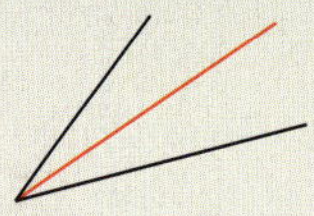	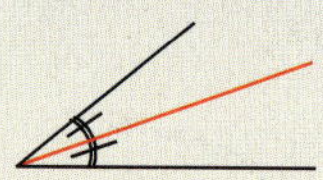	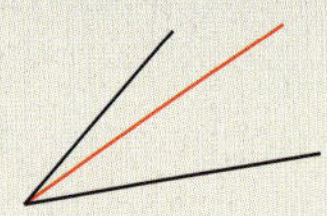

Récréation mathématique

Plans de symétrie

Dans l'espace, on peut généraliser la notion d'axe de symétrie avec celle de « plan de symétrie ».

Dans le cube ci-dessous, on a dessiné un plan de symétrie.

a. Combien le cube a-t-il de plans de symétrie différents ?

b. Et un pavé droit dont les trois dimensions sont distinctes (aucune face carrée) ?

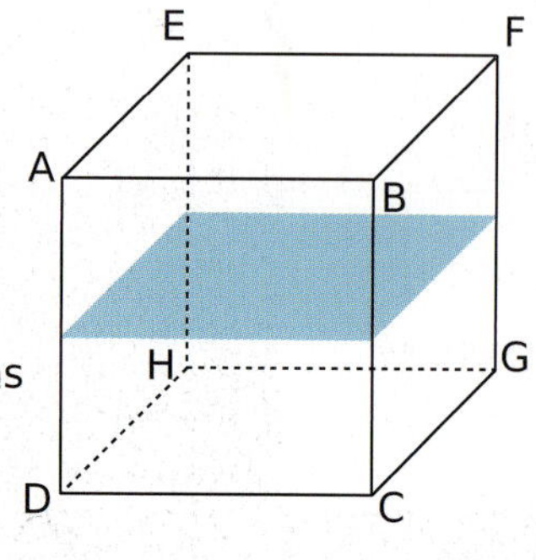

Chiffres magiques...

Christophe et Thomas sont deux frères qui aiment dessiner sur les vitres des fenêtres.
Voici comment ils écrivent les dix chiffres :

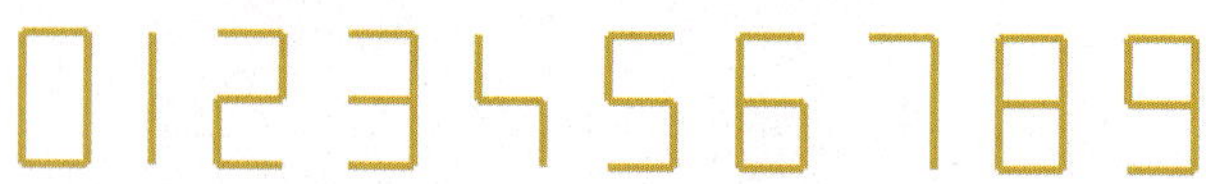

a. Christophe écrit un nombre de deux chiffres. Son frère le lit de l'autre côté de la fenêtre et constate que c'est le même nombre. Quelles sont les possibilités ?

b. À son tour, Thomas écrit un nombre de deux chiffres. Quand Christophe le lit de l'autre côté, Thomas lui dit qu'il y a une différence de 57 entre les deux nombres. Quels sont-ils ?

G6 Espace

- Parallélépipède rectangle
- Représentation des solides
- Patrons

1 La chasse aux cubes

→ Cours : 1

a Pour commencer

Julien dispose d'un jeu de cubes tels que celui-ci : 

En assemblant six de ces cubes, il obtient un nouveau solide : 

- Comment s'appelle ce solide ?
- Combien a-t-il de faces ? Donne la nature de chaque face. Combien y en a-t-il de dimensions différentes ? Dessine chacune d'elles en vraie grandeur, sachant que l'arête du petit cube mesure 1 cm.
- Dessine ce solide en perspective cavalière et colorie deux de ses faces parallèles. Au total, combien y a-t-il de paires de faces parallèles ?

b Un peu plus dur...

- Avec huit cubes, combien peut-on construire de **pavés droits** différents ?
- Dessine, en perspective cavalière et à main levée, tous les solides obtenus.
  (Tu pourras t'aider de papier pointé.) Certains sont-ils plus « particuliers » que d'autres ?
- Quel(s) est (sont) celui (ceux) qui a (ont) la plus grande arête ? La plus petite arête ?
- Quel(s) est (sont) celui (ceux) qui a (ont) la plus grande face ? La plus petite face ?
- Ont-ils tous le même nombre de sommets ?

2 Patron du pavé droit

→ Cours : 3

Gilles a sous les yeux une boite qu'il voudrait reconstruire à l'identique, en papier.
Cette boite a la forme d'un pavé droit.

a Dimensions de la boite

- Gilles mesure les côtés d'une face et trouve 2,5 cm et 3,5 cm. Reproduis cette face en grandeur réelle sur ton cahier.
- Il mesure une autre face et constate qu'elle a la même largeur que la première, mais qu'elle est deux fois plus longue. Reproduis cette seconde face.
- Malheureusement, il n'a pas le temps de prendre d'autres mesures et doit rentrer chez lui. Avec ce qu'il a pu mesurer, a-t-il suffisamment d'informations pour reconstruire la boite ? Si oui, donne les dimensions de la troisième face et reproduis-la.

b Vers le patron

- Construis un **patron** possible de ce pavé droit. Y a-t-il plusieurs possibilités ?
- Découpe et assemble le patron.

c Emballez, c'est pesé !

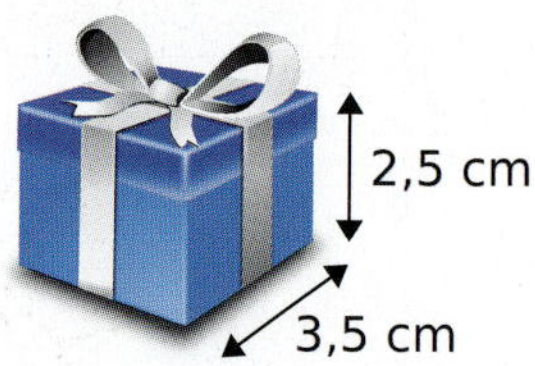

- On utilise du ruban pour ficeler cette boite. Sachant qu'il en faut 9 cm pour le nœud, quelle est la longueur de ruban nécessaire ?
- Il y a deux autres façons de ficeler cette boite. Pour chacune, fais un schéma et calcule la longueur de ruban nécessaire.
- Quelle méthode nécessite le moins de ruban ?

1 Généralités sur les solides

Règle La **perspective cavalière** est une technique de dessin qui permet de représenter un solide sur une surface plane.

En perspective cavalière :

- les figures face à l'observateur sont dessinées en vraie grandeur sans déformation ;
- les droites parallèles en réalité le sont sur le dessin ;
- les arêtes cachées sont dessinées en pointillés.

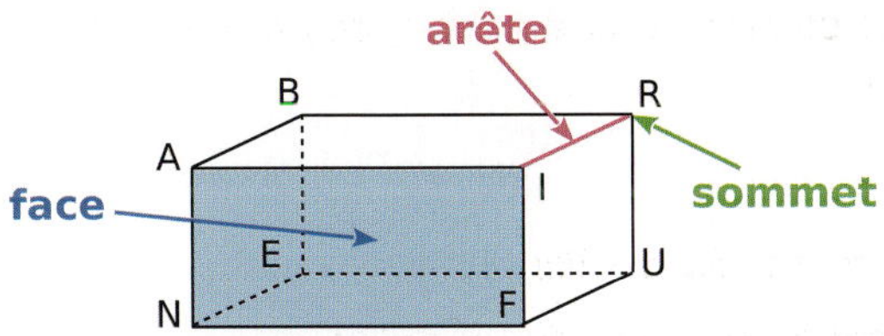

Exemple :

▶ Cette figure représente le parallélépipède rectangle ABRINEUF en perspective cavalière.

- Le point R est un **sommet**.
- Le segment [RI] est une **arête**.
- Le rectangle NAIF délimite une **face**.

Définition Un **patron** de solide est une figure plane représentant ses faces en **grandeur réelle** qui, après pliage et sans découpage, permet de fabriquer ce solide. Parfois, il existe plusieurs patrons différents permettant de le construire.

2 Des solides polyèdres

A Polyèdre

Définition Un **polyèdre** est un solide dont les faces sont des polygones.

Exemples : Quelques polyèdres

Tétraèdre	Pentaèdre	Hexaèdre	Heptaèdre
4 faces	5 faces	6 faces	7 faces
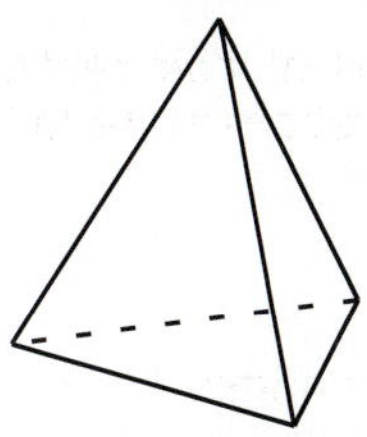	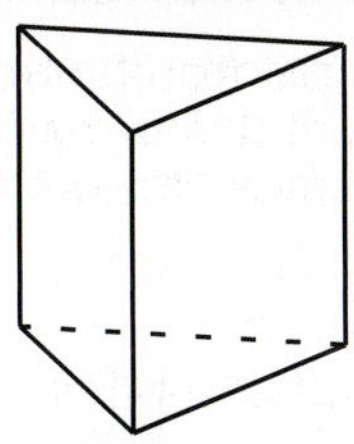	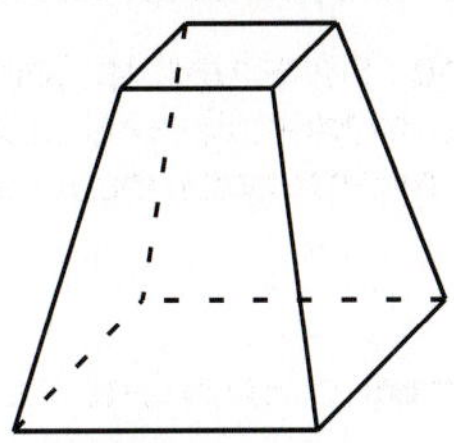	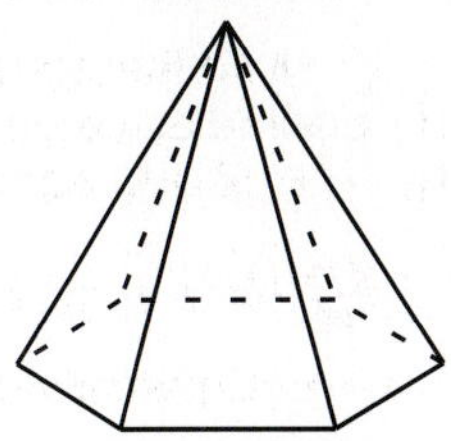

Octaèdre	Nonaèdre	Décaèdre	Dodécaèdre
8 faces	9 faces	10 faces	12 faces
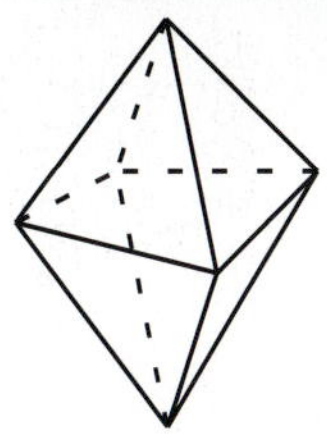	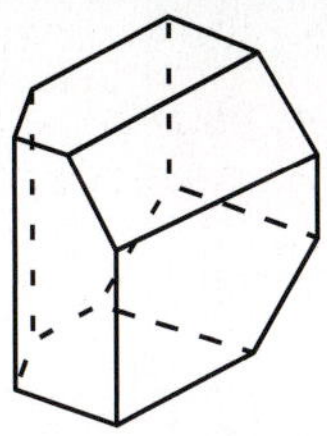	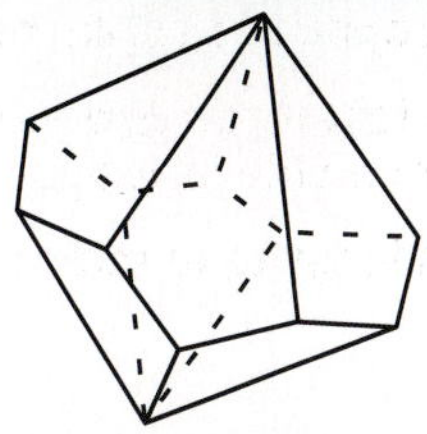	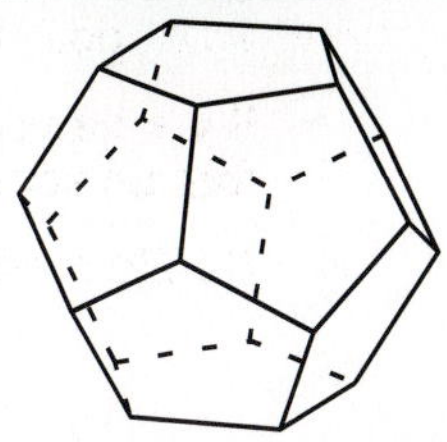

B Carte d'identité de certains polyèdres

Nom	Pavé droit	Cube	Prisme droit à base pentagonale	Pyramide à base carrée
Dessin	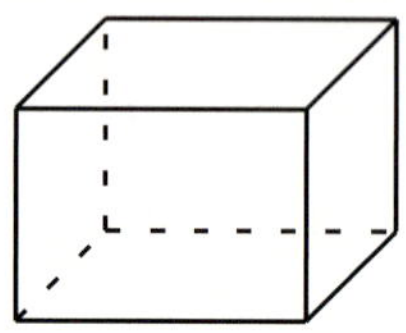	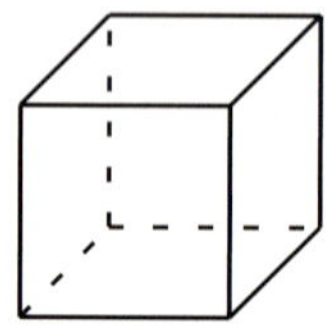	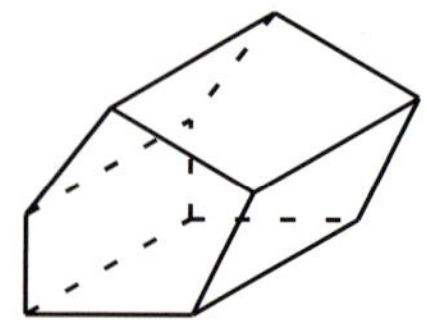	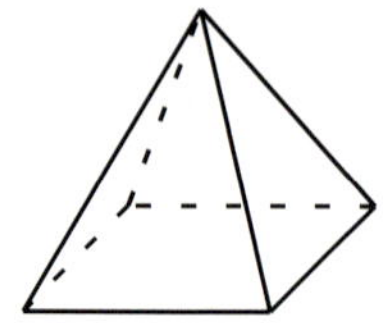
Sommets	8	8	10	5
Arêtes	12	12	15	8
Faces	6 rectangles	6 carrés	2 pentagones et 5 rectangles	1 carré et 4 triangles
Patron	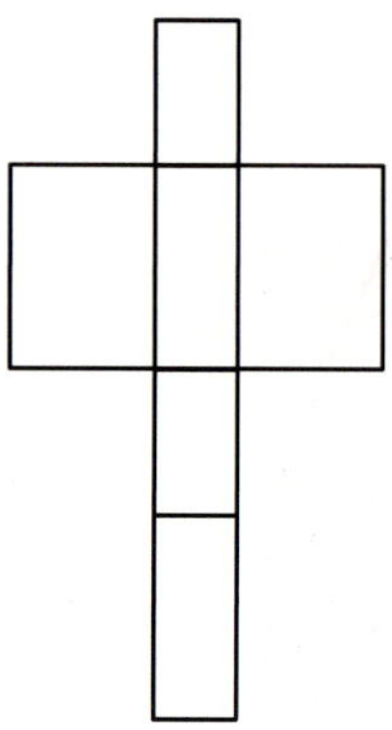	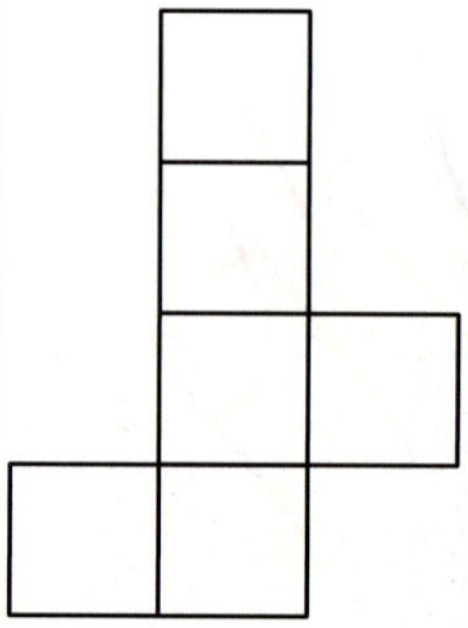	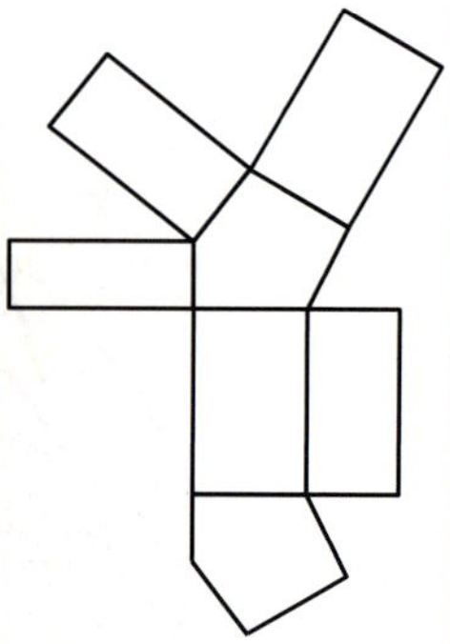	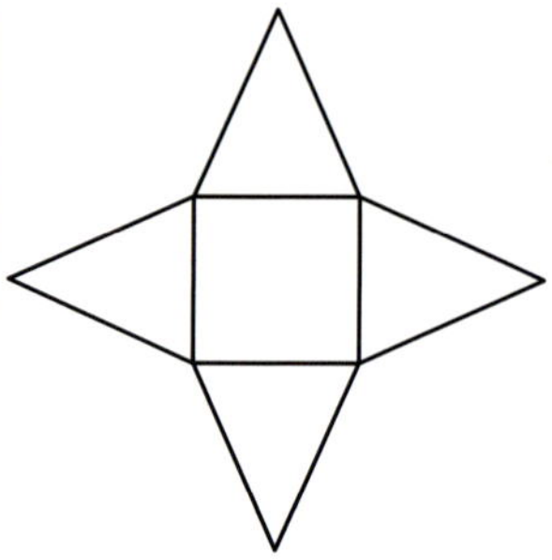

Remarques :

- Un prisme droit a deux bases superposables de forme polygonale, et ses autres faces sont des rectangles.
- Une pyramide a une base de forme polygonale, et ses autres faces sont des triangles.
- Il existe beaucoup d'autres patrons du pavé droit. Pour le cube, il existe 11 patrons différents.

Exemple :
Représente quatre patrons différents du pavé droit dessiné ci-contre en perspective cavalière.

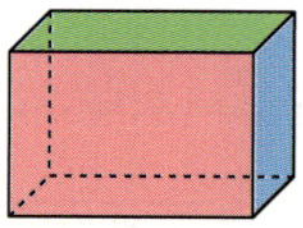

▶ Les faces de la même couleur sont superposables et représentent, pour le pavé droit, des faces parallèles.

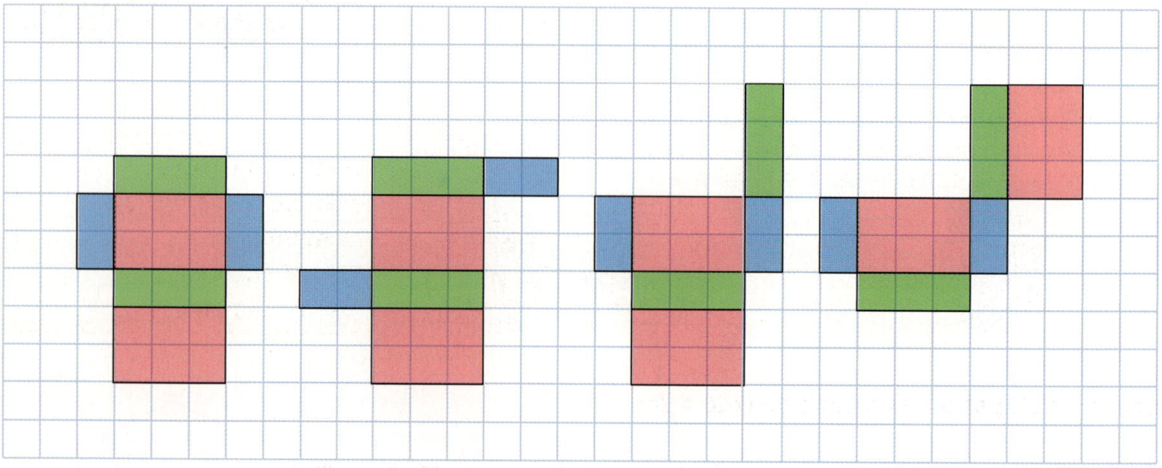

3 Des solides non polyèdres

Cylindre de révolution	Cône de révolution	Boule
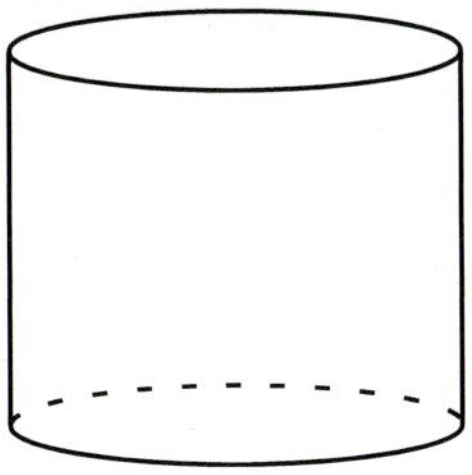	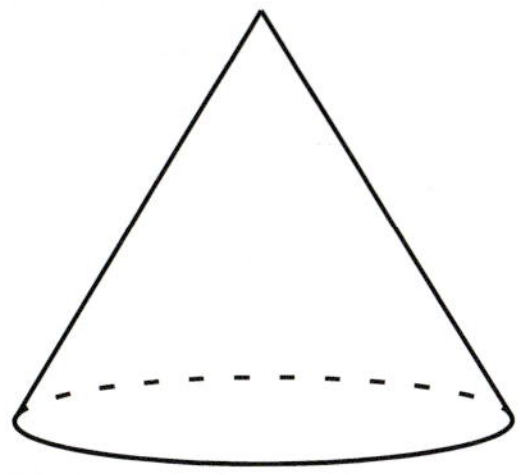	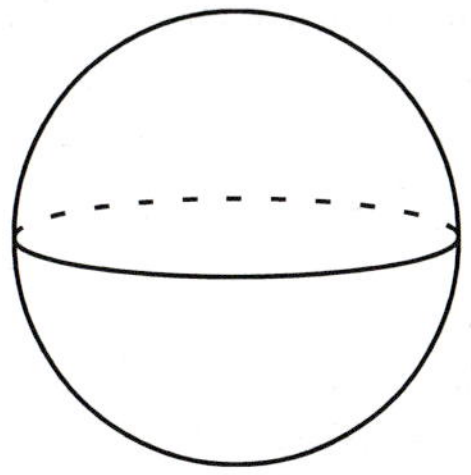

Remarques :

- Le cylindre de révolution a pour bases deux disques superposables.
- Le cône de révolution a pour base un disque.
- Il n'existe pas de patron pour la boule.

Exercices « À toi de jouer ! »

1 Quels objets peuvent être assimilés à des polyèdres ?

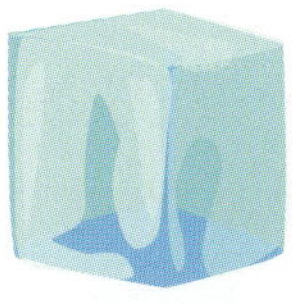

2 Les dés polyédriques suivants sont classés dans l'ordre croissant de leur nombre de faces (nombre pair). Pour chacun d'eux, recopie et complète la carte d'identité ci-contre.

Nom du polyèdre :	...
Nombre de sommets :	...
Nombre d'arêtes :	...
Nombre de faces :	...
Nature des faces :	...

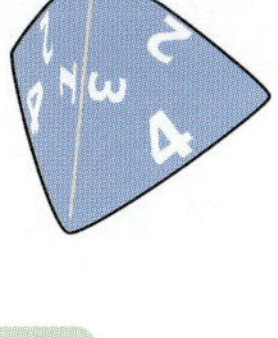

3 Construis un patron d'un cube de côté 4 cm.

4 Construis un patron d'un pavé droit de dimensions 3 cm ; 4 cm et 5 cm.

Vocabulaire

5 Pour chaque polyèdre ci-dessous, donne le nombre de sommets, d'arêtes et de faces.

a.

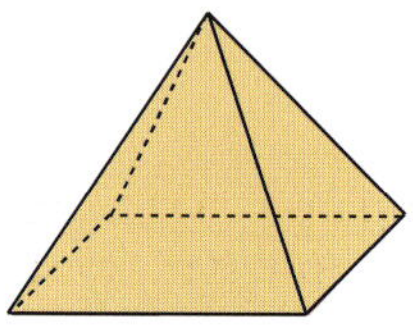

b.

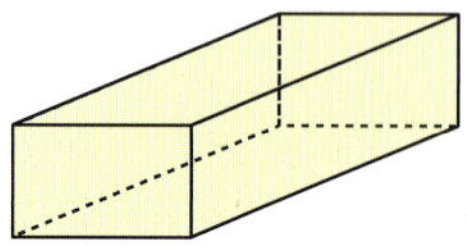

c.

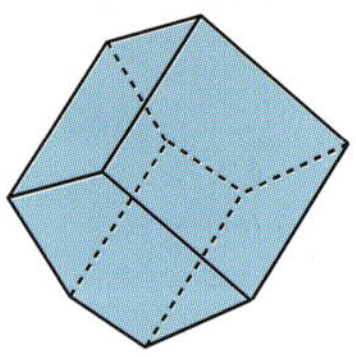

d.

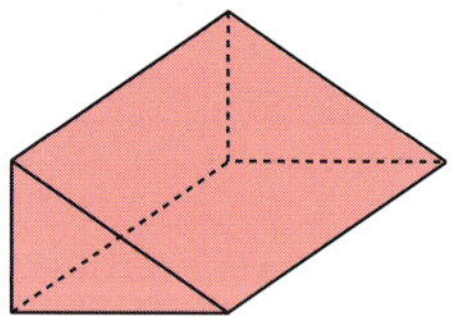

6 On considère ces solides.

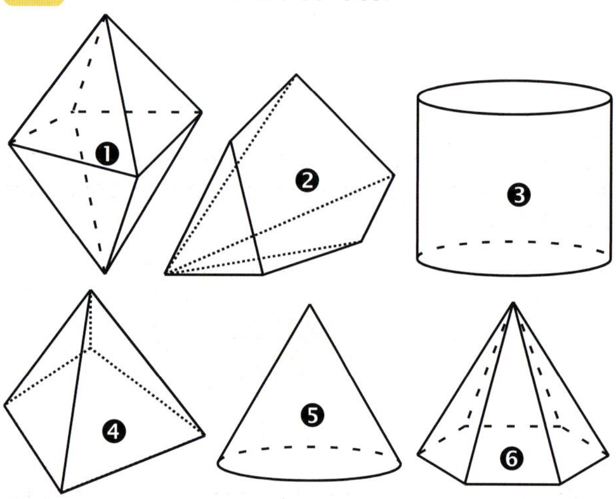

a. Parmi ces solides, quels sont les polyèdres ?

b. Parmi ces solides, quelles sont les pyramides ?

c. Donne la nature des solides qui ne sont pas des pyramides.

7 Voici la représentation en perspective cavalière d'un parallélépipède rectangle ABCDEFGH.

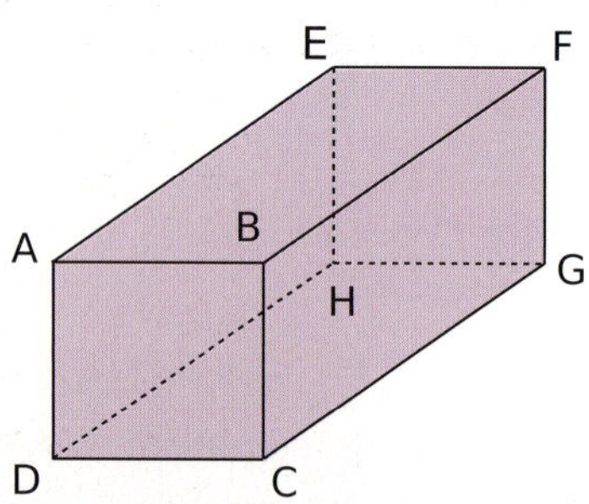

a. Donne deux autres noms possibles pour ce pavé droit.

b. Combien a-t-il de sommets ? Nomme-les.

c. Donne le nombre de faces, puis nomme-les.

d. Combien d'arêtes a-t-il ? Nomme-les.

e. Nomme les arêtes qui ne sont pas visibles.

8 Soit le cube POINTUES ci-contre.

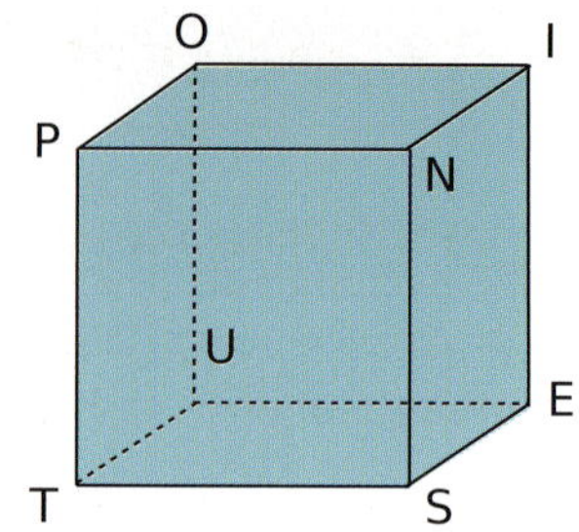

a. Donne le nombre de sommets, le nombre d'arêtes et le nombre de faces de ce cube.

b. Quelle est la nature de la face PNST ?

c. Quelle est la nature de la face POIN ?

d. Quelles sont les faces cachées du cube ?

9 Soit le cube POINTUES de l'exercice précédent.

a. Nomme la (ou les) face(s) parallèle(s) à la face POIN.

b. Nomme la (ou les) face(s) perpendiculaire(s) à la face PNST.

c. Cite toutes les arêtes de même longueur que l'arête [PO].

d. Combien d'arêtes ne sont pas visibles ? Nomme-les.

e. Si on pose ce cube sur la face NIES, les faces POIN et OUEI étant visibles, quelles sont alors les faces cachées de ce cube ?

10 On considère ces polyèdres.

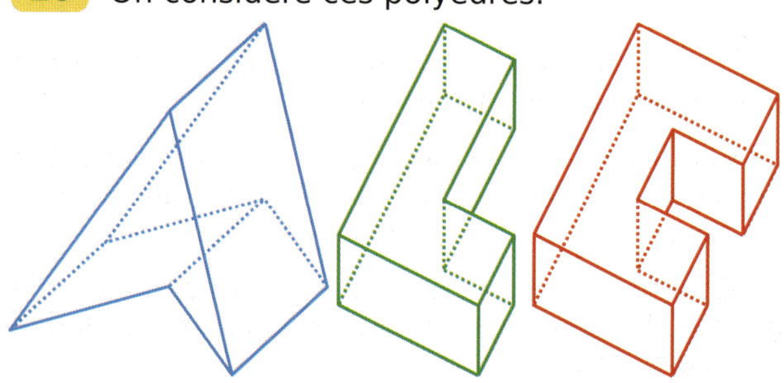

a. Quelle est la nature de ces polyèdres ?

b. Pour chaque polyèdre, recopie et complète le tableau ci-dessous.

Polyèdre	bleu	vert	rouge
Nombre de côtés de la base polygonale			
Nombre de sommets			
Nombre d'arêtes			
Nombre de faces			

c. Trouve une relation entre le nombre de côtés de la base polygonale et le nombre de sommets.

d. Même question avec le nombre d'arêtes et le nombre de faces.

e. Un prisme a des bases pentagonales. Déduis-en son nombre de sommets, de faces et d'arêtes.

Représentation des solides

11 Vrai ou Faux

On considère le pavé droit de l'exercice **7**.
Réponds par Vrai ou Faux.

P.1. Les faces ABCD et EFGH sont parallèles.

P.2. La face ABCD est un carré.

P.3. L'angle $\widehat{GHD}$ mesure 120° environ.

P.4. ABC est un triangle rectangle et isocèle en B.

P.5. L'angle $\widehat{BEF}$ mesure moins de 90°.

P.6. L'angle $\widehat{ABF}$ est un angle droit.

P.7. Les arêtes [AB] et [BF] sont parallèles.

P.8. Les arêtes [EH] et [BF] sont sécantes.

P.9. Les arêtes [CG] et [FG] ne sont pas perpendiculaires.

12 Un cube a une arête de 5 cm.

a. À main levée, dessine ce cube en perspective cavalière, puis code ton dessin.

b. Construis, sur papier quadrillé, une représentation en perspective cavalière de ce cube.

13 Un parallélépipède rectangle a pour dimensions 2 cm ; 4,5 cm et 5,5 cm.

a. Réalise, à main levée, une représentation possible de ce pavé droit, en perspective cavalière, puis code ton dessin.

b. Construis, à l'aide des instruments de géométrie, une représentation en perspective cavalière de ce pavé droit.

14 Soit le pavé droit ABRICOTS tel que AB = 3 cm, BR = 4 cm et AC = 6 cm.

a. Réalise, à main levée, une représentation en perspective cavalière de ce pavé droit. Code les arêtes de même longueur sur ton dessin.

b. Recopie et complète le tableau.

Arêtes	[IR]	[BO]	[CS]	[RT]	[CO]	[OT]
Longueur (en cm)						

c. Trace en vraie grandeur les faces ABRI et ABOC.

d. En utilisant la figure précédente, donne une valeur approchée de la longueur BC.

15 On empile deux cubes identiques, d'arête 2 cm.

a. Décris le solide obtenu et donne ses dimensions.

b. Représente ce solide en perspective cavalière, sur papier quadrillé.

16 Reproduis puis complète les dessins suivants pour obtenir des représentations en perspective cavalière de pavés droits.

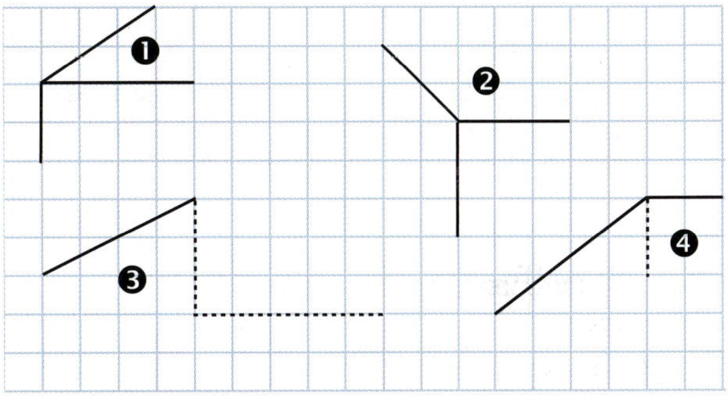

17 Une araignée ne marche que sur les arêtes de ce pavé droit. Elle part du sommet F pour aller au sommet E.

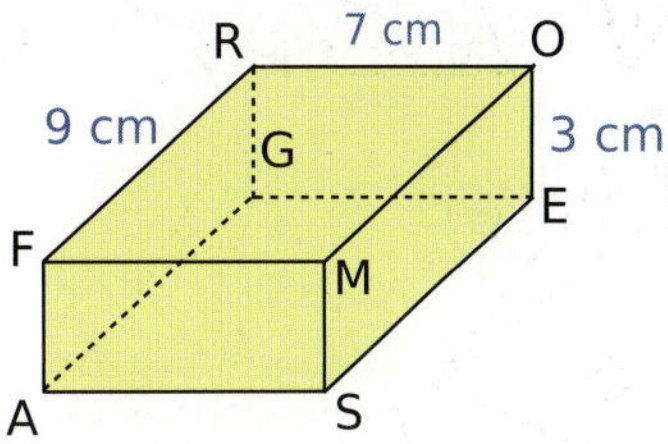

a. Quel est le chemin le plus court ? Y a-t-il plusieurs possibilités ? Si oui, donne-les toutes.

b. Calcule la longueur de ce chemin.

18 Le solide ci-dessous est composé de cubes ayant pour arête 3 cm. La face du bas, la face arrière et la face de gauche sont des carrés.

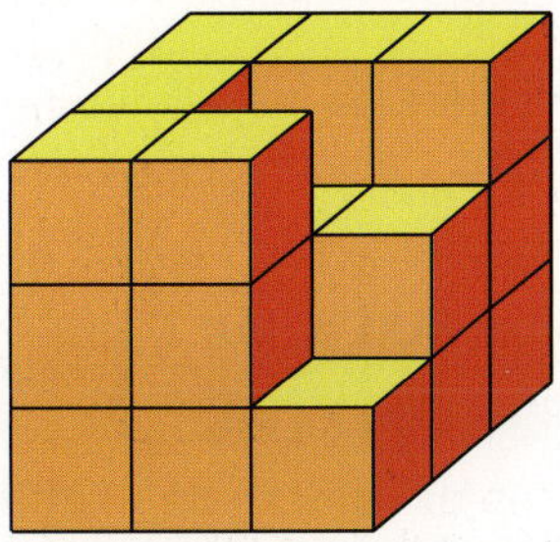

a. Combien de cubes faudrait-il ajouter pour obtenir un cube d'arête 9 cm ?

b. Combien de cubes contient ce solide ?

c. Dessine en vraie grandeur la face de dessus et la face de droite.

19 On a représenté ci-contre un cube d'arête 4,5 cm.

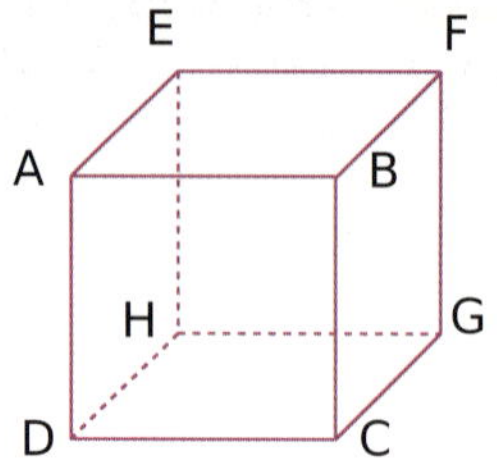

a. Quelle est, dans la réalité, la nature du triangle BFG ? Justifie.

b. Quelle est, dans la réalité, la nature du triangle GBD ? Justifie.

c. Construis ces deux triangles en vraie grandeur.

20 ABRINEUF est un pavé droit, représenté ci-dessous en perspective cavalière.
On donne BR = 7 cm et AN = AB = 4 cm.

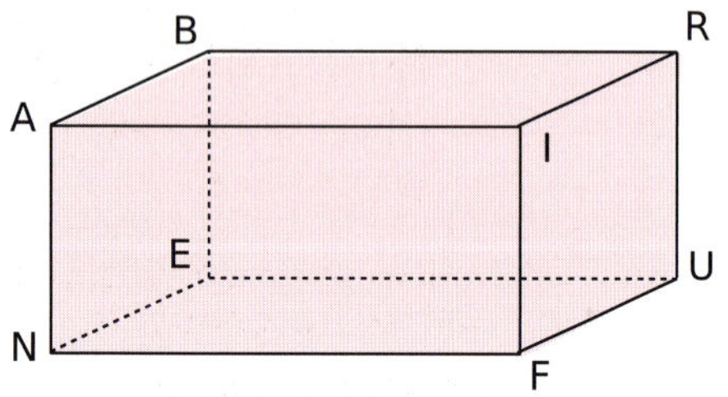

a. Dans la réalité, quelle est la nature...

- du triangle ABI ?
- du triangle BIN ?

Justifie tes réponses.

b. Construis ces deux triangles en vraie grandeur.

21 On considère le parallélépipède rectangle de l'exercice précédent.

a. Nomme deux arêtes qui sont perpendiculaires dans la réalité, mais pas sur le dessin.

b. Peux-tu répondre à la même question en remplaçant le mot « perpendiculaires » par « parallèles » ?

22 On considère le parallélépipède rectangle de l'exercice **20**.

a. Que peux-tu dire...

- des droites (AN) et (AI) ?
- des droites (AB) et (AI) ?

b. Que penses-tu alors de l'affirmation : « *Si deux droites sont perpendiculaires à une même droite, alors elles sont parallèles entre elles.* » ?

Patrons

23 Quels dessins ci-dessous représentent un patron de cube ?

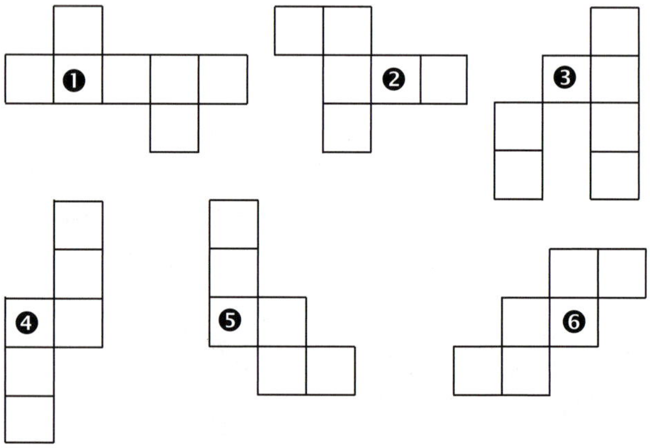

24 Quels dessins ci-dessous représentent un patron de pavé droit ? Justifie.

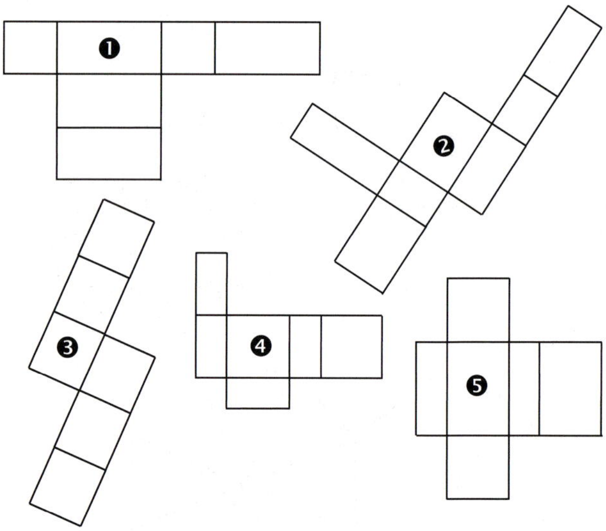

25 Associe ce pavé droit à son patron. Justifie.

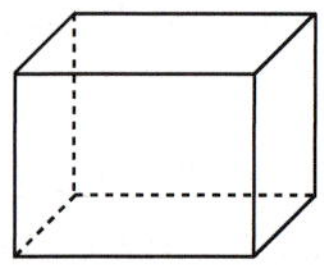

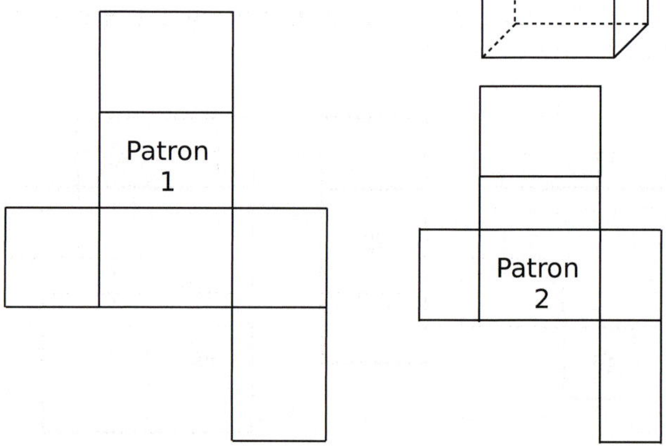

26 Parmi les patrons suivants...

a. quels sont ceux d'un prisme droit ?

b. quels sont ceux d'une pyramide ?

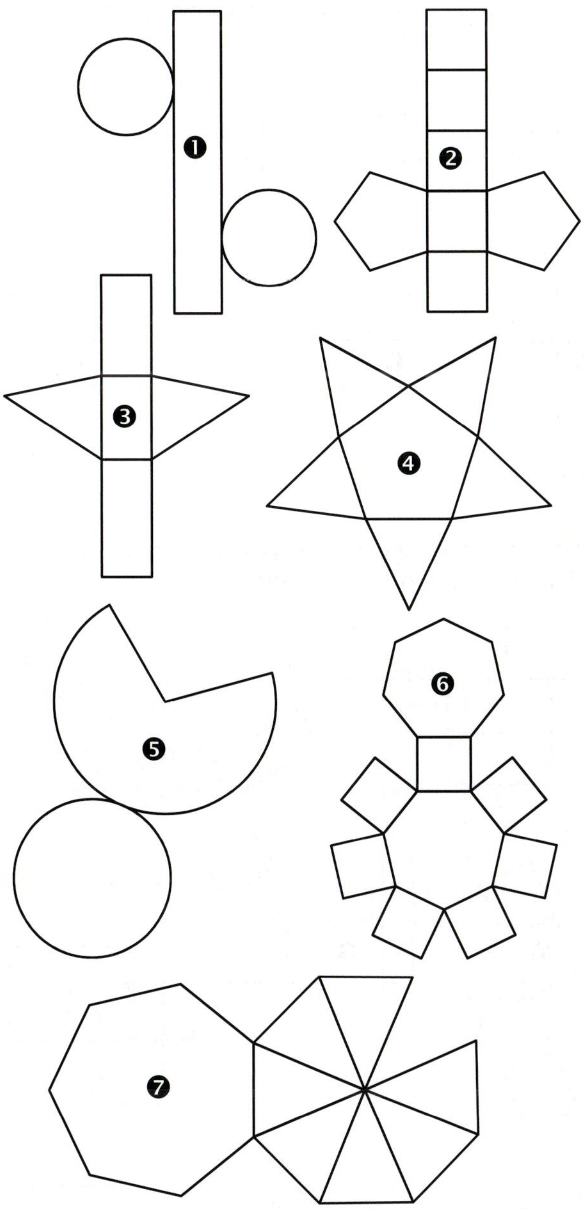

27 Recopie puis complète chaque patron de pavé droit ci-dessous.

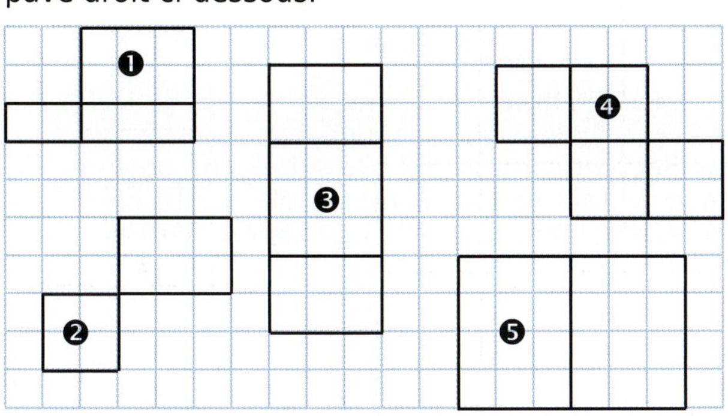

28 Reproduis, à main levée, chaque patron de pavé droit ci-dessous, puis complète les longueurs manquantes.

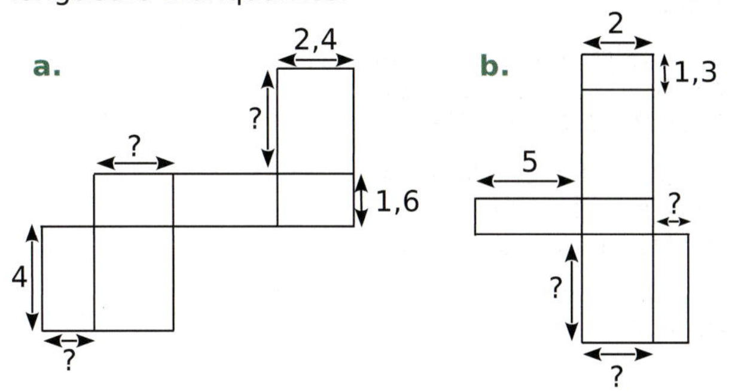

29 On considère ce pavé droit.

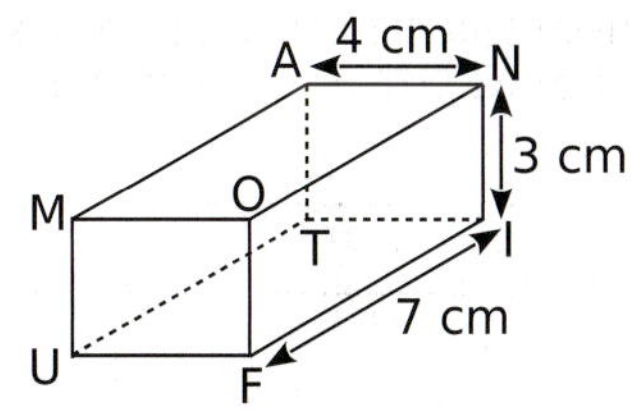

a. Trace un patron de ce pavé droit, à main levée, et code les égalités de longueurs.

b. Trace ce patron en vraie grandeur.

30 Trace un patron pour chaque solide dont les dimensions sont dans les tableaux ci-dessous.

Pavé droit	Longueur	Largeur	Hauteur
❶	4,5 cm	2 cm	60 mm
❷	2,7 cm	1,5 cm	42 mm
❸	5,3 cm	2,5 cm	74 mm

Cube	Longueur de l'arête
❹	4,5 cm
❺	56 mm

31 Réalise un patron de ce cube d'arête 3,6 cm, sachant que les motifs sur deux faces opposées sont identiques.

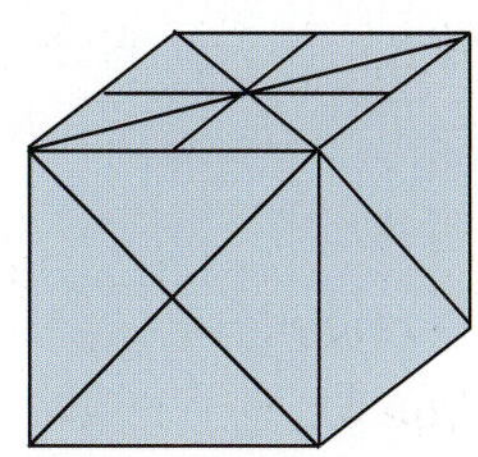

32 Réalise, en respectant les couleurs, un patron de ce pavé droit composé de trois cubes identiques d'arête 2 cm.

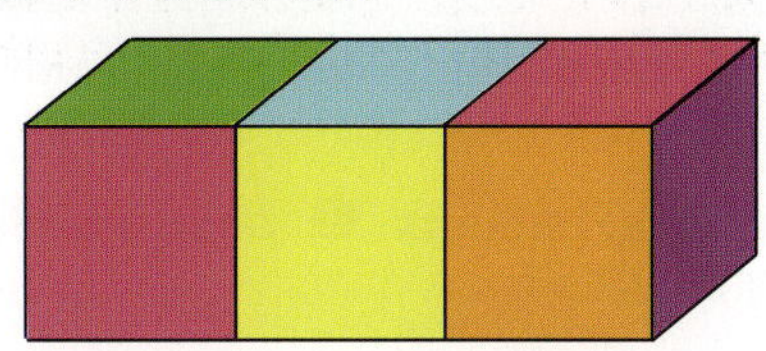

33 La figure ci-dessous représente les huit sommets d'un pavé droit.

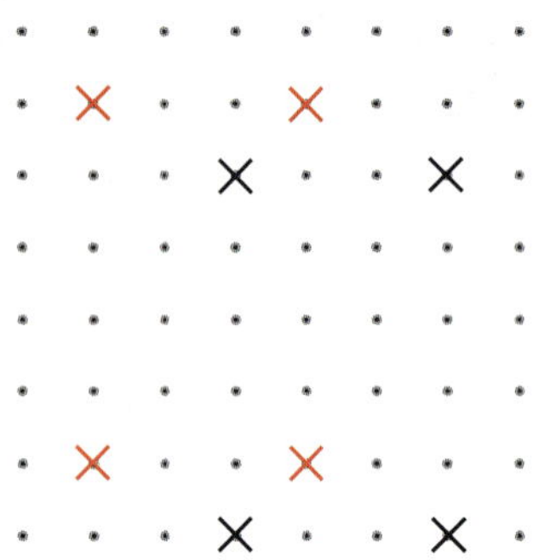

Reproduis deux figures similaires, puis complète-les, de façon à ce que les quatre points marqués en rouge forment...

a. la face de devant sur la première figure ;

b. la face de derrière sur la deuxième figure.

34 ***Belle perspective***

a. Reproduis le cube ci-dessous en perspective cavalière, sur papier quadrillé.

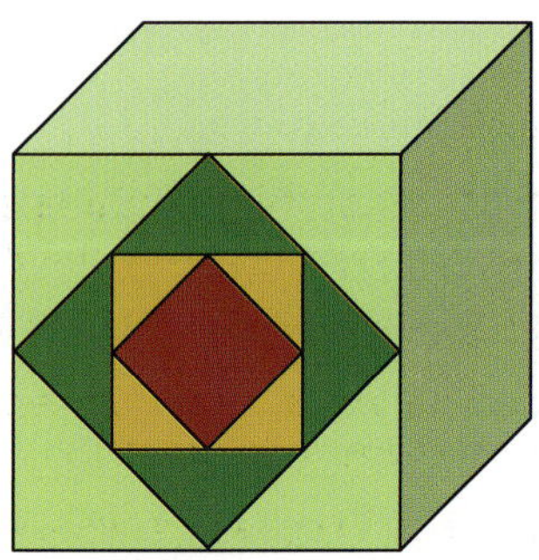

b. Sur chaque face visible, trace le motif figurant sur la face de devant.

35 Mandy veut ficeler des paquets de dimensions 20 cm, 15 cm et 50 cm. Elle possède deux pelotes de 95 m chacune.
Pour faire le nœud, elle a besoin de 25 cm de ficelle par paquet.

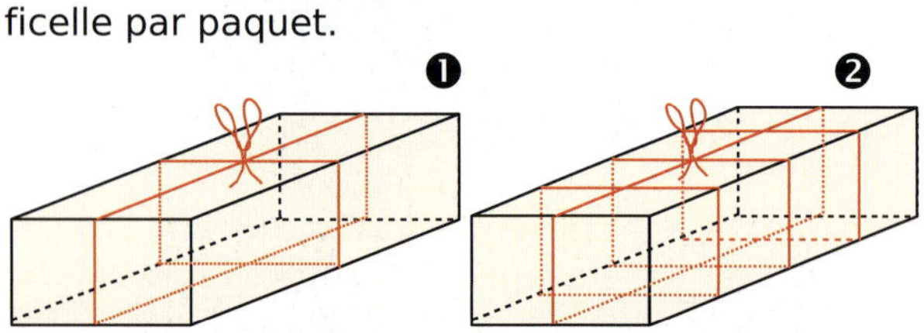

a. Pour chaque paquet, donne la longueur en mètres de la ficelle utilisée par Mandy.

b. Combien de paquets ❶ pourra-t-elle ficeler avec une pelote ?

c. Combien de paquets ❷ pourra-t-elle ficeler avec deux pelotes ?

36 En collant des blocs cubiques identiques, de 40 cm d'arête, on a construit un escalier comprenant quatre marches. Cet escalier doit ensuite être verni.

a. Combien de cubes constituent l'escalier ?

b. Combien de faces carrées vont être vernies, sachant qu'on ne vernit pas la partie en contact avec le sol ou avec le mur ?

c. Un pot de 1 L de vernis couvre 15 m^2. Combien faudra-t-il de pots pour passer deux couches sur l'escalier ?

d. Calcule le nombre de cubes nécessaires à la fabrication d'un escalier semblable, mais comprenant 100 marches.

37 On considère un cube de 5 cm d'arête.

a. Sur papier quadrillé, trace une représentation en perspective cavalière de ce cube, puis marque les milieux des arêtes de la face de dessus et de la face de dessous.

b. Décris le solide obtenu en reliant les huit points que tu as marqués. Fais-en un patron.

c. Que se passe-t-il si on recommence le processus ?

38 Sur un dé à jouer, la somme des nombres de points inscrits sur deux faces opposées est égale à 7.

a. Construis un patron du dé ci-dessous, puis marque les points sur chaque face.

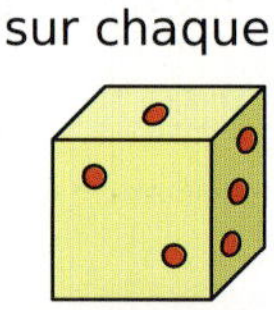

b. Sachant que le dé est à présent posé sur la face à trois points, combien de points comporte la face du dessus ? Et la face de droite ?

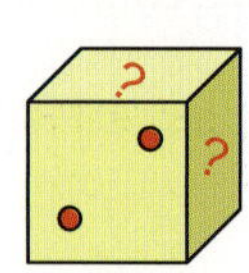

39 La projection est un moyen de représenter un objet tridimensionnel sur une surface plane en deux dimensions.

Ci-dessous, on a représenté trois vues de l'objet : de face, de dessus et de droite.

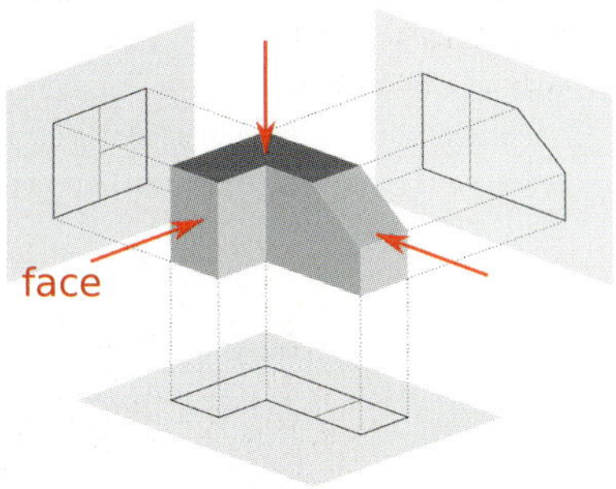

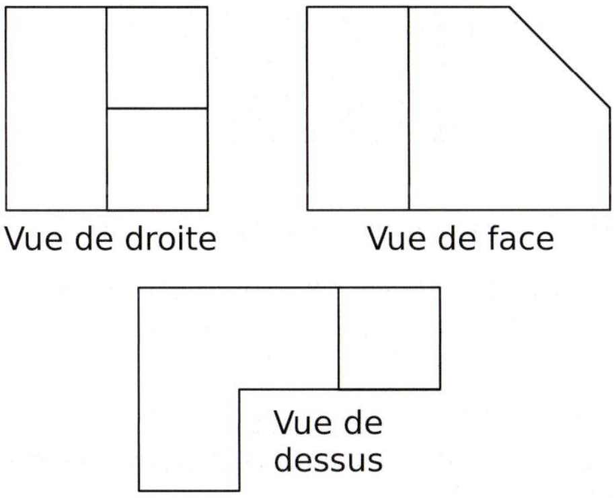

Effectue la représentation en trois vues des objets suivants.

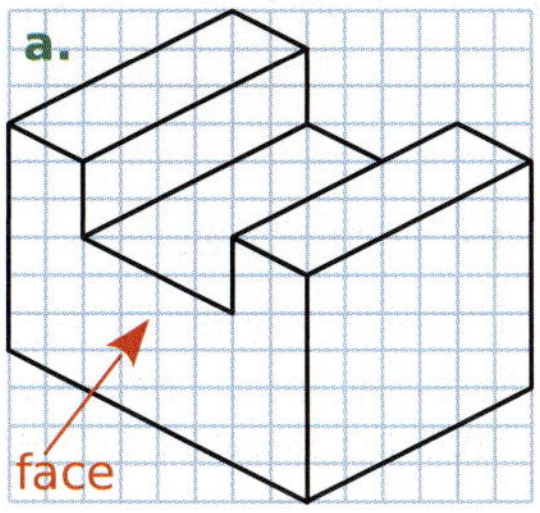

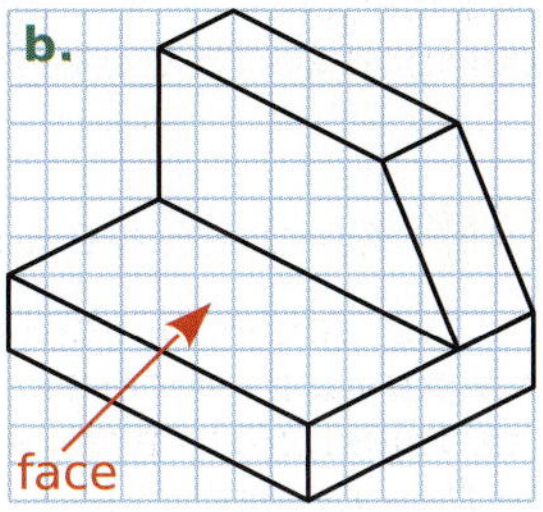

40 On donne ci-dessous la vue de face et la vue de côté d'un solide composé de deux parallélépipèdes rectangles accolés.

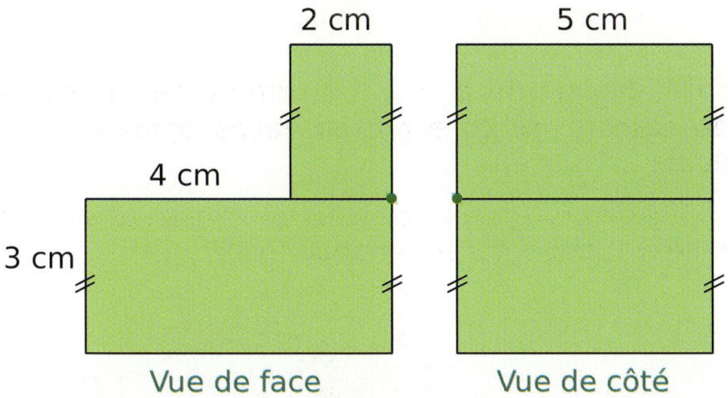

a. Donne les dimensions de chaque parallélépipède rectangle.

b. Construis la vue de dessus de ce solide en vraie grandeur.

c. Construis une représentation en perspective cavalière de ce solide.

41 ***De l'enveloppe au cube***

a. Cachette une enveloppe standard, de format 11 cm × 22 cm, et plie-la en deux de façon à obtenir un carré.

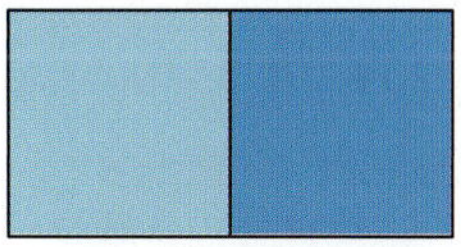

b. Repère le centre d'un carré, au crayon.

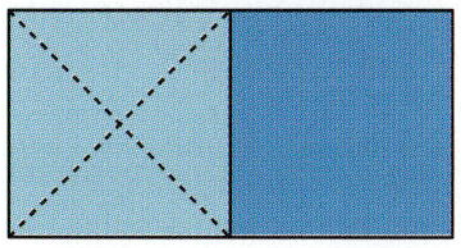

c. Ramène les sommets du carré vers le centre, en marquant bien les plis des deux côtés, puis déplie.

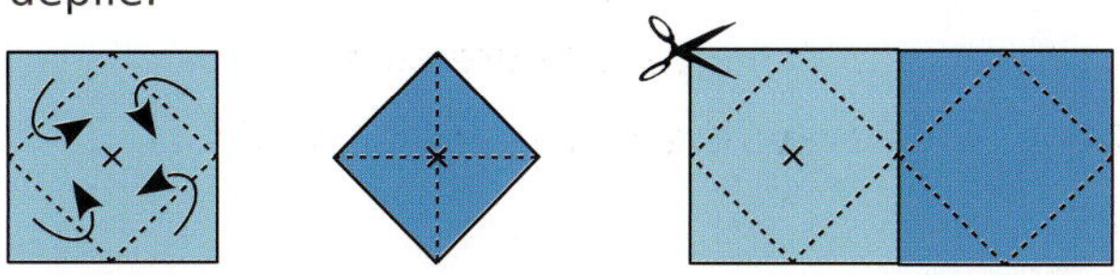

d. Découpe le haut de l'enveloppe pour l'ouvrir. En ouvrant l'enveloppe, tu dois voir apparaitre un cube !

42 ***Dodécaèdre régulier***

a. Sur du papier assez épais (papier à dessin par exemple), trace un pentagone régulier SUPER.

b. Trace l'étoile à cinq branches SPRUE.

c. Au centre de l'étoile, on voit apparaitre un petit pentagone, appelle-le MALIN.

d. Trace ses diagonales et prolonge-les jusqu'à ce qu'elles coupent les côtés du pentagone SUPER.
Tu obtiens un demi-patron de dodécaèdre. Assembles-en deux pour former un dodécaèdre entier.

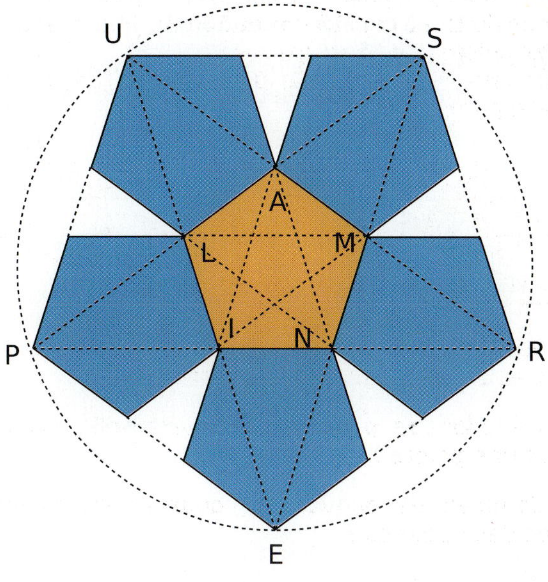

		R1	R2	R3	R4
1	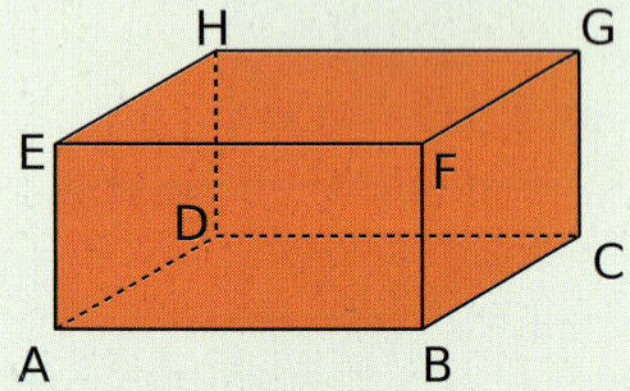 ABCDEFGH est un pavé droit.	[HD] est une arête	[EF] est une arête	[BG] est une arête	[AG] est une arête
2		La longueur EA sur la figure est en vraie grandeur	La longueur FG sur la figure est en vraie grandeur	La longueur FC sur la figure est en vraie grandeur	La longueur HC sur la figure est en vraie grandeur
3		Les faces ABCD et AEFB sont parallèles	Les faces ABCD et EFGH sont parallèles	Les faces EADH et FBCG sont parallèles	Les faces EADH et EFGH sont parallèles
4		AB = EF = HG	FG = EF	EH = AD = HG	HD = EA = FB
5		(AD) est perpendiculaire à (AB)	(AD) et (BC) sont parallèles	(AD) et (DC) sont parallèles	(AD) est perpendiculaire à (HD)
6		FBC est équilatéral	FHE est isocèle en F	BCD est quelconque	FBC est rectangle en B
7	ABCDEFGH a pour patron(s) possible(s)...		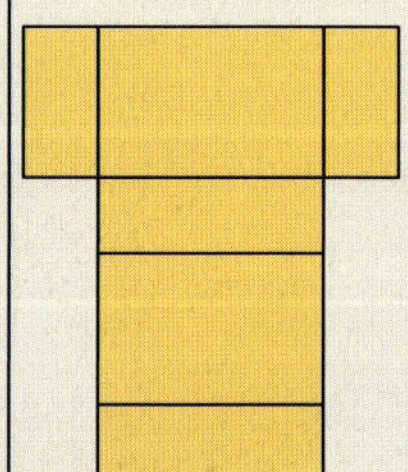		
8	Trouve les affirmations vraies.	Un cube est un pavé particulier	Un pavé est un cube particulier	Toutes les arêtes du cube ont la même longueur	Les pavés ont autant de sommets que de faces

Récréation mathématique

Patrons du cube

Dessine les différents patrons d'un cube. Combien y en a-t-il au maximum ?

Attention : Deux patrons superposables ne comptent que pour un seul.

Exemple :

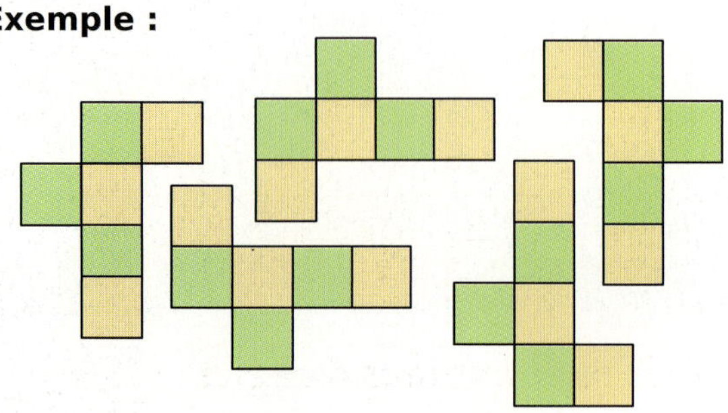

Tous ces patrons sont identiques, à un retournement près.

La fourmi gourmande

Une fourmi se trouve sur une face carrée d'une boite qui a la forme d'un parallélépipède rectangle.

Une goutte de confiture se trouve sur la face carrée opposée. La fourmi veut manger la confiture.

Aide-la à trouver le plus court chemin (inférieur à 24 cm).

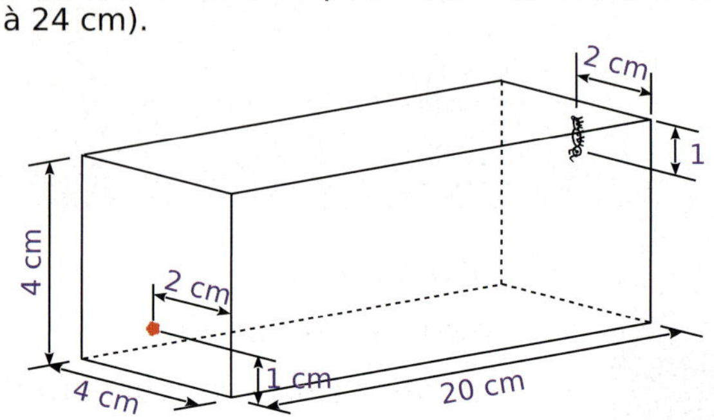

M1 Angles

- *Vocabulaire*
- *Mesure d'un angle*
- *Constructions et reproductions*
- *Calculs et mesures d'angles*
- *Bissectrices*

Activités

1 Mesure d'angles en degrés

→ Cours : 3

a Première approche de la mesure d'un angle

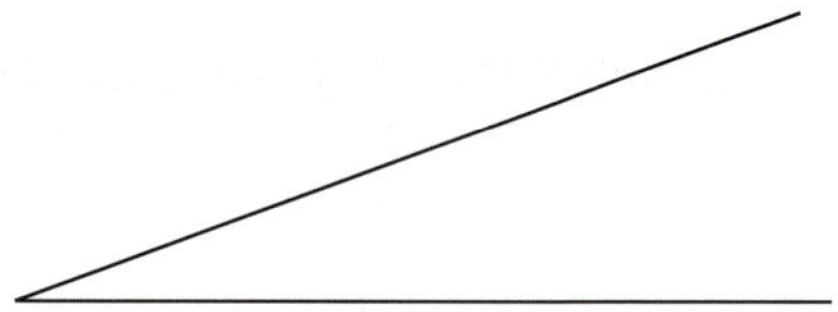

- Décalque l'**angle** ci-contre et découpe-le pour l'utiliser comme **gabarit**. On prend la mesure de cet angle pour unité.
- Utilise le gabarit pour construire un angle deux fois plus grand. Dans cette partie, on dira que ce nouvel angle a une mesure de deux unités.
- De la même façon, construis un angle de mesure trois unités, puis un angle de mesure cinq unités.
- Détermine, en unités, la mesure des angles ❶, ❷ et ❸ ci-dessous.

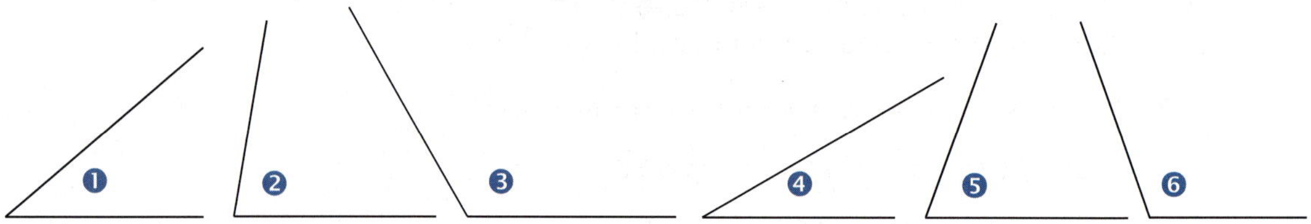

- Donne un encadrement, en unités, de la mesure des angles ❹, ❺ et ❻.
- Cette unité est-elle pratique pour mesurer les angles ? Pourquoi ?

b Mesure en degrés

Le degré est une unité d'angle plus pratique que la précédente. Voici un angle dont la mesure est 1°. Cette mesure a été choisie de telle manière qu'un angle droit mesure 90°.

- Parmi les nombres entre 2 et 10, trouve ceux qui sont des diviseurs de 90.
- Si on coupe un **angle droit** (90°) en deux angles de même mesure, quelle est alors la mesure de chacun des angles ? Même question si on le coupe en trois, puis en cinq angles de même mesure. (Voir les trois premières figures ci-dessous.)

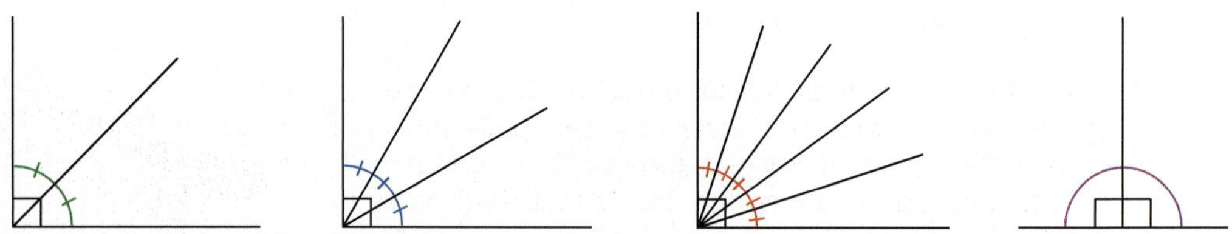

- Quelle est la mesure d'un **angle plat** (angle violet, dernière figure ci-dessus) qui est formé de deux angles droits **adjacents** ?
- On partage un angle plat en 18 angles de même mesure. Quelle est la mesure de chaque angle ?
- Détermine la mesure des angles marqués en bleu, vert, rouge et jaune ci-dessous. Donne un encadrement des angles marqués en violet et orange.

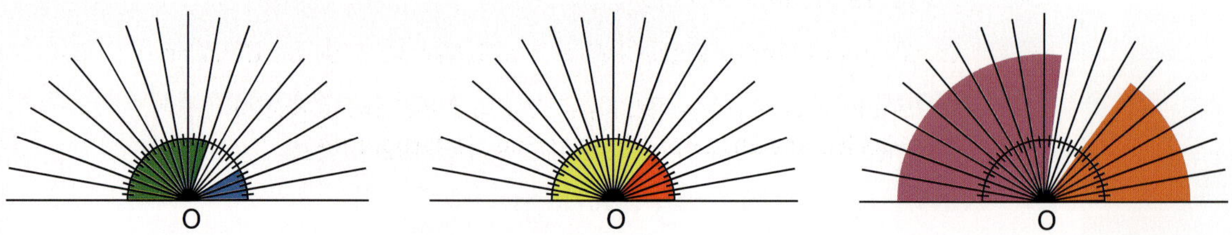

2 Des angles dynamiques

Cours : 2

Géométrie Dynamique

a *Construire un angle*

- Construis un angle et explique comment tu as procédé.
- Combien de points a-t-il fallu définir pour construire cet angle ? Lequel de ces points joue un rôle « particulier » ? Propose alors une façon de nommer l'angle que tu as construit.
- Sur une nouvelle page et dans un logiciel de géométrie dynamique, construis un angle dont le nom est $\widehat{TBR}$. Marque cet angle.
- Place un point S sur la demi-droite [BT).
  Quel autre nom peut-on donner à l'angle $\widehat{TBR}$?

b *Plus petit ou plus grand qu'un angle droit*

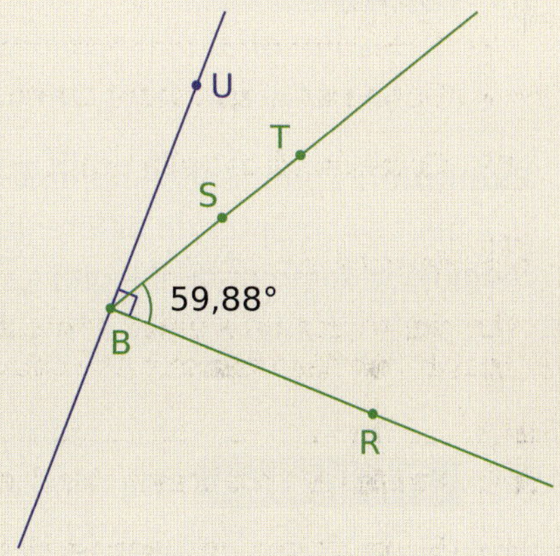

- Fais afficher la mesure de l'angle $\widehat{SBR}$.
- À l'aide de la souris, déplace le point S.
  Cela modifie-t-il la valeur de l'angle $\widehat{SBR}$?
- Déplace le point T pour que l'angle $\widehat{TBR}$ mesure 90°.
- Une nouvelle fois, déplace le point T pour que l'angle $\widehat{TBR}$ mesure 180°.
- Construis la droite perpendiculaire à la demi-droite [BR) et passant par B. Place un point U sur cette perpendiculaire.
- Déplace le point T pour que l'angle $\widehat{TBR}$ mesure approximativement 68°, 112°, 95°, 79° et 88°.
  Que remarques-tu ?

c *Le rapporteur dans l'œil ?*

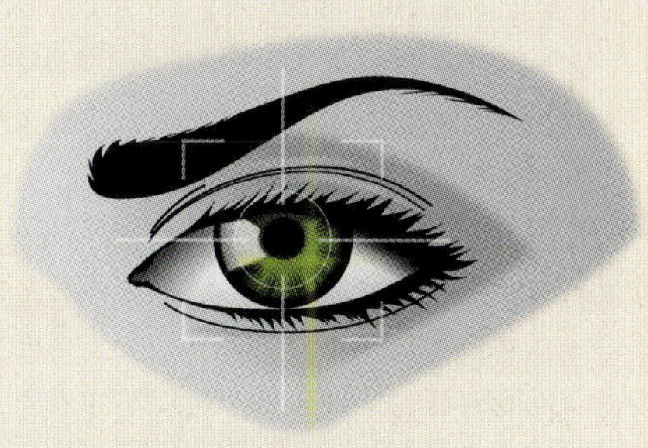

- Sur une nouvelle page et dans un logiciel de géométrie dynamique, construis un angle $\widehat{BAC}$. Sans afficher sa mesure, essaie de déplacer les points pour que la mesure de l'angle $\widehat{BAC}$ soit plus petite que 40°.
- Construis alors un point D tel que la mesure de l'angle $\widehat{CAD}$ soit approximativement deux fois plus grande que celle de l'angle $\widehat{BAC}$.
- Affiche alors la mesure des angles et regarde si tu avais bien le rapporteur dans l'œil !
- Place approximativement un point E tel que la demi-droite [AE) coupe l'angle $\widehat{BAC}$ en deux angles de même mesure.
- Une nouvelle fois, vérifie la précision en affichant la mesure des angles.
- Comment peut-on construire précisément la demi-droite [AE) ?
  Cette demi-droite est appelée **bissectrice** de l'angle $\widehat{BAC}$.

Cours

1 Notion d'angle

Définition Un **angle** est une portion de plan délimitée par deux demi-droites ayant la même origine.

A Vocabulaire

Définitions
- Le point O est le **sommet** de l'angle.
- Les demi-droites [Ox) et [Oy) sont les **côtés** de l'angle.

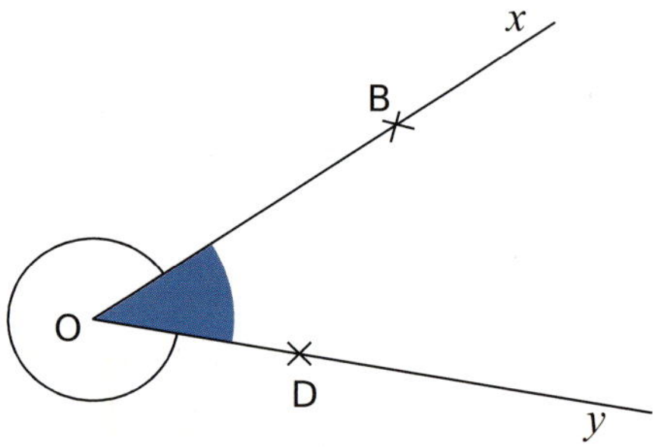

B Notation

Définitions
- La portion du plan coloriée en bleu est un angle **saillant**.
- La portion du plan non coloriée est un angle **rentrant**.

Exemple : Comment se nomme l'angle bleu ?

▶ Il peut se nommer de différentes manières (le plus souvent avec trois lettres, celle du milieu est toujours le sommet de l'angle) : $\widehat{xOy}$ ou $\widehat{yOx}$ ou $\widehat{BOD}$ ou $\widehat{DOB}$ ou $\widehat{BOy}$ ou $\widehat{yOB}$ ou $\widehat{DOx}$ ou $\widehat{xOD}$.

C Angles de même mesure

Définition Des angles de même mesure sont codés avec le **même symbole** (comme pour les longueurs).

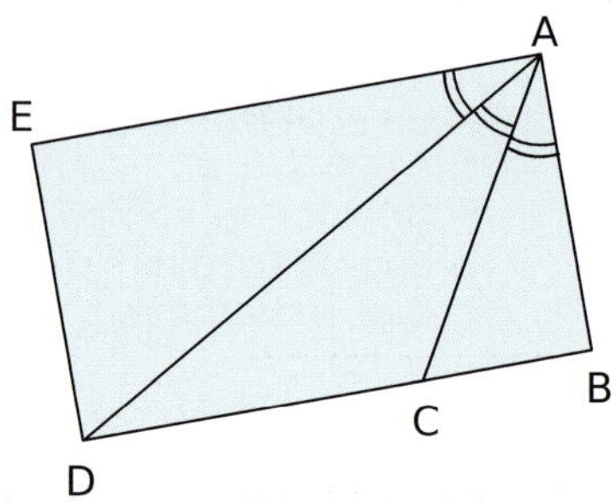

Exemple : Dans la figure ci-contre, quels sont les angles de même mesure ?

▶ Ces angles sont codés avec le même symbole.
On a donc : $\widehat{EAD} = \widehat{DAC} = \widehat{CAB}$.

2 Différents types d'angles

On classe les angles par catégorie, selon leur mesure.

Angle	Nul	Aigu	Droit	Obtus	Plat	Rentrant	Plein
Figure	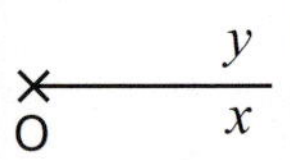	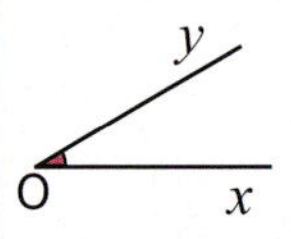	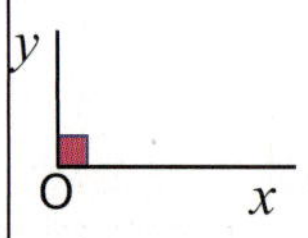	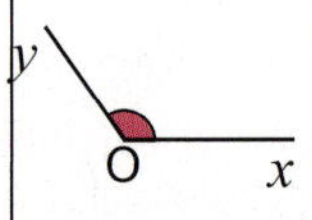	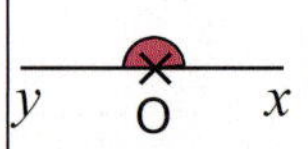	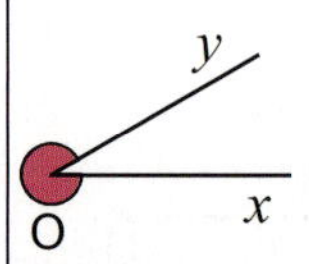	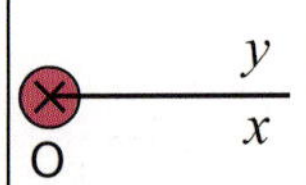
Mesure	0°	entre 0° et 90°	90°	entre 90° et 180°	180°	entre 180° et 360 °	360°
Position des côtés	confondus		perpendi-culaires		dans le prolongement l'un de l'autre		confondus

Angles **saillants** (Aigu, Droit, Obtus, Plat)

Propriétés Soient A, B et C trois points distincts.

- Dire que « les droites (AB) et (AC) sont **perpendiculaires** » revient à dire que « l'angle $\widehat{BAC}$ est un **angle droit** ».
- Dire que « les points A, B et C sont **alignés** » revient à dire que « l'angle $\widehat{BAC}$ est soit **nul**, soit **plat** ».

Exemple : Que dire des points J, K et L ?

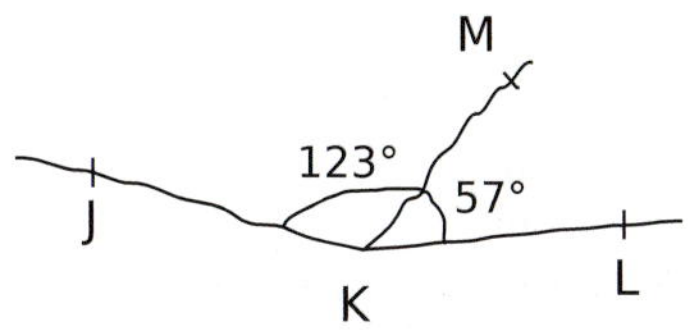

▶ $\widehat{JKL} = \widehat{JKM} + \widehat{MKL} = 123° + 57° = 180°$

L'angle $\widehat{JKL}$ est un **angle plat**.

Donc les points J, K et L sont **alignés**.

3 Utilisation du rapporteur

Définitions

On peut mesurer « l'ouverture » d'un angle.
L'unité que l'on utilise au collège est le **degré**.
L'instrument qui permet de mesurer des angles est le **rapporteur**.

Remarque : Un **rapporteur** a souvent une double graduation, qui va de **0 à 180 degrés**. Elle est source de nombreuses erreurs : il conviendra donc de bien observer si l'angle que l'on étudie est aigu ou obtus.

Exemple 1 : Donne la mesure de l'angle $\widehat{CAB}$.

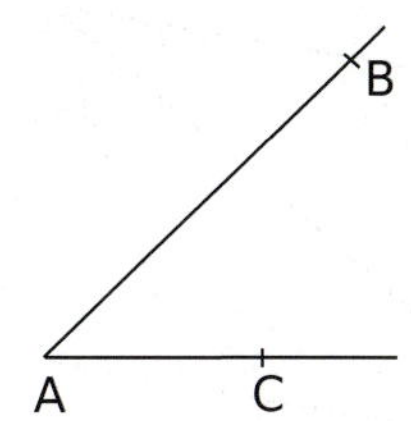

On veut mesurer l'angle $\widehat{CAB}$.

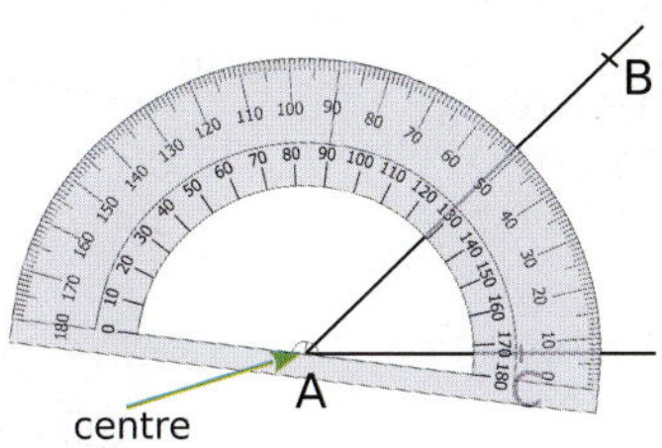

On place le **centre** du rapporteur sur le **sommet** de l'angle.

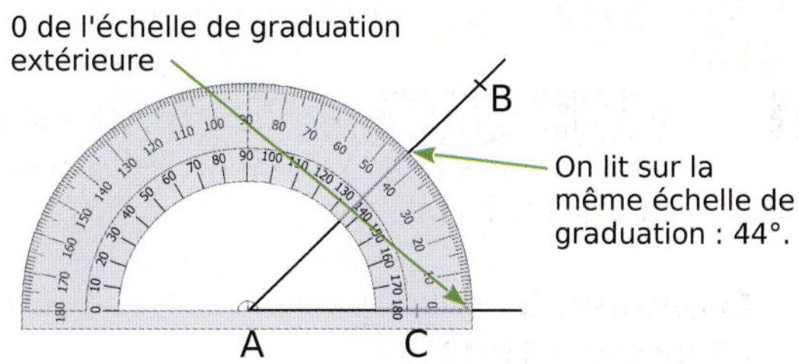

On place un zéro du rapporteur sur le côté [AC].
La mesure de l'angle est donnée par l'autre côté de l'angle sur **la même échelle de graduation**.

Exemple 2 : Construis un angle $\widehat{BUT}$ tel que $\widehat{BUT} = 108°$.

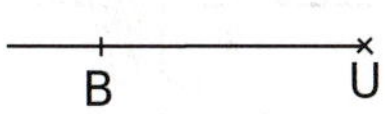

On trace d'abord une **demi-droite** [UB).

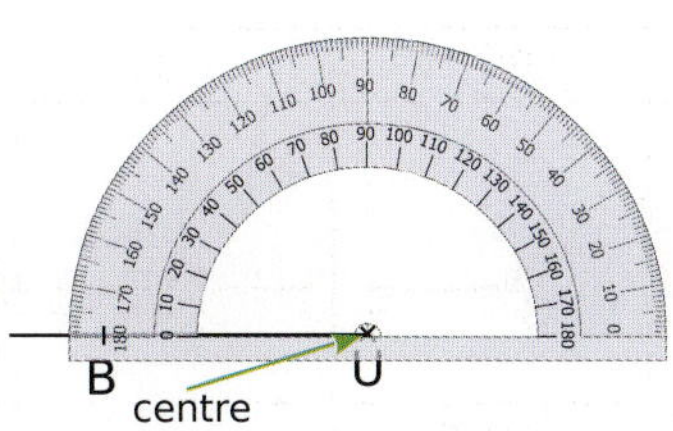

On place le **centre** du rapporteur sur le point U. On place un **zéro du rapporteur** sur le côté [UB).

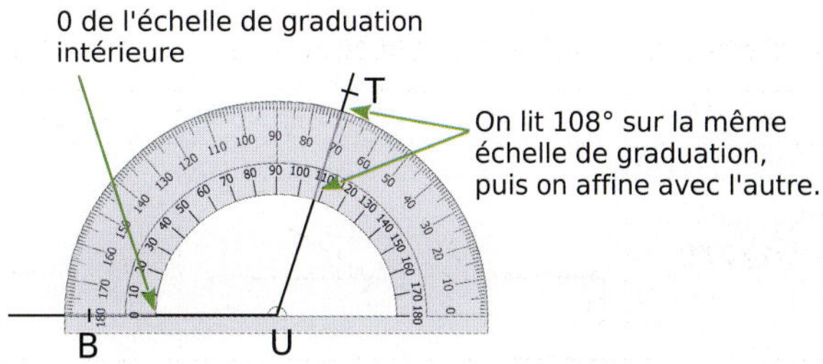

On marque, d'un petit **trait-repère**, 108°.
On trace la demi-droite d'origine U passant par le **trait-repère**.
On place un point T sur cette demi-droite.

4 Bissectrice d'un angle

Définition La **bissectrice d'un angle** est la demi-droite qui partage cet angle en deux angles de même mesure.

Exemple : Construis la bissectrice de l'angle $\widehat{MON}$ avec un rapporteur.

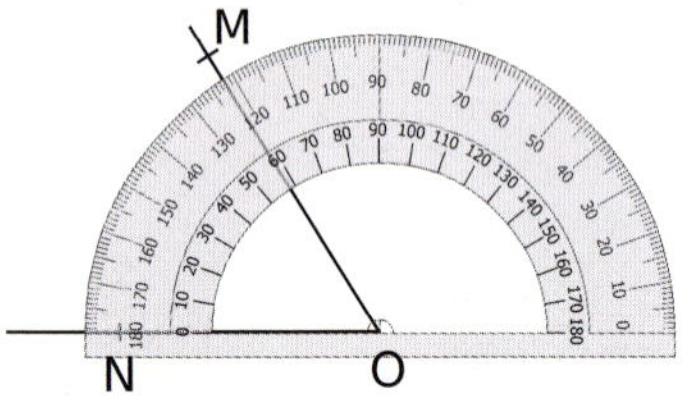

Pour construire la **bissectrice** de l'angle $\widehat{MON}$, on commence par le mesurer à l'aide du rapporteur. Il mesure 58°.

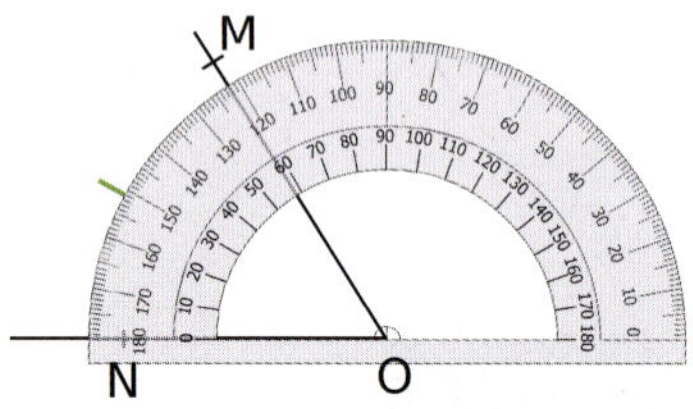

On prend la moitié de cette mesure, ce qui donne 29°, et on trace un **trait-repère**.

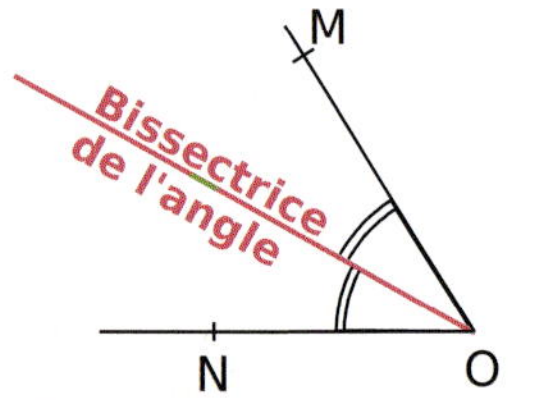

On trace la demi-droite d'origine O passant par ce **trait-repère**. Cette demi-droite est la **bissectrice de l'angle** $\widehat{MON}$.

Exercices « À toi de jouer ! »

1 Nomme les angles marqués sur la figure ci-dessous.

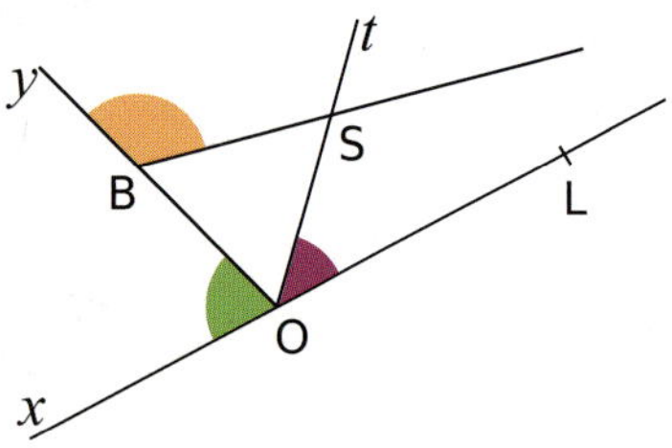

2 Construis un losange BLEU de 5 cm de côté. Marque en vert l'angle $\widehat{UBL}$, et en bleu l'angle $\widehat{UEB}$.

3 Donne la nature de chaque angle ci-dessous.

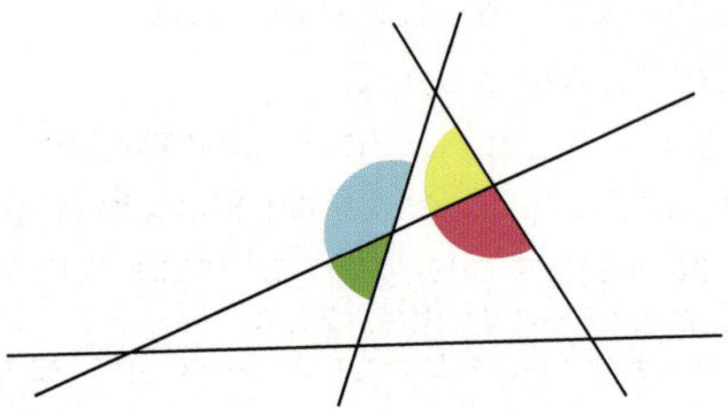

4 Mesure l'angle $\widehat{xOy}$ ci-dessous.

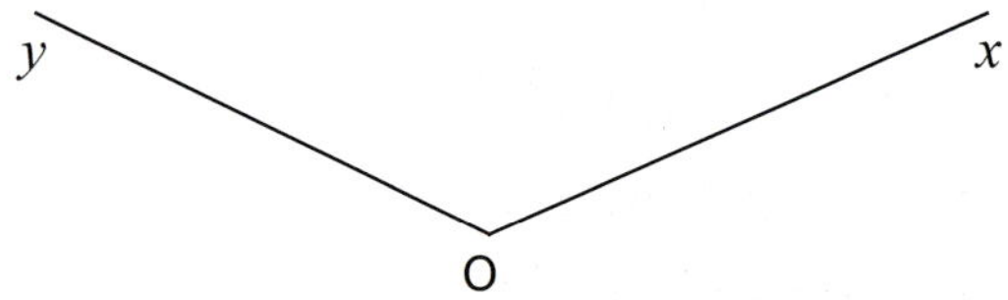

5 Construis un angle $\widehat{xOy}$ de mesure 85°.

6 Dans chaque cas ci-dessous, indique si la droite rouge est la bissectrice de l'angle. Sinon, justifie pourquoi elle ne l'est pas.

a.

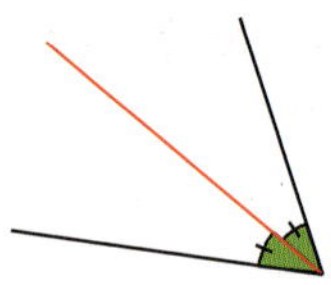

c.

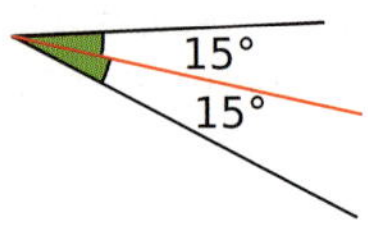

b.

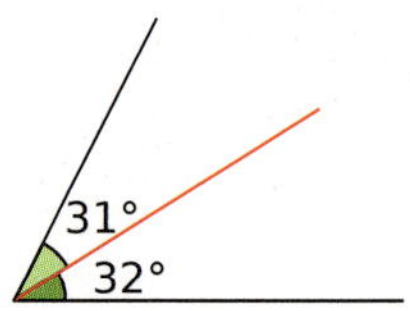

d.

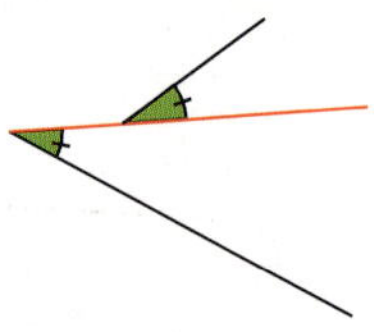

Vocabulaire

7 Recopie et complète le tableau ci-dessous.

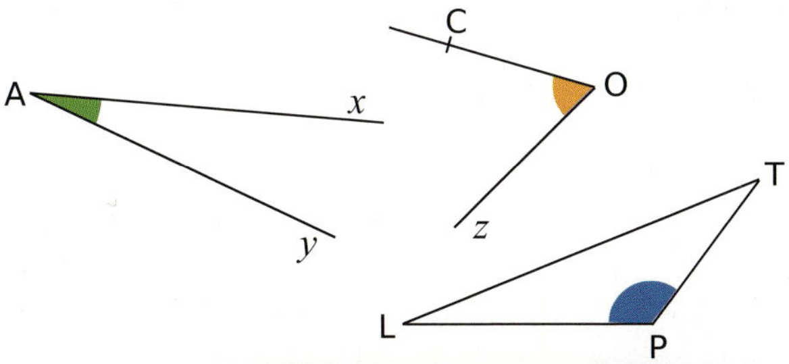

Angle	vert	orange	bleu
Nom			
Sommet			
Côtés	... et ...		

8 Reproduis une figure analogue à celle-ci.

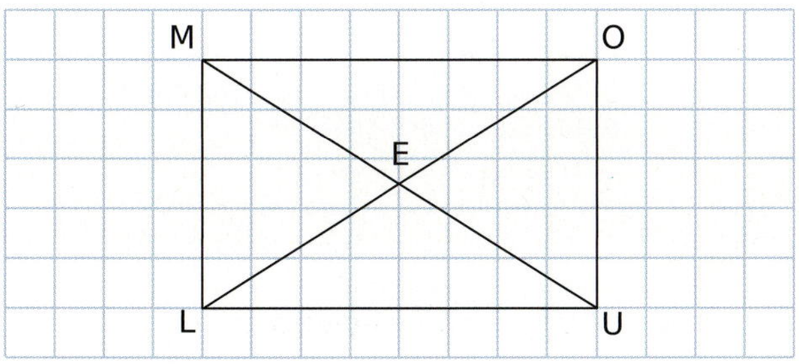

a. Code en bleu l'angle $\widehat{OME}$.

b. Code en rouge l'angle $\widehat{MOE}$.

c. Code en vert l'angle $\widehat{OUE}$.

d. Nomme les angles dont le sommet est L et un côté est [LU).

e. Nomme les angles dont le sommet est O et un côté est [OL).

9 Sur la figure ci-dessous, les points T, A et I sont alignés ainsi que les points P, A et R.

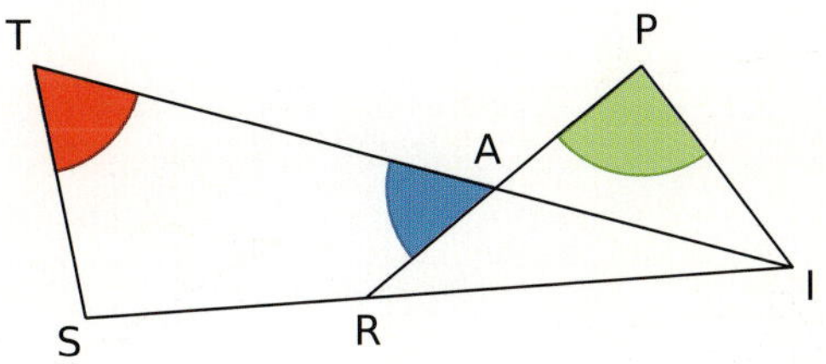

a. Pour chacun des angles colorés, donne les différentes façons de le nommer.

b. Nomme tous les angles ayant pour sommet I.

10 Parmi les angles numérotés ci-dessous, quels sont les angles aigus, obtus et droits ?

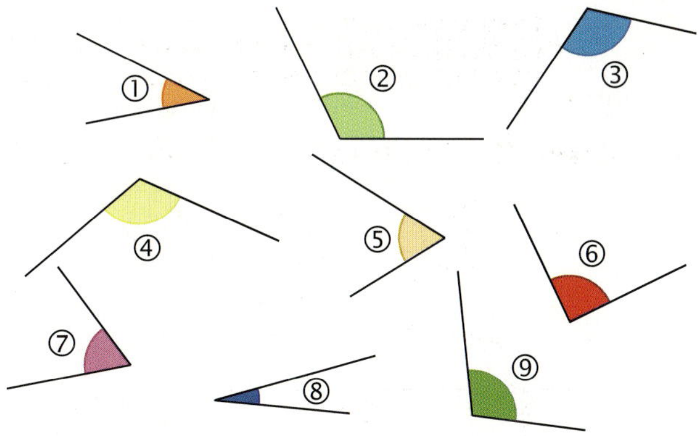

11 En utilisant ton équerre, donne la nature de chacun des angles suivants.

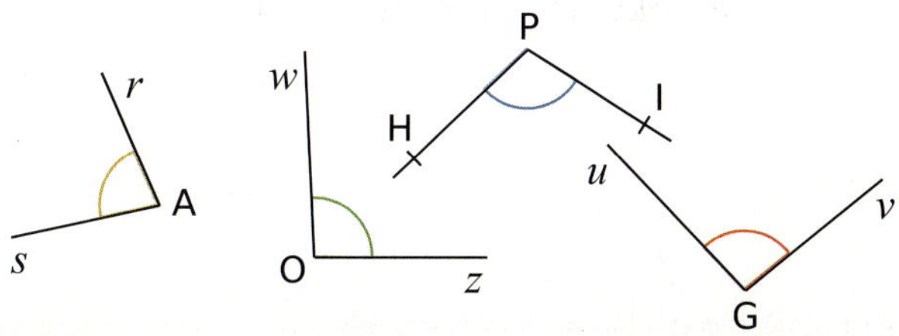

12 Donne la nature de chacun des angles ci-dessous.

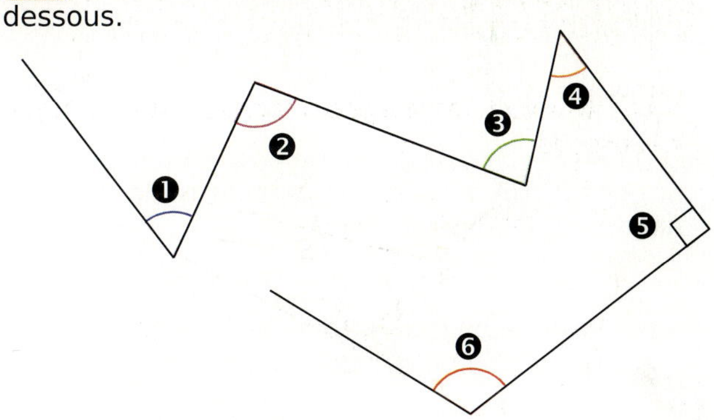

13 Donne la nature de chacun des angles.

$\widehat{ABC}$	$\widehat{FED}$	$\widehat{HIJ}$	$\widehat{KLM}$	$\widehat{OPS}$	$\widehat{XVZ}$
80°	13,5°	180°	98,4°	89,5°	105°

14 Géométrie Dynamique

- Trace un triangle ABC ;
- Marque chaque angle de ce triangle ;
- Fais afficher la mesure de chaque angle ;
- En déplaçant les points, trace un triangle ABC ayant un angle obtus.

Peux-tu tracer un triangle à deux angles obtus ?

Mesure d'un angle (avec un gabarit)

15 ***Comparer avec un gabarit***

a. Reproduis l'angle $\widehat{xOy}$ ci-dessous, sur du papier calque.

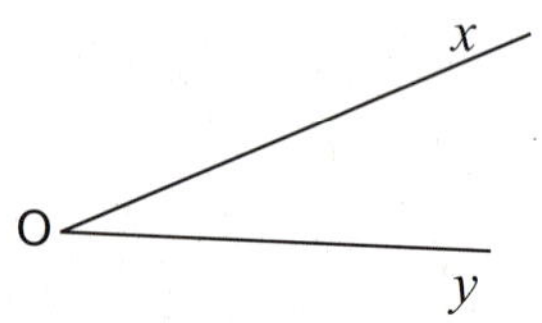

b. À l'aide du gabarit ainsi réalisé, indique si les angles ci-dessous ont une mesure inférieure, supérieure ou égale à celle de l'angle $\widehat{xOy}$.

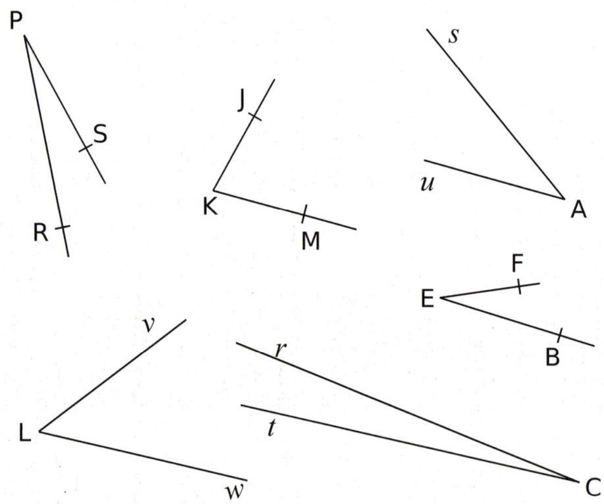

c. Un de ces angles a une mesure double de celle du gabarit. Un autre a une mesure triple de celle du gabarit. Trouve ces angles.

16 Voici deux gabarits d'angle. Reproduis chacun d'eux sur du papier calque.

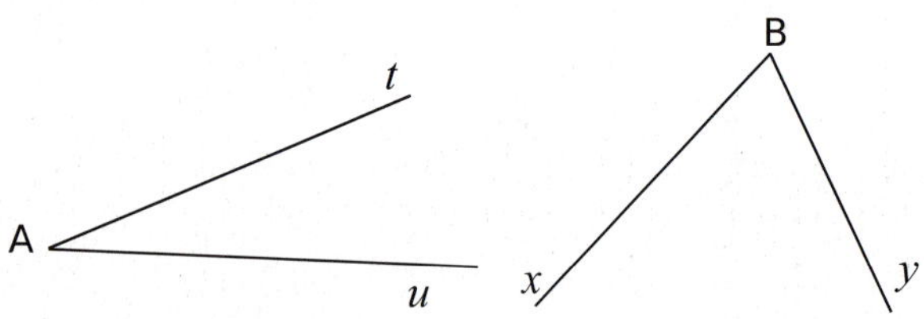

Construis un angle qui mesure...

a. le double de l'angle $\widehat{xBy}$;

b. le triple de l'angle $\widehat{tAu}$;

c. la somme des angles $\widehat{xBy}$ et $\widehat{tAu}$;

d. la différence des angles $\widehat{xBy}$ et $\widehat{tAu}$.

e. Donne la nature de chacun des angles obtenus.

Mesure d'un angle (au rapporteur)

17 Pour chaque angle ci-dessous, indique s'il est aigu ou obtus. Lis ensuite sa mesure sur le rapporteur, gradué tous les 10°.

a.

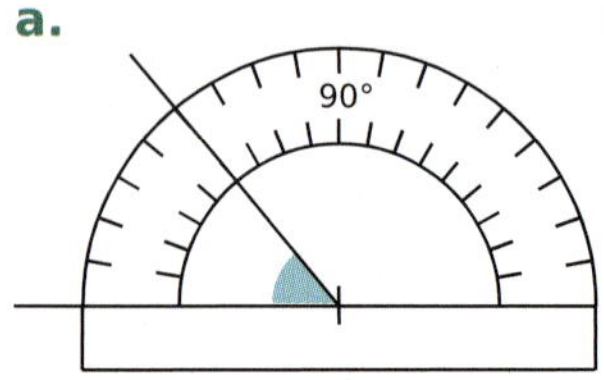

b.

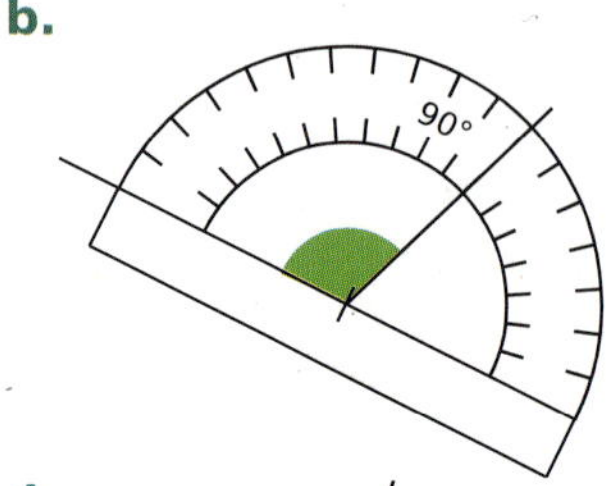

c.

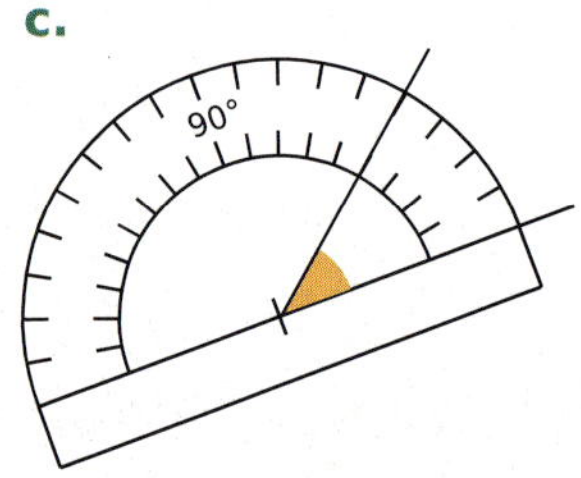

d.

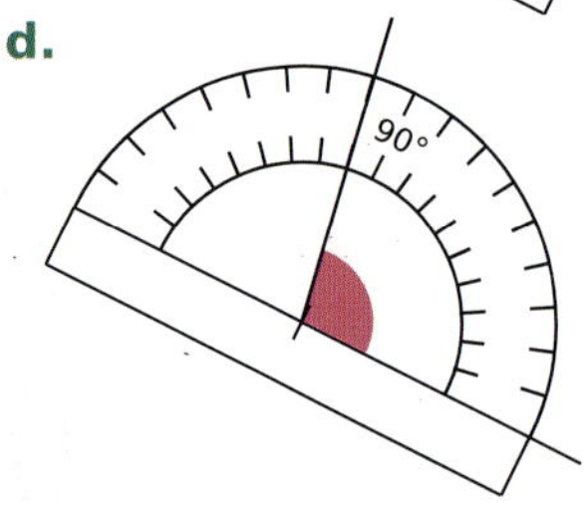

18 Amandine a mesuré les angles ci-dessous. Explique pourquoi elle s'est surement trompée.

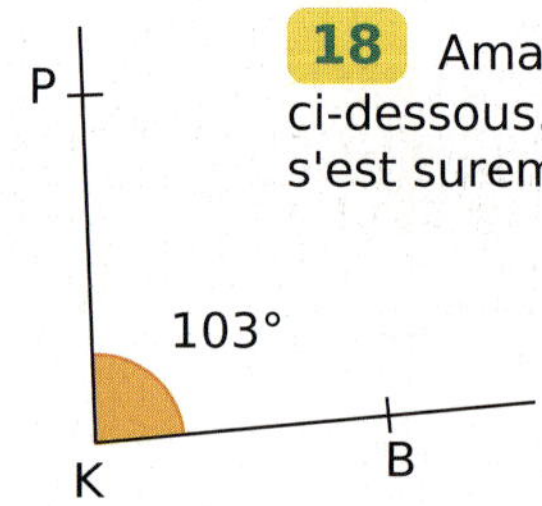

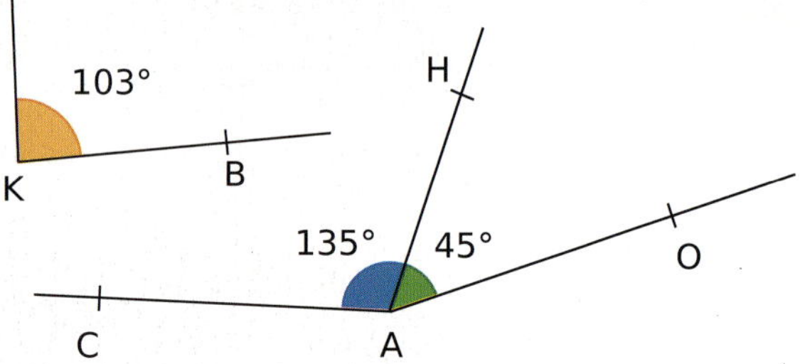

19 Lis la mesure des angles $\widehat{BAC}$ et $\widehat{MON}$.

a.

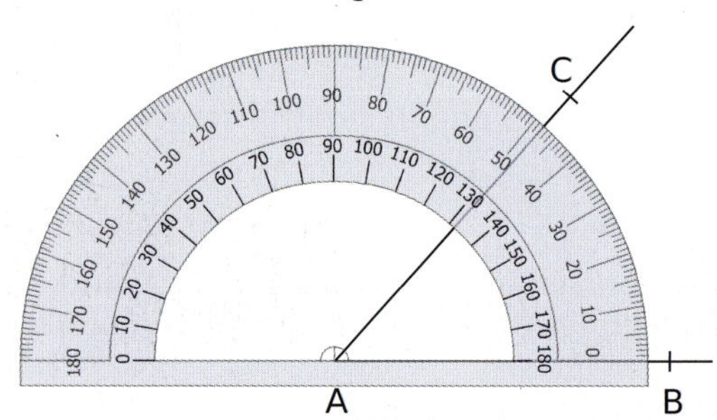

b.

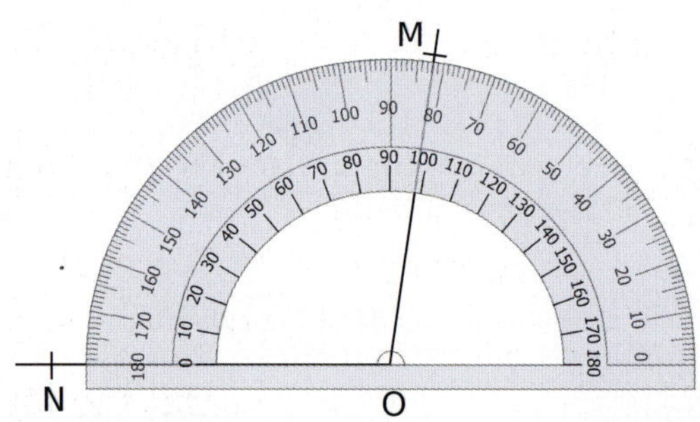

20 Ci-dessous, détermine la mesure des angles...

a. $\widehat{xHG}$; **b.** $\widehat{xHF}$; **c.** $\widehat{yHF}$; **d.** $\widehat{FHG}$.

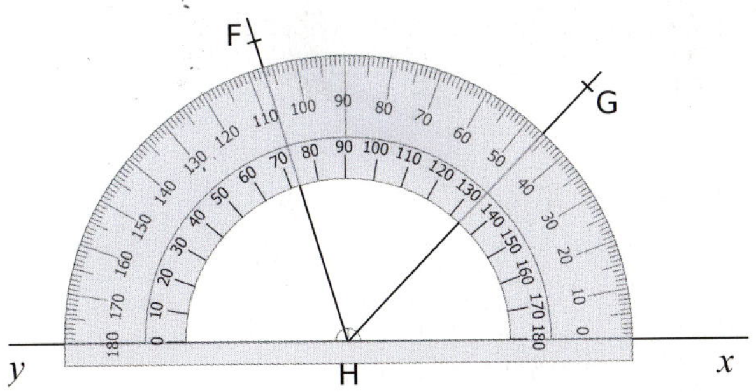

21 Mesure chaque angle avec ton rapporteur.

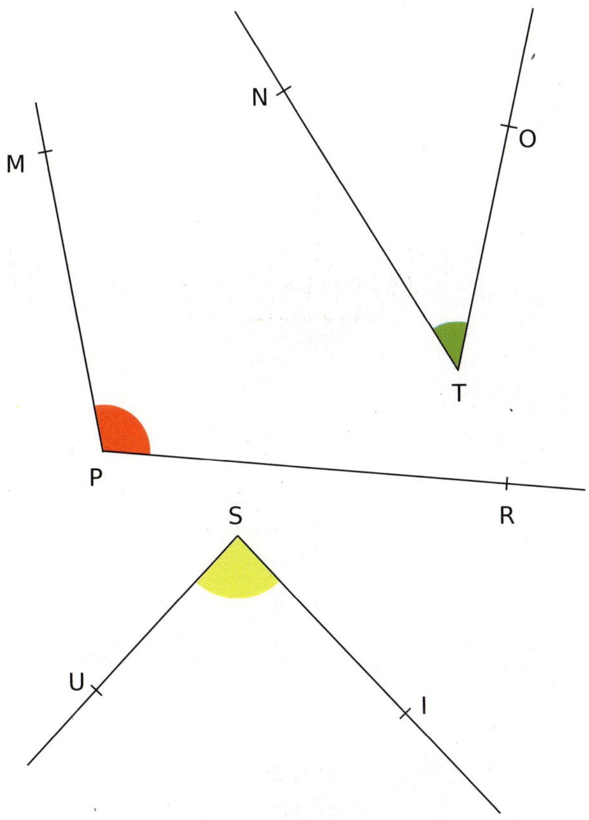

22 Soit un triangle MIR tel que :
MI = 12 cm, IR = 10,6 cm et MR = 6 cm.

a. Construis ce triangle.

b. Mesure chaque angle de ce triangle.

23 Soit un triangle ISO, isocèle en S, tel que :
IO = 7 cm et IS = 8,5 cm.

a. Construis ce triangle.

b. Mesure les angles $\widehat{SIO}$ et $\widehat{SOI}$.
Que remarques-tu ?

Constructions et reproductions

24 Reproduis les angles de l'exercice **21** en utilisant uniquement ta règle et ton compas.

25 Construis les angles suivants : $\widehat{MOT} = 27°$; $\widehat{FIz} = 47°$; $\widehat{xVy} = 151°$ et $\widehat{PRE} = 110°$.

26 Construis ces figures en vraie grandeur en utilisant tes instruments de géométrie.

a.

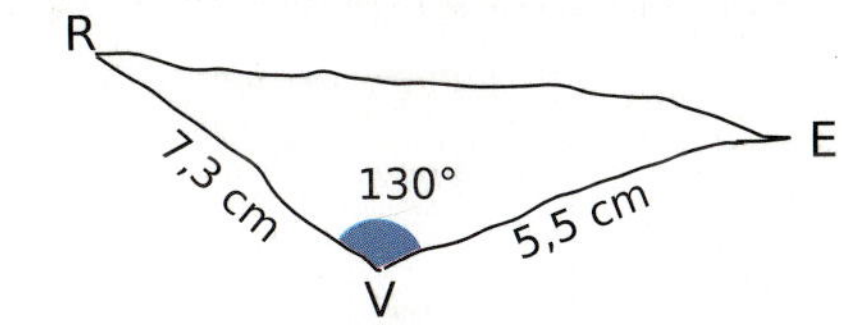

b.

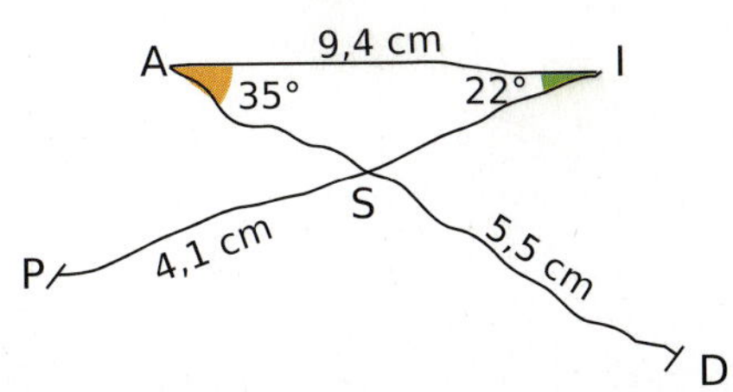

27 Même consigne qu'à l'exercice précédent.

a.

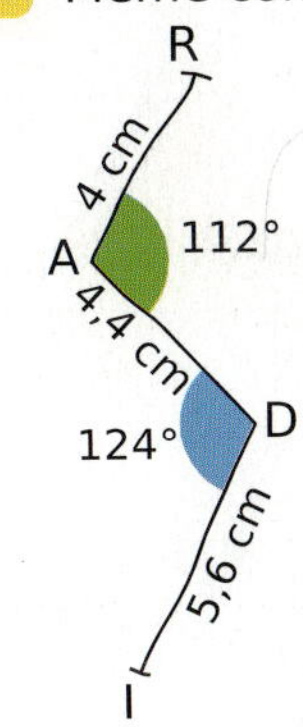

b.

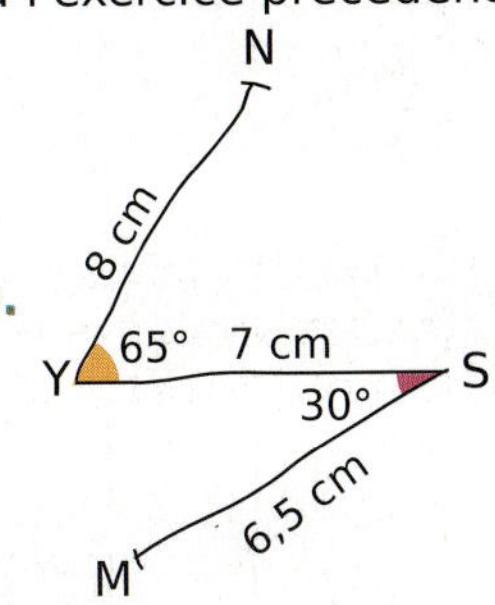

c.

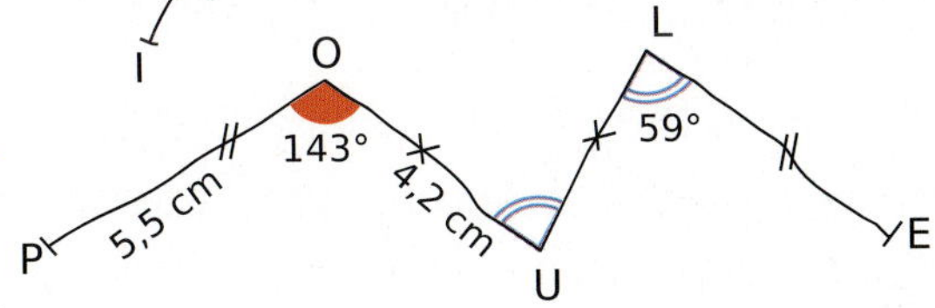

28 Même consigne qu'à l'exercice précédent.

a.

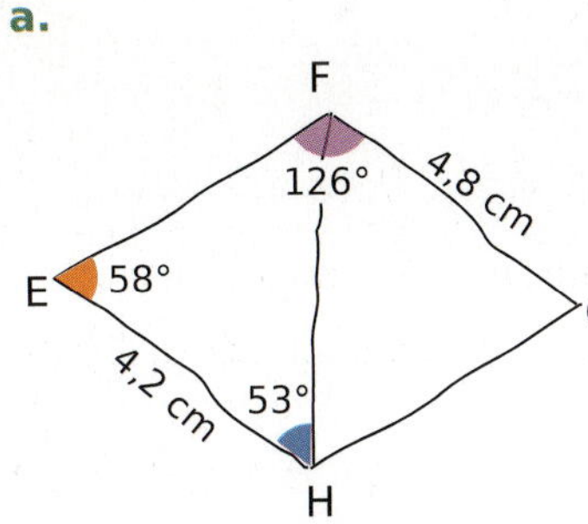

b.

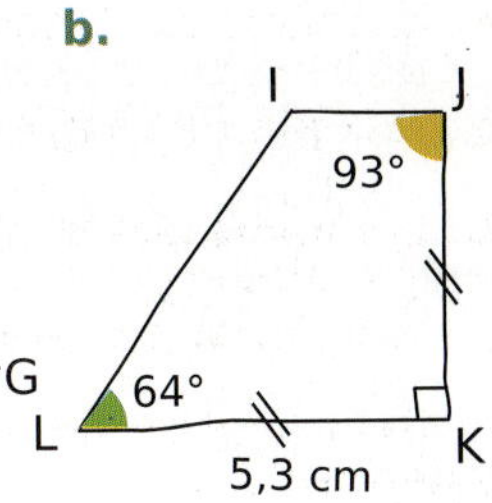

29 Même consigne qu'à l'exercice précédent.

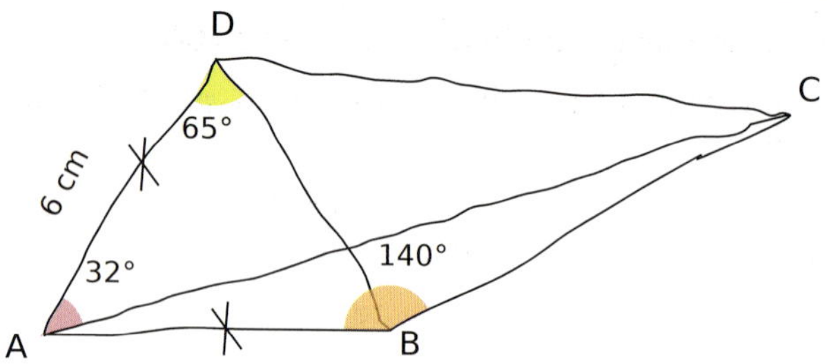

30 Écris un programme de construction de cette figure, puis construis-la en vraie grandeur.

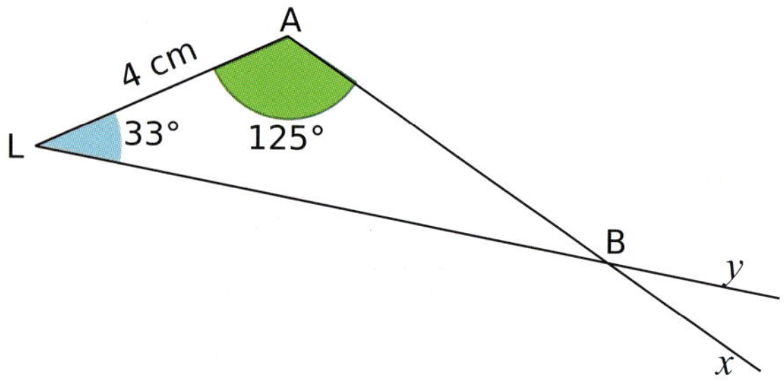

31 Même consigne qu'à l'exercice précédent.

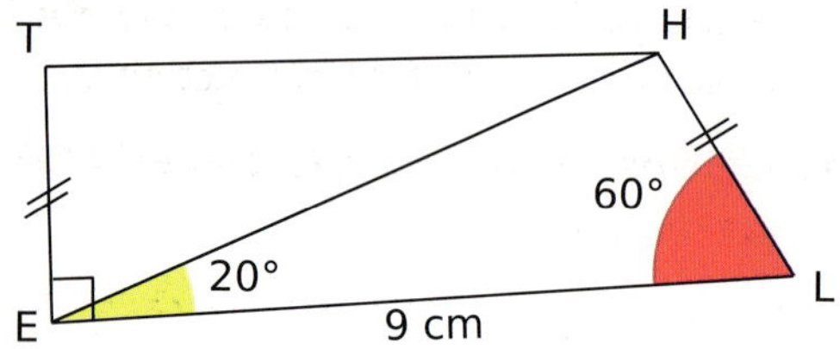

32 ***Programme à suivre***

a. Construis un triangle ABC tel que :
AC = 6,3 cm ; $\widehat{ACB}$ = 60° et BC = 7,9 cm.

b. Place le point D sur [AB] tel que $\widehat{BCD}$ = 20°.

c. Place le point E sur [AD] tel que $\widehat{DCE}$ = 30°.

d. Mesure les longueurs des segments [AE], [ED] et [DB], puis range-les dans l'ordre croissant.

33 ***Figure à construire***

a. Construis un triangle ACD tel que :
DC = 6 cm ; $\widehat{CDA}$ = 67° et $\widehat{DCA}$ = 36°.

b. À l'extérieur du triangle ADC, construis le point B tel que $\widehat{CAB}$ = 58° et AB = 8,2 cm.
Puis trace le segment [BC].

c. Quelle est la nature des angles $\widehat{DAB}$, $\widehat{DCB}$ et $\widehat{ABC}$?

Calculs et mesures d'angles

34 Les points B, A et C sont alignés.

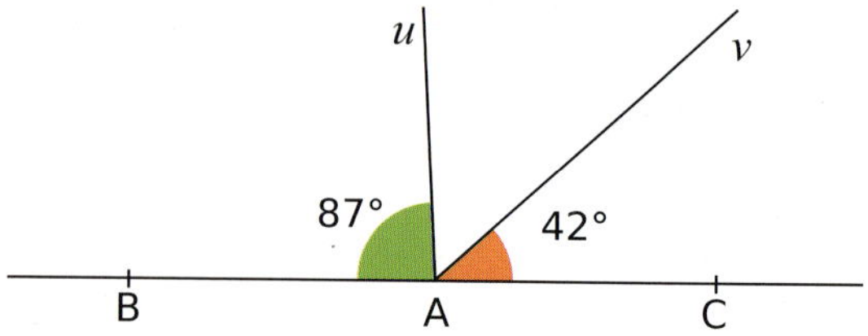

Calcule, en détaillant, la mesure des angles...

a. $\widehat{uAv}$; **b.** $\widehat{BAv}$; **c.** $\widehat{uAC}$.

35 Sur la figure ci-dessous, les points O, A et L sont alignés.

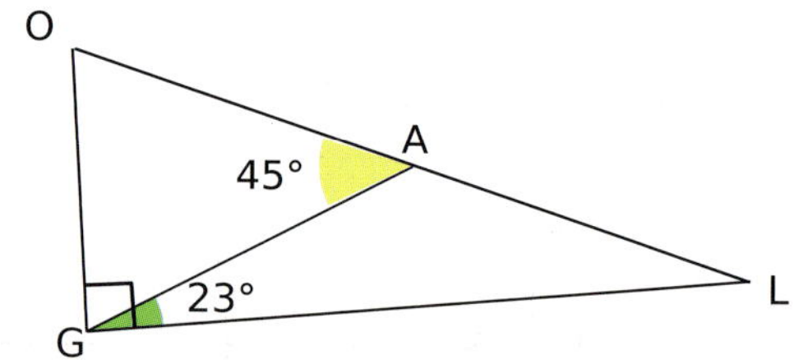

a. Quelle est la mesure et la nature de l'angle $\widehat{OGA}$? Justifie.

b. Quelle est la mesure et la nature de l'angle $\widehat{GAL}$? Justifie.

36 Voici la figure que Joséphine a construite.

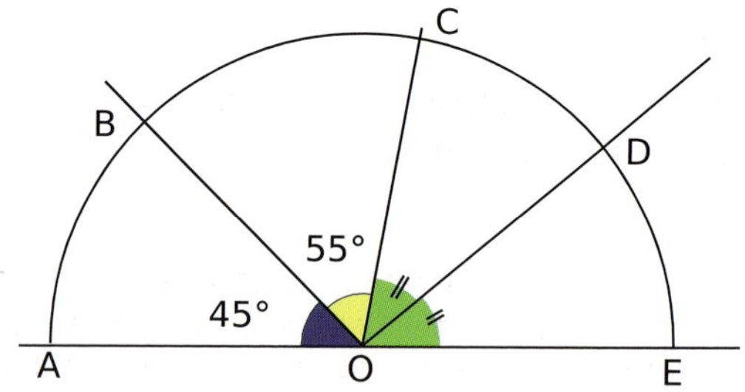

Quelle est la mesure de l'angle $\widehat{DOE}$? Explique ta réponse.

37 Dans la figure ci-dessous faite à main levée, on donne : $\widehat{LIS}$ = 44,5°.

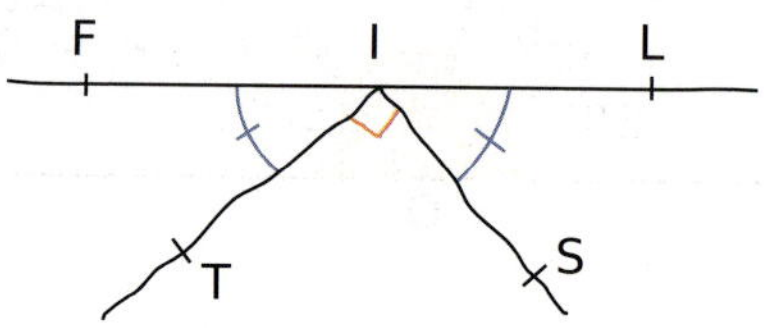

Les points F, I et L sont-ils alignés ? Justifie.

Bissectrices

38 Sur la figure ci-contre, la demi-droite [Ot) est la bissectrice de l'angle $\widehat{xOy}$.

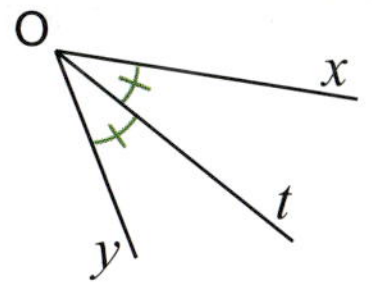

Reproduis le tableau puis complète-le.

$\widehat{xOy}$	100°		85°		150°	
$\widehat{xOt}$		43°		57°		22°

39 Observe la figure ci-dessous, puis réponds aux questions en justifiant chaque réponse.

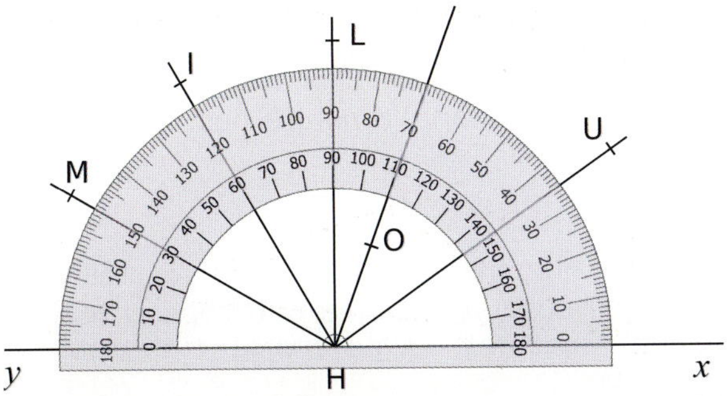

Quelle est la bissectrice de l'angle...

a. $\widehat{OHx}$? **b.** $\widehat{MHL}$? **c.** $\widehat{yHI}$? **d.** $\widehat{xHy}$?

40 ***Coupés en deux***

a. Construis un angle $\widehat{IPR}$ mesurant 48°, et trace sa bissectrice [Px).

b. Construis un angle $\widehat{EHF}$ mesurant 126°, et trace sa bissectrice [Hy).

41 Nomme les bissectrices tracées sur cette figure. Dans chaque cas, explique pourquoi c'est une bissectrice et précise de quel angle elle est la bissectrice.

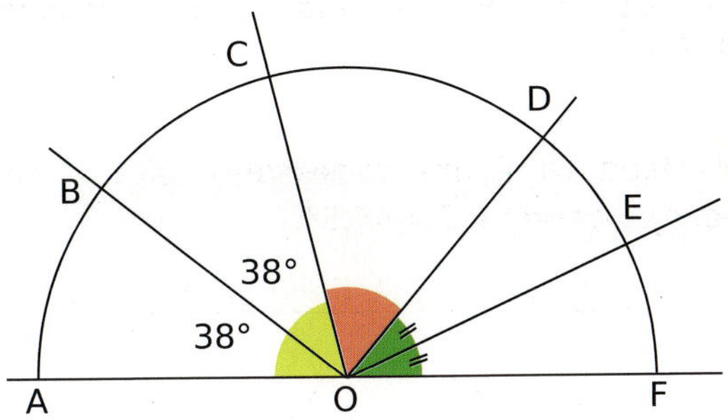

42 ***Bissectrices en chaine***

a. Construis un angle $\widehat{ABC}$ mesurant 104°.

b. Trace sa bissectrice et place un point D sur celle-ci.

c. Trace la bissectrice de l'angle $\widehat{DBC}$ et place un point N sur cette dernière.

d. Quelle est la mesure de l'angle $\widehat{ABN}$?

e. Pouvait-on prévoir la réponse ? Justifie.

43 Écris un programme de construction de cette figure, puis construis-la en vraie grandeur.

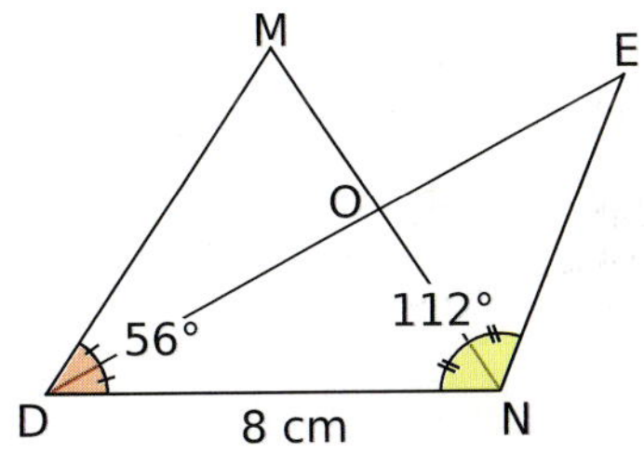

44 **Géométrie Dynamique**

a. Trace un triangle ABC.

b. Construis les bissectrices des angles $\widehat{BAC}$ et $\widehat{ABC}$. Construis leur point d'intersection D.

c. Fais afficher la mesure des angles $\widehat{ACD}$ et $\widehat{BCD}$. Que remarques-tu ?

d. Quelle conjecture peux-tu alors faire sur la demi-droite [DC) ?

45 **Géométrie Dynamique**

a. Place trois points A, B et C alignés dans cet ordre. Trace une demi-droite [BD).

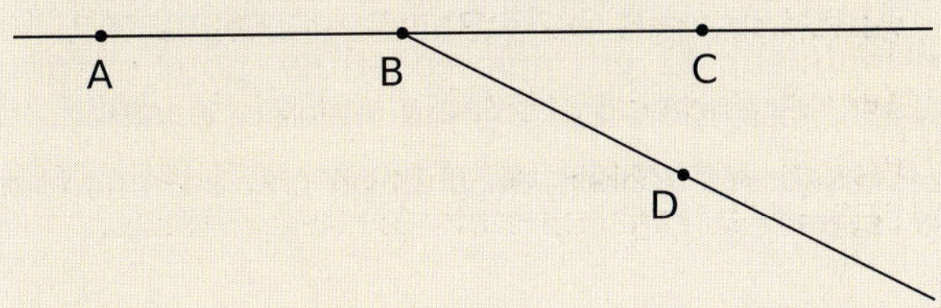

b. Trace la bissectrice [Bx) de l'angle $\widehat{ABD}$. Marque M le point d'intersection de [Bx) et [AD].

c. Trace la bissectrice [By) de l'angle $\widehat{DBC}$. Marque N le point d'intersection de [By) et [CD].

d. Fais afficher la mesure de l'angle $\widehat{MBN}$. Que remarques-tu ? Déplace les points pour vérifier ce résultat puis justifie-le.

46 Dans ce « triangle impossible » de Penrose, les angles aigus mesurent 60° et les angles obtus 120°. Reproduis-en un.

47 On attend l'arrivée d'une régate de voiliers sur une côte normande. Le gagnant sera celui qui franchira le premier la ligne droite entre les bouées O et E.

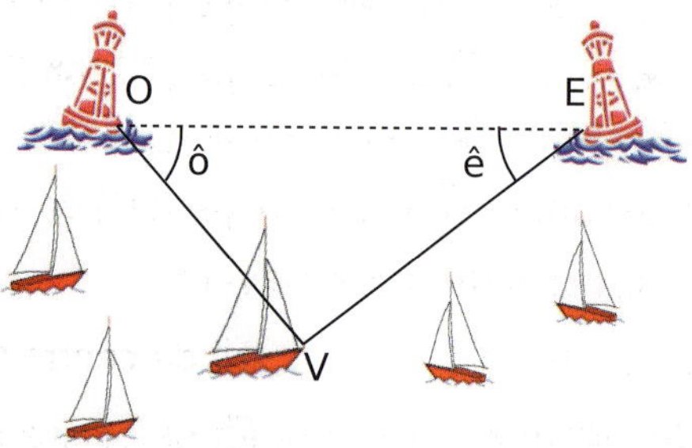

Près des bouées, deux observateurs en bateau repèrent au même instant la position des voiliers, en mesurant les angles ô et ê, comme indiqué ci-dessous. Voici ce qu'ils ont noté à 11 h 45 :

Voilier	V1	V2	V3	V4	V5
angle ô	47°	74°	86°	56°	43°
angle ê	63°	55°	34°	68°	75°

a. Trace, en haut de ta feuille, un segment [OE] de longueur 12 cm puis construis, pour chaque voilier, les angles ô et ê indiquant leur position.

b. Classe ces voiliers du plus proche au plus loin de l'arrivée.

48 ***Polygones réguliers***

a. Trace le pentagone régulier BCDEF en suivant ce programme de construction :

- Trace un cercle de centre A et de rayon 5 cm.
- Construis dans cet ordre les points B, C, D, E et F du cercle, tels que : $\widehat{BAC} = \widehat{CAD} = \widehat{DAE} = \widehat{EAF} = \widehat{FAB} = 72°$.

b. Quelle mesure d'angle choisirais-tu pour construire un hexagone régulier ?
Un octogone régulier ? Un décagone régulier ?

49 On considère la figure suivante, où R est le centre du cercle.

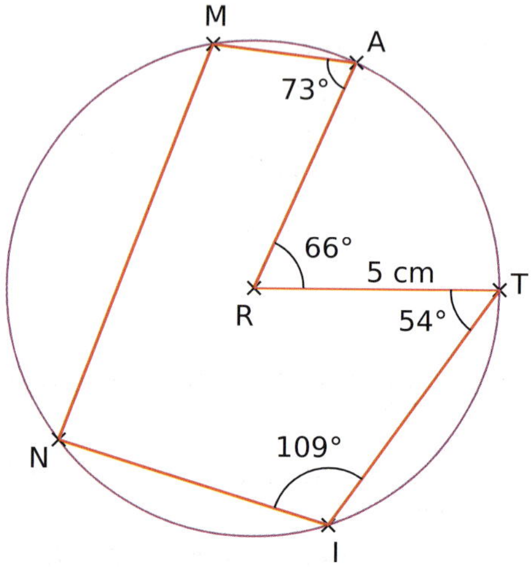

a. Reproduis cette figure en vraie grandeur.

b. Mesure puis donne la nature des angles $\widehat{AMN}$ et $\widehat{INM}$.

50 Alex prépare un exposé sur la constellation d'Orion. Il l'observe donc au télescope et réalise quelques mesures, qu'il reporte ci-dessous à main levée.
Aide Alex à reproduire correctement la constellation d'Orion.

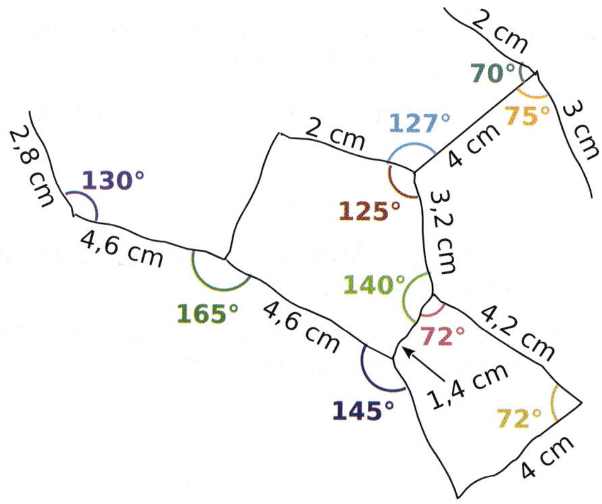

51 ***Diagonale et bissectrice***

a. Construis un rectangle ABCD tel que :
AB = 7 cm et $\widehat{BAC} = 38°$.

b. La diagonale [AC] est-elle la bissectrice de l'angle $\widehat{BAD}$? Justifie.

c. Sinon, construis la bissectrice de $\widehat{BAD}$.

d. Reprends les questions **a**, **b** et **c** avec $\widehat{BAC} = 45°$. Que penser alors du rectangle ABCD ?

52 Calcul d'angles

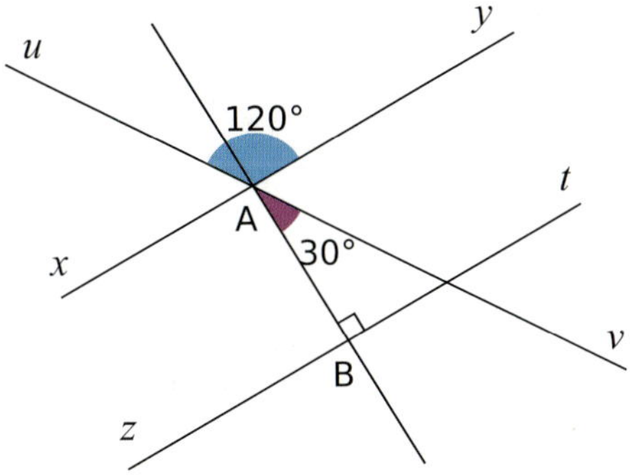

a. Calcule, en détaillant, la mesure des angles $\widehat{uAB}$, $\widehat{yAv}$ et $\widehat{yAB}$.

b. Que peux-tu dire des droites (xy) et (zt) ? Justifie ta réponse.

c. Reproduis la figure en prenant AB = 8,5 cm, et en respectant la mesure des angles.

d. Vérifie sur ta figure la cohérence des résultats obtenus à la question **a**.

53 Alignés ou pas ?

a. Trace un triangle MNO, rectangle en N, tel que MN = 8 cm et NO = 6 cm.

b. À l'extérieur de ce triangle, place le point K tel que le triangle NKO soit isocèle en K, et tel que $\widehat{ONK} = \widehat{NOK} = 31°$.

c. À l'extérieur du triangle MNO, place le point A tel que NA = 5 cm et $\widehat{MNA} = 58°$.

d. Les points K, N et A sont-ils alignés ? Justifie.

54 Rentrant et saillant

Un angle rentrant $\widehat{ABC}$ est un angle dont la mesure est supérieure à 180°.

Sur un logiciel de géométrie dynamique, voici ce que l'on peut voir pour la même figure :

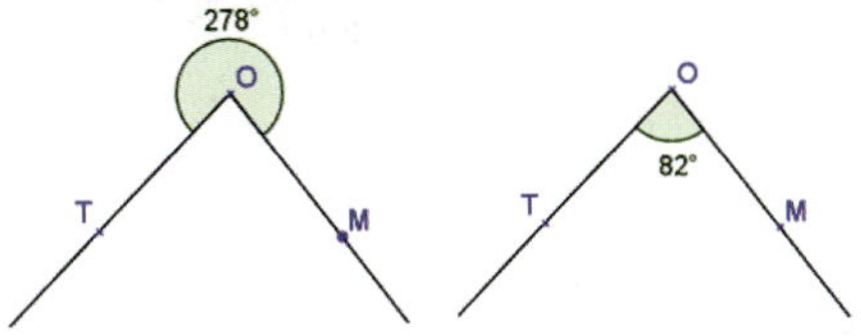

a. Quelle est la mesure de l'angle rentrant $\widehat{TOM}$? Comment obtenir cette mesure à partir de $\widehat{TOM}$?

b. Reproduis puis complète le tableau suivant.

Angle saillant		60°		78°	
Angle rentrant	200°		335°		303°

c. Trace des angles de mesure 300°, 195° et 314°.

55 Triangle d'or et sa spirale

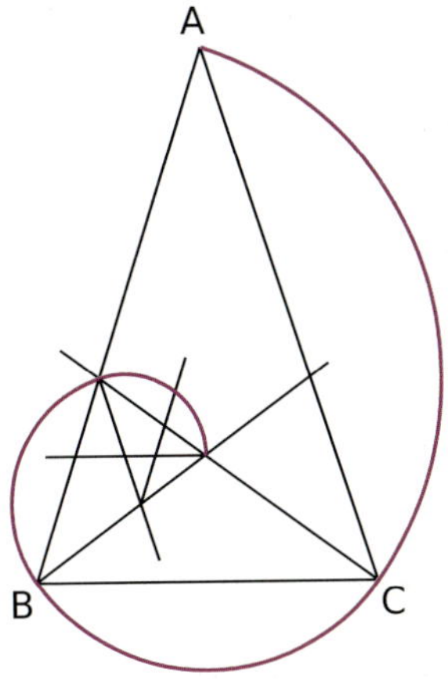

Pour réussir une belle spirale, il faut être très précis et faire des tracés fins.

a. Trace un triangle ABC, isocèle en A, tel que : BC = 8 cm et $\widehat{ABC} = 72°$.

b. Trace les bissectrices suivantes.

- [Cx) de l'angle $\widehat{ACB}$, elle coupe [AB] en D ;
- [By) de l'angle $\widehat{DBC}$, elle coupe [CD] en E ;
- [Dz) de l'angle $\widehat{EDB}$, elle coupe [BE] en F ;
- [Et) de l'angle $\widehat{FED}$, elle coupe [DF] en G ;
- [Fw) de l'angle $\widehat{EFG}$, elle coupe [EG] en H.

c. Trace les arcs de cercle suivants.

- $\overset{\frown}{AC}$ de centre D ;
- $\overset{\frown}{BC}$ de centre E ;
- $\overset{\frown}{BD}$ de centre F ;
- $\overset{\frown}{DE}$ de centre G ;
- $\overset{\frown}{EF}$ de centre H.

56 Dans les étoiles

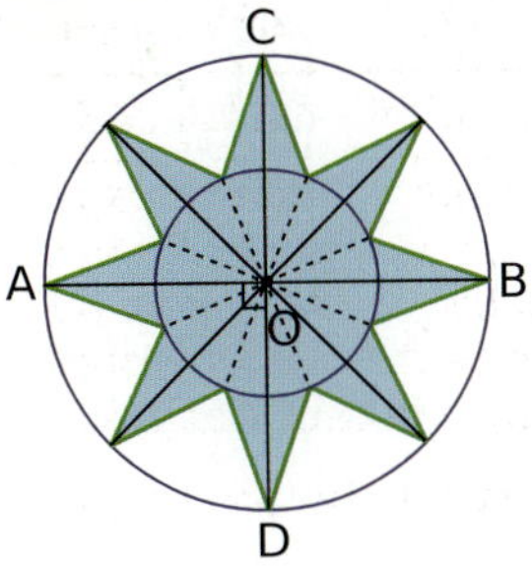

a. Construis un cercle de centre O et de rayon 6 cm.

b. Construis deux diamètres [AB] et [CD] perpendiculaires.

c. Trace les bissectrices des angles droits $\widehat{AOC}$, $\widehat{COB}$, $\widehat{BOD}$ et $\widehat{DOA}$. Elles coupent le cercle respectivement en E, F, G et H.

d. Trace le cercle de centre O et de rayon 3 cm.

e. Trace les bissectrices des angles $\widehat{AOE}$, $\widehat{EOC}$, $\widehat{COF}$, $\widehat{FOB}$, $\widehat{BOG}$, $\widehat{GOD}$, $\widehat{DOA}$ et $\widehat{AOH}$. Elles coupent le petit cercle respectivement en I, J, K, L, M, N, P et R.

f. Trace le polygone AIEJCKFLBMGNDPHR. Colorie la figure obtenue.

Se tester avec le QCM

		R1	R2	R3	R4
1	Le point A est le sommet des angles… 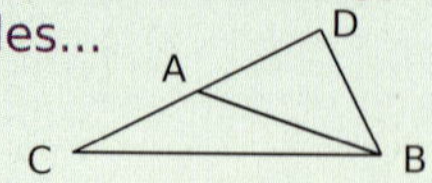	$\widehat{ABC}$	$\widehat{BAC}$	$\widehat{DAC}$	$\widehat{BDA}$
2	À vue d'œil… 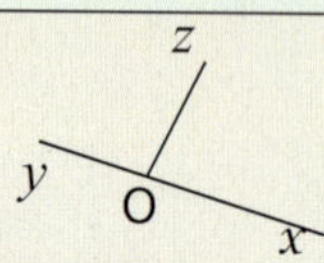	$\widehat{xOy}$ est plat	$\widehat{xOz}$ est droit	$\widehat{yOz}$ est obtus	$\widehat{xOz}$ est obtus
3	Un angle mesurant 92° est…	aigu	obtus	plat	droit
4	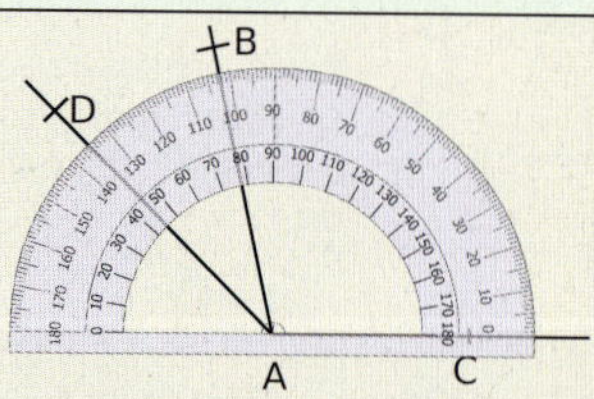	$\widehat{BAC} = 118°$	$\widehat{CAD} = 145°$	$\widehat{CAB} = 102°$	$\widehat{BAD} = 33°$
5	Sur quelle(s) figure(s) les points R, S, T sont-ils alignés ?	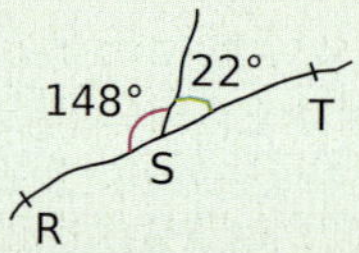	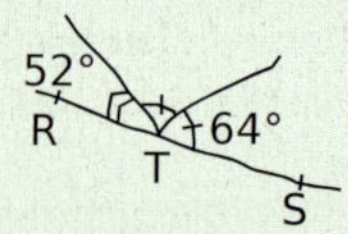	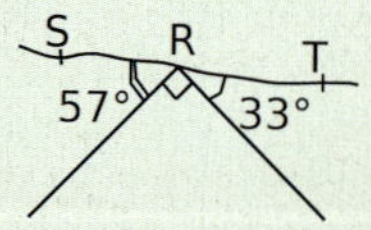	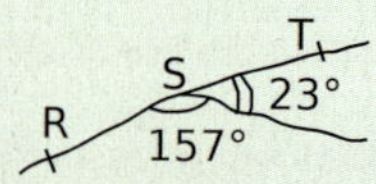
6	Sur quelle(s) figure(s) la demi-droite verte est-elle la bissectrice de l'angle $\widehat{LIN}$?	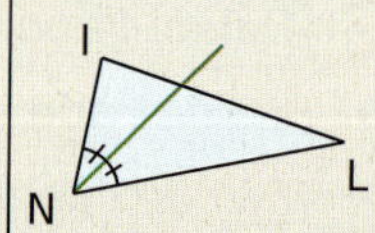	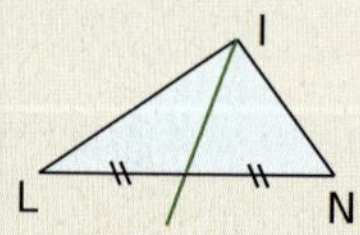	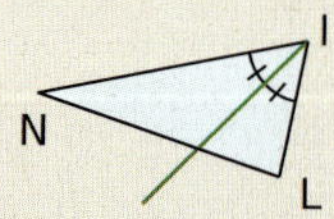	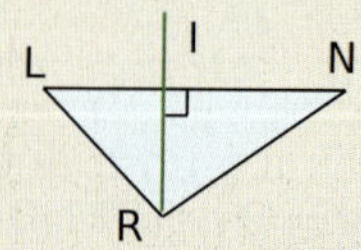

Récréation mathématique

Cardioïde *(d'après l'IREM de Grenoble)*

Acte 1 : Entrainement

a. Trace un cercle de centre A. Quelle est la mesure de l'angle, de sommet A, marqué sur la figure ?

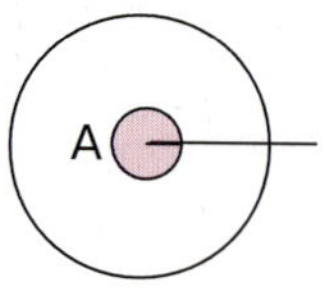

b. L'angle $\widehat{xAy}$ s'appelle un angle au centre. Quelle mesure doit avoir cet angle si on veut partager le cercle en 10 arcs de même longueur ?

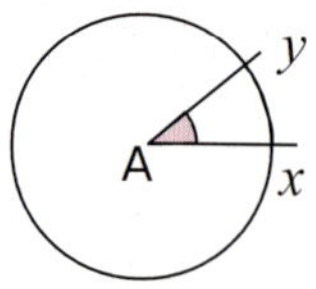

c. Place les 10 points sur le cercle, à l'aide du rapporteur, comme ci-dessous.

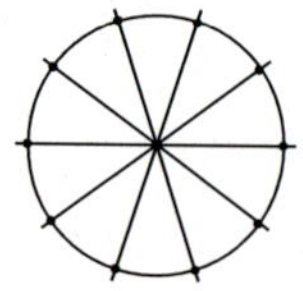

Acte 2 : Enveloppe de cardioïde

- Trace un cercle de 16 cm de diamètre, puis partage-le en 36 arcs de cercle de même longueur.
- Numérote les points comme sur la figure ci-contre.
- Joins le point 1 au point 2, le point 2 au point 4, le point 3 au point 6, etc. (On double le numéro.)
- Recommence avec les numéros violets : on joint le point 1 au point 2, le point 2 au point 4, etc.
- Tu vois apparaitre l'enveloppe d'une courbe appelée cardioïde.

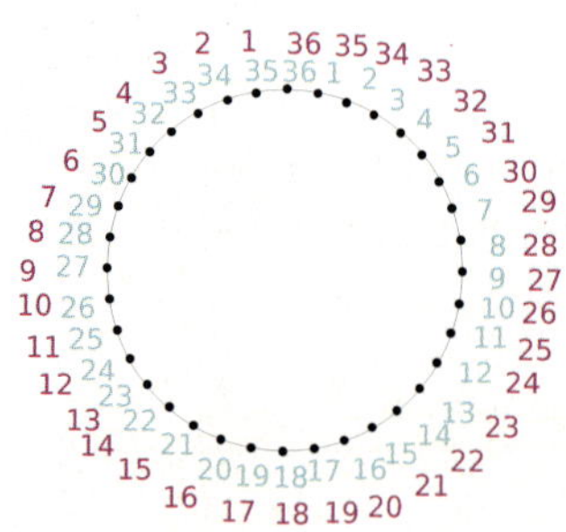

M2 Aires et périmètres

- Par comptage
- Par mesure ou par calcul
- Cercle et disque
- Conversions d'unités

Activités

1 Comparaison

Cours : 1

a *Quadrillage hexagonal*

- Dans le quadrillage ci-contre, détermine l'aire de chaque figure colorée, en prenant  pour unité d'aire.
- Détermine le périmètre de chaque figure. Tu prendras la longueur du côté d'un hexagone pour unité de longueur.

b *Quadrillage triangulaire*

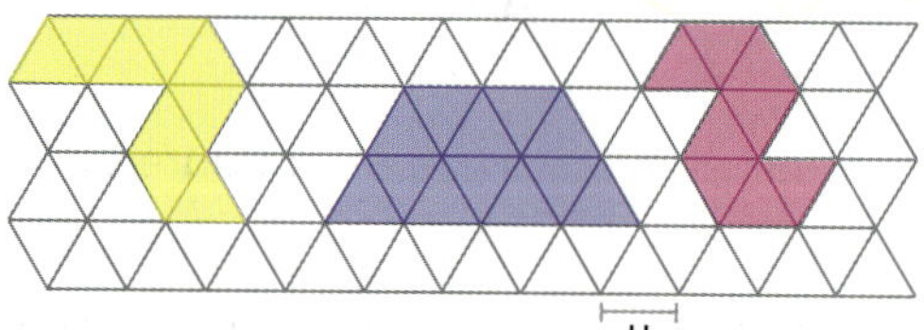

Mêmes questions pour les figures de ce quadrillage triangulaire.

L'unité d'aire est  et l'unité de longueur le côté d'un triangle.

c
Observe les résultats trouvés en **a** et **b**, puis réponds aux questions suivantes.

- Les figures qui ont la plus grande aire ont-elles le plus grand périmètre ?
- Les figures qui ont le plus petit périmètre ont-elles la plus petite aire ?

d *À toi de jouer !*

- Sur du quadrillage, trace plusieurs figures de même aire et compare leurs périmètres.
- Sur du quadrillage, trace plusieurs figures de même périmètre et compare leurs aires.

2 Aire d'un triangle

Cours : 3

Géométrie Dynamique

a *Vers la formule*

- Construis un triangle ABC.
- Construis la droite perpendiculaire à la droite (AC) et passant par le point B. Elle coupe la droite (AC) en I.
- Affiche, d'une part, l'aire du triangle ABC et, d'autre part, le résultat du produit IB × AC.
  Déplace les sommets du triangle.
  Que remarques-tu ?

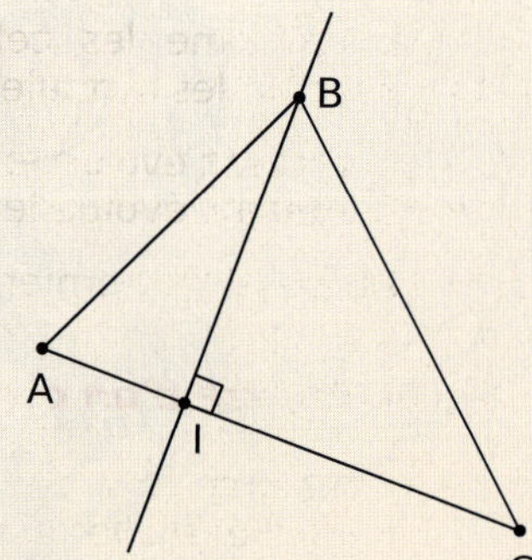

b *Démonstration* dans le cas où I est sur [AC].

- Exprime avec une formule les aires des triangles ABI et BIC.
- Grâce à ces résultats, démontre ce que tu as observé à la fin de la question précédente.
- Propose une formule pour calculer l'aire d'un triangle quelconque.

3 Aire d'un disque

→ Cours : 3

On a découpé des disques en parts égales (4 et 6) et disposé les morceaux comme ci-contre.

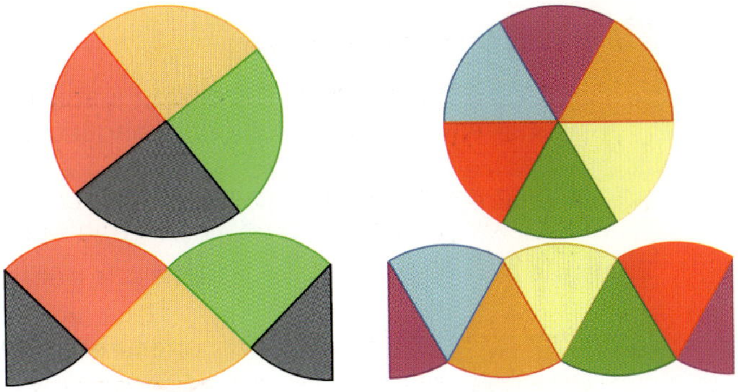

a Trace un **disque** de rayon 5 cm. Partage-le en huit parts égales. Découpe-le et dispose-le comme sur les exemples ci-contre.

b De quelle forme se rapproche la figure reconstruite lorsque le nombre de parts augmente ?

c À quoi correspondent approximativement la largeur et la longueur de la figure pour le disque de départ ?

d Propose une méthode pour calculer l'aire du disque, puis calcule l'aire d'un disque de rayon 10 cm.

4 Formules et tableur

→ Cours : 3

a ***Périmètre et aire d'un rectangle***

- Dans une feuille de calcul, reproduis ce tableau.

	A	B	C	D
1	Périmètre et aire d'un rectangle			
2	Longueur (en cm)	largeur (en cm)	Périmètre (en cm)	Aire (en cm²)
3	58	1		
4	56	2		

- Fais afficher, dans la colonne A, les nombres entiers pairs de 58 à 20 et, dans la colonne B, les nombres entiers de 1 à 20.
- Programme les cellules C3 et D3 pour qu'elles affichent les grandeurs demandées. Recopie les formules jusqu'au dernier rectangle.
- Comment évolue le périmètre des rectangles ?
  Comment évolue leur aire ? Pour quel rectangle l'aire est-elle maximale ?
- Que dire du dernier rectangle ? Donne un autre rectangle de même aire que celui-ci.

b ***Périmètre d'un cercle et aire d'un disque***

- Dans une nouvelle feuille de calcul, reproduis ce tableau.

	A	B	C
1	Périmètre d'un cercle et aire d'un disque		
2	Rayon (en cm)	Périmètre (en cm)	Aire (en cm²)
3	1		
4	2		

- Fais afficher, dans la colonne A, les nombres entiers de 1 à 20. Programme les cellules B3 et C3 pour qu'elles affichent les grandeurs demandées (au centième près). Recopie les formules jusqu'au dernier cercle.
- Quand on double le rayon d'un cercle, que se passe-t-il pour son périmètre ?
  Quand on double le rayon d'un disque, que se passe-t-il pour son aire ?

Cours

1 Périmètre et aire d'une figure

Définitions

- Le **périmètre** d'une figure est la mesure de la longueur de son contour, exprimée dans une unité de longueur donnée.
- L'**aire** d'une figure est la mesure de sa surface, exprimée dans une unité d'aire donnée.

Exemple :

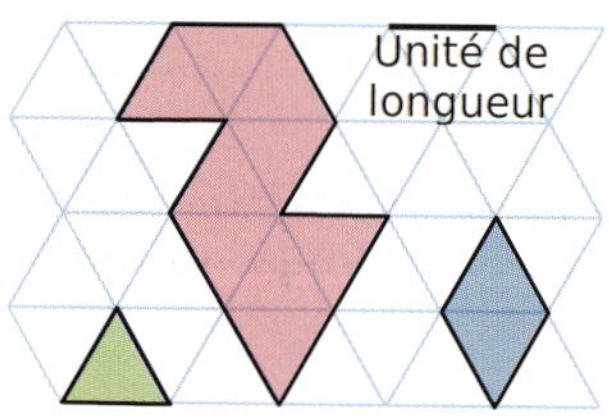

Quel est le périmètre de la figure rose ?

▶ On compte le nombre d'unités de longueur qui permettent de mesurer la longueur de son contour. Le périmètre de la figure rose est donc de **11 unités de longueur**.

Quelle est l'aire de la figure rose si on prend pour unité d'aire l'aire du triangle vert, puis celle du losange bleu ?

▶ On compte le nombre d'unités d'aire qui la constituent.
La figure rose est constituée de 9 triangles. Son aire est donc de **9 triangles verts**.
Elle est également constituée de 4,5 losanges. Son aire est donc de **4,5 losanges bleus**.

Remarque : L'aire d'une figure dépend de l'unité d'aire. Il faut donc préciser celle qui est choisie.

Propriétés

- Deux figures non superposables peuvent avoir le **même périmètre**.
- Deux figures non superposables peuvent avoir la **même aire**.
- Des figures peuvent avoir la même aire mais des **périmètres différents**.
- Des figures peuvent avoir le même périmètre mais des **aires différentes**.

Exemple : Nomme deux figures de même aire, puis deux figures de même périmètre.

▶ On complète le tableau suivant.

	Fig. 1	Fig. 2	Fig. 3
Périmètre	18 u.l.	12 u.l.	18 u.l.
Aire	8 u.a.	8 u.a.	11 u.a.

- Les figures 1 et 2 ont la **même aire** mais elles n'ont pas le même périmètre.
- Les figures 1 et 3 ont le **même périmètre** mais elles n'ont pas la même aire.

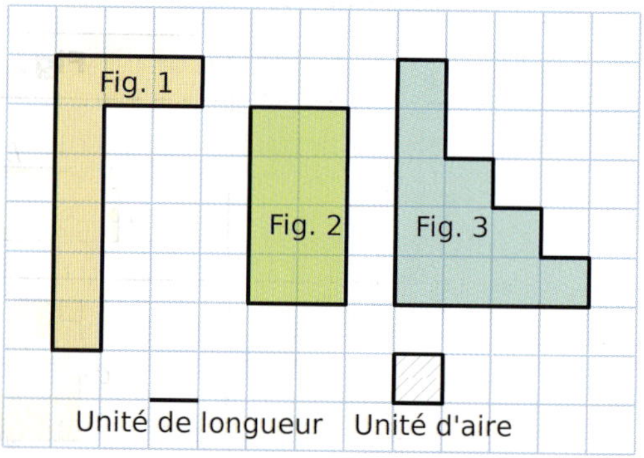

2 Unités d'aire

Règle L'unité d'aire usuelle est le **mètre carré** (noté m²) qui représente l'aire d'un carré de côté 1 mètre. On utilise aussi : ses **multiples** (dam², hm², km²) et ses **sous-multiples** (dm², cm², mm²).

Exemple :

▶ Un centimètre carré (cm²) est l'aire d'un carré d'un centimètre de côté.
▶ Un millimètre carré (mm²) est l'aire d'un carré d'un millimètre de côté.
▶ Dans 1 cm², il y a 100 mm².

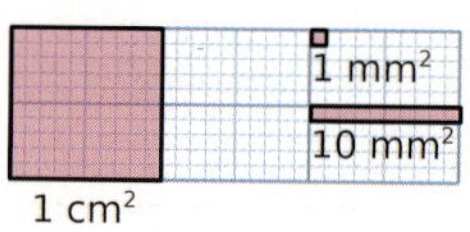

Règle Pour mesurer la surface d'un terrain, de terres agricoles ou forestières… on utilise des unités d'aire spécifiques, appelées **unités de mesure agraires** :

- un **are** est égal à 100 m², 1 a = 100 m² (1 a = 1 dam²) ;
- un **hectare** est égal à 100 ares, 1 ha = 100 a = 10 000 m² (1 ha = 1 hm²) ;
- un **centiare** est égal à $\frac{1}{100}$ d'are, 1 ca = $\frac{1}{100}$ a = 1 m².

Unités d'aire	km²	hm²	dam²	m²	dm²	cm²	mm²
Unités agraires		hectare (ha)	are (a)	centiare (ca)			
Valeur en m²	1 000 000 m²	10 000 m²	100 m²	1 m²	0,01 m²	0,0001 m²	0,000001 m²
			5 3	0 0			

Remarque :

- Pour passer d'une unité d'aire à l'unité immédiatement inférieure, **on multiplie par 100**.
- Pour passer d'une unité d'aire à l'unité immédiatement supérieure, **on divise par 100**.

Exemples :

- 53 dam² = 5 300 m²
- 7,81 ha = 781 a = 78 100 m²
- 2,9 hm² = 290 dam² = 29 000 m²
- 0,36 ca = 0,0036 a = 0,36 m²
- 5 dm² = 0,05 m²
- 8 000 cm² = 0,8 m² = 0,8 ca

3 Périmètre et aire de figures particulières

Pour calculer un périmètre ou une aire, les dimensions doivent être exprimées dans la même unité de longueur.

	Figure	**Périmètre $\mathscr{P}$**	**Aire $\mathscr{A}$**
Rectangle	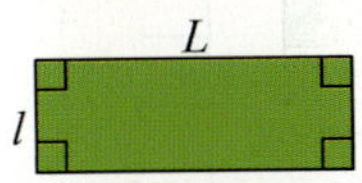	$\mathscr{P} = 2 \times (L + l)$ ou $\mathscr{P} = 2 \times L + 2 \times l$	$\mathscr{A} = L \times l$
Carré	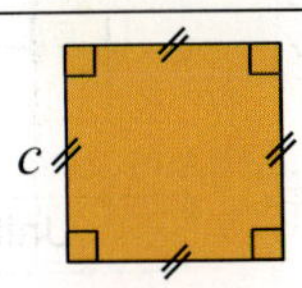	$\mathscr{P} = 4 \times c$	$\mathscr{A} = c \times c = c^2$
Triangle rectangle	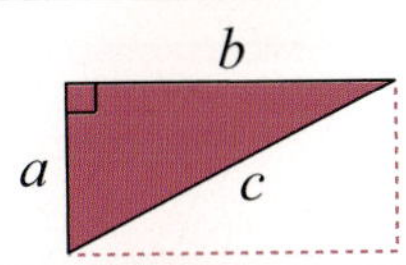	$\mathscr{P} = a + b + c$	$\mathscr{A} = \frac{a \times b}{2}$
Triangle quelconque	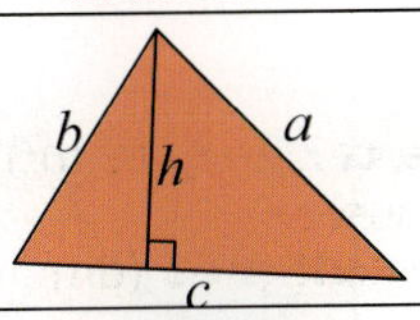	$\mathscr{P} = a + b + c$	$\mathscr{A} = \frac{c \times h}{2}$
Cercle Disque	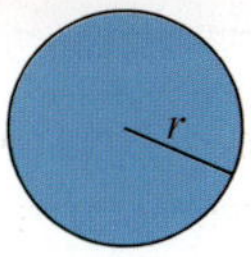	$\mathscr{P} = 2 \times r \times \pi$ ou $\mathscr{P} = d \times \pi$ où $\pi \approx 3,14$	$\mathscr{A} = \pi \times r \times r = \pi \times r^2$

Cours

Exemple 1 :

Quels sont le périmètre $\mathscr{P}$ et l'aire $\mathscr{A}$ d'un disque de rayon 7 m (on demande la valeur exacte, puis une valeur approchée au centième) ?

$\mathscr{P} = 2 \times r \times \pi$	$\mathscr{A} = \pi \times r \times r$	⟶	On écrit la formule.
$\mathscr{P} = 2 \times 7\ \mathbf{m} \times \pi$	$\mathscr{A} = \pi \times 7\ \mathbf{m} \times 7\ \mathbf{m}$	⟶	On remplace r par **7 m**.
$\mathscr{P} = 14 \times \pi\ \mathbf{m}$	$\mathscr{A} = 49 \times \pi\ \mathbf{m^2}$	⟶	On obtient la **valeur exacte**.
$\mathscr{P} \approx 43{,}98\ \mathbf{m}$	$\mathscr{A} \approx 153{,}94\ \mathbf{m^2}$	⟶	On utilise la touche « π » de la calculatrice. On obtient une **valeur approchée au centième**.

- Le périmètre d'un cercle de rayon 7 m est $14 \times \pi$ m, soit environ 43,98 m².
- L'aire d'un disque de rayon 7 m est $49 \times \pi$ m², soit environ 153,94 m².

Exemple 2 :

Calcule l'aire de la figure ABCDE ci-dessous.

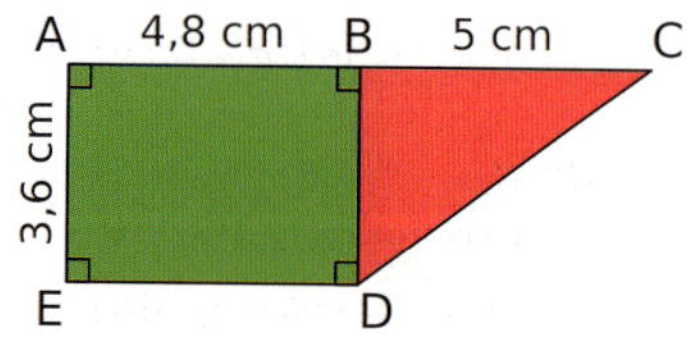

- On calcule séparément l'aire du rectangle ABDE et celle du triangle rectangle BCD, puis on les additionne.

$\mathscr{A}_{ABDE} = AB \times AE = 4{,}8\text{ cm} \times 3{,}6\text{ cm} = \mathbf{17{,}28\ cm^2}$

$\mathscr{A}_{BCD} = \dfrac{BC \times BD}{2} = \dfrac{5\text{ cm} \times 3{,}6\text{ cm}}{2} = \dfrac{18\text{ cm}^2}{2} = \mathbf{9\ cm^2}$

$\mathscr{A}_{ABCDE} = \mathscr{A}_{ABDE} + \mathscr{A}_{BCD} = \mathbf{17{,}28\ cm^2} + \mathbf{9\ cm^2} = 26{,}28\text{ cm}^2$

Exercices « À toi de jouer ! »

1 Détermine l'aire, en nombre de carrés, de chacune de ces deux figures.

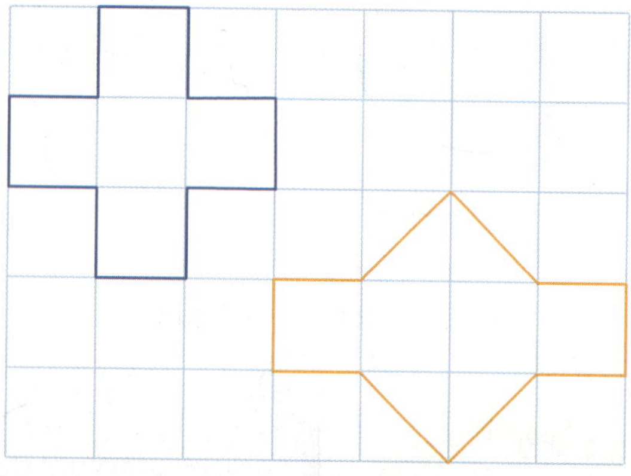

2 SON est un triangle rectangle en S tel que : SO = 8,04 dm et SN = 0,93 m.
Détermine son aire.

3 Quelle est la longueur d'un cercle de diamètre 14,5 dm ?
(Tu donneras la valeur exacte, puis une valeur approchée au centième près.)

4 Calcule une valeur approchée de l'aire de la surface rose au dixième de m².

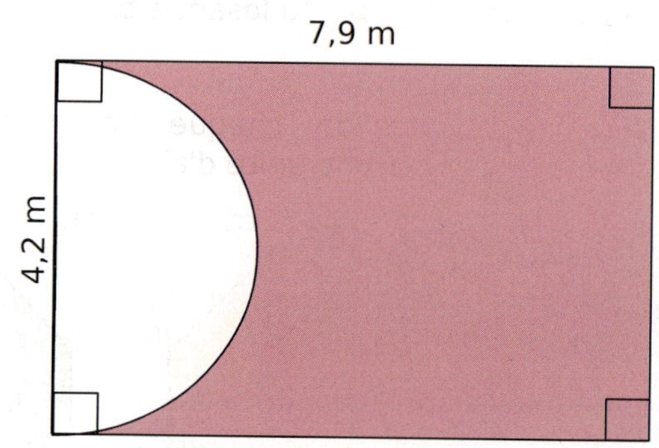

Par comptage

5 Détermine le périmètre de chaque figure ci-dessous, exprimé en unités de longueur (u.l.).

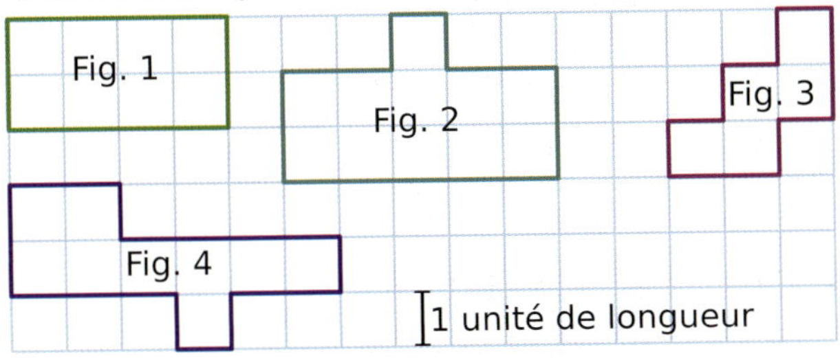

6 Classe ces figures dans l'ordre croissant de leur périmètre.

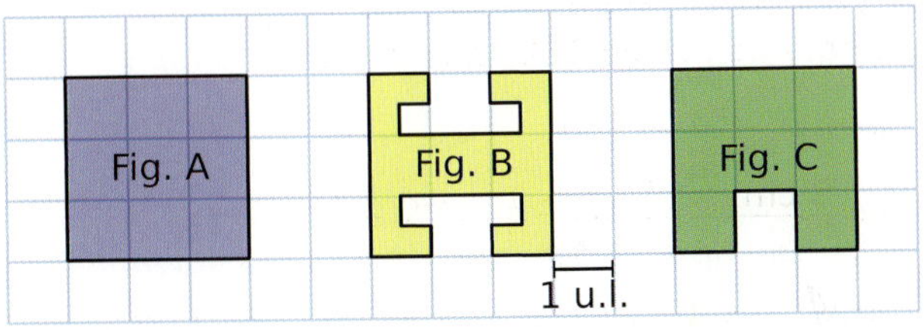

7 Détermine le périmètre de chaque figure ci-dessous, exprimé en unités de longueur (u.l.).

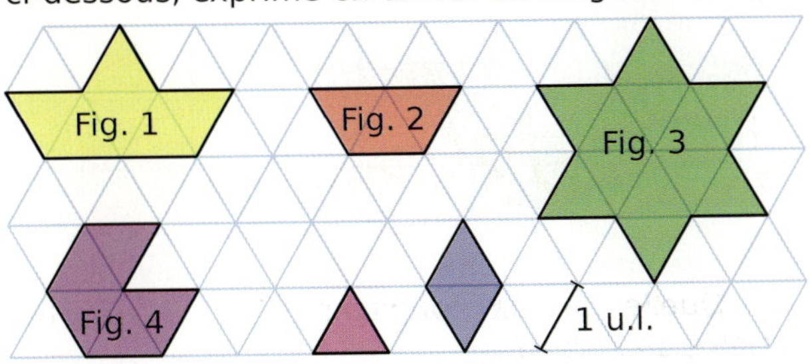

8 Reprends les figures de l'exercice précédent, puis détermine l'aire de chacune d'elles, en prenant comme unité d'aire l'aire...

a. du triangle rose ; **b.** du losange bleu.

9 Détermine l'aire de chaque figure ci-dessous, en prenant comme unité d'aire...

a. le carré rose ; **b.** le triangle bleu.

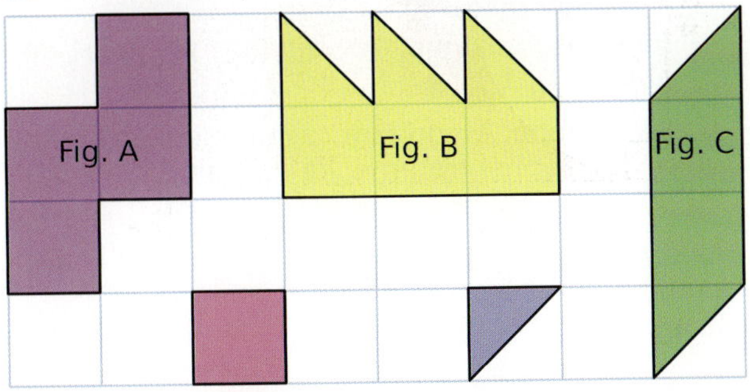

10 Détermine l'aire de chaque figure ci-dessous en prenant un carreau comme unité d'aire.

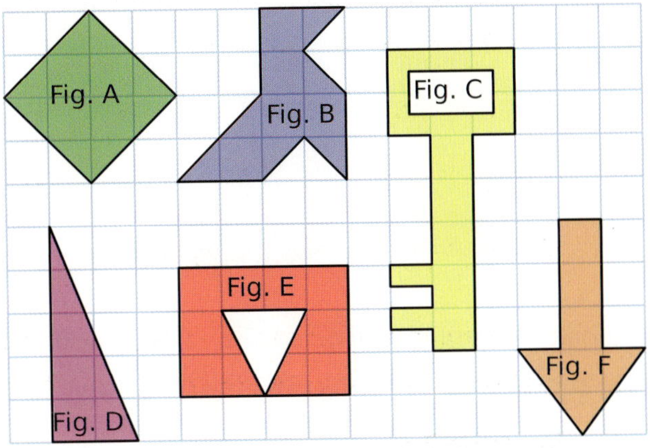

11 ***Figures de même périmètre***

a. En prenant comme unité de longueur (u.l.) la longueur du côté d'un carreau de ton cahier, réalise trois figures différentes qui ont un périmètre de douze unités de longueur.

b. Ces figures ont-elles la même aire ?

12 ***Figures de même aire***

a. En prenant comme unité d'aire (u.a.) l'aire d'un carreau de ton cahier, réalise trois figures différentes de douze unités d'aire.

b. Ces figures ont-elles le même périmètre ?

13 Détermine un encadrement de l'aire de chacune des figures, exprimée en unités d'aire.

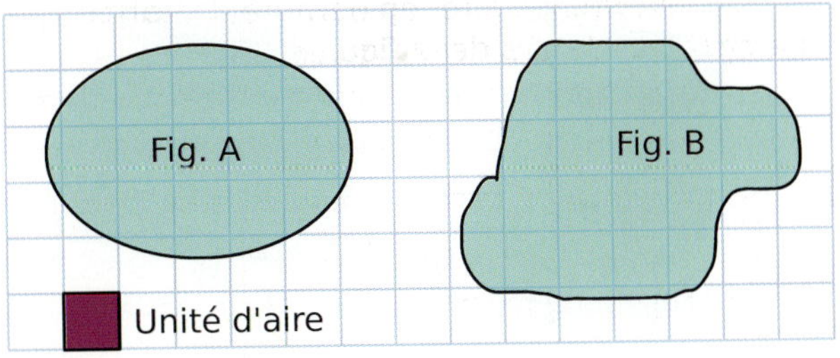

14 Observe bien ces deux figures.

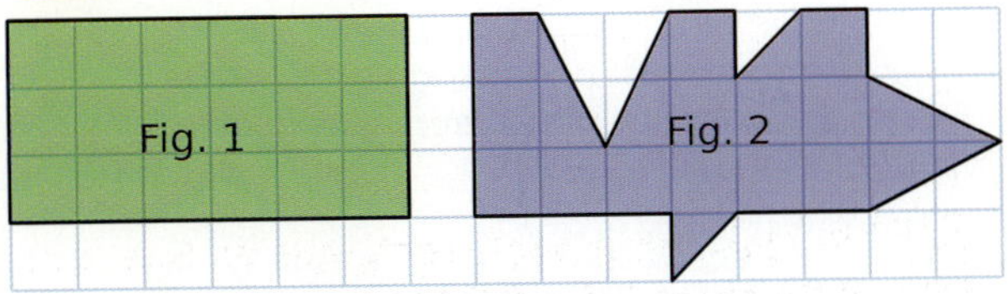

a. Ont-elles la même aire ? Justifie.

b. Ont-elles le même périmètre ? Justifie.

c. Sur une feuille à petits carreaux, reproduis ces figures, puis construis-en une troisième, qui aura la même aire que la figure 1.

Par mesure ou par calcul

15 En utilisant uniquement ton compas, compare le périmètre de chaque figure ci-dessous.

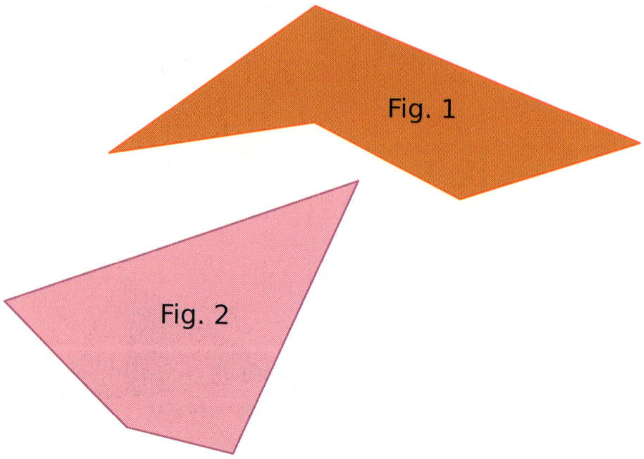

16 Calcule le périmètre de chaque figure.
(Attention, les figures ne sont pas dessinées en vraie grandeur.)

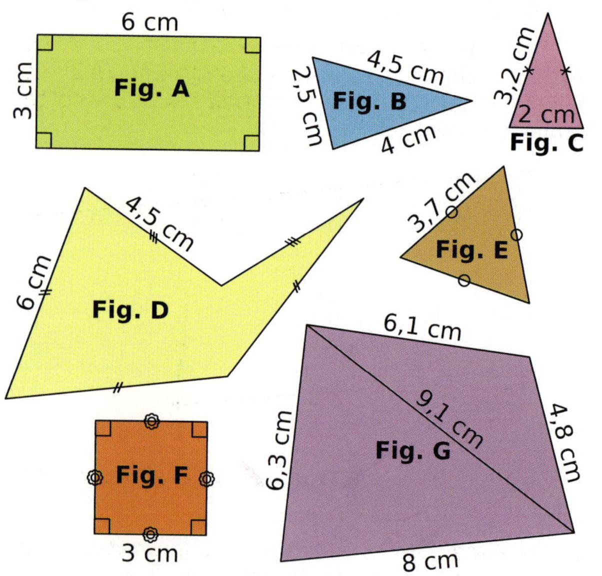

17 ***Périmètre de losanges***

a. Calcule le périmètre d'un losange ABCD de côté 4,3 cm.

b. Le périmètre d'un losange EFGH est égal à 26 cm. Calcule la longueur des côtés de ce losange.

18 ***De tête***

a. Calcule l'aire et le périmètre d'un carré de côté 9 cm.

b. Calcule l'aire et le périmètre d'un rectangle de largeur 5 cm et de longueur 8 cm.

19 En prenant les mesures nécessaires...

a. calcule le périmètre de chaque figure ;

b. calcule l'aire de chaque figure.

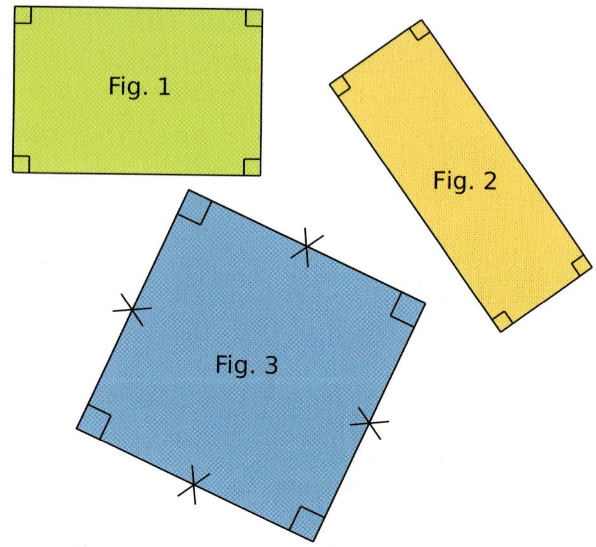

20 Recopie et complète le tableau suivant.
c est la longueur du côté du carré, $\mathcal{P}$ son périmètre et $\mathcal{A}$ son aire.

	a.	b.	c.	d.
c	3 cm	7 dm		
$\mathcal{P}$			32 mm	
$\mathcal{A}$				36 m^2

21 Recopie et complète le tableau suivant.
$\mathcal{P}$ est le périmètre du rectangle et $\mathcal{A}$ son aire.
(Attention aux unités !)

	a.	b.	c.	d.
Longueur	3,5 dm	7,4 cm	20 cm	7,2 m
Largeur	2,8 dm	21 mm		
$\mathcal{P}$				45 m
$\mathcal{A}$			360 cm^2	

22 **Tableur**

a. Dans la colonne A, affiche la liste de nombres : 1 ; 1,1 ; 1,2 ; ... ; 4,9 ; 5.

b. La colonne A contient la longueur du côté d'un carré. Programme la colonne B pour obtenir l'aire du carré correspondante.

c. Quelle est la longueur du côté d'un carré dont l'aire est 10,89 ? 18,49 ? 24,01 ?

23 Construis...

a. un rectangle dont l'aire est égale à 8 cm² ;

b. un carré dont le périmètre est égal à 12 cm.

24 La chambre d'Agnès est rectangulaire : sa longueur est de 4,5 m et sa largeur est de 2,7 m.

La chambre de Sophie est carrée : son côté mesure 3,5 m.

Elles décident de refaire la décoration de leur chambre en changeant la moquette et en posant une frise décorative tout autour de la pièce.

a. Laquelle des deux chambres nécessitera le plus de moquette ?

b. Laquelle des deux chambres nécessitera la plus grande longueur de frise ?

25 Indique...

a. quelles figures ont le même périmètre ;

b. quelles figures ont la même aire.

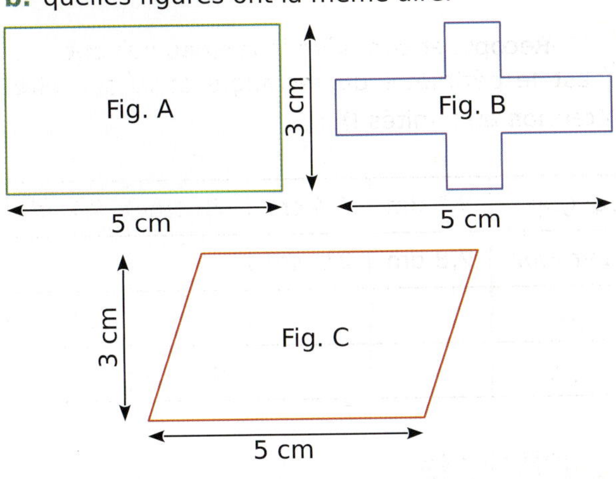

26 Pour chaque triangle rectangle ci-dessous, fais une figure à main levée, puis calcule son aire.

a. ABC, rectangle en A, tel que : AB = 5 cm et AC = 7 cm.

b. DEF, rectangle en E, tel que : DF = 13 cm, DE = 5 cm et EF = 12 cm.

c. MNO, d'hypoténuse [MN], tel que : MN = 20 cm, MO = 12 cm et ON = 16 cm.

27 Calcule l'aire de chaque triangle. (Attention, les triangles ne sont pas dessinés en vraie grandeur.)

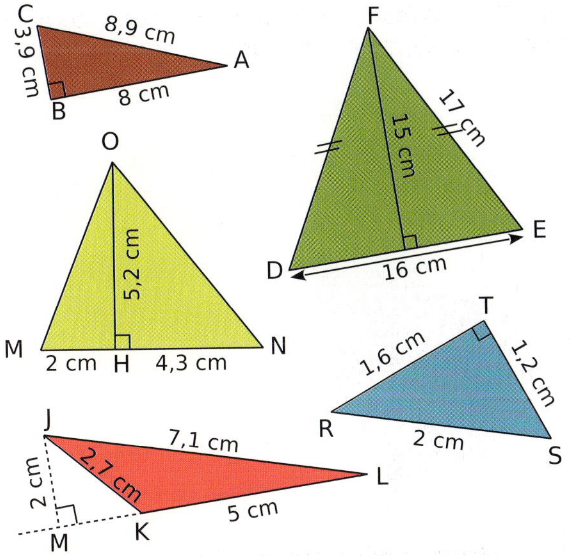

28 Géométrie Dynamique

a. Trace un segment [AB]. Place un point D. Trace la droite parallèle au segment [AB] et passant par D. Place un point C sur cette droite.

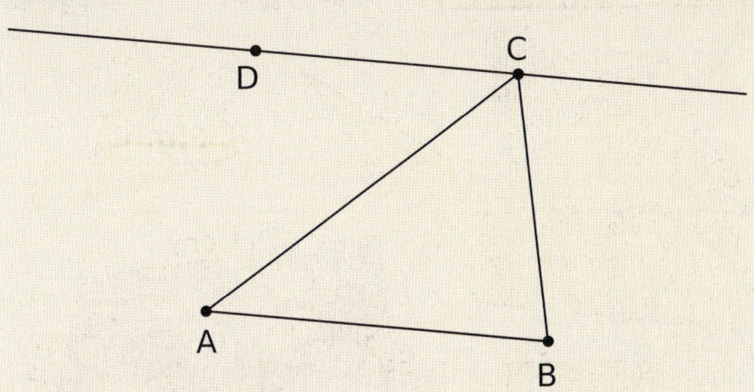

b. Trace le triangle ABC et fais afficher son aire.

c. Déplace le point C sur cette droite. Que remarques-tu ? Essaie d'expliquer pourquoi.

29 Géométrie Dynamique

a. Trace un triangle ABC. Place les points I, J et K, milieux respectifs des segments [AB], [BC] et [CA]. Trace le triangle IJK.

b. Fais afficher le périmètre des deux triangles. Essaie de trouver une relation entre ces deux périmètres. Déplace les points pour vérifier que ton résultat reste valable.

c. Même question avec l'aire des triangles ABC et IJK.

Cercle et disque

30 ***Comparaison***

a. Compare le périmètre de ces quatre figures.

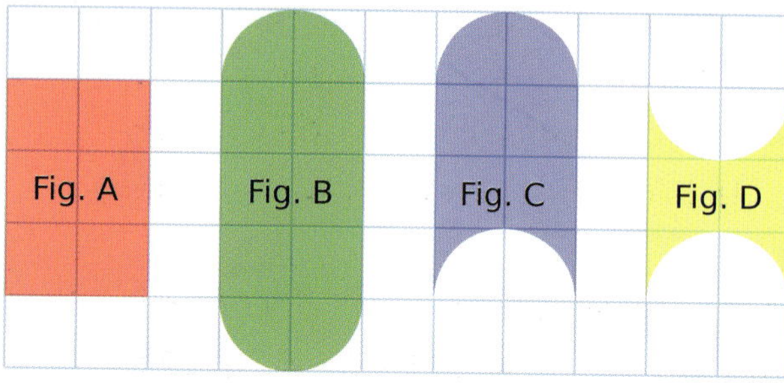

b. Compare l'aire de ces quatre figures. Justifie.

31 Calcule le périmètre des cercles suivants. Tu donneras la valeur exacte, puis une valeur approchée au centième près.

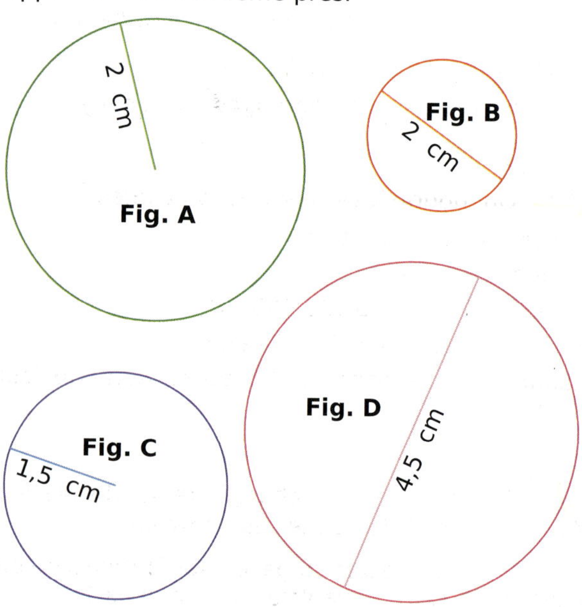

32 ***Trio de figures***

a. Vincent affirme que les trois figures ci-dessous ont le même périmètre. A-t-il raison ?

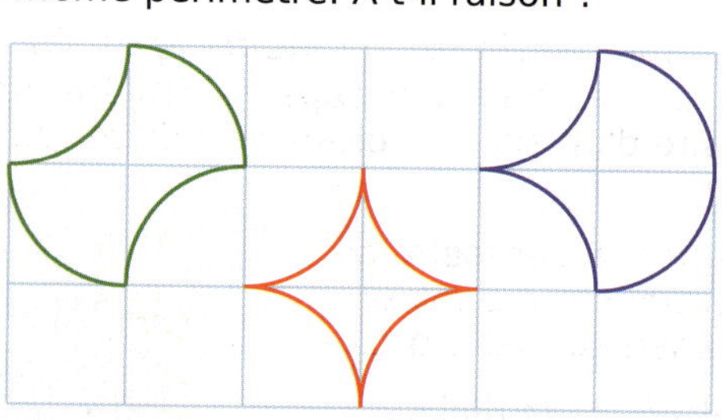

b. Chaque carré a pour côté 1 cm. Calcule le périmètre de ces trois figures.

33 Calcule le périmètre des cercles suivants. Tu donneras la valeur exacte, puis une valeur approchée au dixième.

a. Rayon : 3 cm

b. Rayon : 4,5 cm

c. Rayon : 5 dm

d. Diamètre : 7 cm

e. Diamètre : 8 cm

f. Diamètre : 25 mm

34 On considère que l'équateur est un cercle de rayon 6 400 km. Calcule le périmètre de l'équateur. Donne une valeur approchée au millier de kilomètres près.

35 Calcule le périmètre de l'intérieur du stade Gerland de Lyon (il est constitué d'un rectangle et de deux demi-cercles). Tu donneras la valeur exacte et une valeur approchée au centimètre.

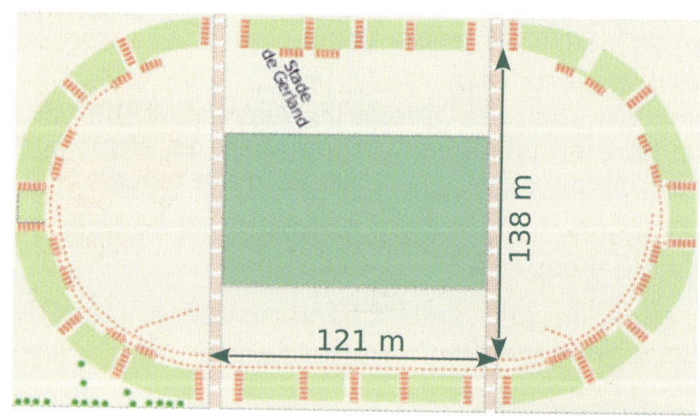

36 Une grande roue d'une fête foraine a un diamètre de 38 m. Donne une valeur approchée au dixième de…

a. la distance parcourue en un tour de grande roue ;

b. la distance parcourue en cinq tours de grande roue.

37 Calcule l'aire de chaque disque ci-dessous. Tu donneras la valeur exacte, puis une valeur approchée au dixième.

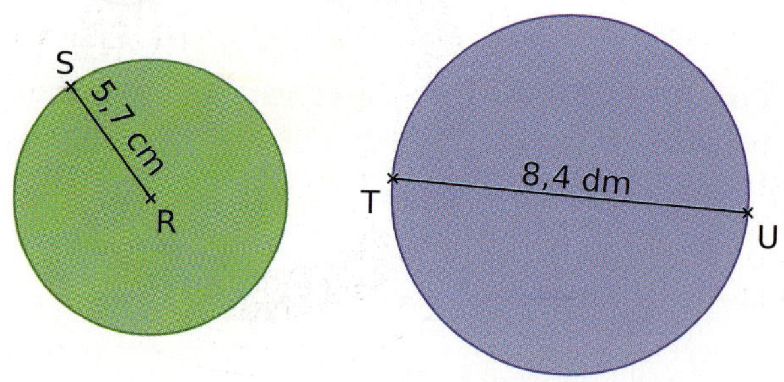

38 Calcule l'aire de chaque disque de l'exercice **31**. Tu donneras la valeur exacte, puis une valeur approchée au centième.

39 Calcule l'aire de chaque disque ci-dessous. Tu donneras la valeur exacte, puis une valeur approchée au dixième.

a. Rayon : 4 cm
b. Rayon : 6 dm
c. Diamètre : 1,5 mm
d. Diamètre : 10,3 m

40 ***Portions de disque***

Réalise les mesures nécessaires, puis calcule l'aire de chaque figure. Tu donneras la valeur exacte, puis une valeur approchée au dixième.

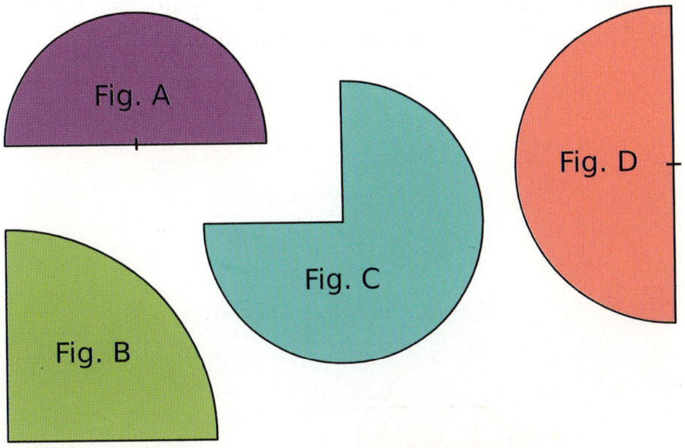

41 Calcule l'aire de cette figure, sachant que sa largeur dans la réalité est de 6,4 cm.

42 Calcule une valeur approchée au dixième de l'aire de chaque surface colorée, sachant que le diamètre de la cible est de 60 cm.

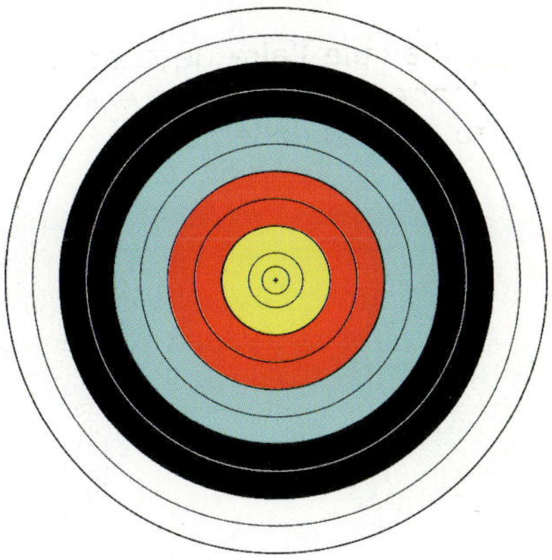

Conversions d'unités

43 Recopie et complète.

a. 4 dam² = … m²
b. 15 hm² = … m²
c. 5,1 cm² = … mm²
d. 1 350 mm² = … cm²
e. 5,2 km² = … m²
f. 0,7 m² = … dam²
g. 320 a = … m²
h. 2,5 ha = …m²
i. 15 300 mm² = … cm² = … dm² = … m²

44 Convertis les aires suivantes en m².

a. 2 km²
b. 37 000 dm²
c. 45 300 mm²
d. 153,7 dam²
e. 28,9 cm²
f. 3,008 hm²
g. 52 a
h. 0,05 ha
i. 200 ha

45 Convertis les aires suivantes en cm².

a. 15 mm²
b. 28 dm²
c. 17 300 mm²
d. 73,1 m²
e. 0,004 m²
f. 27,008 dam²
g. 0,08 mm²
h. 13 a
i. 0,0105 a

46 On donne les superficies suivantes :

- Belle-Ile-en-mer : 90 km² ;
- Ile d'Yeu : 2 300 ha ;
- Ile d'Oléron : 175 000 000 m² ;
- Ile de Jersey : 1 160 000 dam².

Range ces iles dans l'ordre décroissant de leur superficie.

47 Un jardinier est chargé de la décoration d'un rond-point de 10 mètres de rayon.

a. Il souhaite planter du gazon sur l'intégralité du rond-point. Quelle quantité doit-il prévoir ?

b. Il souhaite planter des fleurs sur le bord extérieur du rond-point, tous les 20 cm. Combien doit-il prévoir de pots de fleurs ?

48 Le lac Pavin est un lac français situé dans le Massif Central. Il occupe le cratère presque circulaire d'un ancien volcan. Son diamètre est de 750 m.

a. Calcule le périmètre de ce lac. Donne une valeur approchée au mètre près.

b. Calcule l'aire du lac. Donne une valeur approchée à l'hectare près.

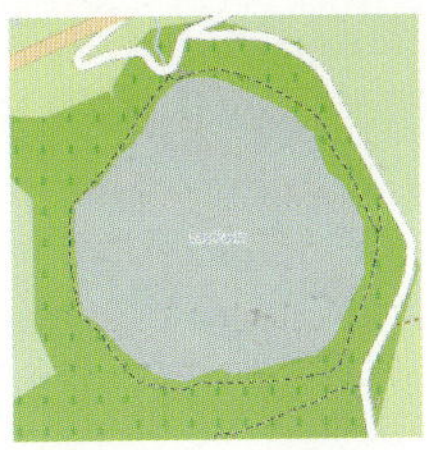

49 Calcule le périmètre et l'aire de la plaque métallique représentée ci-dessous.

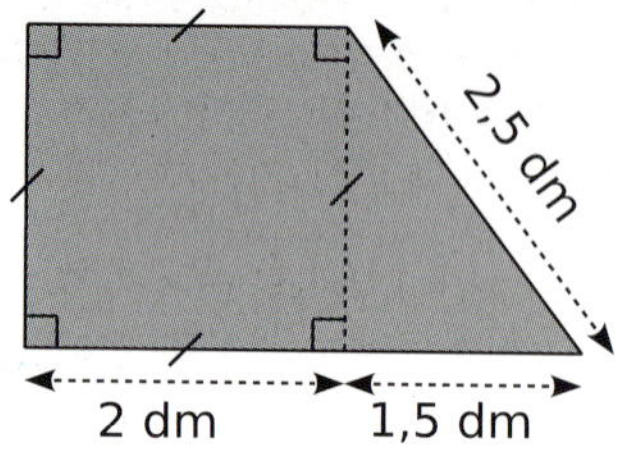

50 La figure suivante représente un morceau de tissu. Calcule son aire.

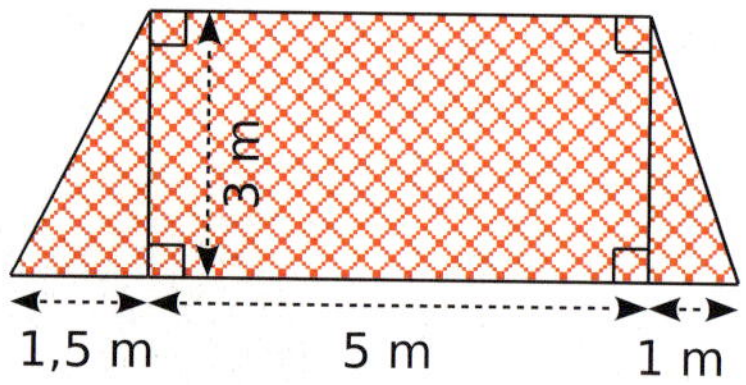

51 On souhaite entourer, avec du grillage, un jardin carré de 24 m de côté, en laissant une ouverture de 4 m de large. Le grillage choisi coute 15 € le mètre. Quel sera le prix à payer ?

52 M. Albert vend un terrain représenté ci-dessous, au prix de 18 € le m^2.

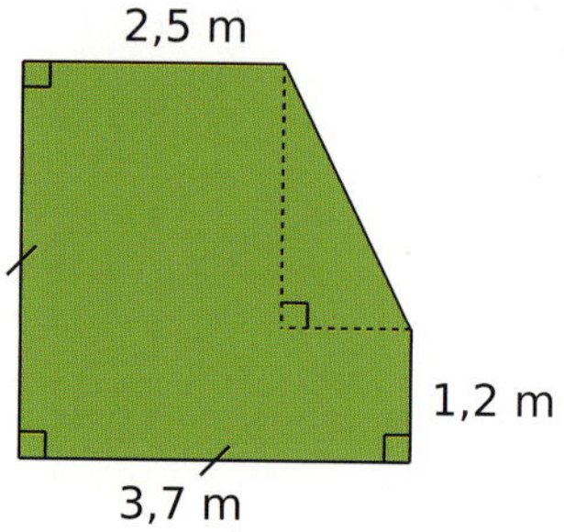

Quel est le prix de vente de ce terrain ?

53 Donne une valeur approchée au dixième du périmètre et de l'aire de chaque figure.

a.

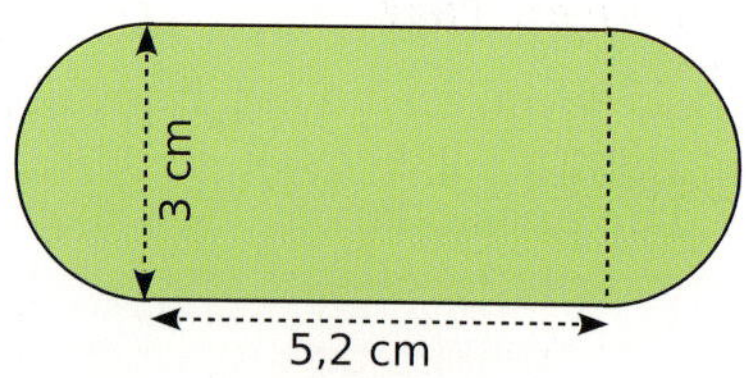

b.

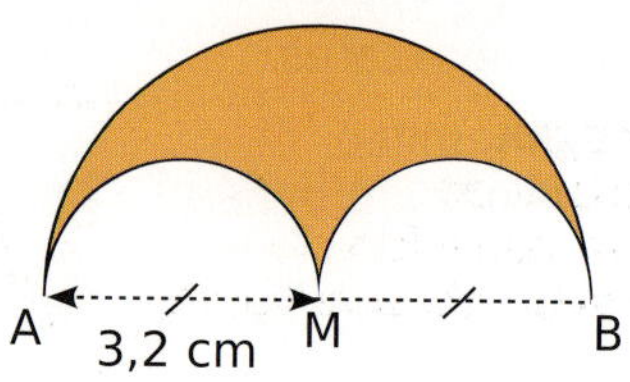

54 Donne la valeur approchée par excès à l'unité du périmètre et de l'aire de la partie jaune.

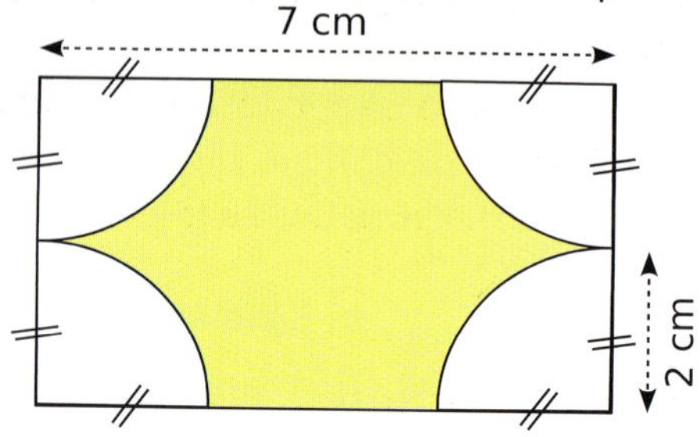

55 Dans une pièce de bois rectangulaire de dimensions 10,2 cm sur 6,6 cm, un menuisier découpe un losange. Il perce ensuite, au centre de ce losange, un trou circulaire de 1 cm de diamètre.

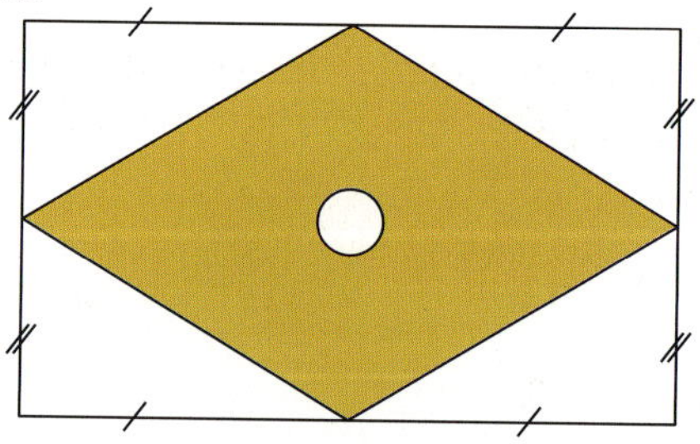

Donne un arrondi à l'unité de l'aire de la pièce de bois obtenue.

56 Un massif circulaire a un diamètre de 10 m. On souhaite y planter 50 rosiers régulièrement espacés, à 30 cm du bord. Quelle distance y aura-t-il entre chaque plant ? (Donne le résultat arrondi au centimètre.)

57 Un artisan rénove une pièce de 3,50 m de largeur, 4 m de longueur et 2,50 m de hauteur.

a. Sur le plafond, il met deux couches de peinture. Un pot de peinture permet de couvrir 6 m^2. De combien de pots a-t-il besoin ?

b. Il tapisse tous les murs avec du papier peint. Chaque rouleau est large de 50 cm et long de 10 m, sans raccord. Combien de rouleaux doit-il prévoir ? On ne tiendra pas compte des ouvertures (portes et fenêtres).

58 Géométrie Dynamique

a. Trace un triangle rectangle ABC. Place les points I, J et K, milieux respectifs des segments [AB], [BC] et [CA].

b. Construis les demi-disques, extérieurs au triangle, de diamètres [AB], [BC] et [CA].

c. Fais afficher l'aire de chaque demi-disque. Que remarques-tu ?

59 ***Du rectangle au carré***

a. Construis un rectangle de dimensions 5,1 cm et 3,3 cm.

b. Construis un carré ayant le même périmètre que ce rectangle.

c. Le rectangle et le carré ont-ils la même aire ? Explique.

60 Une boite a la forme d'un pavé droit de largeur 15 cm, de longueur 20 cm et de hauteur 8 cm.
Quelle surface minimum de papier faut-il pour recouvrir cette boite ?

61 Reproduis chaque figure en taille réelle.

a. Calcule le périmètre de chaque figure.

b. Calcule l'aire de chaque figure.

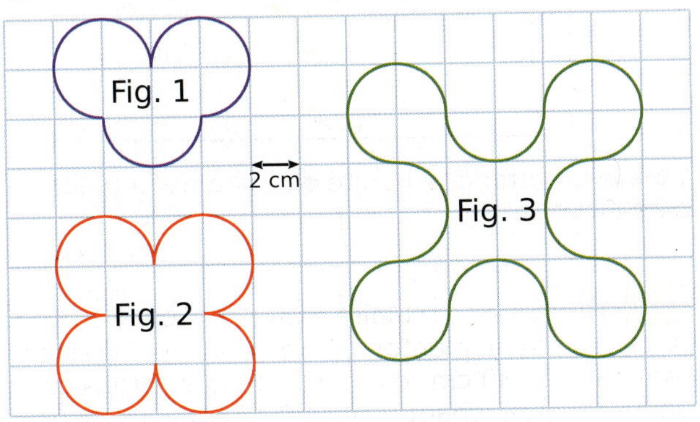

62 On considère les rectangles R_1, R_2, R_3, R_4 et R_5. Ils ont tous un périmètre de 20 cm, mais ne sont pas superposables.

	R_1	R_2	R_3	R_4	R_5
Longueur d'un côté (en cm)	1	2	3	4	5
Longueur de l'autre côté (en cm)					
Aire (en cm²)					

a. Reproduis et complète le tableau ci-dessus.

b. Construis chacun de ces rectangles.
Y en a-t-il un particulier ? Lequel et pourquoi ?

Tableur

c. Reproduis un tableau similaire à celui-ci, en allant jusqu'au rectangle R_9. Fais effectuer les calculs permettant d'obtenir les valeurs du tableau. Tu pourras afficher une représentation graphique de ce tableau.

d. Quel rectangle semble avoir la plus grande aire ?

63 Pour un polygone construit sur du papier pointé et dont les sommets sont des points du papier, on appelle N le nombre de points situés sur son contour, et P le nombre de points situés à l'intérieur. Le théorème de Pick donne la formule pour calculer l'aire $\mathcal{A}$ de ce polygone :

$$\mathcal{A} = 0{,}5 \times N + P - 1 \quad \text{(l'unité est le carreau)}$$

a. Calcule l'aire du rectangle ci-contre en utilisant la formule habituelle, puis en utilisant la formule de Pick.

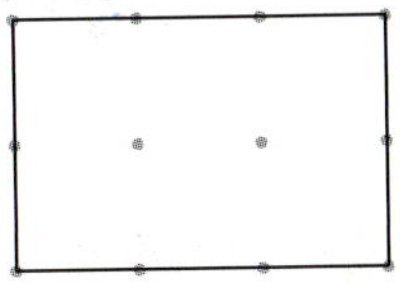

b. Construis cinq polygones sur du papier pointé, avec chaque sommet placé sur un point. Calcule ensuite l'aire de chacun.

64 Voici une photo de l'église Sant'Ivo alla Sapienza de Rome.

Sur Internet, tu pourras trouver la photo de l'intérieur de la coupole de cette église, prise par David Stephenson.

On a réalisé un croquis de cette coupole.
Le grand triangle équilatéral a pour longueur de côté 24 m et pour hauteur 21 m environ.

a. Quelle est l'aire de l'intérieur de cette coupole ?

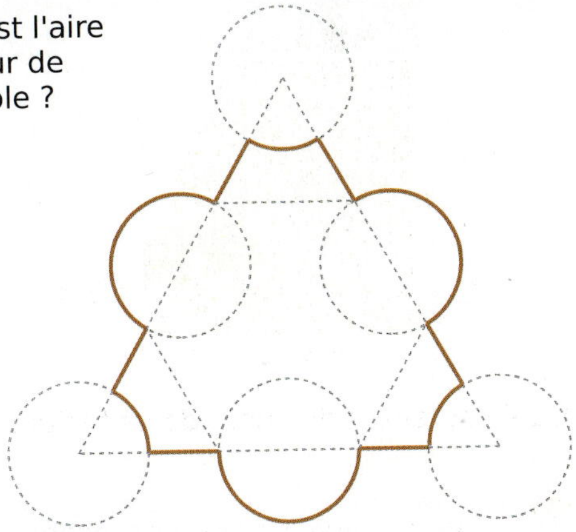

b. Compare l'aire trouvée en **a** avec l'aire du flocon de Van Koch (image ci-contre).

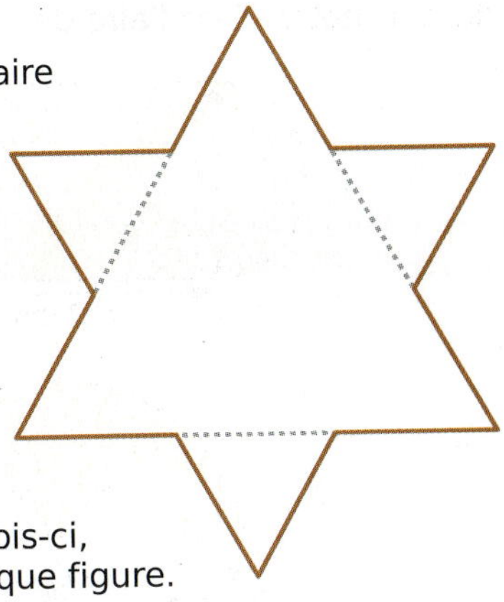

c. Reprends ces deux questions en considérant, cette fois-ci, le périmètre de chaque figure.

Se tester avec le QCM

		R1	R2	R3	R4
1	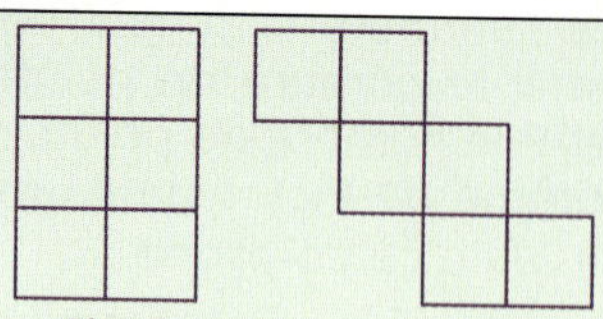 Fig.1 Fig.2	Ces deux figures ont la même aire	Ces deux figures ont le même périmètre	Le périmètre de la figure 2 est plus grand que celui de la figure 1	L'aire de la figure 2 est plus grande que l'aire de la figure 1
2	Mon aire est de 4 cm² et mon périmètre est de 8 cm. Qui puis-je être ?	Je suis un carré de côté 2 cm	Je suis un rectangle de longueur 3 cm et de largeur 1 cm	Je suis un rectangle de longueur 4 cm et de largeur 1 cm	Je suis un carré de côté 4 cm
3	Quelle(s) phrase(s) te semble(nt) raisonnable(s) ?	Exprimer la taille d'une fourmi en kilomètres	Exprimer la distance entre deux astres en années-lumière	Exprimer la longueur d'un fleuve en kilomètres	Exprimer la longueur d'une rue en kilomètres
4	814 cm² est égal à...	81,4 dm²	8 140 mm²	0,0814 m²	8,14 dm²
5	L'unité adaptée pour exprimer l'aire du terrain d'une maison est...	le km²	l'are	le m²	le mm²
6	Pour calculer l'aire d'un triangle rectangle...	on multiplie ensemble les deux côtés de l'angle droit	on additionne les longueurs des trois côtés	on divise par 2 le produit des côtés de l'angle droit	on utilise la longueur du plus grand côté
7	Le périmètre P d'un cercle de rayon r est donné par la formule...	$P = 3{,}14 \times r$	$P = 2 \times \pi \times r$	$P = \pi \times r$	$P = 6{,}28 \times r$
8	L'aire d'un disque de rayon 9 cm est de...	18 cm²	81 cm²	$18 \times \pi$ cm²	$81 \times \pi$ cm²
9	Quelle(s) est (sont) la (les) phrase(s) vraie(s) ?	Si on double le périmètre d'une figure, alors on double aussi son aire	L'aire d'un carré de côté c est plus grande que celle d'un disque de diamètre c	Si on double l'aire d'une figure, alors on double aussi son périmètre	Si on augmente le périmètre d'une figure, alors son aire augmente

! Récréation mathématique

Coup de hache

Calcule en cm² l'aire de cette lame en acier. (Tu donneras la valeur exacte, puis un arrondi au cm².)

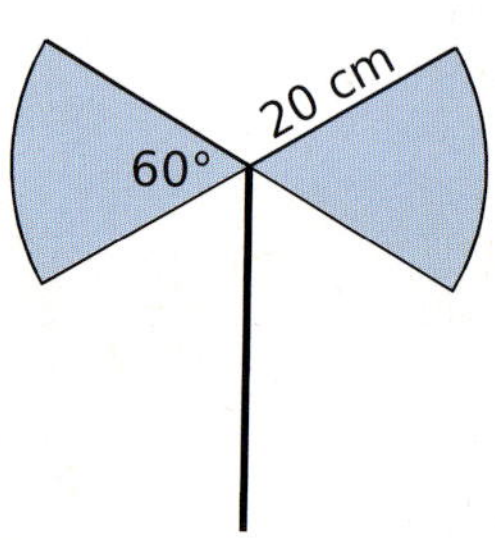

Coup de peinture

Julien doit peindre une sculpture constituée de cubes empilés de 3 m de haut.

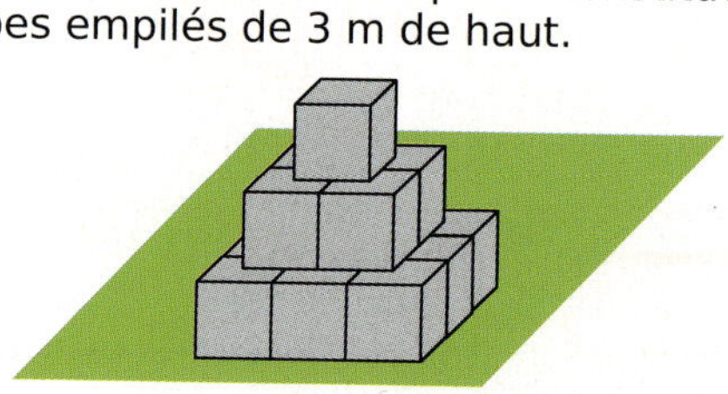

Avec un pot de 5 L, il peut peindre 10 m². Combien lui faudra-t-il de pots ?

M3 Volumes

- Calculs de volumes
- Conversions d'unités
- Résolution de problèmes

Activités

1 Volume d'un parallélépipède rectangle

→ Cours : 3

a On souhaite remplir la boite ci-dessous, en forme de **parallélépipède rectangle**, avec des cubes d'un centimètre d'arête. On rappelle qu'un cube de 1 cm d'arête a un **volume** de 1 cm^3.

En t'aidant des cubes déjà dans la boite, réponds aux questions suivantes.

- Combien de cubes faut-il pour remplir le fond de la boite ?
- Combien d'étages faut-il pour remplir toute la boite ?
- Combien de cubes faut-il au total pour remplir toute la boite ?
- Déduis-en le volume de cette boite.

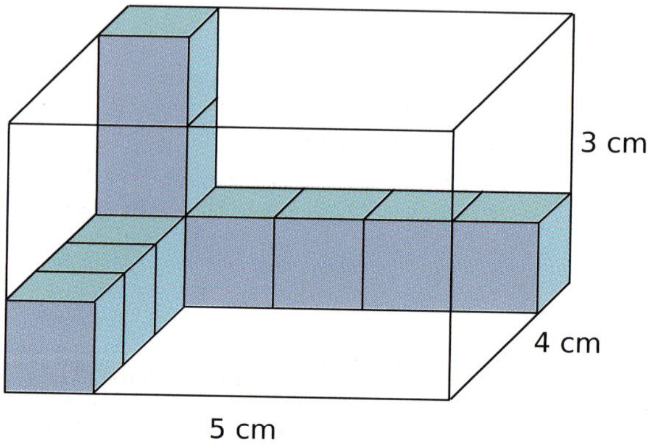

b Reprends les questions précédentes avec une boite de dimensions 9 cm, 10 cm, 12 cm.

c Quelles dimensions doit-on connaitre pour calculer le volume d'un parallélépipède rectangle ? Déduis-en une formule permettant de le calculer.

2 Conversions

→ Cours : 2

a Un parallélépipède rectangle a pour dimensions 4 cm, 6 cm et 8 cm.

- Quel est son volume en cm^3 ?
- Combien faut-il de cubes de 1 mm d'arête pour le remplir ?
- Quel est son volume en mm^3 ?
- Quelle opération doit-on effectuer pour passer du volume d'un solide en cm^3 à son volume en mm^3 ?

b ***Une petite expérience***

- Trouve un récipient de forme parallélépipédique. Mesure ses dimensions et calcule son volume en dm^3.
- Quelle est la **capacité** de ce récipient en litres ? (Si elle n'est pas indiquée sur le récipient, tu pourras le remplir d'eau, puis mesurer sa capacité à l'aide d'un récipient gradué.)
- Déduis-en alors la correspondance entre un volume en dm^3 et une capacité en litres.

1 Volume d'un solide

Définition Le **volume** d'un solide est la mesure de l'espace occupé par ce solide, dans une unité de volume donnée.

Exemple :

Pour trouver le volume de chaque solide, il suffit de compter le nombre d'unités de volume qui le constituent.

Les deux solides ont pour volume 12 (en unités de volume) alors qu'ils n'ont pas la même forme.

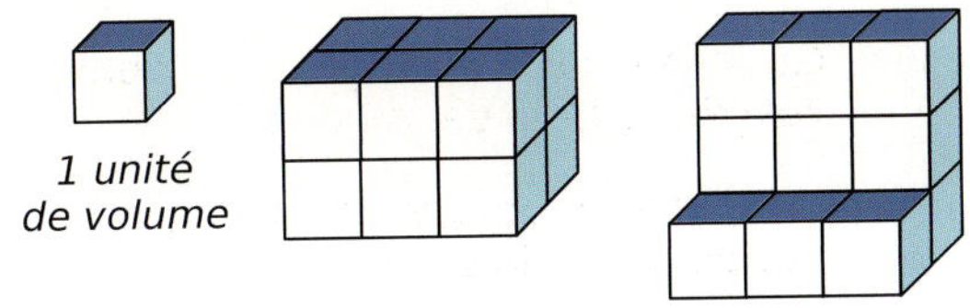

2 Unités de volume et de capacité

A Unités de volume

Règle L'unité de volume usuelle est le **mètre cube** (noté m^3), qui représente le volume d'un cube de côté 1 m. On utilise aussi : ses **multiples** (dam^3, hm^3, km^3) et ses **sous-multiples** (dm^3, cm^3, mm^3).

Exemples :

- Un centimètre cube (cm^3) est le volume d'un cube d'un centimètre de côté.
- Un millimètre cube (mm^3) est le volume d'un cube d'un millimètre de côté.
- Dans 1 cm^3, il y a 1 000 mm^3.

B Unités de capacité

Règle Pour mesurer des capacités, on utilise des unités de volume spécifiques. L'unité de capacité de base est le **litre** (L) qui est la quantité de liquide que peut contenir un cube d'un décimètre de côté (1L = 1 dm^3). On utilise aussi : ses **multiples** (daL, hL, kL) et ses **sous-multiples** (dL, cL, mL).

C Tableau et équivalences

Unités de volume	km^3			hm^3			dam^3			m^3			dm^3			cm^3			mm^3		
Unités de capacité												kL	hL	daL	L	dL	cL	mL			
								5	3	0	0	0									

Règle On a les équivalences suivantes : **1 L = 1 dm^3** et **1 mL = 1 cm^3**.

Remarques 1 :

- Pour passer d'une unité de volume à l'unité immédiatement inférieure, **on multiplie par 1 000**.
- Pour passer d'une unité de volume à l'unité immédiatement supérieure, **on divise par 1 000**.

Exemples 1 : • 53 dam^3 = 53 000 m^3 • 0,36 m^3 = 360 dm^3 • 5 dm^3 = 0,005 m^3

Remarques 2 :

- Pour passer d'une unité de capacité à l'unité immédiatement inférieure, **on multiplie par 10**.
- Pour passer d'une unité de capacité à l'unité immédiatement supérieure, **on divise par 10**.

Exemples 2 :

- 12 cL = 120 mL
- 0,5 L = 0,005 hL
- 1,62 L = 1,62 dm^3 = 1 620 000 mm^3

3 Volume d'un parallélépipède rectangle

Pour calculer un volume, les dimensions doivent être exprimées dans la même unité de longueur.

	Parallélépipède rectangle	Cube
Figure	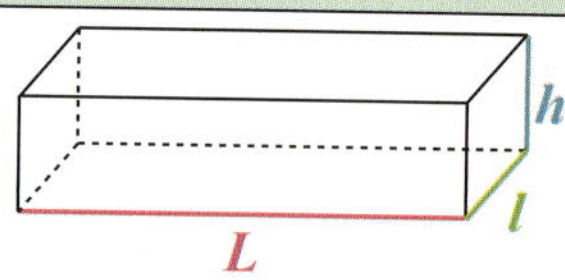	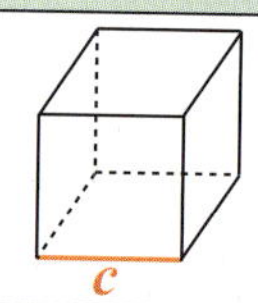
Volume	$\mathcal{V} = L \times l \times h$	$\mathcal{V} = c \times c \times c$

Exemple 1 :

Calcule le volume d'un pavé droit de 32 mm de longueur ; 2,5 cm de largeur et 0,4 dm de hauteur.

- $\mathcal{V} = L \times l \times h$ ⟶ On écrit la formule.
- $\mathcal{V}$ = **3,2** cm × **2,5** cm × **4** cm ⟶ On remplace par les données numériques exprimées dans la même unité : 32 mm = 3,2 cm et 0,4 dm = 4 cm.
- $\mathcal{V}$ = 32 cm^3

Le volume du pavé droit est de 32 cm^3.

Exemple 2 :

Calcule le volume d'un cube de 5,3 cm de côté.

- $\mathcal{V} = c \times c \times c$ = **5,3** cm × **5,3** cm × **5,3** cm = 148,877 cm^3

Exercices « À toi de jouer ! »

1 Convertis en m^3 les volumes suivants.

- 3 dam^3
- 4,5 dm^3
- 1 265,3 cm^3

2 Quelle est la capacité (en L) d'un cube de 200 cm^3 ?

3 Quel volume (en mm^3) représentent 2 dL ?

4 Calcule le volume d'un cube de 6,1 dm de côté.

5 Calcule le volume du solide ci-dessous.

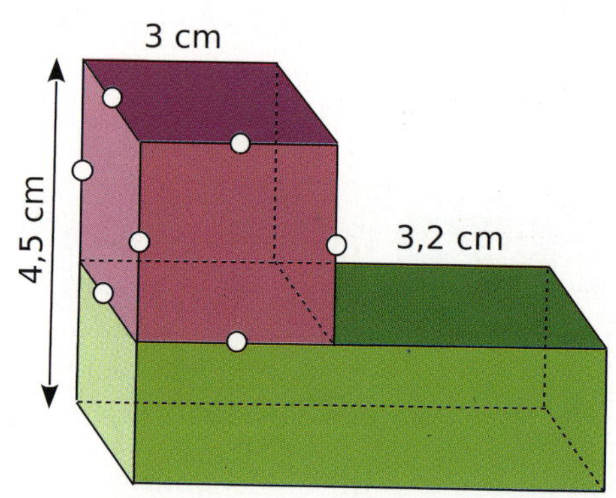

Calculs de volumes

6 *Volume par comptage*

Donne le volume de chaque solide en unités de volume. (Les solides sont supposés pleins.)

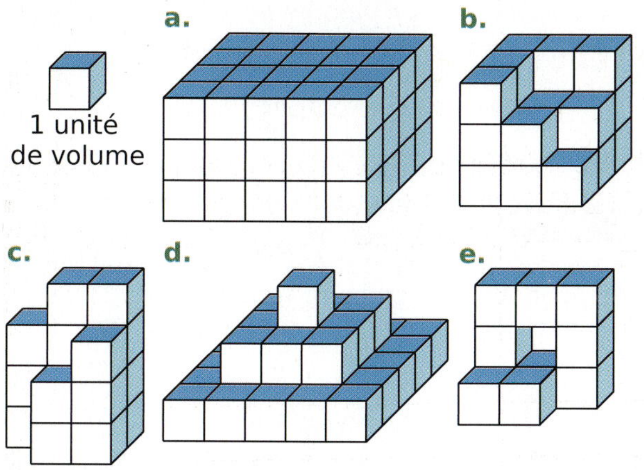

7 *Volume de pavés*

Recopie et complète le tableau ci-dessous.

	Longueur	Largeur	Hauteur	Volume
P_1	3 cm	1 cm	2 cm	
P_2	3,5 mm	2 mm	1 mm	
P_3	2,2 dm	8 dm	3 dm	
P_4	6 dm	5 dm		120 dm^3
P_5		4 m	3,2 m	74,24 m^3
P_6	2,5 dam	2,7 dam		81 dam^3

8 Tableur

Reproduis le tableau de l'exercice précédent dans une feuille de calcul.

Dans chaque cellule vide, écris la formule qui te permettra de trouver le résultat.

9 *Volumes de base*

Calcule les volumes du pavé droit et du cube ci-dessous.

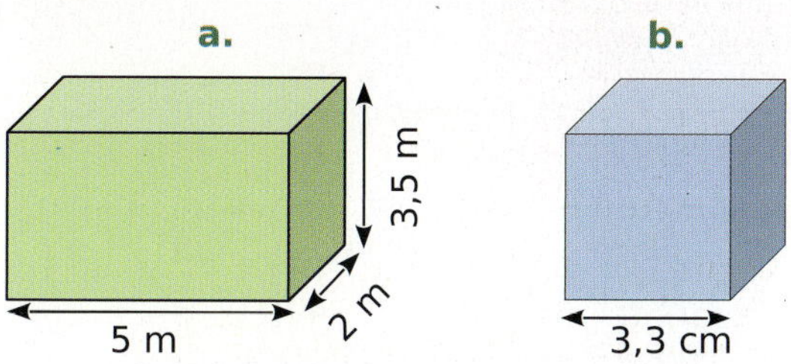

10 *Attention aux unités*

a. Un cube de côté 1,2 m est percé, de part en part, par un trou fait à partir d'un carré de côté 12 cm.
Calcule le volume du solide obtenu.

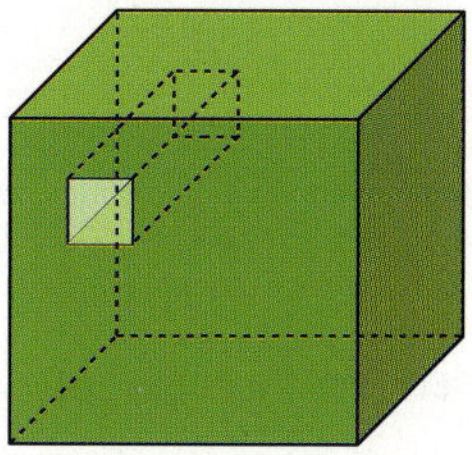

b. Calcule, en cm^3, le volume du solide ci-dessous.

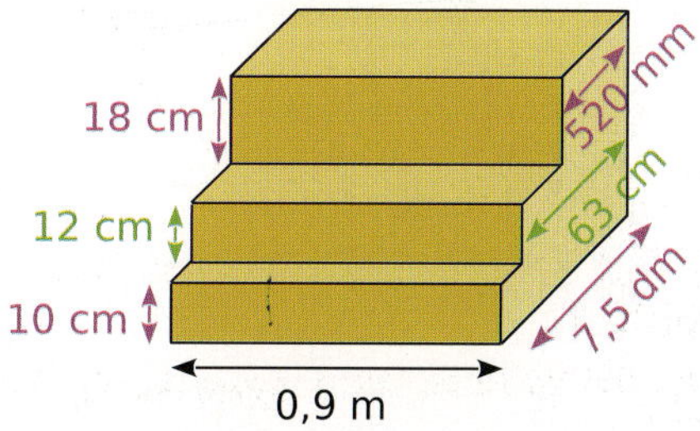

Conversions d'unités

11 *En cubes*

Effectue les conversions suivantes.

a. 12 m^3 = ... dm^3
b. 10 mm^3 = ... dm^3
c. 1 200 dm^3 = ... m^3
d. 0,75 m^3 = ... dm^3
e. 12 426 mm^3 = ... cm^3
f. 25,7 cm^3 = ... mm^3

12 *En litres*

Effectue les conversions suivantes.

a. 127 mL = ... L
b. 752,3 hL = ... L
c. 132 cL = ... L
d. $\frac{1}{2}$ L = 50 ...
e. 0,051 L = ... cL
f. 25 dL = ... cL
g. 0,3 cL = ... dL
h. $\frac{1}{4}$ L = 2,5 ...

13 *Un peu des deux*

Effectue les conversions suivantes.

a. 12 L = ... dm^3
b. 0,3 L = ... cm^3
c. 40 mL = ... dm^3
d. 1,8 hL = 0,180 ...
e. 1 m^3 = ... L
f. 24 dm^3 = ... cL
g. 12,9 dm^3 = ... mL
h. 42,1 m^3 = 421 ...

Résolution de problèmes

14 Calcule, en litres, la capacité de ce pavé.

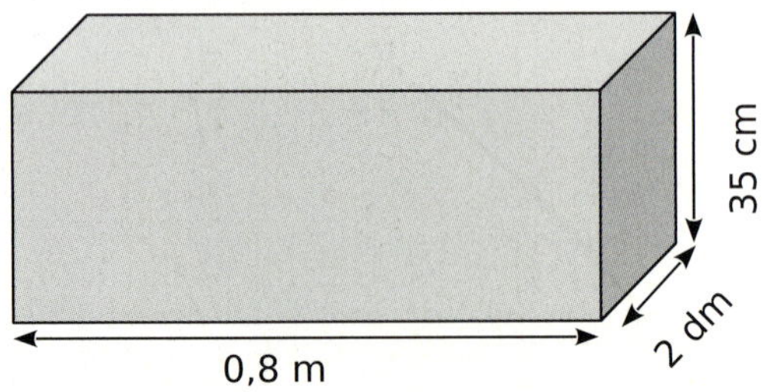

15 ***Des tables***

Une table est composée d'un plateau rectangulaire, de 3 cm d'épaisseur, qui mesure 1,3 m de long et 0,8 m de large.
Les pieds ont une base carrée de 9 cm de côté, et une hauteur de 72 cm.

a. Calcule le volume de bois nécessaire pour fabriquer cette table.

b. Le chêne qui constitue cette table a une densité d'environ 0,7. Cela signifie qu'un mètre cube de chêne pèse 700 kg.
Combien pèse cette table ?

c. Cherche la densité moyenne de l'ébène.
Combien pèserait cette table si on la construisait en ébène ?

16 ***Facture d'eau***

Les habitants du village de Beauvallon (Drôme) paient environ 2,30 € le mètre cube d'eau du robinet.

a. Combien de litres y a-t-il dans un mètre cube ?

b. Combien coute un litre d'eau ?

c. Une douche consomme entre 30 et 80 litres d'eau. Combien coute une douche ?

d. Un bain consomme entre 150 et 200 litres d'eau. Combien coute un bain ?
Quelle économie fait-on en prenant une douche ?

e. Combien coute le remplissage d'une piscine de 32 m³ ?

17 ***Des tonnes à eau***

Une tonne à eau est une remorque surmontée d'un réservoir servant à transporter de l'eau.
<u>Rappel</u> : un litre d'eau pèse un kilogramme.

Quelle est la masse d'eau transportée pour chacune des tonnes à eau suivantes ?

a. La première d'un volume de 1 m³.

b. La deuxième d'un volume de 0,75 m³.

18 ***Vaccins***

Lors d'une épidémie, un médecin part pour une campagne de vaccination. Il dispose de 0,9 litre de vaccin ; chaque patient reçoit la quantité de vaccin contenue dans une seringue de 0,5 cm³.
Combien de personnes pourra-t-il vacciner ?

19 ***Tonne à eau de jus d'orange***

Lors d'une grande fête, les organisateurs ont rempli une tonne à eau, d'un volume de 0,8 m³, de jus d'orange.
Combien peut-on remplir de verres d'une contenance de 25 cL ?

20 ***Piscine agitée***

En plongeant dans une piscine, des enfants un peu turbulents éclaboussent et environ 1,5 L d'eau sont perdus à chaque plongeon.
En fin de journée, la piscine a perdu l'équivalent d'un volume de 0,12 m³ d'eau.
Combien y a-t-il eu de plongeons ce jour-là ?

21 ***Recette du Balawech***

Pour 4 personnes :

- 1/3 L de jus d'orange
- 1,6 dL de jus d'abricot
- 8 cL de jus de citron vert
- une banane *
- 1 cuillère à café de miel **
- 4 mL de sirop de grenadine.

Mélanger le tout et servir dans un verre frais.

* une banane a un volume d'environ 110 cm³.
** une cuillère à café équivaut à 5 cm³.

Quelle quantité de cocktail, en cL, peut boire chaque convive ?

22 Chasse d'eau

Un réservoir de chasse d'eau a la forme d'un pavé droit de 30 cm de longueur, 24 cm de largeur et 18 cm de hauteur. Il est rempli aux trois quarts de sa hauteur.
Combien de litres d'eau sont utilisés lorsqu'on tire cette chasse d'eau ?

23 Cave à vin

Pour stocker le jus de raisin pendant la vinification, un vigneron possède dans sa cave trois réservoirs cubiques, dont les dimensions intérieures sont : 8 dm pour la première, 1,2 m pour la seconde et 1,5 m pour la troisième.
Calcule, en hectolitres, la quantité maximale de jus de raisin qu'il peut stocker dans sa cave.

24 Cube percé

Calcule le volume de ce solide qui est un cube percé, de part en part, au centre de chaque face.

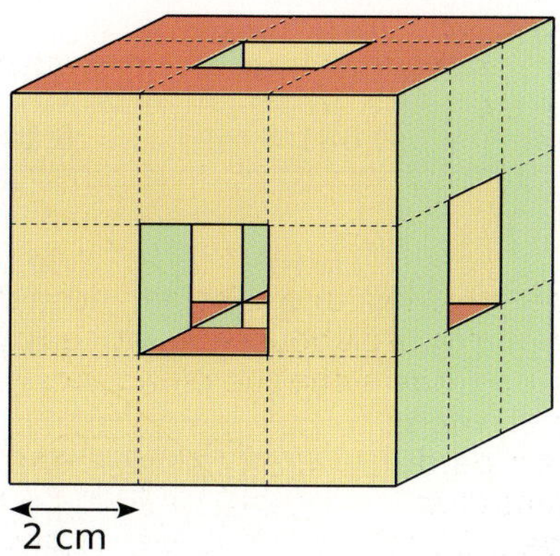

25 Étalonnage de verres doseurs

Deux verres doseurs ont la forme de pavés droits de base carrée pour l'un, et rectangulaire pour l'autre. Les dimensions sont indiquées sur les schémas suivants.

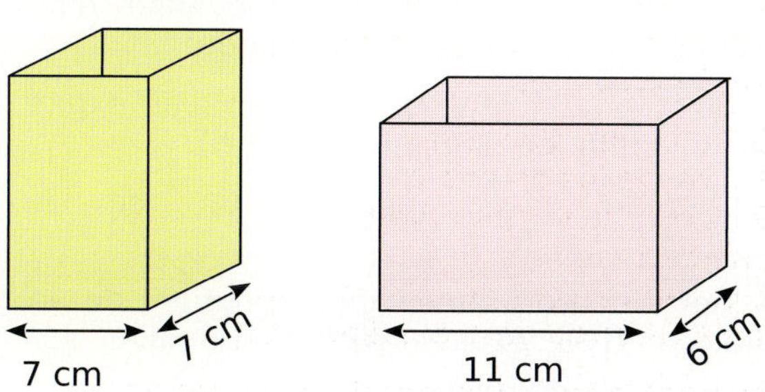

On suppose qu'ils sont suffisamment grands pour contenir plus d'un litre de liquide.

Détermine les hauteurs d'eau si on verse dans chaque verre 10 cL, 20 cL, 50 cL, 75 cL et 1 L.

26 Aquarium

Alex possède un aquarium qui a la forme d'un pavé droit dont les dimensions sont les suivantes : $L = 60$ cm, $l = 40$ cm et $h = 50$ cm.

a. Combien de litres peut contenir son aquarium, au maximum ?

b. Alex a remarqué que, lorsqu'il plonge un caillou dans l'aquarium, la hauteur de l'eau s'élève de 4 cm. Quel est le volume de ce caillou ?

27 Des pièces

Les figures ci-dessous représentent deux pièces d'un jeu. Compare leurs volumes respectifs.

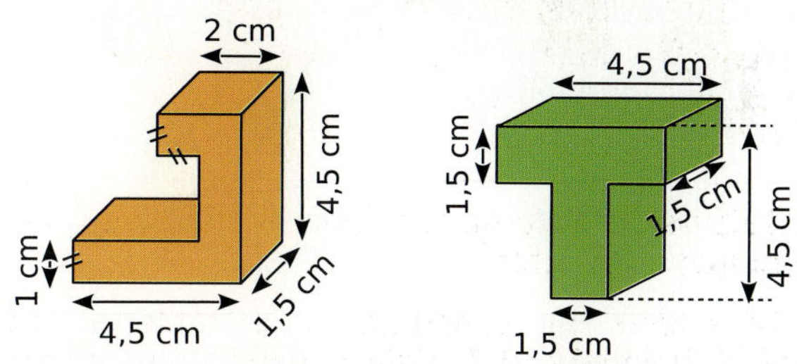

28 Des solides

Calcule le volume de chaque solide ci-dessous.

a.

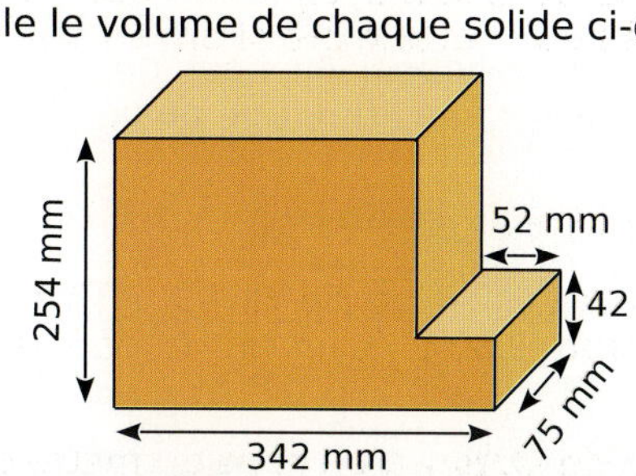

b.

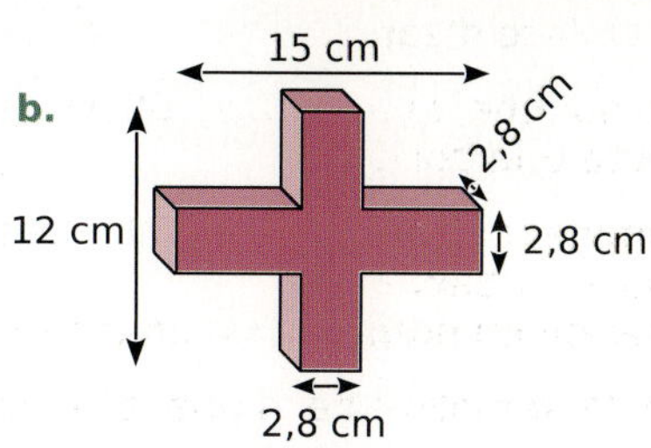

c. Pile de cubes

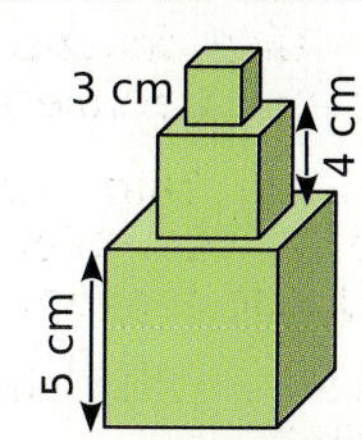

Se tester avec le QCM

		R1	R2	R3	R4
1	Le volume d'un cube de 3 cm d'arête est...	3 cm³	9 cm³	27 cm³	12 cm³
2	Quelle phrase est vraie ?	Si on double la longueur de l'arête d'un cube, alors son volume double aussi	Si on double la longueur de l'arête d'un cube, alors son volume est multiplié par 4	Si on double la longueur de l'arête d'un cube, alors son volume est multiplié par 8	Si on double la longueur de l'arête d'un cube, alors son volume est multiplié par 16
3	Mon volume est 16 m³. Qui puis-je être ? (Les solides sont des pavés droits et les longueurs sont exprimées en mètres.)	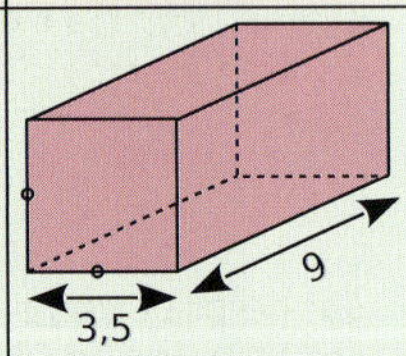	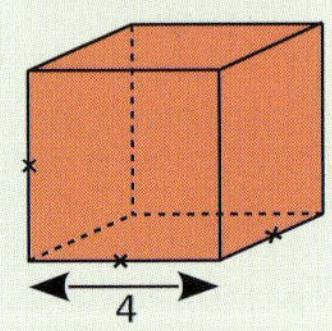	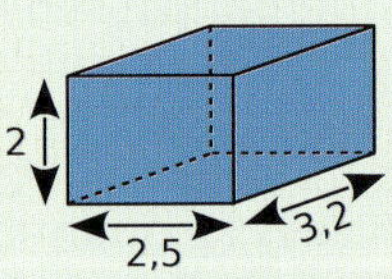	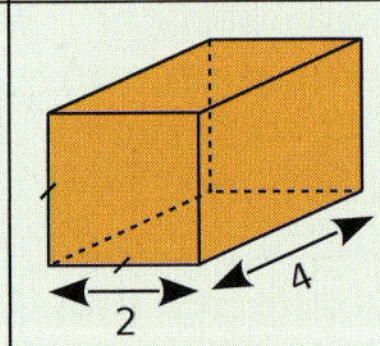
4	Mon volume est de 12 cm³ et la longueur totale de mes arêtes est de 28 cm. Qui puis-je être ?	Je suis un pavé de dimensions 2 ; 2 et 3 cm	Je suis un cube d'arête 3 cm	Je suis un pavé de dimensions 2 ; 7 et 2 cm	Je suis un pavé de dimensions 6 ; 2 et 1 cm
5	Quelle(s) phrase(s) te semble(nt) raisonnable(s) ?	Exprimer la contenance d'une bouteille en cL	Exprimer le volume d'une pièce en km³	Exprimer le volume de la Terre en km³	Exprimer le volume d'une piscine en mm³
6	814 cm³ est égal à...	0,814 dm³	814 000 mm³	0,081 4 m³	8,14 dm³
7	L'unité la mieux adaptée pour exprimer le volume d'une citerne d'eau de pluie d'un particulier est...	le km³	le L	le m³	le mm³
8	3 m³ + 5 L est égal à...	3,5 m³	3,005 m³	35 L	3 005 L

Récréation mathématique

Petit jeu de construction

Zohra a un jeu avec des petites tiges aimantées et des boules métalliques. Au bout de chaque tige, on peut aimanter une autre tige ou une boule.

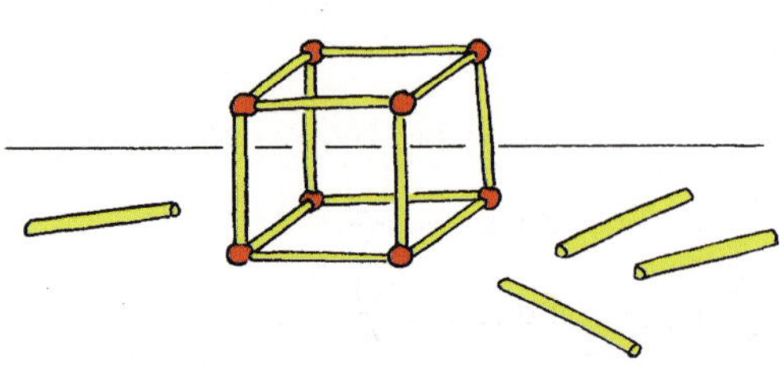

Elle dispose de 48 tiges et de 8 boules. Elle cherche à construire le pavé droit le plus volumineux possible, en utilisant tout ce matériel.

a. Quels pavés droits peut-elle construire ?

b. Quel est celui qui a le plus grand volume ? Le plus petit volume ?

À pleins poumons

a. Recherche, sur Internet ou ailleurs, la quantité moyenne d'air expirée par un adulte à chaque respiration.
Puis recherche la quantité moyenne d'air expirée par un adulte en une minute.

b. Calcule alors le volume moyen d'air expiré par un adulte en une journée (24 h).

c. Cherche une approximation de la population sur Terre.

d. Calcule alors une approximation de la quantité d'air expirée par les humains sur Terre en une journée.
Compare avec le volume de la Lune !

N1

1 | Calcul astucieux

$20 \times 789 \times 50$
$= 20 \times 50 \times 789$
$= 1\,000 \times 789$
$=$ **789 000**

2 | Divisions euclidiennes

3 5 4 − 3 2 3 4 − 3 2 **0 0 2**	1 6 **2 2**

6 3 8 4 − 5 8 8 5 0 5 0 4 − 5 0 4 **0 0 0**	8 4 **7 6**

Donc **354 = 16 × 22 + 2** Donc **6 384 = 84 × 76**

3 | Sans poser la division

D'après l'énoncé, on sait que : $851 = 19 \times 43 + 34$.

- Cette égalité peut aussi s'écrire sous la forme $851 = 43 \times 19 + 34$.

Dans cette écriture de la division euclidienne de 851 par 43, 43 représente le diviseur, **19** le **quotient** et **34** le **reste** (qui est plus petit que le diviseur 43).

- Sous la forme $851 = 19 \times 43 + 34$, ce qui semble être le reste (34) est plus grand que le diviseur (19).

Pour obtenir l'écriture de la division euclidienne de 851 par 19, il suffit donc de déterminer combien de fois 19 est compris dans 34.
On observe que $34 = 19 + 15$.
L'égalité $851 = 19 \times 43 + 34$ devient donc $851 = 19 \times 43 + 19 + 15$.
Il y a donc 44 fois 19 dans 851.
On obtient au final $851 = 19 \times 44 + 15$.
Donc, **le quotient de la division euclidienne de 851 par 19 vaut 44 et le reste 15**.

4 | Chiffres manquants

Si 3 divise le nombre 2 0#4, cela signifie que la somme des chiffres qui le composent est divisible par 3, ou encore : 2 + 0 + # + 4, soit 6 + # est divisible par 3.
Les valeurs possibles sont :

- 0 (car 6 + 0 = 6),
- 3 (car 6 + 3 = 9),
- 6 (car 6 + 6 = 12),
- 9 (car 6 + 9 = 15).

Si 4 divise le nombre 2 0#4, cela signifie que le nombre formé par ses deux derniers chiffres (#4) est divisible par 4. Les valeurs possibles sont :

- 0 (car 04 est divisible par 4),
- 2 (car 24 est divisible par 4),
- 4 (car 44 est divisible par 4),
- 6 (car 64 est divisible par 4),
- 8 (car 84 est divisible par 4).

Puisque 3 **et** 4 divisent le nombre 2 0#4, il faut prendre les valeurs communes aux deux propositions précédentes, soit **0** et **6**.
Le nombre 2 0#4 peut donc être **2 004** ou **2 064**.

5 | Durées

a.

	3 h	05 min	13 s
+		56 min	48 s
	3 h	61 min	61 s

61 s = 1 min 01 s, donc 61 min 61 s = 62 min 01 s.
62 min 01 s = 1 h 02 min 01 s
donc 3 h 62 min 01 s = **4 h 02 min 01 s**.

b.

	1 h	35 min	29 s
−		46 min	37 s
		....	

On ne peut pas soustraire 46 min à 35 min.
On transforme donc 1 h 35 min en 60 min + 35 min soit 95 min. La soustraction devient donc :

	95 min	29 s
−	46 min	37 s

On ne peut pas soustraire 37 s à 29 s.
On transforme 95 min 29 s en 94 min + 60 s et 29 s, soit 94 min 89 s. La soustraction devient donc :

	94 min	89 s
−	46 min	37 s
	48 min	**52 s**

N2

1 | Nombres et fractions

a. $6 = \frac{30}{5}$ **b.** $7 = \frac{42}{6}$ **c.** $4 = \frac{12}{3}$ **d.** $8 = \frac{72}{9}$

2 | Nombres et fractions (2)

a. $6 \times \frac{7}{6} = 7$ **c.** $18 \times \frac{67}{18} = 67$

b. $12 \times \frac{5}{12} = 5$ **d.** $7 \times \frac{98}{7} = 98$

3 | Comparaison à 1

- $\frac{14}{5} > 1$ car **14 > 5**
- $\frac{13}{13} = 1$
- $\frac{3}{7} < 1$ car **3 < 7**
- $\frac{15}{2} > 1$ car **15 > 2**
- $\frac{4}{4} = 1$
- $\frac{1}{18} < 1$ car **1 < 18**
- $\frac{3}{25} < 1$ car **3 < 25**

4 | Somme d'un nombre entier et d'une fraction

a. $\frac{32}{5} = 6 + \frac{2}{5}$ donc $6 < \frac{32}{5} < 7$

b. $\frac{21}{4} = 5 + \frac{1}{4}$ donc $5 < \frac{21}{4} < 6$

c. $\frac{2}{7} = 0 + \frac{2}{7}$ donc $0 < \frac{2}{7} < 1$

5 | Sur une demi-droite graduée

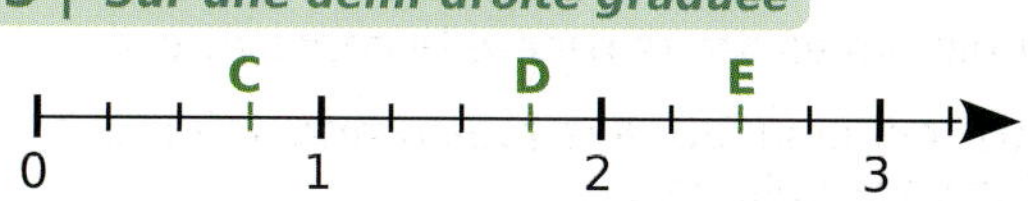

N3

1 | Écrire un nombre décimal de différentes façons

$\frac{30\,073}{1\,000} = $ **30,073**

$27 + \frac{4}{100} + \frac{3}{1\,000} = 27 + 0,04 + 0,003 = $ **27,043**

2 | Écrire en toutes lettres

a. 15,2 : **Quinze unités et deux dixièmes**

b. 4,89 : **Quatre unités et quatre-vingt-neuf centièmes**

c. 8,999 : **Huit unités et neuf-cent-quatre-vingt-dix-neuf millièmes**

d. 0,234 5 : **Deux-mille-trois-cent-quarante-cinq dix-millièmes**

3 | Nom des chiffres

7 est le chiffre des **cent-millièmes** ;
0 est le chiffre des **dix-millièmes** ;
1 est le chiffre des **millièmes** ;
8 est le chiffre des **centièmes** ;
2 est le chiffre des **dixièmes** ;
4 est le chiffre des **unités** ;
6 est le chiffre des **dizaines** ;
3 est le chiffre des **centaines** ;
9 est le chiffre des **unités de mille** ;
5 est le chiffre des **dizaines de mille**.

4 | Repérer sur une demi-droite graduée

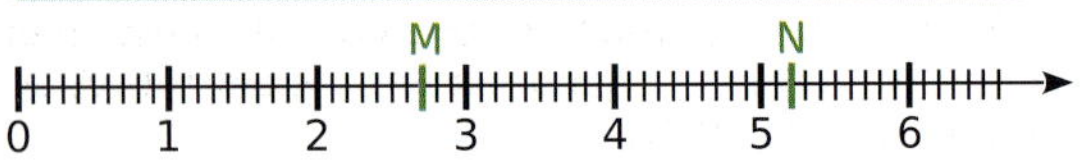

5 | Comparer des nombres

- 73,092
- soixante-treize unités et quatre-vingt-douze centièmes $= 73 + \frac{92}{100} = 73 + 0,92 = 73,92$
- $73 + \frac{902}{1\,000} = 73 + 0,902 = 73,902$
- $\frac{73\,209}{1\,000} = 73,209$
- $73 + \frac{2}{10} + \frac{9}{100} = 73 + 0,2 + 0,09 = 73,29$
- $\frac{73\,029}{1\,000} = 73,029$

Le plus grand nombre est : 73,92, c'est-à-dire « soixante-treize unités et quatre-vingt-douze centièmes ». Le plus petit nombre est : 73,029.

6 | Ranger dans l'ordre croissant

25,243 < 25,324 < 25,342 < 235,42 < 253,42

N4

1 | Ordre de grandeur

a. $802 + 41,6 \approx 800 + 40$.
L'ordre de grandeur de 802 + 41,6 est 840.

b. $96,4 \times 3,01 \approx 100 \times 3$.
L'ordre de grandeur de 96,4 × 3,01 est 300.

c. $1\,011 \times 5,56 \approx 1\,000 \times 5,6$.
L'ordre de grandeur de 1 011 × 5,56 est 5 600.

2 | Multiplier ou diviser par 10, 100 ou 1000

a. 3,6 × 100 = **360**

b. 870 × 1 000 = **870 000**

c. 63 ÷ 10 = **6,3**

d. 87654 ÷ 100 = **876,54**

3 | Convertir en cm

a. 4 dm = **40 cm**

b. 8,1 dam = **8 100 cm**

c. 3,5 mm = **0,35 cm**

d. 0,035 m = **3,5 cm**

4 | Déduire des produits

On sait que : 168 × 32 = 5 376.

a. 3,2 = 32 ÷ 10
donc : 168 × 3,2 = (168 × 32) ÷ 10 = **537,6**.

b. 16,8 = 168 ÷ 10 et 0,32 = 32 ÷ 100
donc : 16,8 × 0,32 = (168 × 32) ÷ 1 000 = **5,376**.

c. 1 680 = 168 × 10 et 3,2 = 32 ÷ 10
donc : 1 680 × 3,2 = (168 × 32) × 10 ÷ 10 = **5 376**.

d. 1,68 = 168 ÷ 100
donc : 1,68 × 32 = (168 × 32) ÷ 100 = **53,76**.

5 | Calcul de produits

a.	b.	c.	d.
68,7 × 39 6183 2061 • 2679,3	123 × 6,3 369 738 • 774,9	1,3 × 0,7 0,91	54,6 × 8,25 2730 1092 • 4368 • • 450,450

a. 68,7 × 39 = **2 679,3**

b. 123 × 6,3 = **774,9**

c. 1,3 × 0,7 = **0,91**

d. 54,6 × 8,25 = **450,45**

6 | Calcul de quotients

a.

```
10 | 7
 7 |------
30 | 1,428
28
 20
 14
  60
  56
   4
```

$10 \div 7 \approx$ **1,43** au centième près

b.

```
24,96 | 8
24    |-----
 0    | 3,12
  9
  8
  16
  16
   0
```

$24,96 \div 8 =$ **3,12**

c.

```
5,2 | 6
0   |------
52  | 0,866
48
 40
 36
  40
  36
   4
```

$5,2 \div 6 \approx$ **0,87** au centième près

d.

```
145,2 | 3
12    |-----
 2    | 48,4
 25
 24
  12
  12
   0
```

$145,2 \div 3 =$ **48,4**

D1

1 | Situation de proportionnalité ?

On sait que : 2 torchons coutent 6,40 € et 5 torchons coutent 16 €.
Donc, en cas de proportionnalité, 7 torchons devraient couter : 6,40 € + 16 € = 22,40 €.
Or, 7 torchons coutent 22 €. Donc **il ne s'agit pas d'une situation de proportionnalité**.

2

7 est le coefficient de proportionnalité de ce tableau. Il représente le prix d'une place.

Nb de personnes	6	2	8	**12**	**10**
Prix payé (en €)	42	**14**	**56**	84	70

(÷ 3 ; × 4 ; × 2)

3 | Distance et consommation

La consommation d'essence de la voiture de Marie est proportionnelle à la distance parcourue. On peut donc placer les données dans un tableau de proportionnalité.

Consommation (en L)	4,5	**2,25**	**11,25**	**56,25**	13,5	135
Distance (en km)	100	50	250	1 250	**300**	**3 000**

(× 3 ; × 10 ; : 2 ; × 2,5 ; × 5)

a. Si la voiture parcourt 50 km, elle consommera $4,5 \div 2 =$ **2,25 L** d'essence.
Si la voiture parcourt 250 km, elle consommera $4,5 \times 2,5 =$ **11,25 L** d'essence.
Si la voiture parcourt 1 250 km, elle consommera $11,25 \times 5 =$ **56,25 L** d'essence.

b. Avec 13,5 L d'essence, la voiture de Marie pourra parcourir $100 \times 3 =$ **300 km**.
Avec 135 L d'essence, la voiture pourra parcourir $300 \times 10 =$ **3 000 km**.

4 | Surface de terrain

a. Le jardin occupe 50 % du terrain, soit la moitié de 600 m². La surface occupée par le jardin est donc de **300 m²**.

b. Le garage occupe 10 % du terrain, soit le dixième de 600 m². La surface occupée par le garage est donc de **60 m²**.

c. 1re méthode : La maison occupe 100 % – (50 % + 10 %) = 40 % de 600 m², soit **240 m²**.
2e méthode : 600 m² – (300 m² + 60 m²) = **240 m²**

D2

1 | Trouver des informations dans un tableau

a. La France a marqué **8** essais.

b. **L'Italie et l'Écosse** ont marqué le même nombre d'essais.

c. **L'Irlande** a marqué le plus d'essais.

d. Le Pays de Galles a marqué **10** essais. C'est moins que l'Irlande. Pour gagner le tournoi, il n'est pas nécessaire de marquer le plus d'essais, mais il faut se qualifier et gagner la finale.

2 | Compléter un tableau à l'aide d'un texte

a.

	Aluminium	Carbone	Total
Loisir	**9**	11	20
VTT	24	16	**40**
VTC	18	**21**	**39**
Total	**51**	**48**	99

b. Elle possède **39** VTC.

c. La boutique possède le plus de vélos **en aluminium**.

3 | Lire un graphique

a. Pour une personne de 180 cm, le poids minimal conseillé est de **60 kg** et le poids maximal conseillé est de **81 kg** environ.

b. Elle dépasse de **4 kg** le poids maximum conseillé.

c. Sa taille est supérieure à **170 cm**.

4 | Lire sur un diagramme circulaire

a. Il y a **24 %** de poussins.

b. Il y a **20,8 %** de minimes.

c. **Non**, car il faudrait, en plus, connaitre le nombre total d'adhérents du club.

5 | Compléter un tableau à l'aide d'un diagramme

Nombre de tours effectués	310	320	330	340	350	360
Nombre d'équipages	**4**	**4**	**5**	**7**	**3**	**2**

G0

1 | Droite, demi-droite, segment

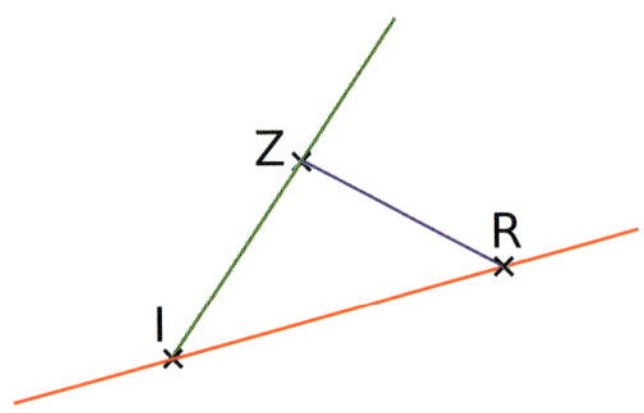

2 | Points d'intersection

En général (sauf si des droites sont parallèles), 3 droites forment 3 points d'intersection et 4 droites forment 6 points d'intersection.

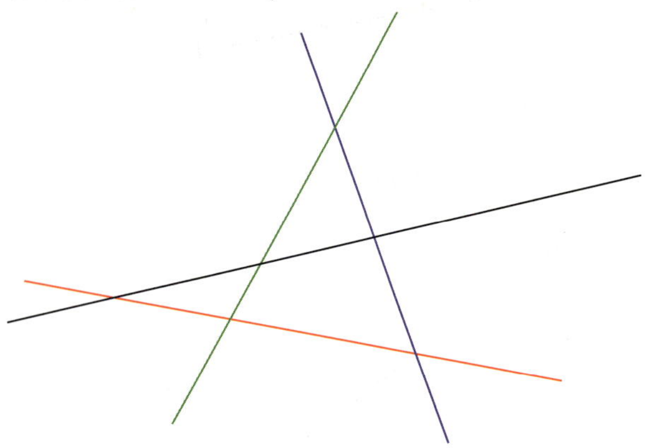

G1

1 | Milieux

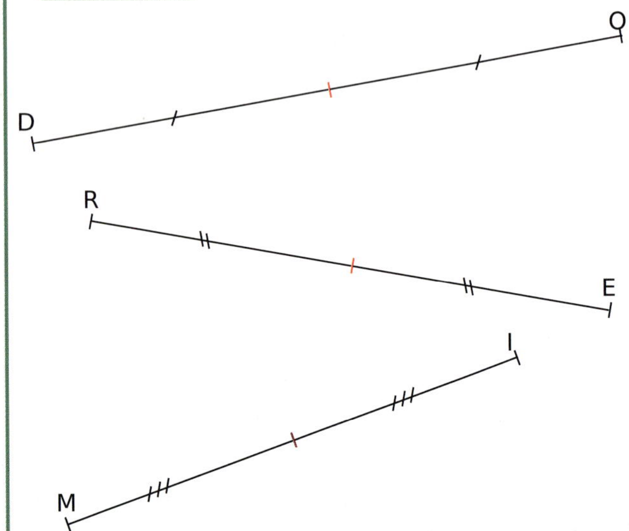

2 | Cercles et milieux

Échelle ½ :

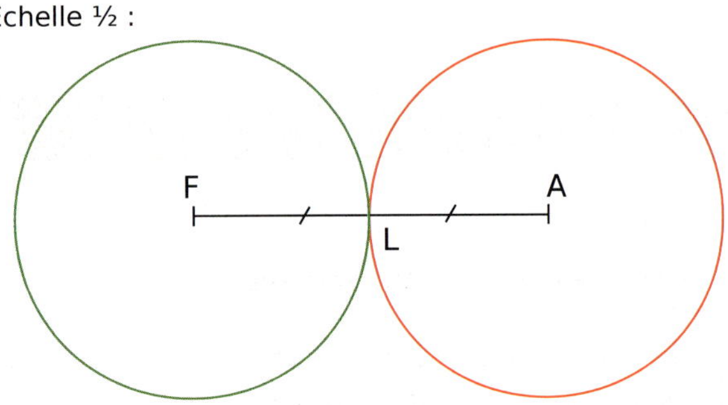

3 | Construction de cercles

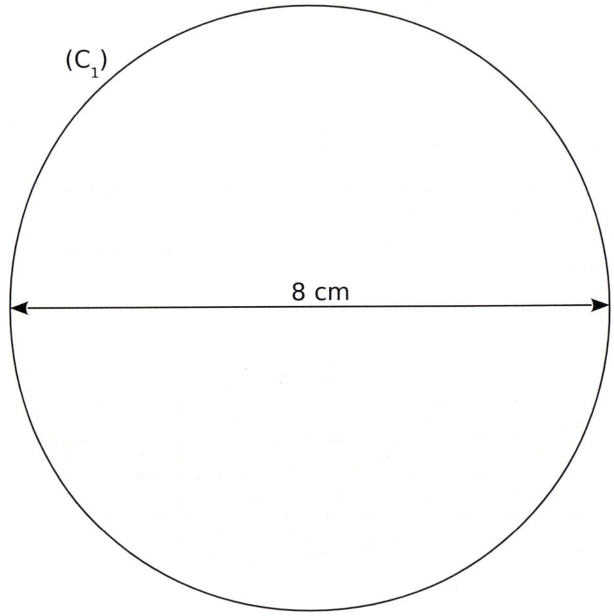

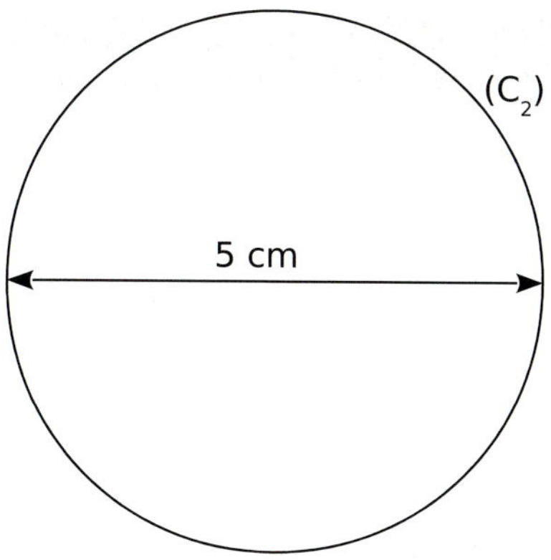

4 | Vocabulaire

a. Le point O est le **centre** du cercle.

b. Le point O est le **milieu** de [AB].

c. Le segment [OA] est un **rayon** du cercle.

d. Le segment [AB] est un **diamètre** du cercle.

e. La partie du cercle qui se trouve entre les points A et M est un **arc de cercle**.

f. Le segment [MN] est une **corde** du cercle.
Les droites (AB) et (MM') sont **sécantes en O**.

G2

1 | Vocabulaire

a. Les droites (AB) et (AD) semblent **sécantes non perpendiculaires**.

b. Les droites (AB) et (BC) semblent **perpendiculaires**.

c. Les droites (GE) et (FA) semblent **parallèles**.

d. Les droites (AB) et (CF) semblent **parallèles**.

e. Les droites (BC) et (GE) semblent **sécantes non perpendiculaires**.

2 | Vocabulaire (bis)

- La droite **(d_1)** est la droite **perpendiculaire** à la droite **(d_3)** passant par le point **A**.
- La droite **(d_1)** est la droite **parallèle** à la droite **(d_2)** passant par le point **A**.
- La droite **(d_2)** est la droite **parallèle** à la droite **(d_1)** passant par le point **B**.

3 | Dans un quadrillage

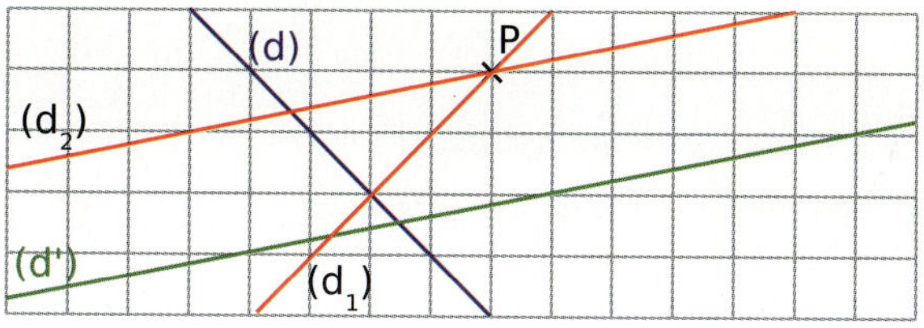

4 | Sur feuille blanche

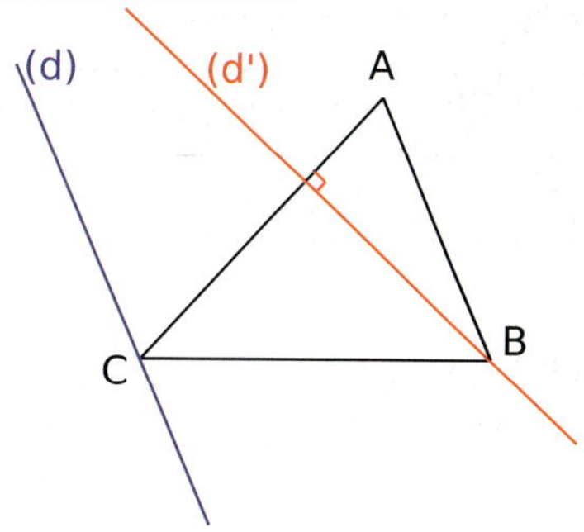

5 | Médiatrices

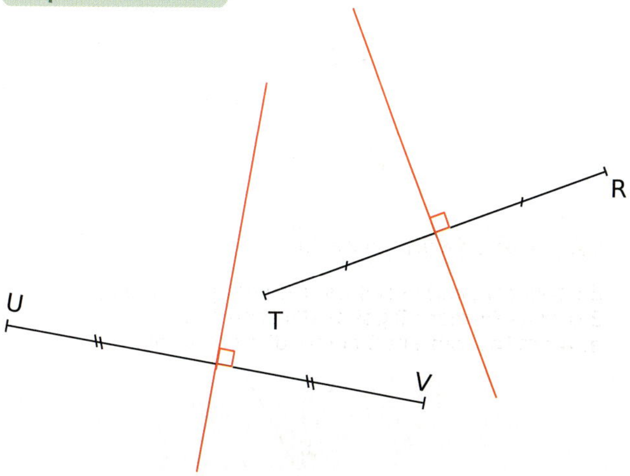

6 | Distance à une droite

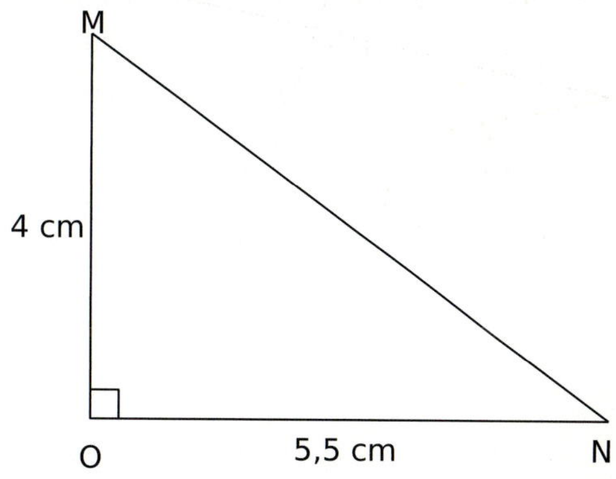

a. La distance du point M à la droite (ON) est **4 cm**.

b. La distance du point N à la droite (OM) est **5,5 cm**.

7 | Ensemble de points (1)

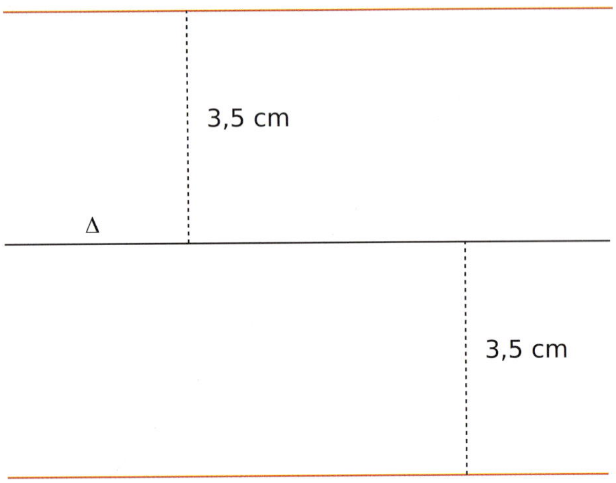

8 | Ensemble de points (2)

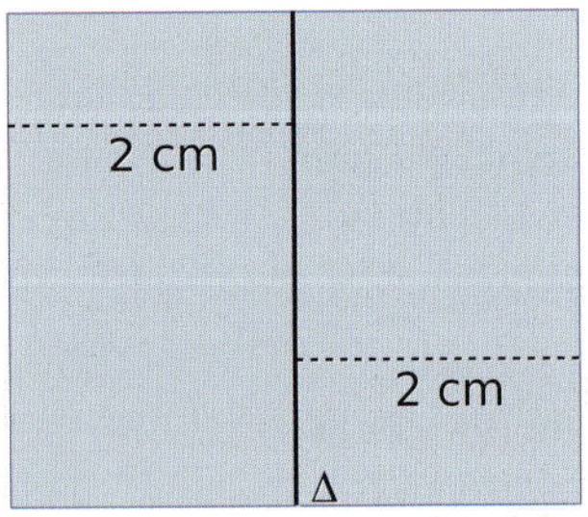

9 | Distance entre des droites

La distance entre (d_1) et (d_2) est de 6 côtés de carreaux.

La distance entre les droites (d_3) et (d_4) est de 3 diagonales de carreaux.

G3

1 | Construire un triangle

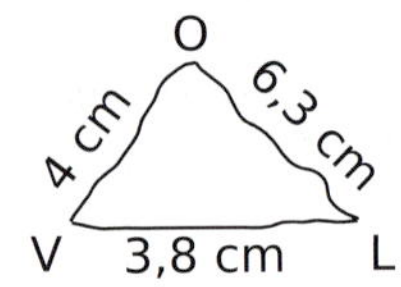

On commence par faire un dessin à main levée.

- On trace un segment [VO] de longueur 4 cm.
- On trace un arc du cercle de centre O et de rayon 6,3 cm.
- On trace un arc du cercle de centre V et de rayon 3,8 cm.
- Le point L se trouve à l'intersection de ces deux arcs de cercle.
- On trace le triangle VOL.

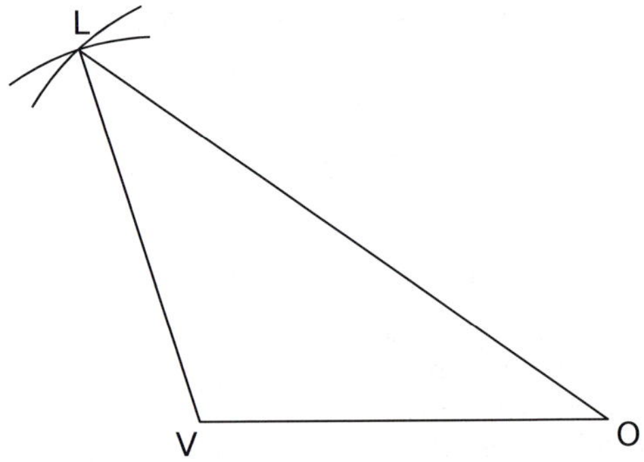

2 | Construire un triangle équilatéral

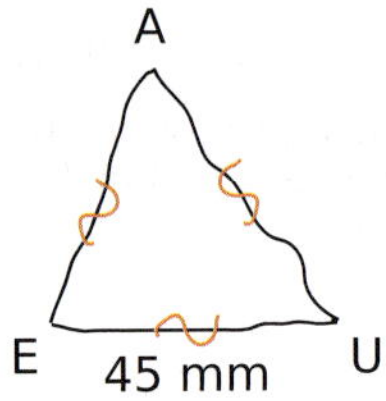

On commence par faire un dessin à main levée.

Le triangle équilatéral a trois côtés de même longueur.

- On trace un segment [EA] de longueur 45 mm.
- On trace un arc du cercle de centre E et de rayon 45 mm.
- On trace un arc du cercle de centre A et de rayon 45 mm.
- Le point U se trouve à l'intersection de ces deux arcs de cercle.
- On trace le triangle EAU.

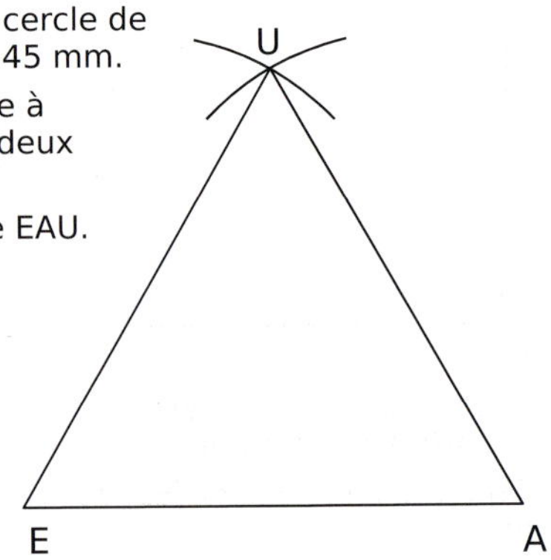

3 | Construire un losange

On commence par faire un dessin à main levée.

Le losange BOSL a quatre côtés de même longueur et le segment [OL] représente l'une de ses diagonales.

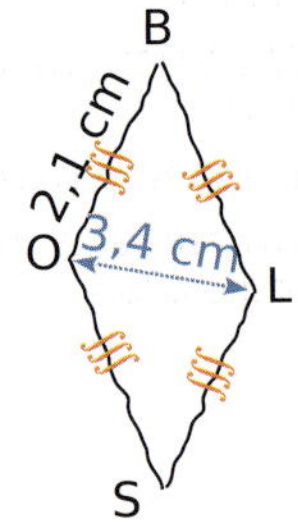

• On trace un segment [OL] de longueur 3,4 cm.

• On trace un arc du cercle de centre O et de rayon 2,1 cm.

• On trace un arc du cercle de centre L et de rayon 2,1 cm.

• À l'une des intersections de ces deux arcs de cercle, se trouve le point B. (On a ainsi tracé le triangle isocèle BOL.)

• À l'autre intersection de ces deux arcs de cercle, se trouve le point S.

• On trace le losange BOSL.

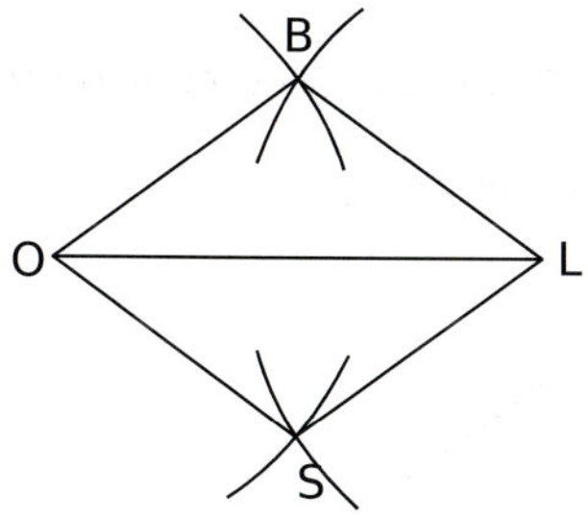

4 | Construire des triangles rectangles

a. On commence par faire un dessin à main levée.

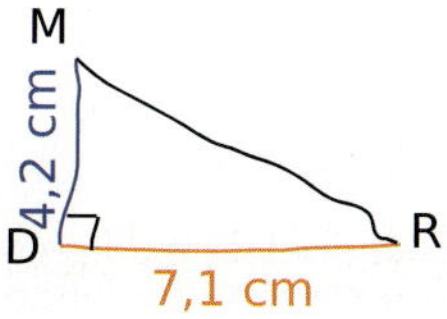

• On trace deux droites perpendiculaires en D.

• Sur l'une d'elles, on place un point R tel que DR = 7,1 cm.

• Sur l'autre, on place le point M tel que MD = 4,2 cm.

• On finalise le triangle en traçant le segment [MR] et on n'oublie pas de coder l'angle droit.

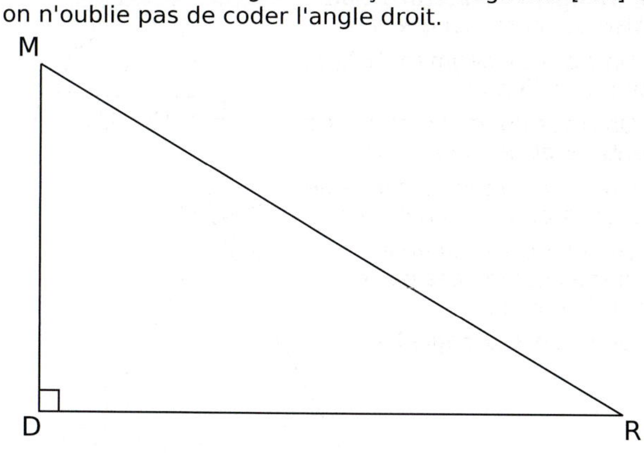

b. On commence par faire un dessin à main levée.

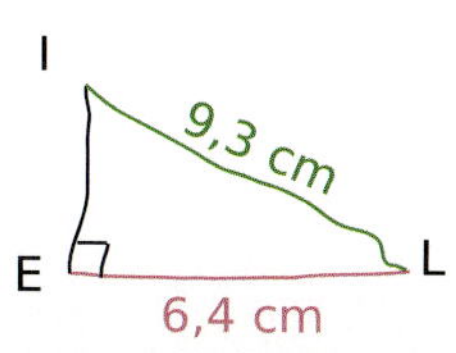

• On trace un segment [EL] de longueur 6,4 cm.

• On trace la perpendiculaire à (EL) passant par E.

• On trace un arc du cercle de centre L et de rayon 9,3 cm.

• L'arc et la perpendiculaire se coupent en I.

• On trace le triangle ILE en n'oubliant pas de coder l'angle droit.

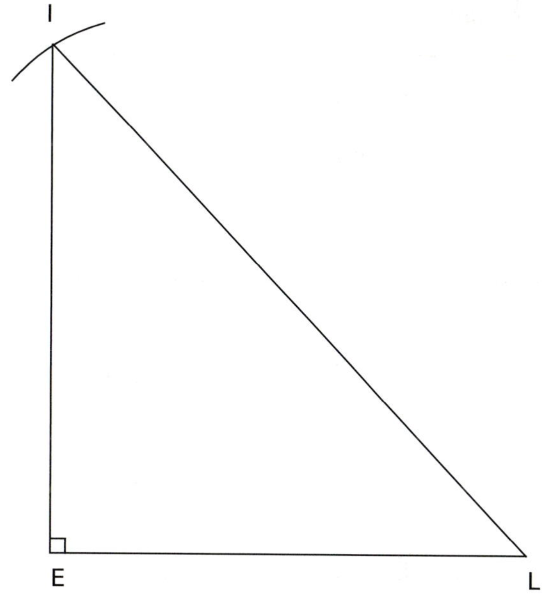

5 | Construire un losange

On commence par faire une figure codée à main levée.

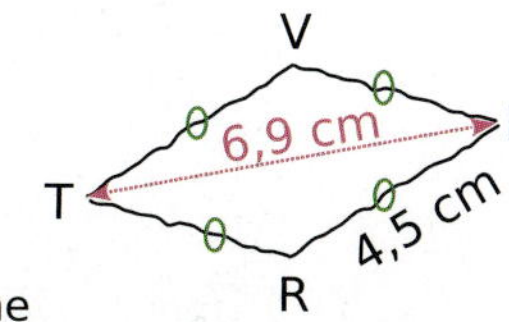

Un losange a quatre côtés de même longueur.

Dans le losange VERT, le segment [ET] représente l'une des diagonales. Les côtés mesurent tous 4,5 cm.

• On trace un segment [ET] de longueur 6,9 cm.

• On trace un arc du cercle de centre T et de rayon 4,5 cm.

• On trace un arc du cercle de centre E et de rayon 4,5 cm.

• Aux intersections de ces arcs de cercle, se trouvent les points V et R.

• On trace le losange VERT.

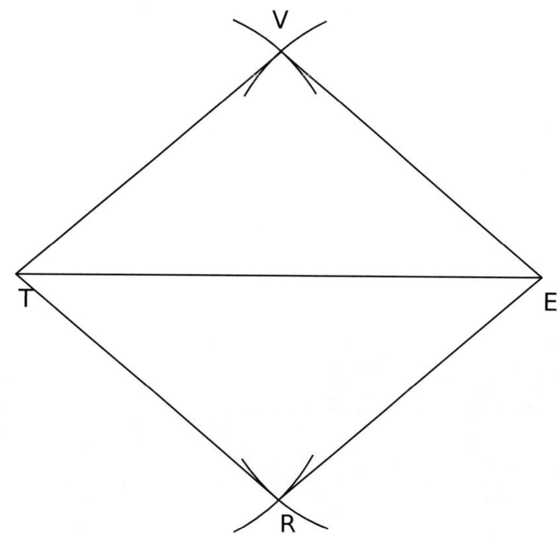

6 | Construire un rectangle connaissant ses côtés

Il faut convertir les longueurs dans la même unité, par exemple : TO = 43 mm = 4,3 cm.

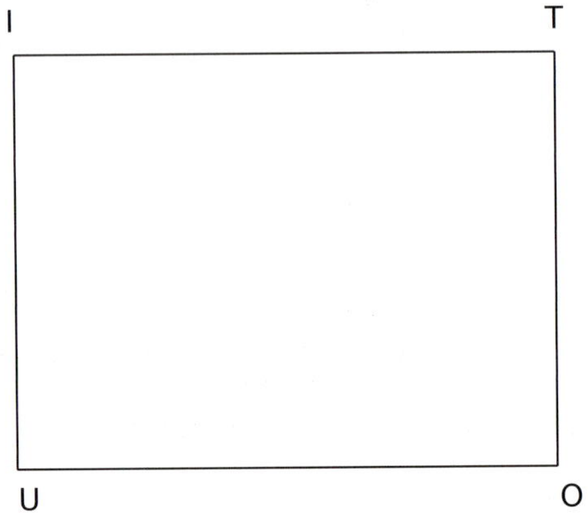

G4

1 | Construire le symétrique d'une figure dans un quadrillage

a.
b.
c.

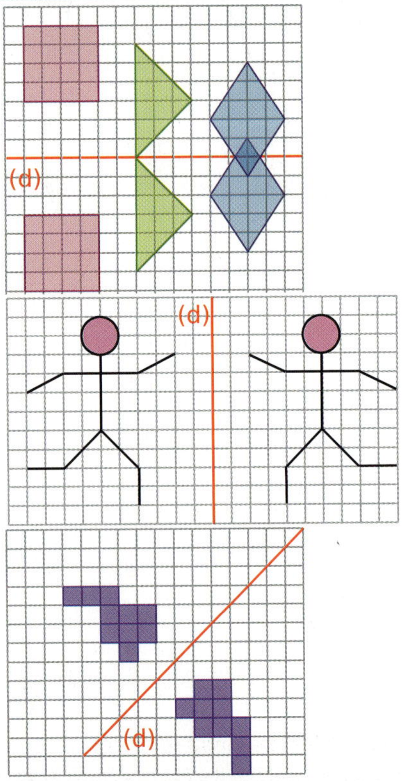

2 | Construire le symétrique d'une figure à l'équerre

- On trace deux droites (d') et (d'') sécantes.
- On place un point A.
- On trace la perpendiculaire à la droite (d') et passant par A.
- On reporte la distance de A à (d') de l'autre côté de (d'), sur cette perpendiculaire.
- On appelle A' le point obtenu.
- On trace la perpendiculaire à la droite (d'') passant par A.
- On reporte la distance de A à (d'') de l'autre côté de (d'') sur cette perpendiculaire.
- On appelle A'' le point obtenu.

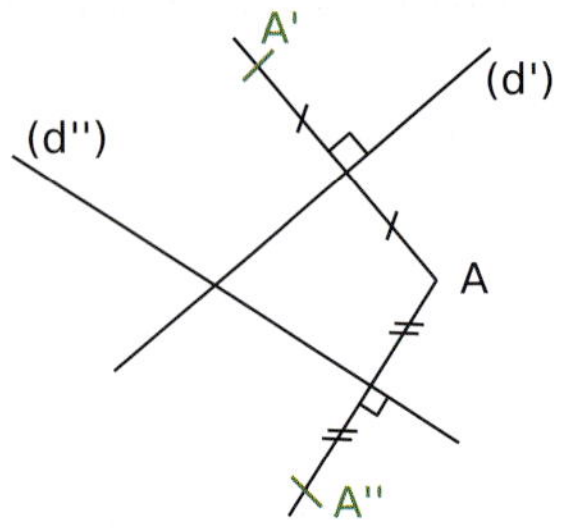

3 | Construire le symétrique d'un point au compas

- On trace un triangle ABC.
- On trace un arc de cercle de centre B qui coupe l'axe (AC) en deux points.
- De l'autre côté de l'axe, on trace deux arcs de cercle de centres les deux points précédents et de même rayon.
- Ces deux arcs se coupent en D.

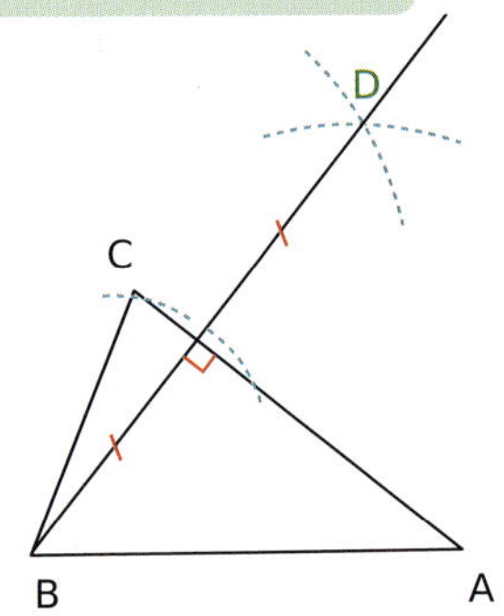

4 | Utiliser les propriétés des symétries

La symétrie axiale conserve les distances, donc le symétrique du cercle de centre F et de rayon 5 cm est le cercle de même rayon ayant pour centre le symétrique de F.

Pour calculer le périmètre du cercle, on utilise la formule $2 \times \pi \times$ rayon

Ici, $L = 2 \times \pi \times 5$

$L = 10\,\pi$ cm
$L \approx 31{,}4$ cm

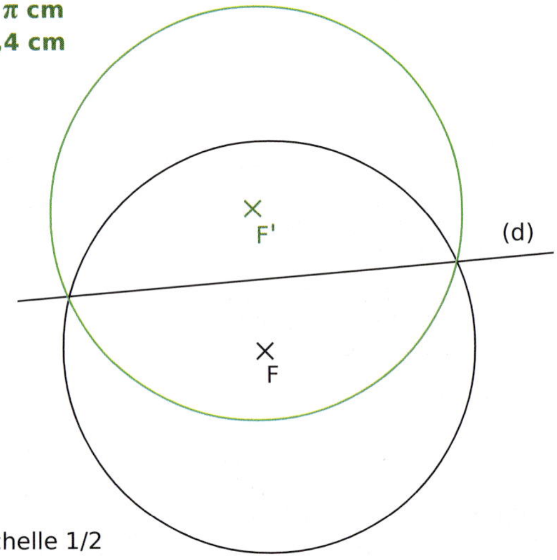

Échelle 1/2

G5

1 | Repérer les axes de symétrie d'une figure

La figure **a** a **un axe de symétrie**.

La figure **b** n'a **pas d'axe de symétrie**.

La figure **c** a **une infinité d'axes de symétrie** : ce sont toutes les droites passant par le centre des cercles.

2 | Construire la médiatrice et la bissectrice au compas

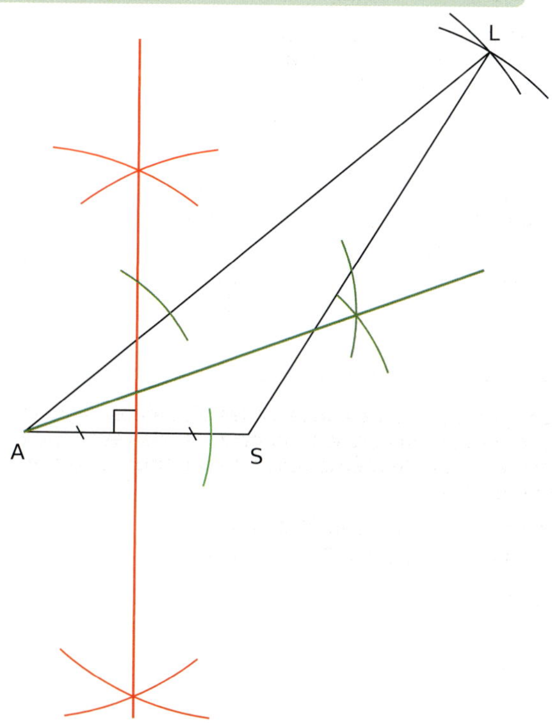

3 | Utiliser les axes de symétrie des figures usuelles

a. On commence par faire un dessin à main levée.

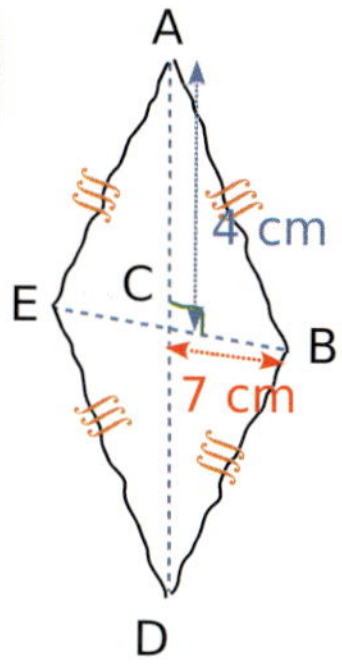

Pour réaliser la figure en vraie grandeur, on commence par tracer les diagonales perpendiculaires puis on termine la figure.

Échelle 1/2

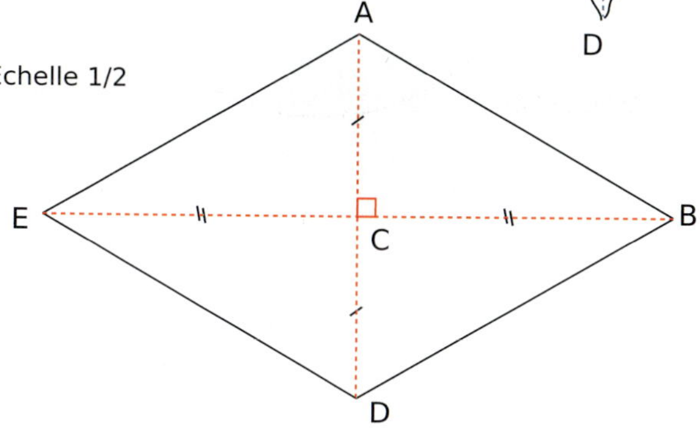

b. On commence par faire une figure à main levée.

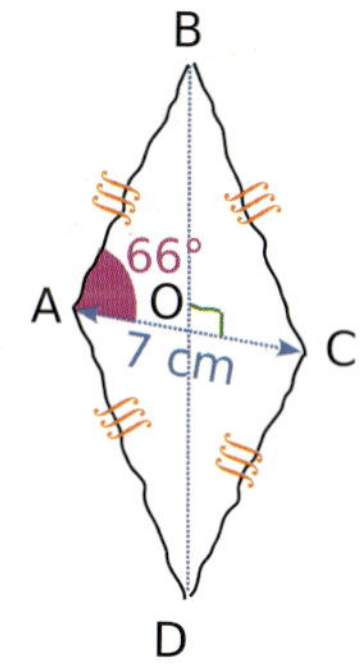

- On trace un segment [AC] de longueur 7 cm.
- On place le point O milieu de [AC] (les diagonales d'un losange se coupent en leur milieu).
- On trace la perpendiculaire à la droite (AC) passant par O (les diagonales d'un losange sont perpendiculaires).
- On trace un angle de sommet A, dont l'un des côtés est [AO] et de mesure 66°.
- On place le point B à l'intersection de l'autre côté de l'angle et de la perpendiculaire à (AC).
- On place le point D sur cette perpendiculaire tel que O soit le milieu de [BD].
- On trace le losange ABCD.

Échelle 1/2

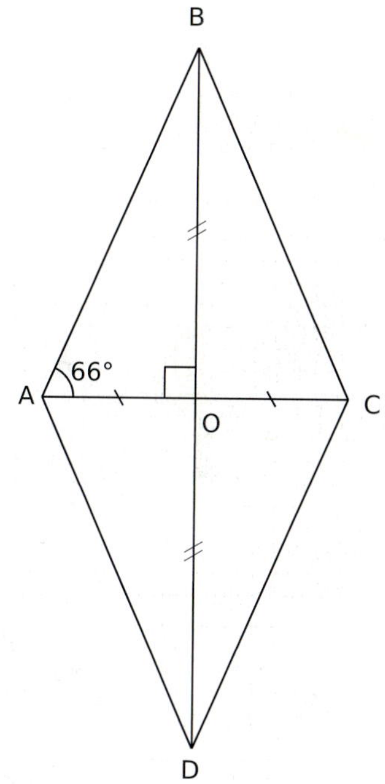

4 | Construire des figures usuelles

a. Les diagonales du quadrilatère GENI se coupent en leur milieu S et ont la même longueur.

GENI est donc un rectangle.

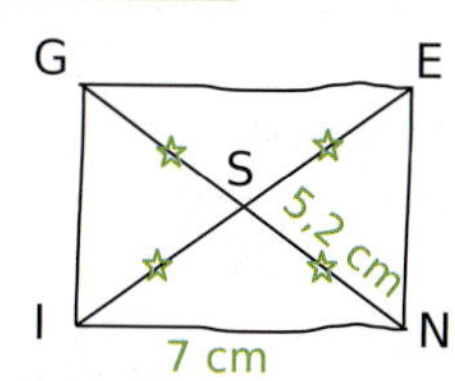

- On trace un segment [IN] de longueur 7 cm.
- On trace deux arcs de cercle de centres I et N et de rayon 5,2 cm.
- Ces deux arcs se coupent en S.
- On trace les demi-droites [IS) et [NS).
- On place sur ces demi-droites, respectivement, les points E et G tels que :

NG = IE = 2 × 5,2 cm = 10,4 cm.

- On trace le rectangle GENI.

Échelle 1/2

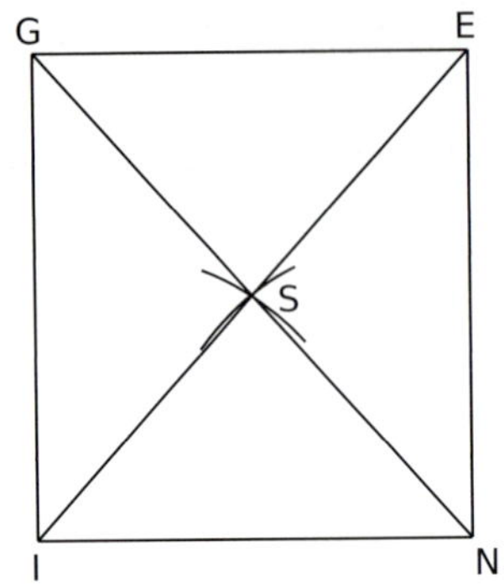

b.

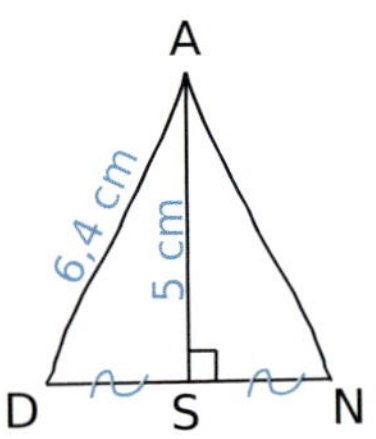

La droite (AS) est perpendiculaire au segment [DN] et passe par son milieu S.
La droite (AS) est donc la médiatrice du segment [DN].

Le triangle ADN possède donc un axe de symétrie, il est donc **isocèle en A**.

- On trace un segment [AS] de longueur 5 cm.
- On trace la perpendiculaire à la droite (AS) passant par S.
- On trace un arc du cercle de centre A et de rayon 6,4 cm.
- Cet arc de cercle coupe la perpendiculaire en D et en N.
- On trace le triangle ADN.

Échelle 1/2

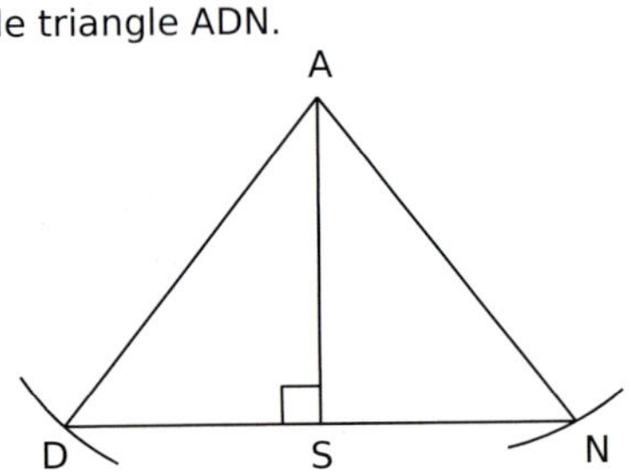

c.

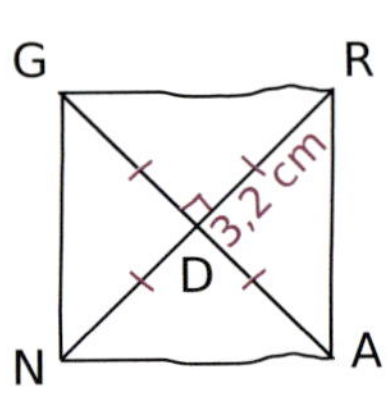

Les diagonales du quadrilatère GRAN se coupent en leur milieu D, sont perpendiculaires et ont la même longueur, **GRAN est donc un carré**.

- On trace un cercle de centre D et de rayon 3,2 cm.
- On trace deux diamètres [GA] et [NR] perpendiculaires.
- On trace le carré GRAN.

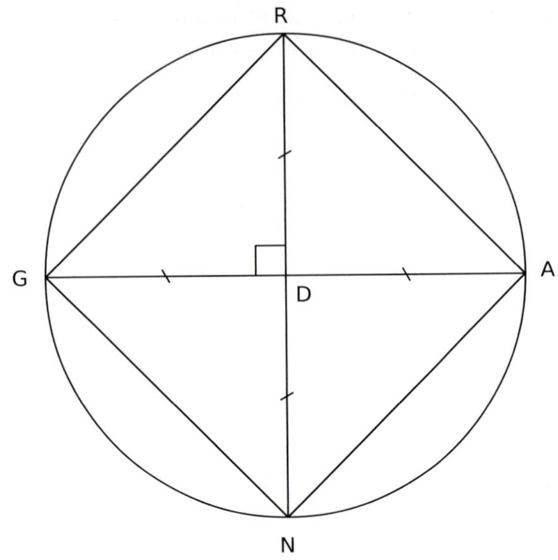

G6

1 **Le diamant, le glaçon, la boite, le dé et la pyramide** peuvent être assimilés à des polyèdres.

2 | *Dés*

	Dé 1	Dé 2	Dé 3	Dé 4	Dé 5
nom	Tétraèdre	Cube	Octaèdre	Décaèdre	Dodéca-èdre
sommets	4	8	10	12	20
arêtes	6	12	16	20	30
faces	4	6	8	10	12
nature	triangle	carré	quadri-latère	quadri-latère	penta-gone

3 | *Construire un patron d'un cube*

Échelle 1/4

4 | Construire un patron d'un pavé droit

Échelle 1/2

M1

1 | Nommer des angles

- L'angle marqué en orange peut se nommer $\widehat{yBS}$ ou $\widehat{SBy}$.
- L'angle marqué en vert peut se nommer $\widehat{BOx}$ ou $\widehat{xOB}$ ou $\widehat{xOy}$ ou $\widehat{yOx}$.
- L'angle marqué en violet peut se nommer $\widehat{SOL}$ ou $\widehat{LOS}$ ou $\widehat{tOL}$ ou $\widehat{LOt}$.

2 | Marquer les angles d'un losange

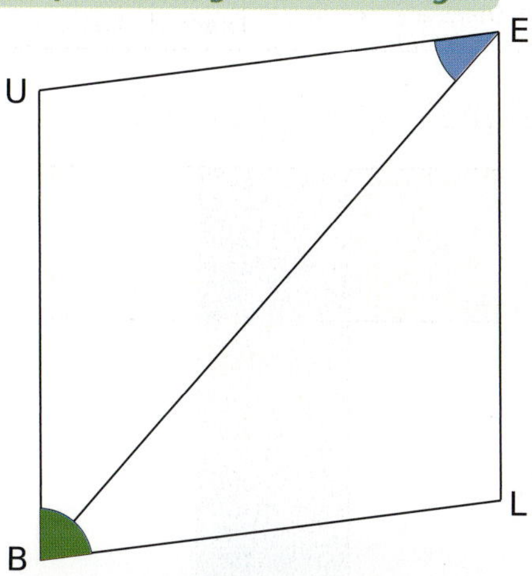

3 | Donner la nature d'un angle

- **L'angle jaune et l'angle vert sont aigus** (ils sont plus petits qu'un angle droit).
- **L'angle rose et l'angle bleu sont obtus** (ils sont plus grands qu'un angle droit).

4 | Mesurer un angle

L'angle $\widehat{xOy}$ mesure **131°**.

5 | Construire un angle connaissant sa mesure

- On trace une demi-droite [Ox).
- On place le centre du rapporteur sur le point O et le zéro sur le côté [Ox).
- On marque la graduation 85°.
- On trace la demi-droite d'origine O passant par cette marque. On appelle [Oy) cette demi-droite.

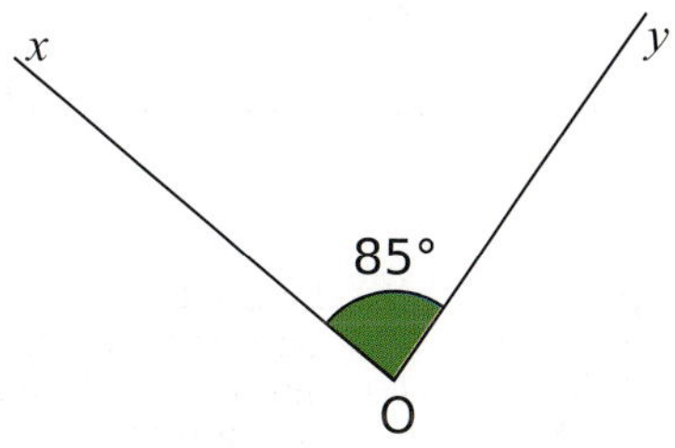

6 | Déterminer si une droite est bissectrice d'un angle

- **Figures a et c**
La droite rouge **est la bissectrice de l'angle**.
- **Figure b**
La droite rouge **n'est pas la bissectrice de l'angle** car elle sépare l'angle en deux angles de mesures différentes.
- **Figure d**
Il y a deux angles qui n'ont pas le même sommet.
La droite rouge n'est donc pas un axe de symétrie de l'angle. **Elle n'est donc pas la bissectrice de l'angle.**

M2

1 | Aire d'une figure

L'aire de la figure bleue vaut **5 carreaux**.

L'aire de la figure orange vaut **6 carreaux** (4 carreaux entiers et 4 demi-carreaux).

2 | Aire d'un triangle rectangle

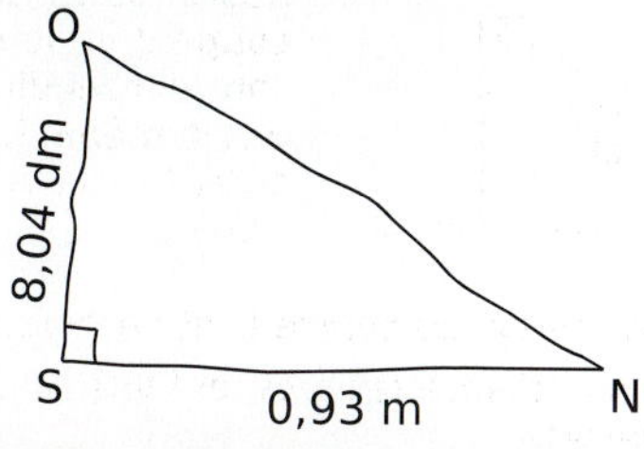

Le triangle SON est rectangle en S donc son aire est donnée par : $A = \dfrac{SO \times SN}{2}$.

Or, SN = 0,93 m = 9,3 dm donc l'aire de SON vaut :

$A = \dfrac{8{,}04 \times 9{,}3}{2}$ = **37,386 dm² = 0,373 86 m²**

3 | Longueur d'un cercle

La longueur d'un cercle est donnée par :
$L = \pi \times$ diamètre.

Donc ici, la valeur exacte de sa longueur est :
$\pi \times 14{,}5$ dm, que l'on écrit plutôt **$14{,}5 \times \pi$ dm**.

Une valeur approchée au centième près est **45,55 dm**.

4 | Valeur approchée de l'aire d'une figure

L'aire de la surface rose est égale à la différence de l'aire du rectangle et de l'aire du demi-disque.

- $A_{\text{rectangle}} = \text{Longueur} \times \text{largeur}$
  $A_{\text{rectangle}} = 4{,}2 \times 7{,}9$
- $A_{\text{demi-disque}} = \dfrac{\pi \times \text{rayon} \times \text{rayon}}{2}$
  $A_{\text{demi-disque}} = \dfrac{\pi \times 2{,}1 \times 2{,}1}{2}$
- $A_{\text{rose}} = A_{\text{rectangle}} - A_{\text{demi-disque}}$
  $A_{\text{rose}} = 4{,}2 \times 7{,}9 - \dfrac{\pi \times 2{,}1 \times 2{,}1}{2}$
  $A_{\text{rose}} \approx$ **$26{,}3\ \text{m}^2$**

M3

1 | Conversions

- $3\ \text{dam}^3 =$ **$3\,000\ \text{m}^3$**
- $4{,}5\ \text{dm}^3 =$ **$0{,}004\,5\ \text{m}^3$**
- $1\,265{,}3\ \text{cm}^3 =$ **$0{,}001\,265\,3\ \text{m}^3$**

2 | Conversions (bis)

$200\ \text{cm}^3 = 0{,}2\ \text{dm}^3 =$ **0,2 L**

3 | Conversions (ter)

$2\ \text{dL} = 0{,}2\ \text{L} = 0{,}2\ \text{dm}^3 =$ **$200\,000\ \text{mm}^3$**

4 | Volume d'un cube

$V = 6{,}1\ \text{dm} \times 6{,}1\ \text{dm} \times 6{,}1\ \text{dm} =$ **$226{,}981\ \text{dm}^3$**

5 | Volume d'un solide

Le volume de ce solide est la somme du volume du cube violet et du volume du pavé droit vert.

$V_{\text{cube}} = \text{côté} \times \text{côté} \times \text{côté}$
$V_{\text{cube}} = 3\ \text{cm} \times 3\ \text{cm} \times 3\ \text{cm} = 27\ \text{cm}^3$

Calculons les dimensions du pavé droit.

- Sa longueur s'obtient par le calcul :
  $3{,}2\ \text{cm} + 3\ \text{cm} = 6{,}2\ \text{cm}$.
- Sa largeur est celle du cube, soit 3 cm.
- Sa hauteur s'obtient par le calcul :
  $4{,}5\ \text{cm} - 3\ \text{cm} = 1{,}5\ \text{cm}$.

$V_{\text{pavé}} = \text{Longueur} \times \text{largeur} \times \text{hauteur}$
$V_{\text{pavé}} = 6{,}2\ \text{cm} \times 3\ \text{cm} \times 1{,}5\ \text{cm}$
$V_{\text{pavé}} = 27{,}9\ \text{cm}^3$
Donc $V_{\text{solide}} = 27\ \text{cm}^3 + 27{,}9\ \text{cm}^3 =$ **$54{,}9\ \text{cm}^3$**

LEXIQUE · L'essentiel des notions

A

Abscisse (sur un axe)

Sur une demi-droite graduée d'origine O, l'abscisse du point A est la distance OA.

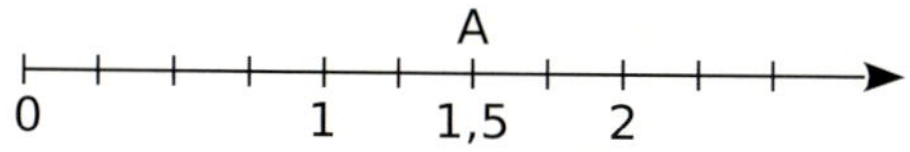

Ici, l'abscisse du point A est 1,5. On note A(1,5).

Adjacents (angles)

Des angles sont adjacents s'ils ont le même sommet et s'ils sont situés de part et d'autre d'un côté commun.

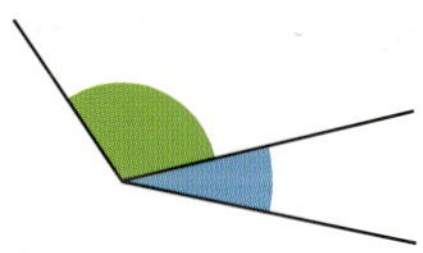

Aigu (angle)

Un angle aigu est un angle plus fermé qu'un angle droit. Sa mesure est inférieure à 90°.

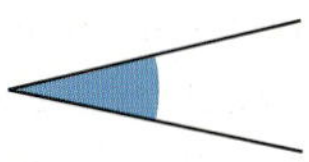

Aire

L'aire d'une figure est la mesure de la surface occupée par cette figure, dans une unité donnée.

Alignés

Des points alignés sont des points qui appartiennent à une même droite.

Angle

Un angle est formé de tous les points situés entre deux demi-droites de même origine.

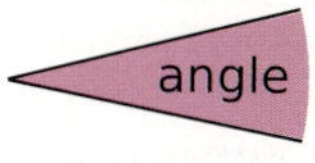

Arc de cercle

Un arc de cercle est une ligne ; c'est la partie d'un cercle comprise entre deux points du cercle.

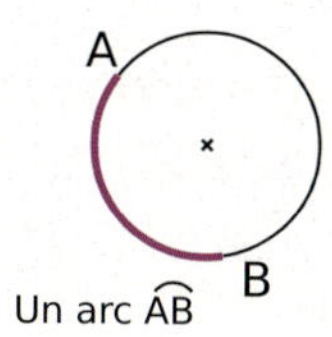

Arête

Pour un solide à faces planes, une arête est un des côtés d'une face de ce solide.

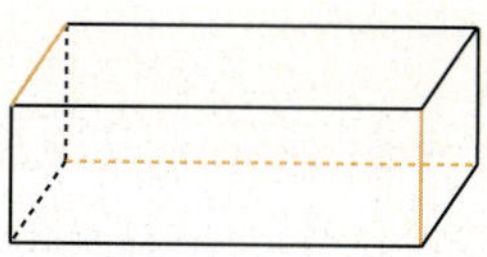

Arrondi

L'arrondi d'un nombre est la valeur approchée la plus proche de ce nombre, à une précision donnée.

Au moins

Au moins signifie « au minimum ».

Avoir au moins 5 billes veut dire avoir 5 ou 6 ou 7 billes ou plus.

Au plus

Au plus signifie « au maximum ».

Avoir au plus 5 billes veut dire avoir 0, 1, 2, 3, 4 ou 5 billes.

Axe de symétrie

Voir figures symétriques.

Axe de symétrie d'une figure

Un axe de symétrie d'une figure est une droite qui partage la figure en deux parties superposables, par pliage le long de cette droite.

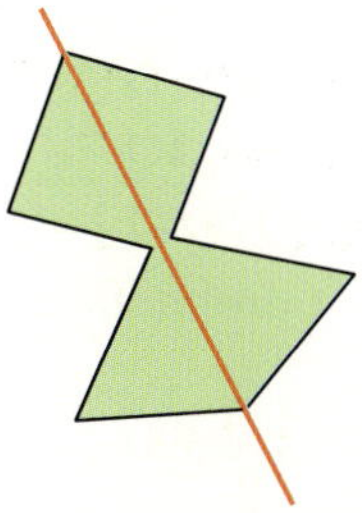

B

Bissectrice

La bissectrice d'un angle est la demi-droite qui partage cet angle en deux angles adjacents de même mesure. C'est l'axe de symétrie de cet angle.

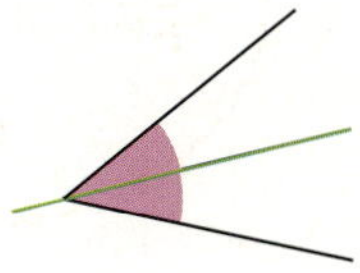

C

Carré

Un carré est un quadrilatère avec quatre côtés de même longueur et quatre angles droits.
C'est donc, à la fois, un losange et un rectangle.

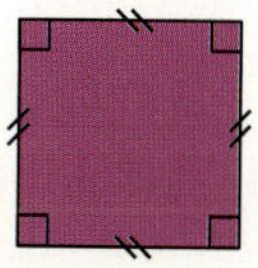

Capacité

La capacité d'un solide est la quantité d'eau nécessaire pour le remplir.

Cellule

Une cellule est une case, dans une feuille de calcul créée par un tableur.
Elle se repère par une lettre et un nombre. La lettre correspond au numéro de la colonne et le nombre au numéro de la ligne.

Cercle

Un cercle est formé de tous les points situés à la même distance d'un point donné (le centre du cercle). Cette distance est le rayon du cercle.
Le cercle de centre O et de rayon r est formé de tous les points situés à r unités du point O.

Circonférence

La circonférence d'un cercle est la longueur de ce cercle.

Coefficient de proportionnalité

Voir grandeurs proportionnelles.

Comparer

Comparer deux nombres, c'est dire s'ils sont égaux. Sinon, c'est dire lequel est supérieur (ou inférieur) à l'autre.

Consécutifs

Deux éléments consécutifs sont deux éléments qui sont l'un après l'autre.

Convertir

Convertir la mesure d'une grandeur, c'est l'exprimer dans une autre unité.

Corde

Une corde est un segment qui joint deux points d'un cercle.

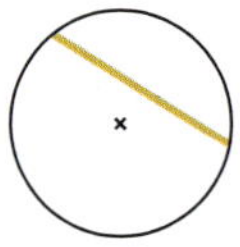

Côté

Un côté d'un polygone est un des segments qui délimitent ce polygone.
Les côtés de AHDUL sont [AL] ; [LU] ; [UD] ; [DH] et [HA].

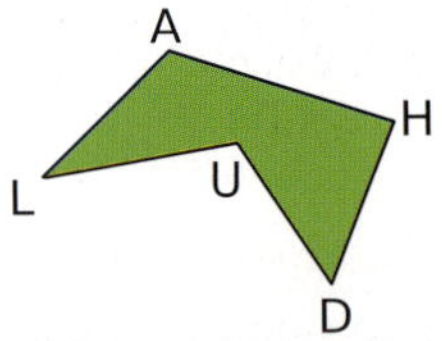

Croissant (ordre)

« Dans l'ordre croissant » signifie « du plus petit au plus grand ».

D

Décroissant (ordre)

« Dans l'ordre décroissant » signifie « du plus grand au plus petit ».

Demi-droite graduée

Une demi-droite graduée est une demi-droite munie :

- d'une origine (le point O) ;
- d'un sens ;
- d'une unité, répétée régulièrement.

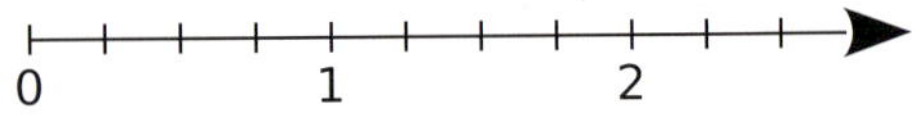

Dénominateur

Le dénominateur d'une fraction est le diviseur du quotient.
Dans une écriture fractionnaire, le dénominateur est le nombre situé en-dessous du trait de fraction.

Diagonale

Une diagonale est un segment qui joint deux sommets non consécutifs d'un polygone.
[AC] et [TH] sont les diagonales du polygone CHAT.

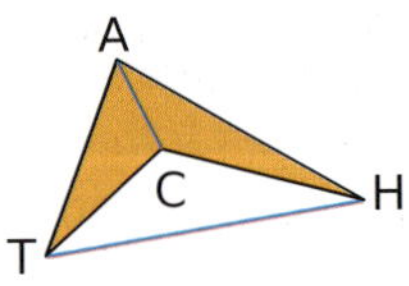

Diagramme en barres

Un diagramme en barres est la représentation de données sous la forme de rectangles de même largeur.
La hauteur des rectangles est proportionnelle aux quantités représentées.

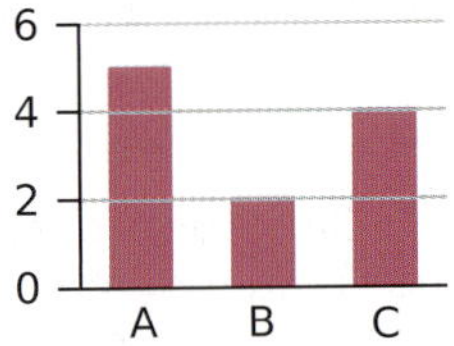

Diagramme en bâtons

Un diagramme en bâtons est la représentation de données sous la forme de segments.
La longueur des segments est proportionnelle aux quantités représentées.

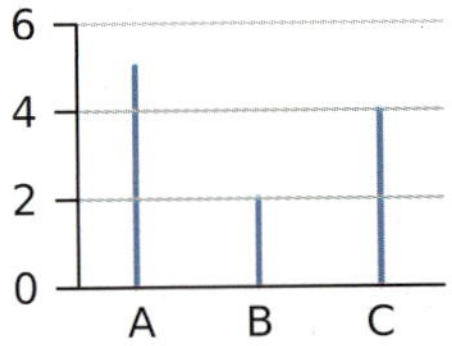

Diagramme circulaire

Un diagramme circulaire est la représentation de données sous la forme d'un disque.
Les aires des surfaces des parts (et aussi les angles) sont proportionnelles aux quantités représentées.

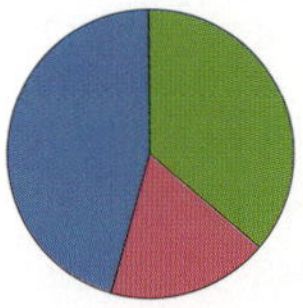

Diamétralement opposés

Des points diamétralement opposés sont les extrémités d'un diamètre.

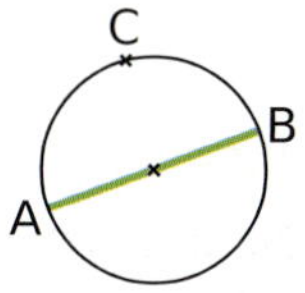

A et B sont diamétralement opposés.

Diamètre

Un diamètre d'un cercle est une corde qui passe par le centre de ce cercle.

Le diamètre d'un cercle est la longueur des cordes qui passent par le centre de ce cercle.

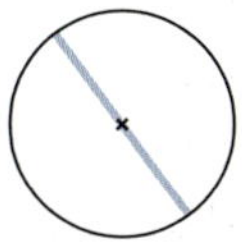

Différence

Une différence est le résultat d'une soustraction.

Disque

Un disque est formé de tous les points situés à une distance inférieure ou égale à un nombre donné (le rayon) d'un point donné (le centre).

Le disque de centre O et de rayon r est formé de tous les points situés à une distance inférieure ou égale à r unités du point O.

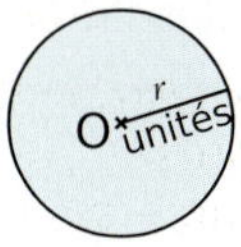

Dividende

Dans une division, le dividende est le nombre qui est divisé.
Dans la division 123 ÷ 89, le dividende est 123.

Diviseur

- Dans une division, le diviseur est le nombre par lequel on divise.
Dans la division 123 ÷ 89, le diviseur est 89.
- On dit qu'un nombre entier b non nul est un diviseur d'un nombre entier a si a est dans la table de multiplication de b.

Divisible

Un nombre entier a est divisible par un nombre entier b non nul si le reste de la division euclidienne de a par b est égal à 0, c'est-à-dire si a est dans la table de multiplication de b.

Division euclidienne

Effectuer la division euclidienne de deux nombres entiers, c'est trouver deux nombres entiers, le quotient et le reste, tels que :

- le reste soit inférieur au diviseur ;
- le dividende soit égal à la somme du produit du quotient par le diviseur et du reste

dividende = (diviseur × quotient) + reste.

Droit (angle)

Un angle droit mesure 90°.
On le code sur un dessin avec un carré.

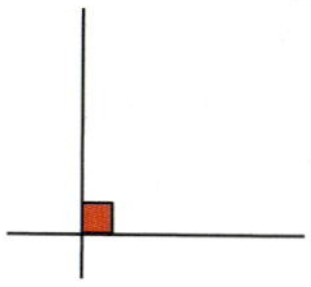

E

Écriture décimale

Une écriture décimale d'un nombre est une écriture à l'aide de chiffres et d'une virgule si nécessaire.
Dans cette écriture, la valeur de chaque chiffre est dix fois plus grande que celle du chiffre immédiatement placé à sa droite.

Encadrer

Encadrer une valeur, c'est trouver deux nombres, l'un inférieur et l'autre supérieur à cette valeur.

Équidistant

Équidistant signifie « à la même distance ».

F

Face

Une face d'un solide est l'un des polygones qui délimitent ce solide.

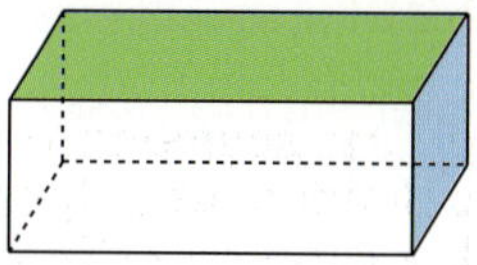

Facteur

Les facteurs sont les nombres multipliés dans un produit.

Dans le produit 4 × 5, les facteurs sont 4 et 5.

Figures symétriques

Deux figures sont symétriques par rapport à une droite si elles se superposent par pliage le long de cette droite.
Cette droite s'appelle l'axe de symétrie.

Formule

Une formule est une suite d'opérations écrites à l'aide de lettres et de chiffres.

Fraction décimale

Une fraction décimale est une fraction dont le dénominateur est 1 ou 10 ou 100 ou 1 000...

G

Gabarit

Un gabarit est un modèle qui permet de vérifier ou de reproduire une forme géométrique.

Grandeurs proportionnelles

Des grandeurs sont proportionnelles quand on obtient toutes les valeurs de l'une en multipliant toutes les valeurs de l'autre par un même nombre non nul. Ce nombre est le coefficient de proportionnalité.

H

Hypoténuse

Dans un triangle rectangle, l'hypoténuse est le côté opposé à l'angle droit. C'est aussi le plus grand côté.

I

Inférieur (strictement)

Inférieur (<) signifie « strictement plus petit que ».

Intercaler

Intercaler un nombre, c'est trouver un nombre à placer entre deux valeurs données.

L

Longueur

La longueur d'un segment est sa mesure dans une unité donnée. C'est le nombre d'unités que contient le segment.

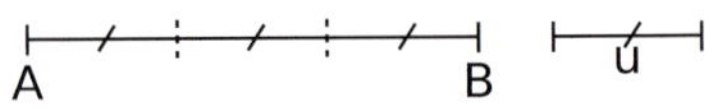

[AB] contient 3 unités : AB = 3 u.

Losange

Un losange est un quadrilatère qui a quatre côtés de même longueur.

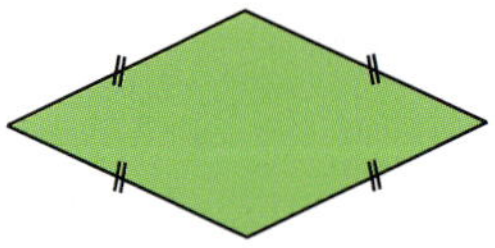

M

Main levée

Un dessin à main levée est un croquis d'une figure qui comporte tous les renseignements donnés par l'énoncé. Les longueurs et les mesures d'angles ne sont pas respectées.

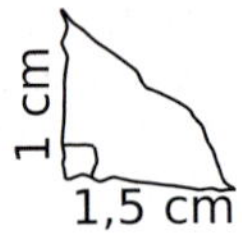

Médiatrice

La médiatrice d'un segment est la droite perpendiculaire au segment en son milieu. C'est un axe de symétrie du segment.

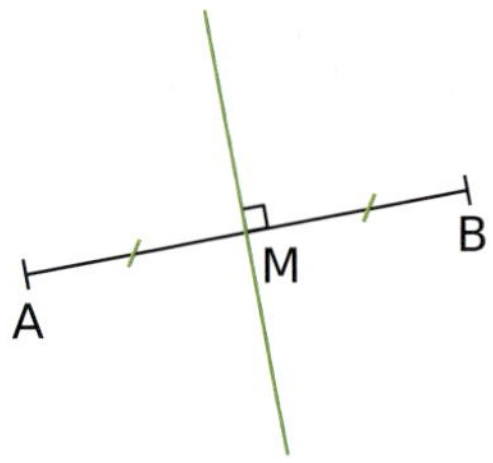

Milieu

Le milieu d'un segment est le point du segment équidistant des extrémités du segment.

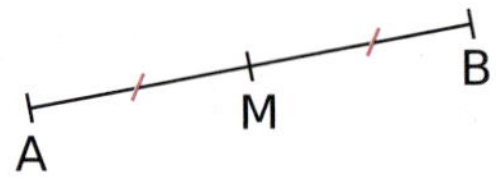

Moins de

Avoir moins de 5 billes veut dire avoir 0, 1, 2, 3 ou 4 billes.

Multiple

Un nombre entier a est un multiple d'un nombre entier b si a est dans la table de multiplication de b.

LEXIQUE · L'essentiel des notions

N

Nombre décimal

Un nombre décimal est un nombre qui peut s'écrire sous la forme d'une fraction décimale.

Nul (angle)

Un angle nul est un angle dont les côtés sont confondus. L'angle nul mesure 0°.

Numérateur

Le numérateur d'une écriture fractionnaire est le dividende du quotient.
Dans une écriture fractionnaire, le numérateur est le nombre situé au-dessus du trait de fraction.

O

Obtus (angle)

Un angle obtus est un angle plus ouvert qu'un angle droit et plus fermé qu'un angle plat.
Sa mesure est comprise entre 90° et 180°.

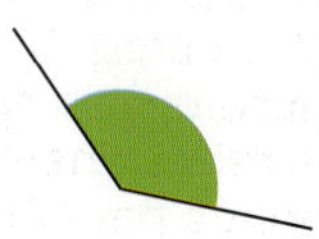

Ordre de grandeur

Un ordre de grandeur d'un résultat est une estimation de ce résultat.

P

Parallèles

Deux droites sont parallèles lorsqu'elles ne sont pas sécantes.

Parallélépipède rectangle

Un parallélépipède rectangle est un solide dont les faces sont toutes des rectangles.

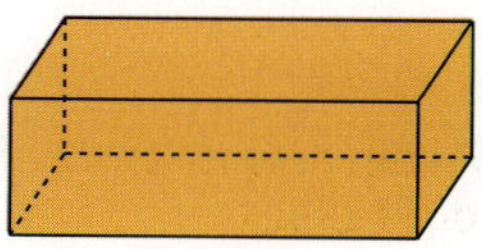

Partie décimale

Partie entière

Voir le formulaire.

Patron

Le patron d'un solide est une disposition à plat des faces du solide.
Une fois découpé et plié, il permet de construire le solide.

Pavé droit

Un pavé droit est un parallélépipède rectangle.

Perpendiculaires

Deux droites perpendiculaires sont des droites qui se coupent en formant un angle droit.

Périmètre

Le périmètre d'une figure plane est la longueur du contour de cette figure.

Perspective cavalière

Une perspective cavalière permet d'obtenir une image plane d'un solide dans l'espace.

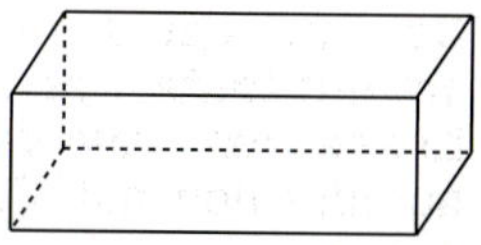

Les arêtes cachées sont en pointillés, la face de devant est représentée en vraie grandeur et le parallélisme des arêtes est conservé.

Plat (angle)

Un angle plat est un angle dont les côtés forment une droite. Un angle plat mesure 180°.

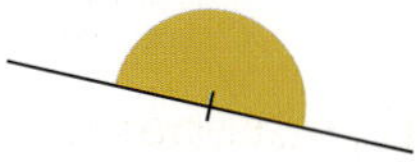

Plus de

Avoir plus de 5 billes veut dire « avoir 6 billes ou plus. »

Point d'intersection

Un point d'intersection est un point commun à plusieurs objets.

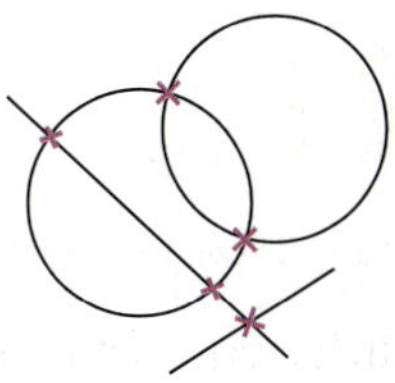

Polygone

Un polygone est une figure formée de plusieurs segments successifs dessinant un contour fermé.

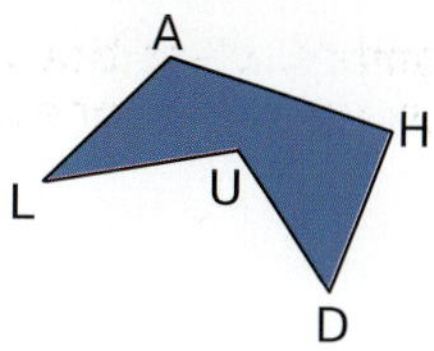

Le polygone UDHAL

Pourcentage

Un pourcentage est un coefficient de proportionnalité exprimé sous la forme d'une écriture fractionnaire de dénominateur 100.

Produit

Un produit est le résultat d'une multiplication.

Q

Quadrilatère

Un quadrilatère est un polygone ayant quatre côtés.

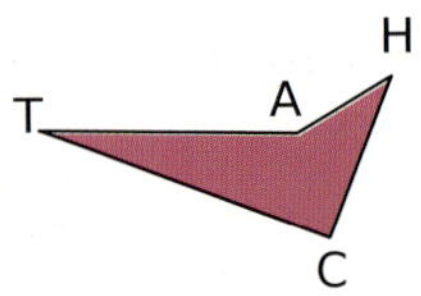

Quotient

Un quotient est le résultat d'une division. Quand la division se termine, il est entier ou décimal. Un quotient peut être exprimé sous la forme d'une fraction.
Dans le cas d'une division euclidienne, le quotient est un nombre entier.

R

Rayon

Un rayon d'un cercle est un segment qui joint le centre et un point du cercle.

Le rayon d'un cercle est la distance entre le centre et un point du cercle.

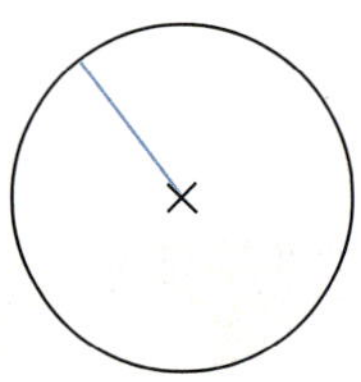

Rectangle

Un rectangle est un quadrilatère qui a quatre angles droits.

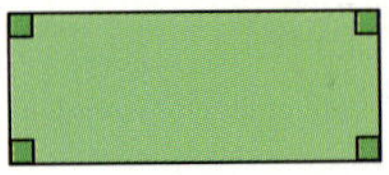

S

Sécants

Deux objets sont sécants quand ils se coupent.
Deux droites sécantes se coupent en un point appelé point d'intersection.

Simplifier

Simplifier une fraction, c'est trouver une fraction égale, avec un numérateur et un dénominateur entiers et plus petits.

Somme

Une somme est le résultat d'une addition.

Sommet

Un sommet d'un polygone est le point d'intersection de deux côtés consécutifs.
Les sommets sont A, H, D, U et L.

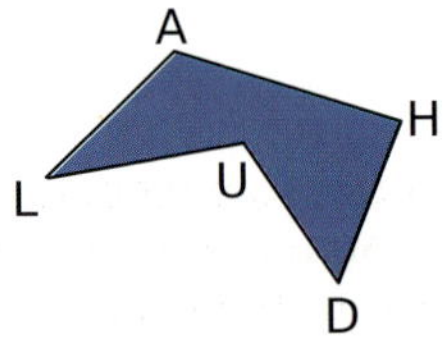

Les sommets d'un solide sont les sommets des faces de ce solide.
Les sommets sont A, B, C, D, E, F, G et H.

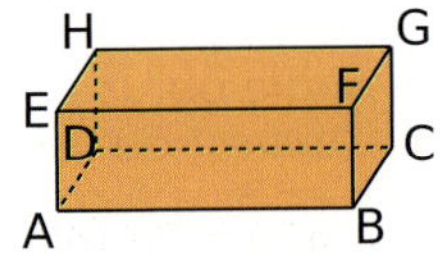

Sommet principal

Le sommet principal d'un triangle isocèle est le point d'intersection des segments de même longueur.
Ici, le sommet principal est A.

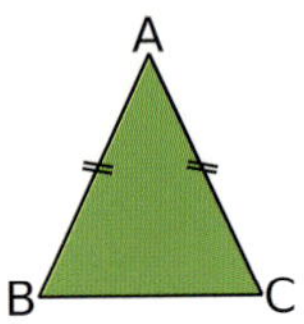

Supérieur strictement

Supérieur (>) signifie « strictement plus grand que ».

T

Terme

Dans une addition ou une soustraction, les termes sont les nombres ajoutés ou retranchés.
Dans l'addition 4 + 5, les termes sont 4 et 5.
Dans la soustraction 12 – 7, les termes sont 12 et 7.

Triangle

Un triangle est un polygone qui a trois côtés.

Triangle équilatéral

Un triangle équilatéral est un triangle qui a trois côtés de même longueur.

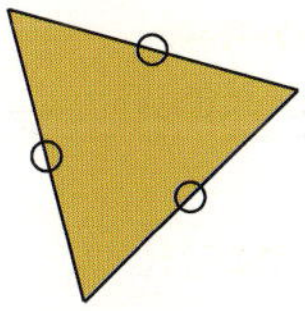

Triangle isocèle

Un triangle isocèle est un triangle qui a deux côtés de même longueur.

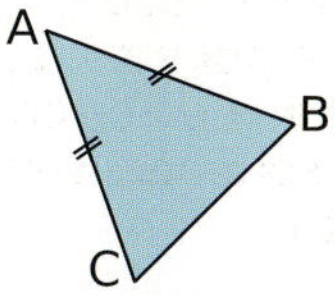

ABC est isocèle en A.

Triangle rectangle

Un triangle rectangle est un triangle qui a un angle droit.

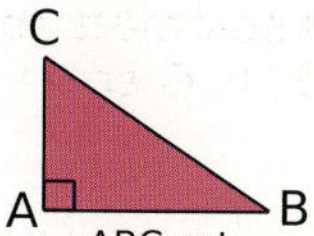

ABC est rectangle en A.

V

Valeur approchée

Une valeur approchée est une valeur proche d'un nombre.

Quand cette valeur est inférieure au nombre, c'est une valeur approchée par défaut.

Quand cette valeur est supérieure au nombre, c'est une valeur approchée par excès.

Volume

Le volume d'un solide est la mesure de l'espace occupé par ce solide, avec une unité donnée.

Vraie grandeur

Dans une figure en vraie grandeur, le tracé respecte les longueurs et les mesures d'angles indiquées.

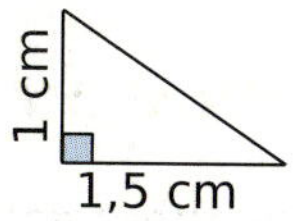

Tableau de numération

Partie entière													,	Partie décimale		
Milliards			**Millions**			**Milliers**			Tranche des **unités**							
C	D	U	C	D	U	C	D	U	**C**entaines	**D**izaines	**U**nités			Dixièmes	Centièmes	Millièmes
								1	2	0	5		,	2	4	

Préfixes

k	**kilo**	1 000 unités
h	**hecto**	100 unités
da	**déca**	10 unités
d	**déci**	0,1 unité
c	**centi**	0,01 unité
m	**milli**	0,001 unité

Exemples :

12 kg = 120 hg = 12 000 g

25 dL = 0,025 hL = 2,5 L = 2 500 mL

Notations en géométrie

(AB)	Droite passant par les points A et B.
(xy)	Droite de directions x et y.
[AB)	Demi-droite d'origine A passant par B.
[AB]	Segment d'extrémités A et B.
AB	Longueur du segment [AB].
M ∈ (AB)	Le point M appartient à la droite (AB).
M ∉ [AB]	Le point M n'appartient pas au segment [AB].

Périmètres $\mathscr{P}$ et aires $\mathscr{A}$

Exemples de conversion : 25,4 cm² = 2 540 mm² ; 50π m² = 0,005π hm² (ou ha) ≈ 0,016 ha.

Triangle	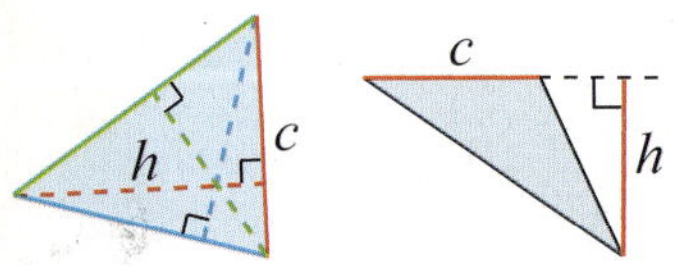	$\mathscr{A} = \frac{c \times h}{2}$	**Carré**	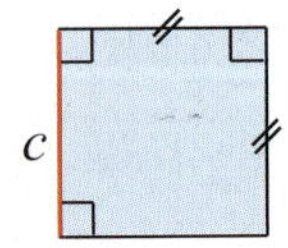	$\mathscr{A} = c \times c = c^2$ $\mathscr{P} = 4 \times c = 4c$
Rectangle	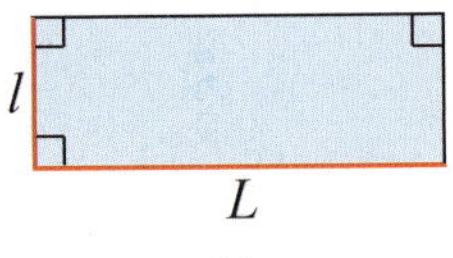	$\mathscr{A} = L \times l$ $\mathscr{P} = 2L + 2l$ ou $\mathscr{P} = 2(L + l)$	**Cercle Disque**	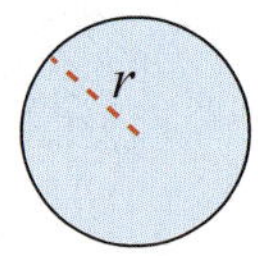	$\mathscr{A} = \pi \times r \times r = \pi r^2$ $\mathscr{P} = 2 \times \pi \times r = 2\pi r$ ou $\mathscr{P} = \pi \times$ diamètre

Volumes $\mathscr{V}$ et patrons

Exemples de conversion : 1 dm³ = 1 L ; 1 L = 1 000 mL ; 2 534 cm³ = 2,534 dm³ ou L.

	Solide en perspective	Exemple de patron	Formule
Pavé droit	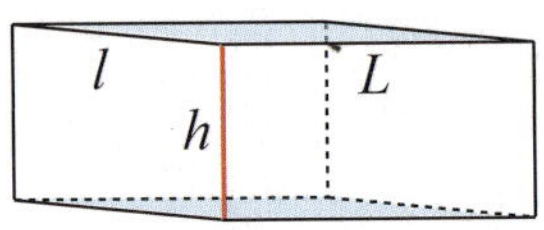	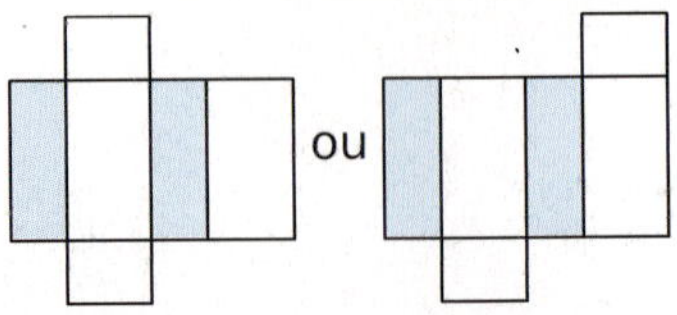 ou Échelle 1/2	$\mathscr{V} = L \times l \times h$
Cube	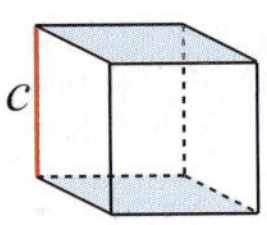	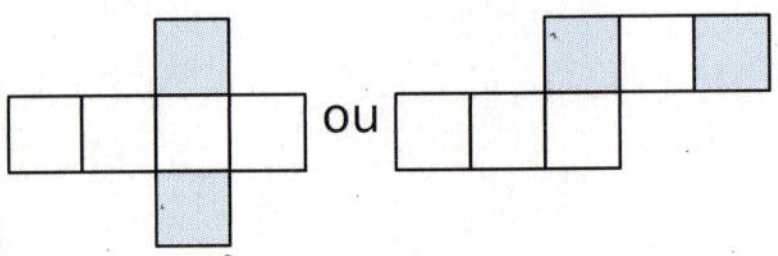 ou Échelle 1/2	$\mathscr{V} = c \times c \times c = c^3$

Imprimé en Italie par ROTOLITO LOMBARDA
Dépôt légal : mai 2016 - ISBN : 978-2-36246-149-1
Génération 5 - 82 rue du Bon Pasteur, 73000 Chambéry
www.generation5.fr

14 € 95